不完美的合同

合同效力瑕疵实务研究

吴志强　张烨　著

法律出版社
LAW PRESS·CHINA
北京

图书在版编目(CIP)数据

不完美的合同:合同效力瑕疵实务研究 / 吴志强,张烨著. -- 北京:法律出版社,2024

ISBN 978-7-5197-9176-6

Ⅰ. ①不… Ⅱ. ①吴… ②张… Ⅲ. ①合同法-研究-中国 Ⅳ. ①D923.64

中国国家版本馆 CIP 数据核字(2024)第 105884 号

不完美的合同

——合同效力瑕疵实务研究

BUWANMEI DE HETONG

—HETONG XIAOLI XIACI SHIWU YANJIU

吴志强 张 烨 著

策划编辑 孙 慧 余群化

责任编辑 孙 慧 余群化

装帧设计 李 瞻

出版发行 法律出版社

编辑统筹 司法实务出版分社

责任校对 王 丰

责任印制 吕亚莉

经 销 新华书店

开本 710 毫米×1000 毫米 1/16

印张 30 **字数** 443 千

版本 2024 年 7 月第 1 版

印次 2024 年 7 月第 1 次印刷

印刷 三河市龙大印装有限公司

地址:北京市丰台区莲花池西里 7 号(100073)

网址:www.lawpress.com.cn

投稿邮箱:info@lawpress.com.cn

举报盗版邮箱:jbwq@lawpress.com.cn

销售电话:010-83938349

客服电话:010-83938350

咨询电话:010-63939796

书号:ISBN 978-7-5197-9176-6

定价:118.00 元

前　言

《民法典》自2021年1月1日起施行，《民法典》总则编及合同编集合了原《民法通则》与原《合同法》及相关司法解释的规定，其中关于合同效力的规定也在原《合同法》基础上做了部分修正。同时，2022年3月1日开始施行的《最高人民法院关于适用〈中华人民共和国民法典〉总则编若干问题的解释》以及2023年12月5日开始施行的《最高人民法院关于适用〈中华人民共和国民法典〉合同编通则若干问题的解释》的规定，又改变了以往一些关于合同效力约定俗成的认知，故影响合同效力的不同因素也随着社会的发展、生活习惯的改变以及《民法典》和相关司法解释的颁布实施发生着变化。市场经济主体在签订合同时都希望签订的是一份完美的合同，是一份能够保证交易顺利完成的合同。然而，因问题发生具有滞后性，故完美是永远的追求，一旦双方出现纠纷，特别是进入诉讼阶段以后，合同的不完美才是常态。

所谓“不完美的合同”，即效力存在瑕疵的合同，包含合同不成立、合同不生效、确认合同无效、撤销合同、解除合同、终止合同等情形。根据《民法典》第502条第1款的规定，依法成立的合同，自成立时生效，合同成立后因合同所附生效条件未满足或须经批准未批准而不生效的应用场景相对较清晰，容易判断，且未报批或未批准的合同也可通过合同解除予以救济。所以，本书所述“不完美的合同”主要包括确认合同不成立、确认合同无效、撤销合同、解除合同四个分类，对上述导致合同效力瑕疵的因素进行类型化研究，将不同法律问题置于日常生活中我们可遇到的场景中进行展示，并以真实案例的法院裁判观点和裁判结果作为结论，又辅以专业律师的深入分析，以关键词、场景、事态发展（纠纷产生）、焦点问题、结论、典型案例索引、相关法律法规、律师分析八个模块构建行文体例，最终形成本书166篇实务文章。

笔者以“不完美的合同”为题撰写本书，意在对合同不成立、合同无效、合同被撤销、合同解除等合同效力瑕疵进行类型化分析，形成合同效力瑕疵的不同场景模型，帮助读者在新法新规新生活模式下，在签订合同时能够避免合同效力瑕疵，在纠纷产生时能够提前判断合同效力并制定正确的诉讼方案。

为何从“不完美”这一否定角度对合同效力进行实务研究呢？合同效力是解决合同纠纷时需要考虑的首要问题。在合同纠纷案件中，无论是违约行为的确定还是违约责任的承担，都建立在双方合意形成的权利义务关系上，合同的存在是双方提出诉讼请求的前提和事实依据。然而，笔者在实务办案中发现，合同纠纷案件的当事人往往只关注“谁违约”“谁担责”“应该赔我多少钱”，在确定诉讼策略时跳过合同效力，直接基于合同约定论证违约行为及赔偿责任。这种诉讼策略在对合同效力没有争议的情况下无可厚非，但若合同效力存在瑕疵，诉讼相对方仅需否定合同效力，就可以四两拨千斤，实现驳回所有诉讼请求的目的。还有一些合同纠纷的当事人虽然知道合同效力存在瑕疵，但因为不能区分合同效力瑕疵的各种具体类型，导致直白的利益诉求与法律依据及请求权基础并不能完全对应，如应当主张撤销却起诉要求确认合同无效，应当主张解除却起诉要求撤销合同，增加了诉讼风险，甚至有理说不清，最终吃了哑巴亏。

合同有效是常态，合同效力瑕疵属特别情况。本书通过逆向思维，以“不完美的合同”这一否定角度对合同效力进行研究。原告方可以在排除合同效力瑕疵、确认合同效力的基础上，制定合理有效的诉讼请求及诉讼策略；被告方通过对合同效力的逆向思维，也有可能找到推翻对方请求权基础的重要支点。对于专业律师来说，一个诉讼纠纷案件从诉前准备、制定诉讼策略、出庭应诉到诉讼后的执行阶段，每一步都对案件能否胜诉及顺利执行有着举足轻重的影响。因此，一个合同纠纷案件摆在专业律师面前，律师应该结合专业知识和办案技巧，对整个案件进行正向、逆向的体系性思考，多角度审核合同效力及履行情况，并在此基础上对案件争议点及胜诉可能性、胜诉利益实现可行性等问题进行综合判断及风险防范，最终形成优化后的诉讼方案。

本书承接《诉讼执行一体化：以执行视角优化诉讼策略》一书，将诉讼执行一体化思维模式应用于合同纠纷案件，旨在揭示日常生活场景背后隐藏的纠纷和法律风险，并提醒读者在签订合同前重视合同内容的审查，在签订合同过程中注重对合同主体身份及其实施的法律行为有效性的审查，在签订合同后尊重并诚信履行合同约定。若当事人就合同履行产生纠纷，笔者希望本书能够帮助读者首先明确合同效力、排除效力瑕疵，厘清以否定合同效力为诉讼策略的可行性，在此基础上判断诉讼风险、优化诉讼方案，以实现最大的诉讼利益。

本书是笔者在办案之余完成的创作，难免遗漏，欢迎各界朋友批评指正。若遇到有关实务问题，也欢迎与我们沟通交流。

吴志强

2024 年 2 月 29 日

凡　例

1. 本书中法律、行政法规名称中的“中华人民共和国”省略，其余一般不省略，如《中华人民共和国民法典》简称为《民法典》。

2. 如无特别说明，本书中引用的法律规定均为本书出版时最新修正的法律法规，如《民事诉讼法》为2023年9月1日最新修正的《民事诉讼法》，《民事诉讼法司法解释》为2022年4月1日最新修正的《民事诉讼法司法解释》。

3. 本书中若使用修改前的法律、法规或司法解释，将会以括号形式注明相应文号及适用期间。

4. 就本书每篇文章中“事态发展（纠纷产生）”部分的原告诉讼请求内容，笔者考虑到实务中常会在一个案件中出现多种、多重法律问题，而本书的立意是对否定合同效力的不同情形进行类型化研究，故笔者在写作过程中会对案例进行法律分析并摘选出案例中与合同效力相关的事项，因此，本书所选的典型案例，对于其中原告的诉讼请求及结论论理部分与合同效力不相关的内容，笔者均未在本书中进行展示和讨论。

5. 下列司法解释及司法文件使用简称（详见表0－1）。

表0－1　全称简称表

文件名称	简称	相关信息
《最高人民法院关于适用〈中华人民共和国合同法〉若干问题的解释（一）》	《合同法司法解释（一）》	发文字号：法释〔1999〕19号 公布日期：1999年12月19日 施行日期：1999年12月29日 失效日期：2021年1月1日

续表

文件名称	简称	相关信息
《最高人民法院关于适用〈中华人民共和国合同法〉若干问题的解释（二）》	《合同法司法解释（二）》	发文字号：法释〔2009〕5号 公布日期：2009年4月24日 施行日期：2009年5月13日 失效日期：2021年1月1日
《最高人民法院关于适用〈中华人民共和国民法典〉时间效力的若干规定》	《民法典时间效力规定》	发文字号：法释〔2020〕15号 公布日期：2020年12月29日 施行日期：2021年1月1日
《最高人民法院关于适用〈中华人民共和国民事诉讼法〉的解释》	《民事诉讼法司法解释》	发文字号：法释〔2022〕11号 公布日期：2022年4月1日 施行日期：2022年4月10日
《最高人民法院关于适用〈中华人民共和国民法典〉婚姻家庭编的解释（一）》	《民法典婚姻家庭编司法解释（一）》	发文字号：法释〔2020〕22号 公布日期：2020年12月29日 施行日期：2021年1月1日
《最高人民法院关于适用〈中华人民共和国民法典〉合同编通则若干问题的解释》	《民法典合同编通则司法解释》	发文字号：法释〔2023〕13号 公布日期：2023年12月4日 施行日期：2023年12月5日
《最高人民法院关于适用〈中华人民共和国民法典〉总则编若干问题的解释》	《民法典总则编司法解释》	发文字号：法释〔2022〕6号 公布日期：2022年2月24日 施行日期：2022年3月1日
《最高人民法院关于审理民间借贷案件适用法律若干问题的规定》	《民间借贷司法解释》	发文字号：法释〔2020〕17号 公布日期：2020年12月29日 施行日期：2021年1月1日
《最高人民法院 最高人民检察院 公安部 司法部关于办理非法放贷刑事案件若干问题的意见》	《关于办理非法放贷刑事案件若干问题的意见》	发文字号：法发〔2019〕24号 公布日期：2019年7月23日 施行日期：2019年10月21日
《最高人民法院关于审理涉及国有土地使用权合同纠纷案件适用法律问题的解释》	《国有土地使用权司法解释》	发文字号：法释〔2020〕17号 公布日期：2020年12月29日 施行日期：2021年1月1日

续表

文件名称	简称	相关信息
《全国法院民商事审判工作会议纪要》	《九民会议纪要》	发文字号：法〔2019〕254号 公布日期：2019年11月8日 施行日期：2019年11月8日
《最高人民法院关于审理城镇房屋租赁合同纠纷案件具体应用法律若干问题的解释》	《租赁合同司法解释》	发文字号：法释〔2020〕17号 公布日期：2020年12月29日 施行日期：2021年1月1日
《最高人民法院关于审理森林资源民事纠纷案件适用法律若干问题的解释》	《森林资源民事纠纷司法解释》	发文字号：法释〔2022〕16号 公布日期：2022年6月13日 施行日期：2022年6月15日
《最高人民法院关于民事诉讼证据的若干规定》	《民事证据规定》	发文字号：法释〔2019〕19号 公布日期：2019年12月25日 施行日期：2020年5月1日
《最高人民法院关于适用〈中华人民共和国保险法〉若干问题的解释（二）》	《保险法司法解释（二）》	发文字号：法释〔2020〕18号 公布日期：2020年12月29日 施行日期：2021年1月1日
《最高人民法院关于审理商品房买卖合同纠纷案件适用法律若干问题的解释》	《商品房买卖合同司法解释》	发文字号：法释〔2020〕17号 公布日期：2020年2月29日 施行日期：2021年1月1日
《最高人民法院关于适用〈中华人民共和国民法典〉有关担保制度的解释》	《民法典担保制度司法解释》	发文字号：法释〔2020〕28号 公布日期：2020年12月31日 施行日期：2021年1月1日
《最高人民法院关于审理融资租赁合同纠纷案件适用法律问题的解释》	《融资租赁司法解释》	发文字号：法释〔2020〕17号 公布日期：2020年12月29日 施行日期：2021年1月1日
《最高人民法院关于审理建设工程施工合同纠纷案件适用法律问题的解释（一）》	《建设工程司法解释（一）》	发文字号：法释〔2020〕25号 公布日期：2020年12月29日 施行日期：2021年1月1日

续表

文件名称	简称	相关信息
《最高人民法院关于审理民事案件适用诉讼时效制度若干问题的规定》	《民事诉讼时效规定》	发文字号：法释〔2020〕17号 公布日期：2020年12月29日 施行日期：2021年1月1日
《最高人民法院关于适用〈中华人民共和国民法典〉继承编的解释（一）》	《民法典继承编司法解释（一）》	发文字号：法释〔2020〕23号 公布日期：2020年12月29日 施行日期：2021年1月1日
《最高人民法院关于审理劳动争议案件适用法律问题的解释（一）》	《劳动争议司法解释（一）》	发文字号：法释〔2020〕26号 公布日期：2020年12月29日 施行日期：2021年1月1日
《最高人民法院关于人民法院办理执行异议和复议案件若干问题的规定》	《执行异议和复议规定》	发文字号：法释〔2020〕21号 公布日期：2020年12月29日 施行日期：2021年1月1日

目录

CONTENTS

第一章

引发合同不成立的常见场景

合同成立是讨论合同有效、合同履行、合同违约等合同相关事项的起点，只有合同成立才有就合同效力及履行等纠纷的讨论。根据《民法典》第 469 条第 1 款的规定，当事人订立合同，可采用书面形式亦可采用口头形式，其中书面形式可以是合同书、信件、电报、电传、传真等可以有形地表现所载内容的形式，如日常生活中在微信等即时通讯软件中订立的合同也属于书面形式合同。根据《民法典》第 483 条前半句“承诺生效时合同成立”的规定，通常情况下，当事人对合同的主要条款达成合意，合同便告成立，其中就合同主要条款应包含内容如何认定的问题，根据《民法典合同编通则司法解释》第 3 条第 1 款的规定，当事人对合同是否成立存在争议，法院能够确定当事人姓名或者名称、标的和数量的，一般应当认定合同成立。以买卖合同为例，合同内容只要能够确认买卖双方身份、买什么、买多少就可认定买卖合同成立，至于价格多少钱、具体质量要求等问题，即便合同内容不能确认，仍可在合同履行过程中依据《民法典》第 510 条、第 511 条等规定予以确定，不影响合同成立的认定。

此外，《民法典》第 483 条还有后半句内容“但是法律另有规定或者当事人另有约定的除外”，如以实际交付标的物作为合同特别成立要件的实践合同，以及以遵守一定的形式作为合同特别成立要件的要式合同。关于以实际交付标的物作为合同特别成立要件的实践合同，司法实务中常见的合同类型如借款合同，根据《民法典》第 679 条的规定，自然人之间的借款合同，自贷款人提供借款时成立。以遵守一定的形式作为合同特别成立要件的要式合同，司法实务中常见的合同类型如保证合同，根据《民法典》第 685 条“保证合同可以是单独订立的书面合同，也可以是主债权债务合同中的保证条款。第三人单方以书面形式向债权人作出保证，债权人接收且未提出异议的，保证合同成立”的规定，保证合同系需要以书面形式订立的要式合同。

关于合同不成立的法律后果，根据《九民会议纪要》第32条的规定，《民法典》第157条①就合同无效或者被撤销时的财产返还责任和损害赔偿责任做了规定，但未规定合同不成立的法律后果。考虑到合同不成立时也可能发生财产返还和损害赔偿责任问题，故应当参照适用该条的规定。在确定合同不成立、无效或者被撤销后财产返还或者折价补偿范围时，要根据诚实信用原则的要求，在当事人之间合理分配，不能使不诚信的当事人因合同不成立、无效或者被撤销而获益。合同不成立、无效或者被撤销情况下，当事人所承担的缔约过失责任不应超过合同履行利益。比如，依据《民法典》第793条②第1款的规定，建设工程施工合同无效，在建设工程经竣工验收合格情况下，可以参照合同约定支付工程款，但除非增加了合同约定之外新的工程项目，一般不应超出合同约定支付工程款。

司法实务中，导致合同不成立的情形，主要包括：

1. 合同缺乏有效承诺，当事人之间就订立合同未能达成合意从而导致合同未成立。

2. 合同内容缺乏必备条款，导致合同未成立。

综上所述，本章节内容主要围绕确认合同不成立的相关法律规定及实务案例，对可能导致合同不成立的诸多因素进行类型化分析，并提出律师法律实务建议，以帮助读者在日常经济交往活动及实务办案过程中提前预判影响

---

① 《九民会议纪要》第32条原文在此处引用的是原《合同法》第58条，因原《合同法》于2021年1月1日《民法典》施行后已被废止，原《合同法》58条的内容已包含在《民法典》第157条的内容中，此处为方便对现行有效法律体系的理解，笔者直接用现行有效的《民法典》第157条替换了已被废止的原《合同法》第58条的表述。以下文章中涉及的新旧法内容，笔者亦秉持着以现行有效的法律规定作为论证依据的理念，除特殊说明外，均原则上引用现行有效的法律法规及相关条文。

② 《九民会议纪要》第32条原文在此处引用的是原《最高人民法院关于审理建设工程施工合同纠纷案件适用法律问题的解释》第2条，因该司法解释于2021年1月1日《民法典》施行后已被废止，原《最高人民法院关于审理建设工程施工合同纠纷案件适用法律问题的解释》第2条的内容已包含在《民法典》第793条第1款的内容中，此处为方便对现行有效法律体系的理解，笔者直接用《民法典》第793条第1款替换了原《最高人民法院关于审理建设工程施工合同纠纷案件适用法律问题的解释》第2条的表述。

合同成立的相关因素和风险。

001. 非本人签字的合同，能否认定购房合同成立

【关键词】

房屋买卖合同　书面合同　冒名　伪造签名　笔迹鉴定

【场景】

任某原系北郊公司职工。2022 年，任某配偶所在单位在核实住房补贴相关情况时，审查发现任某享受过公有住房的福利。后经查询，北京市昌平区住房和城乡建设委员会保存有一份 2003 年 12 月 31 日由北郊公司盖章、任某签字的《单位出售公有楼房协议书》。该协议书载明，房屋坐落为 × 号，北郊公司为售房单位，任某为购房人。经笔迹鉴定，《单位出售公有楼房协议书》上"任某"签名字迹与样本上"任某"签名字迹不是同一人所写。

【事态发展（纠纷产生）】

原告任某以北郊公司为被告起诉至法院，诉讼请求：确认签订时间为 2003 年 12 月 31 日就坐落于 × 号的房屋，载明售房单位为北郊公司、购房人为任某的《单位出售公有楼房协议书》合同不成立。

【焦点问题】

涉案《单位出售公有楼房协议书》是否符合合同成立条件?

【结论】

法院认为，当事人采用合同书形式订立合同的，自当事人均签名、盖章或按指印时合同成立。涉案《单位出售公有楼房协议书》上"任某"签名经过鉴定机构的专业鉴定，并非任某本人所签，且北郊公司作为合同相对一方，亦无法明确合同签订的过程，故不能认定北郊公司与任某之间达成了关于坐落于 × 号的房屋的公房出售合意，任某要求确认 2003 年 12 月 31 日就坐落于 × 号房屋、售房单位为北郊公司、购房人为任某的《单位出售公有楼房协议书》不成立的诉讼请求，依据充分，法院予以支持。

【典型案例索引】

北京市昌平区人民法院民事判决书，（2022）京0114民初15928号。

【相关法律法规】

《民法典》第490条第1款；《民法典时间效力规定》第1条第3款。

【律师分析】

1. 当事人采用书面合同形式订立合同的，自当事人均签字、签章或捺指印时合同成立。

根据《民法典》第490条第1款的规定，当事人采用合同书形式订立合同的，自当事人均签名、盖章或者捺指印时合同成立。在签名、盖章或者捺指印之前，当事人一方已经履行主要义务，对方接受时，该合同成立。

2. 基于请求确认合同是否成立、无效的主张提起的诉讼系确认之诉，不受3年诉讼时效限制。

根据《民法典》第188条"向人民法院请求保护民事权利的诉讼时效期间为三年。法律另有规定的，依照其规定。诉讼时效期间自权利人知道或者应当知道权利受到损害以及义务人之日起计算。法律另有规定的，依照其规定。但是，自权利受到损害之日起超过二十年的，人民法院不予保护，有特殊情况的，人民法院可以根据权利人的申请决定延长"的规定，一般情况下，原告向法院请求保护民事权利的诉讼时效是3年。诉讼时效期间自权利人知道或者应当知道权利受到损害以及义务人之日起计算。然而，本文案例中，原告提出的是确认合同不成立的诉讼请求，无给付内容，原告所提请确认之诉的权利基础非债权请求权，故其不适用诉讼时效的限制。因此，原告提请确认2003年签署合同不成立的诉讼案件不受诉讼时效的限制。

002. 签订商品房预购协议并支付定金后，能否认定商品房买卖合同成立

【关键词】

预约合同　定金　事实合同　诉讼时效　未履行主要义务

【场景】

原告程父、程子系父子关系。2011 年 8 月 6 日，程父与常安实业公司签订《商品房定购协议》，双方约定了所购商品房的房号、预测建筑面积、房款总金额（814980 元）、付款方式（商贷），同时约定 5 日内签署《商品房买卖合同》，若超期签合同及付款，常安实业公司有权将定购房另售他人、已交定金不予退还、本定购书同时失效。程父、程子在同年 12 月 20 日支付购房款 20 万元，常安实业公司收款并开具了收据。此后，程父、程子未再向常安实业公司支付剩余购房款，也未要求常安实业公司返还已支付的购房款 20 万元，常安实业公司于 2016 年 5 月将涉案房屋出售给案外人瞿某。

【事态发展（纠纷产生）】

2022 年，原告程父、程子以常安实业公司为被告起诉至法院，诉讼请求如下：（1）确认程父、程子与常安实业公司之间的《商品房定购协议》不成立；（2）判令常安实业公司返还程父、程子交付的购房款 20 万元及孳息。

【焦点问题】

程父、程子与常安实业公司之间房屋买卖合同是否成立？

【结论】

法院认为，《民法典》第 490 条规定："当事人采用合同书形式订立合同的，自当事人均签名、盖章或者按指印时合同成立。在签名、盖章或者按指印之前，当事人一方已经履行主要义务，对方接受时，该合同成立。法律、行政法规规定或者当事人约定合同应当采用书面形式订立，当事人未采用书面形式但是一方已经履行主要义务，对方接受时，该合同成立。"《城市房地产管理法》第 41 条规定："房地产转让，应当签订书面转让合同，合同中应当载明土地使用权取得的方式。"本文案例中，程父、程子与常安实业公司之间未订立书面房屋买卖合同，也不存在履行了房屋交易的主要义务的情形，故程父、程子与常安实业公司之间的《商品房定购协议》不成立。

【典型案例索引】

湖北省武汉市中级人民法院民事判决书，（2022）鄂 01 民终 15949 号。

【相关法律法规】

《民法典》第490条；《民法典时间效力规定》第1条；《城市房地产管理法》第41条。

【律师分析】

1. 关于诉讼时效的问题，原告起诉请求确认合同不成立的，不受诉讼时效限制；原告起诉请求返还购房款及孳息的，应受3年诉讼时效的限制，超过诉讼时效的，相关诉讼请求法院不予支持。

例如本文案例中，程父、程子请求常安实业公司返还交付的购房款20万元及孳息，常安实业公司则提出时效抗辩。由于诉讼时效期间自权利人知道或者应当知道权利受到损害以及义务人之日起计算。程父、程子在2011年向常安实业公司付款后在合理的期间未能订立书面房屋买卖合同，也未获得该公司任何承诺，其应当知道权利受到侵害。但两人十余年后才提起诉讼，诉讼时效期间早已届满，因此，法院判决驳回程父、程子提出的常安实业公司返还购房款20万元并支付孳息的诉讼请求。

2. 就商品房买卖事项，均应签署书面合同，若仅是口头约定，应符合“一方当事人已经履行主要义务，对方接受”的情形，否则合同不能成立。

根据《城市房地产管理法》第41条“房地产转让，应当签订书面转让合同，合同中应当载明土地使用权取得的方式”的规定，商品房买卖合同属于应当采用书面形式订立的合同。同时，依据程父、程子与常安实业公司签订的《商品房定购协议》的约定，商品房买卖合同也应采用书面形式订立。但双方没有采用书面形式订立，只存在事实（口头）合同。根据《民法典》第490条的规定，该事实（口头）合同是否成立，取决于是否存在“当事人一方已经履行主要义务，对方接受”的事实。本文案例中，程父、程子仅交付购房款20万元，不到预约合同《商品房定购协议》中约定的房款总价814980元的1/4，显然不能据此认定程父、程子已履行商品房买卖合同的主要义务。同时，常安实业公司至今拒绝向程父、程子交付房屋，根本没有履行任何合同义务。因此，本文案例的双方当事人均未履行事实（口头）商品房买卖合同的主要义务，双方之间的事实（口头）商品房买卖合同不具备

《民法典》第490条第2款要求的当事人未采用书面形式但一方已经履行主要义务，对方接受的事实，不具备合同成立的法律要件，该合同依法不成立。

003. 中间人伪造持股人签名与买方签股权转让协议，能否认定转让合同成立

【关键词】

股权转让　冒名　伪造签名　聊天记录

【场景】

李某与杨某协商以1.5元/股的价格购买冉某持有的目标公司（上市公司）100万股股份事宜，杨某谎称持股人冉某出国未在国内，故由杨某与李某协商股权转让事宜。李某与杨某谈好转让价格后，杨某将持股人冉某签名的协议和身份证拍照给李某，在沟通过程中，杨某将其与冉某沟通的微信记录和冉某身份证原件拍照发给了李某。李某配偶于2018年11月8日向杨某支付了150万元股权转让款后，杨某将有冉某签字的《收条》拍照发给李某，随后李某收到了杨某邮寄的纸质版涉案《股权转让协议》和《收条》。2019年12月18日，目标公司的董事长秘书刘某向李某转让了其持有的目标公司70万股股份。2020年7月1日，监管部门发布目标公司ST公告。冉某陈述其未出国、未委托杨某对外出售股份、未签署过涉案《股权转让协议》和《收条》。

【事态发展（纠纷产生）】

原告李某以杨某、冉某为被告起诉至法院，诉讼请求如下：（1）确认李某与冉某于2018年11月5日签订的涉案《股权转让协议》不成立；（2）杨某、冉某共同返还李某股权转让款150万元。

【焦点问题】

涉案《股权转让协议》是否成立？

【结论】

涉案《股权转让协议》载明的转让方为冉某，受让方为李某，转让标的

为目标公司100万股股权。涉案《股权转让协议》并非李某与冉某同时在场签署，签订过程中李某亦未与持股人冉某本人沟通，李某亦未将股权转让款支付给冉某本人。庭审中，冉某明确表示涉案《股权转让协议》并非其本人所签，且未收到股权转让款。被告杨某亦认可涉案《股权转让协议》上冉某的签字系他人代签，被告杨某收到股权转让款后未转给冉某。因此，涉案《股权转让协议》缺乏成立要件，法院依法认定《股权转让协议》合同不成立。

【典型案例索引】

北京市第二中级人民法院民事判决书，（2022）京02民终7960号。

【相关法律法规】

《民法典》第471条、第472条、第479条、第483条；《民法典时间效力规定》第1条第2款；原《合同法》（2021年1月1日起因《民法典》施行被废止）第13条、第14条、第21条、第25条。

【律师分析】

1. 关于本文案例中，原告基于合同不成立要求被告退还全部股权转让款的诉讼请求，法院认为原告、被告双方就部分股权转让已经达成共识且已履行，故只能退还未实际履行部分的股权转让款。

根据杨某与李某的沟通内容以及目标公司董事长秘书刘某将其持有的70万股股份过户至李某名下的事实，结合刘某的陈述，可以认定李某作出了通过杨某以1.5元/股的价格受让目标公司100万股股份的意思表示，且李某亦认可目标公司70万股股份已变更登记至其名下。因此，二审法院最终未支持李某主张的70万股股份对应的105万元股权转让款返还的请求，仅判令杨某向李某返还另未履行的30万股股份对应的45万元股权转让款。

2. 合同成立，需合同双方达成一致意见并均同意受合同内容的约束。

《民法典》第471条（原《合同法》第13条）规定："当事人订立合同，可以采取要约、承诺方式或者其他方式。"第472条（原《合同法》第14条）规定："要约是希望与他人订立合同的意思表示，该意思表示应当符合下列条件：（一）内容具体确定；（二）表明经受要约人承诺，要约人即受该意思表示约束。”第 479 条（原《合同法》第 21 条）规定：“承诺是受要约人同意要约的意思表示。”第 483 条（原《合同法》第 25 条）规定：“承诺生效时合同成立，但是法律另有规定或者当事人另有约定的除外。”根据上述规定，当事人采取要约、承诺方式订立合同的，承诺生效时合同成立。其中，要约是指要约人希望与他人订立合同的意思表示，该意思表示需要内容明确具体，且需表明经对方同意要约人即受该意思表示约束。承诺是指受要约人同意要约的意思表示。因此，双方订立合同的成立，需要双方达成一致意见，并均同意受合同内容约束。

004. 非本人操作形成的订单信息，能否认定买卖合同成立

【关键词】

买卖合同　订单信息　代理　传销　意思表示

【场景】

原告田某经人介绍参加被告程某组织的千人宣传大会，听程某介绍“中脉国际荣董架构”及相关投资项目。田某分四次向程某及程某指定账户支付共计 244800 元。程某收到田某款项后，由程某的工作人员在中脉公司订单系统内下单生成田某及田某配偶名字的订单信息。中脉公司向田某交付价值 244800 元的内衣，田某拒绝收货。

【事态发展（纠纷产生）】

原告田某以程某为被告起诉至法院，诉讼请求：确认双方合作、投资关系不成立，判令程某返还田某投资款 244800 元。

【焦点问题】

原告、被告双方之间是否成立合同关系？

【结论】

本文案例中不存在有效书面合同，需要通过双方的协商过程判断双方的意图。程某主张田某与中脉公司存在买卖合同关系，则程某应当就此承担举证证明责任。根据程某提交的证据，中脉公司订单系统中所存在的田某及其

配偶的订单信息，系由程某的工作人员唐某操作生成，并非由田某本人操作生成，且田某与程某、于某的多次对话中，并无明确的有关买卖的意思表示内容或授权程某、于某代为进行买卖的意思表示内容，故程某所提交的证据不足以证明其主张，法院对其主张不予采信。同理，本文案例中亦无证据证明程某与田某之间形成了合同关系。因此，对于田某要求确认双方合同关系不成立的诉讼请求，法院予以支持。

【典型案例索引】

北京市第一中级人民法院民事判决书，（2022）京01民终5468号。

【相关法律法规】

《民法典》第133条、第157条、第465条。

【律师分析】

1. 司法实务中所谓的“打官司”很多时候是在打证据，因此，对待证事实的证明以及各方举证责任的认定是诉讼中很重要的环节，其中对待证事实的举证一般遵循“谁主张，谁举证”的原则，即主张法律关系存在的当事人，应当对产生该法律关系的基本事实承担举证责任。

例如本文案例中，原告、被告双方对涉案法律关系的性质、成立等要件存在根本分歧，对此应依据举证责任的相应规则，综合在案证据予以认定。原告认为涉案合同关系不成立，被告则认为原告田某与中脉公司之间成立了合同关系。原告提交了相应资金往来凭证等证据，据此可以认定已构建起与其诉求基本事实的关联。而被告未就其主张存在的法律关系完成举证证明责任，且达到高度可能性的证明标准。本文案例不存在有效书面合同，需要通过双方的协商过程判断双方的意图。根据被告提交的证据并结合其认可系中脉公司“内部系统”的操作方等情节，可以认定双方虽有缔结法律关系的意愿，但对于各自的权利义务、主体地位尚未达成明确合意，不足以识别双方就程某陈述的交易模式达成了明确合意，且诸如实物对价、被告自称的代理、受托权限及涉案款项流向中脉公司等关键要素被告均未充分举证。因此，最终认定涉案合同不成立。

2. 合同不成立的，合同一方因合同原因取得的财产，应当予以返还。不能返还或者没有必要返还的，应当折价补偿。

根据《九民会议纪要》第 32 条的规定，合同不成立时发生的财产返还和损害赔偿责任问题，应当参照《民法典》第 157 条的规定处理。根据《民法典》第 157 条的规定，民事法律行为无效、被撤销或者确定不发生效力后，行为人因该行为取得的财产，应当予以返还；不能返还或者没有必要返还的，应当折价补偿。本文案例中，在双方合同不成立的情况下，应比照合同无效的法律后果处理，被告已向原告收取款项 244800 元，且在案证据仅能认定涉案款项转至被告处，至于被告与中脉公司之间的钱财支付并非原告的授意，因此，被告程某就原告已经支付的 244800 元款项应予以返还。

3. 本文案例中，被告强调其系产品“直销”非“传销”，其中“直销”是经商务部批准、取得直销经营许可证的合法的经营活动，“传销”是国家打击的违法活动。

《禁止传销条例》（国务院令第 444 号，2005 年 11 月 1 日起实施）第 7 条明确了三种传销违法行为，且从条文内容上清晰地规定了传销违法行为的构成要件，具体传销行为包括：

（1）组织者或者经营者通过发展人员，要求被发展人员发展其他人员加入，对发展的人员以其直接或者间接滚动发展的人员数量为依据计算和给付报酬（包括物质奖励和其他经济利益，下同），牟取非法利益的。

（2）组织者或者经营者通过发展人员，要求被发展人员交纳费用或者以认购商品等方式变相交纳费用，取得加入或者发展其他人员加入的资格，牟取非法利益的。

（3）组织者或者经营者通过发展人员，要求被发展人员发展其他人员加入，形成上下线关系，并以下线的销售业绩为依据计算和给付上线报酬，牟取非法利益的。

005. 仅约定投资份额的范围未明确数量，能否认定认购合同成立

【关键词】

股权认购　融资　估值　定金　标的数量

【场景】

原告彭某持有车讯公司64%股权，车讯公司注册资本528万元。彭某与闻某、兰某、孙某三人签订《股权认购协议》，约定闻某等三人承诺认购彭某所在的车讯公司的股权，车讯公司投后估值为1.2亿元。闻某等三人认购车讯公司股份目标份额为15%，以本协议签订日车讯公司股份总额为准，投资额为1800万元，最低认购份额不低于10%，投资额不低于1200万元，最高份额不超过20%，投资额不超过2400万元。协议签署后，闻某等三人通过闻某账号向彭某支付100万元，财务附言为认购费。

【事态发展（纠纷产生）】

原告彭某以闻某、兰某、孙某为被告起诉至法院，诉讼请求如下：（1）判令闻某、兰某、孙某立即向彭某支付剩余股权转让款1100万元；（2）判令闻某、兰某、孙某向彭某支付逾期付款违约金。

三被告闻某、兰某、孙某以原告彭某为反诉被告提起反诉，反诉请求如下：（1）确认《股权认购协议》不成立；（2）判令彭某向三被告返还《股权认购协议》定金100万元。

【焦点问题】

涉案《股权认购协议》是否已经成立？

【结论】

合同成立问题主要考察的是合同双方对于合同必备条款是否已达成合意。标的数量是合同的必备条款，合同双方若对标的数量缺乏合意，则无法认定合同已经成立。本文案例中，涉案《股权认购协议》虽然约定闻某等三人认购车讯公司股份目标份额为15%，投资额为1800万元，但同时约定了最低认购份额不低于10%，投资额不低于1200万元，最高份额不超过20%，投资额不超过2400万元。由此可见，双方对认购的份额与投资额仅约定了一个范围区间，同时未约定在上述区间内确定具体的份额与投资额的条件、标准、方式等。而且，彭某称闻某等三人一直未在区间范围内明确比例导致协议无法履行，此点恰恰能够佐证协议签订时双方对于具体的认购份额与投资额未达成一致，需要一方在事后进行进一步的选择才能确定。综上，涉案《股权认购协议》签订时，协议双方未对认购的份额与投资额等达成合意，欠缺标的数量这一合同必备条件，所以涉案《股权认购协议》不成立。

【典型案例索引】

北京市第一中级人民法院民事判决书，（2022）京01民终4648号。

【相关法律法规】

《民法典》第154条；《民法典时间效力规定》第1条；原《合同法》（2021年1月1日起因《民法典》施行被废止）第52条；《民事诉讼法司法解释》第108条第1款、第109条。

【律师分析】

1. 合同中当事人名称或者姓名、标的和数量是合同成立的必备要件，其他内容在合同履行时一般均可通过相关条款或者交易习惯予以确定。

根据《全国法院贯彻实施民法典工作会议纪要》（法〔2021〕94号）第6条“当事人对于合同是否成立发生争议，人民法院应当本着尊重合同自由，鼓励和促进交易的精神依法处理。能够确定当事人名称或者姓名、标的和数量的，人民法院一般应当认定合同成立，但法律另有规定或者当事人另有约定的除外。对合同欠缺的当事人名称或者姓名、标的和数量以外的其他内容，当事人达不成协议的，人民法院依照民法典第四百六十六条、第五百一十条、第五百一十一条等规定予以确定”的规定，一份合同只要能够确认当事人名称或者姓名、标的和数量的，法院一般会认定合同成立。其他内容可在合同履行过程中，根据合同相关条款或交易习惯予以确认。

2. 合同成立后，合同其他约定不明的内容应如何确认，如质量要求、价款、履行地点等内容。

根据《民法典》第510条“合同生效后，当事人就质量、价款或者报酬、履行地点等内容没有约定或者约定不明确的，可以协议补充；不能达成补充协议的，按照合同相关条款或者交易习惯确定”的规定，在合同履行过程中，当事人就质量、价款或者报酬、履行地点等内容没有约定或者约定不明确的，可按照合同相关条款或者交易习惯确定。

若依据合同相关条款或者交易习惯仍不能确定的，根据《民法典》第

511 条的规定，可按照如下规定进行确认：

（1）质量要求不明确的，按照强制性国家标准履行；没有强制性国家标准的，按照推荐性国家标准履行；没有推荐性国家标准的，按照行业标准履行；没有国家标准、行业标准的，按照通常标准或者符合合同目的的特定标准履行。

（2）价款或者报酬不明确的，按照订立合同时履行地的市场价格履行；依法应当执行政府定价或者政府指导价的，依照规定履行。

（3）履行地点不明确，给付货币的，在接受货币一方所在地履行；交付不动产的，在不动产所在地履行；其他标的，在履行义务一方所在地履行。

（4）履行期限不明确的，债务人可以随时履行，债权人也可以随时请求履行，但是应当给对方必要的准备时间。

（5）履行方式不明确的，按照有利于实现合同目的的方式履行。

（6）履行费用的负担不明确的，由履行义务一方负担；因债权人原因增加的履行费用，由债权人负担。

3. 另外，目标公司融资认购股权，原始取得的股权与继受取得的股权，所对应的价值以及支付对象等方面往往存在区别，但涉案《股权认购协议》中亦未对此进行约定，也无法通过合同解释的方式对此予以确定。

第二章

引发合同无效的常见场景

合同有效是合同履行的前提，司法实务中各方当事人可能基于不同原因认为合同存在无效情形，向法院或仲裁机构请求确认合同无效。根据《民法典》第155条的规定，合同无效是自始无效。合同无效后的法律后果，根据《民法典》第157条的规定，合同无效后合同当事人因该合同取得的财产，应当予以返还；不能返还或者没有必要返还的，应当折价补偿。有过错的一方应当赔偿对方由此所受到的损失；各方都有过错的，应当各自承担相应的责任。

随着2021年1月1日《民法典》的实施，自1999年10月1日开始施行的原《合同法》也因此被废止，原《合同法》第52条就合同无效的法定情形规定了五种情形，包括：(1) 一方以欺诈、胁迫的手段订立合同，损害国家利益；(2) 恶意串通，损害国家、集体或者第三人利益；(3) 以合法形式掩盖非法目的；(4) 损害社会公共利益；(5) 违反法律、行政法规的强制性规定。上述五种合同无效的法定情形结合相关司法解释一直是判定合同效力的直接法律依据，《民法典》施行后，基于《民法典》的完整体系，原《合同法》规定的合同无效情形被调整和包容在《民法典》总则编第六章民事法律行为的有关规定中以及合同编的有关规定中，结合《民法典》总则编、其他各编以及相关司法解释关于无效法律行为的规定，合同无效可具体包括以下几种情形。

1. 无民事行为能力人签署的合同无效

《民法典》第144条规定："无民事行为能力人实施的民事法律行为无效。"

2. 合同各方基于虚假意思表示行为签署的合同无效

《民法典》第146条第1款规定："行为人与相对人以虚假的意思表示实

施的民事法律行为无效。”

3. 合同内容违反强制性规定的无效

《民法典》第 153 条第 1 款规定：“违反法律、行政法规的强制性规定的民事法律行为无效……”

4. 合同内容违背公序良俗的无效

《民法典》第 153 条第 2 款规定：“违背公序良俗的民事法律行为无效。”

5. 合同各方恶意串通损害他人权益的无效

《民法典》第 154 条规定：“行为人与相对人恶意串通，损害他人合法权益的民事法律行为无效。”

除上述《民法典》总则编的规定外，《民法典》其他各编内容及相关司法解释还有对从合同、特殊合同、特殊条款等合同无效情形的规定。

1. 主债权债务合同无效的，担保合同、保证合同无效

《民法典》第 388 条第 1 款规定：“设立担保物权，应当依照本法和其他法律的规定订立担保合同。担保合同包括抵押合同、质押合同和其他具有担保功能的合同。担保合同是主债权债务合同的从合同。主债权债务合同无效的，担保合同无效，但是法律另有规定的除外。”第 682 条第 1 款规定：“保证合同是主债权债务合同的从合同。主债权债务合同无效的，保证合同无效，但是法律另有规定的除外。”

2. 格式条款无效

《民法典》第 497 条规定：“有下列情形之一的，该格式条款无效：（一）具有本法第一编第六章第三节和本法第五百零六条规定的无效情形；（二）提供格式条款一方不合理地免除或者减轻其责任、加重对方责任、限制对方主要权利；（三）提供格式条款一方排除对方主要权利。”

3. 损害人身或故意、重大过失损害财产的免责条款无效

《民法典》第 506 条规定：“合同中的下列免责条款无效：（一）造成对方人身损害的；（二）因故意或者重大过失造成对方财产损失的。”

4. 超越经营范围订立的合同，应根据《民法典》关于民事法律行为效力以及合同编相关合同效力的规定进行判定

《民法典》第 505 条规定：“当事人超越经营范围订立的合同的效力，应

当依照本法第一编第六章第三节和本编的有关规定确定，不得仅以超越经营范围确认合同无效。”

5. 租赁合同，租期超过 20 年的部分无效

《民法典》第 705 条第 1 款规定：“租赁期限不得超过二十年。超过二十年的，超过部分无效。”

6. 以虚构租赁物订立的融资租赁合同无效

《民法典》第 737 条规定：“当事人以虚构租赁物方式订立的融资租赁合同无效。”

7. 非法垄断技术或者侵害他人技术成果的技术合同无效

《民法典》第 850 条规定：“非法垄断技术或者侵害他人技术成果的技术合同无效。”

8. 买卖违禁品合同无效

《民法典》第 1007 条规定：“禁止以任何形式买卖人体细胞、人体组织、人体器官、遗体。违反前款规定的买卖行为无效。”

综上所述，本章内容主要围绕确认合同无效的相关法律规定及实务案例，对可能导致合同无效的诸多因素进行类型化分析，并提出律师法律实务建议，以帮助读者在日常经济交往活动及实务办案过程中提前预判可能引发合同无效结果的潜在因素。

一、超越民事行为能力签订的合同无效

根据《民法典》第 143 条的规定，民事法律行为有效应具备的条件之一就是“行为人具有相应的民事行为能力”。根据《民法典》第 144 条“无民事行为能力人实施的民事法律行为无效”的规定，无民事行为能力人签署的合同应属无效。

本部分内容主要围绕《民法典》及相关司法解释的规定，并结合实务案例，对行为人不具备相应民事行为能力影响合同效力的诸多因素进行类型化分析、提出律师法律实务建议，以帮助读者在日常经济交往活动及实务办案

过程中提前预判相关情形下因合同主体缺乏民事行为能力而引发合同无效的因素。

006. 限制行为能力人通过协议处分财产和放弃继承，该协议是否无效

【关键词】

无民事行为能力　限制行为能力　司法鉴定　处分行为　赡养义务

【场景】

刘某被中国残疾人联合会认定为智力残疾，为无民事行为能力人。刘某生有二女，长女于甲，次女于乙。×号院集体土地宅基地使用证上登记的姓名为刘某，2010 年×号院被拆迁，拆迁补偿款共计 288 万余元。于甲与于乙在 2011 年 10 月 24 日签订的《协议书》以及在 2013 年 7 月 4 日签订的《财产分割协议》中，均包括以下内容：于甲向于乙出售×号院内 2 间南房、于甲放弃继承权同时免除其赡养刘某义务、分配刘某的 5 套拆迁安置房屋以及确认×号院翻盖扩建的资金由于乙向债权人偿还等内容。

2016 年，于甲之夫王某申请宣告于甲为限制民事行为能力人，医院出具司法鉴定意见及补充说明，表示“因精神发育迟滞是一种持续性的病程，自幼年期即表现智力低下和社会适应困难，本民事行为能力评定是自成年期开始的，延续终身”。

【事态发展（纠纷产生）】

于甲以于乙为被告起诉至法院，诉讼请求：确认于甲与于乙在 2011 年 10 月 24 日签订的《协议书》无效、在 2013 年 7 月 4 日签订的《财产分割协议》无效。

【焦点问题】

诉争两份协议的效力如何认定？

【结论】

于甲与于乙签订的诉争两份协议中包括的出售房屋、放弃继承、分配拆迁房、偿还翻建房屋所负债务等事项，涉及的金额从 1 万余元至 121 万余元

不等。上述内容均不属于日常生活事项，而是涉及家庭大额财产的处分、自身重要权利的放弃等。于甲作为限制民事行为能力人，其对两份协议的内容不能准确理解，对所产生的法律后果不能完全预见，该内容已超出了其智力能力范围，且于乙等人是否已向债权人偿还了×号院翻盖扩建的资金55万余元完全超出了于甲的认知和判断能力范围。同时，赡养义务是法定强制性义务，不能以任何形式被免除，包括放弃继承权亦不能作为不履行赡养义务的法定事由。现于甲起诉要求确认两份协议无效，应视为其法定代理人拒绝对协议进行追认，故判决确认诉争两份协议均无效。

【典型案例索引】

北京市高级人民法院民事裁定书，（2021）京民申6944号。

【相关法律法规】

《民法典》第22条、第144条、第145条；《民法典总则编司法解释》第5条、第29条；原《合同法》（2021年1月1日起因《民法典》施行被废止）第47条第1款；《民法典时间效力规定》第1条第2款。

【律师分析】

1. 本文所引案例包含了一审、二审、检察院抗诉、法院裁定发回重审、再审等多个诉讼程序，其中争议焦点为于甲的民事行为能力以及诉争两份协议书的效力问题，其中就于甲的民事行为能力原告、被告双方各执一词，法院最终以司法鉴定意见作为认定案件事实及裁判的依据。

本文案例中，于甲之夫王某在2016年申请宣告于甲为限制民事行为能力人。法院委托医院对于甲的行为能力进行鉴定，医院出具精神疾病司法鉴定意见书，意见为“于甲临床诊断精神发育迟滞，受所患疾病影响，认识及意思表达能力不完全，应评定为限制民事行为能力”。后医院又出具《关于被鉴定人于甲鉴定民事行为能力的补充说明》，表示“因精神发育迟滞是一种持续性的病程，自幼年期即表现智力低下和社会适应困难，本民事行为能力评定是自成年期开始的，延续终身”。

于乙对前述鉴定意见和补充说明不予认可，于乙主张于甲行为能力是正常的，并申请证人出庭作证，证人以其日常生活经验判断于甲是正常人。但有鉴定意见书及补充说明，确认于甲患有精神发育迟滞并延续终身。法院认为，司法精神病学鉴定对于判定自然人的行为能力更具有专业性，应作为认定案件事实及裁判的依据。

2. 被继承人未死亡前，继承人开始协议分配被继承人财产，该分配协议不能认定为继承人对于遗产继承的约定。

本文案例中，在于甲与于乙签订的两份协议中，约定将刘某的×号院归于乙，将刘某名下的拆迁安置房屋进行分割，上述两份协议处分了无行为能力人刘某的财产，侵害了刘某的合法权益。此外，两份协议均写于刘某去世之前，在刘某生前，于甲、于乙二人就已经开始处分刘某的财产，所以两份协议不能认定为是于甲、于乙二人对继承刘某遗产问题的约定。

3. 子女对老人的赡养义务是法定强制性义务，不能以任何形式被免除，如本文案例中，于甲放弃继承权亦不能作为不履行赡养义务的法定事由。因此，相关子女对继承父母财产分配的约定，子女不能以此免除其对老人的赡养责任。

007. 限制行为能力人与监护人签订房屋赠与合同，该合同是否无效

【关键词】

赠与合同　无民事行为能力　监护人　指定监护

【场景】

朱甲系智力残疾人，其名下有×号房屋一套。经朱甲的姐姐朱乙申请，北京市昌平区人民法院判决：宣告朱甲为限制民事行为能力人，并指定朱乙为朱甲的监护人。后朱甲（赠与人）与朱乙（受赠人）签订《赠与合同》，约定朱甲将×号房屋的100%份额无偿赠与给朱乙，朱甲签字并捺手印。朱乙将×号房屋变更登记至己方名下。2021年1月朱甲去世。

【事态发展（纠纷产生）】

原告朱丙与被告朱乙系姑侄关系，朱甲是原告亲叔叔，朱丙父亲早于朱甲去世，朱甲无子女。原告朱丙认为涉案《赠与合同》应属无效，故以朱乙

为被告起诉至法院，诉讼请求：确认朱乙与被监护人朱甲于2020年4月23日签订的房屋《赠与合同》无效。

【焦点问题】

涉案房屋《赠与合同》是否无效？

【结论】

朱甲于2017年被宣告为限制民事行为能力人，而涉案《赠与合同》的主要内容为朱甲将其名下房屋无偿赠与朱乙，并协助办理房屋过户登记。上述合同内容显然已经超出作为限制民事行为能力人的朱甲可以理解的范畴，与其智力、认知能力不相适应，即朱甲并不具有作出无偿赠与房产意思表示相应的民事行为能力。朱乙对登记在朱甲名下的房产进行处分，对于朱甲的正常居住权益和日常生活具有重大影响，与“最有利于被监护人”的原则并不相符。故认定朱乙与朱甲签订的《赠与合同》无效。

【典型案例索引】

北京市高级人民法院民事裁定书，（2022）京民申5977号。

【相关法律法规】

《民法典》第22条、第35条、第145条、第157条；《民法典总则编司法解释》第5条。

【律师分析】

1. 限制民事行为能力人的监护人应该按照最有利于被监护人的原则履行监护职责。

根据《民法典》第35条第1款的规定，监护人应当按照最有利于被监护人的原则履行监护职责。监护人除为维护被监护人利益外，不得处分被监护人的财产。上述规定明确了监护人对被监护人的行为原则，即“最有利于被监护人”原则。特别是在处理被监护人财产上，更应秉承“最有利于被监护人”原则，监护人除为维护被监护人利益外，不得处分被监护人财产。

2. 限制民事行为能力人赠与房屋给他人的，该赠与行为必然超出其人的民事行为能力范围，故房屋赠与行为应属无效。

根据《民法典》第22条的规定，限制民事行为能力人可以独立实施纯获利益的民事法律行为或者与其智力、精神健康状况相适应的民事法律行为。《民法典总则编司法解释》第5条规定："限制民事行为能力人实施的民事法律行为是否与其年龄、智力、精神健康状况相适应，人民法院可以从行为与本人生活相关联的程度，本人的智力、精神健康状况能否理解其行为并预见相应的后果，以及标的、数量、价款或者报酬等方面认定。"

例如本文案例中，涉案《赠与合同》的主要内容为朱甲将其名下房屋无偿赠与朱乙，并协助办理房屋过户登记。按照日常生活经验，作出无偿赠与房屋的意思表示，即使对于完全民事行为能力人来说，也属具有重要意义的民事法律行为，故上述合同的内容显然已经超出作为限制民事行为能力人的朱甲可以理解的范畴，与其智力、认知能力不相适应。因此，朱甲并不具有作出无偿赠与房屋意思表示相应的民事行为能力，该赠与行为应属无效。

3. 本文案例中，原告的诉讼请求此前还包括要求被告协助将涉案房屋恢复登记至朱甲名下，诉讼中原告撤回该项协助行为请求，撤回的原因可能是考虑其起诉时朱甲已死亡。但若朱甲未死亡，该协助行为请求将会有利于原告胜诉后申请法院强制执行。

根据《民法典》第157条的规定，民事法律行为无效、被撤销或者确定不发生效力后，行为人因该行为取得的财产，应当予以返还；不能返还或者没有必要返还的，应当折价补偿。有过错的一方应当赔偿对方由此所受到的损失；各方都有过错的，应当各自承担相应的责任。因此，若房屋赠与合同被认定为无效，则无效的法律后果便是被告将涉案房屋返还给赠与人。

008. 公司被宣告破产后又对外签租赁合同，租赁合同是否无效

【关键词】

租赁合同　破产　法人终止　无民事行为能力

【场景】

经H粮油购销公司申请，法院于2012年7月10日裁定，宣告H粮油购销公司破产。2018年3月30日，H粮油购销公司下属单位前高庙粮库负责

人梅某与王某等人签署《前高庙粮库临街土地租赁合同》，约定出租前高庙粮库土地给王某等人，王某等按约定支付租金，并在所租赁的土地连同其自有土地上建造了房屋，该房屋现状为不可分割。

【事态发展（纠纷产生）】

原告H粮油购销公司破产管理人认为前高庙粮库为无民事行为能力人，且未经其允许将土地租赁他人，故将王某等人起诉至法院，诉讼请求：确认被告于2018年3月30日与前高庙粮库签订的租赁协议无效。

【焦点问题】

涉案《前高庙粮库临街土地租赁合同》效力如何认定？

【结论】

H粮油购销公司已于2012年7月10日被法院宣告破产，自破产之日起，H粮油购销公司及其下属的前高庙粮库即终止并失去民事行为能力。《民法典》第144条规定："无民事行为能力人实施的民事法律行为无效。"本文案例中，H粮油购销公司下属单位前高庙粮库负责人梅某代表前高庙粮库于2018年3月30日与被告王某等签订《前高庙粮库临街土地租赁合同》时，H粮油购销公司前高庙粮库已无民事行为能力，故该土地租赁合同无效。

【典型案例索引】

河南省新野县人民法院民事判决书，(2022)豫1329民初3970号。

【相关法律法规】

《民法典》第68条、第73条、第144条。

【律师分析】

1. 根据《民法典》第20条、第21条、第144条的规定，不满八周岁的未成年人、不能辨认自己行为的成年人均为无民事行为能力人，无民事行为能力人实施的民事法律行为无效。无民事行为能力人需由其法定代理人代理实施民事法律行为。

2. 法人的民事权利能力始于法人设立，终于法人终止（依法完成清算、注销登记）。

法人的民事行为能力没有等级区分，只是经营范围有所区别，法人的民事行为能力与民事权利能力同时产生，同时消灭。根据《民法典》第 68 条、第 73 条的规定，法人发生解散、被宣告破产等情形，并依法完成清算、注销登记的，该法人终止。

二、基于虚假意思表示行为签订的合同无效

《民法典》第 143 条就民事法律行为有效规定了应具备的条件，其中之一就是“意思表示真实”。根据《民法典》第 146 条第 1 款“行为人与相对人以虚假的意思表示实施的民事法律行为无效”的规定，合同各方以虚假意思订立的合同应属无效合同。对于虚假意思表示学理上又称为“通谋虚伪表示”，虚假意思表示是在制定原《民法总则》时新增加的内容，后为《民法典》吸收，而原《民法通则》第 58 条第 1 款第 4 项和原《合同法》第 52 条对此行为有过类似的规定，即“恶意串通，损害国家、集体或者第三人利益”的民事行为无效，以及“以合法形式掩盖非法目的”的合同无效。原《民法通则》与原《合同法》也仅是类似规定，并未明确虚假意思表示导致民事法律行为无效，因此在司法实务中，如果串通行为没有造成国家、集体或者第三人损失，也没有非法目的，此时虚假意思表示显化的行为的效力该如何认定就没有明确的法律规定了。《民法典》颁布实施后，其第 146 条对上述行为进行了明确规定，即“行为人与相对人以虚假的意思表示实施的民事法律行为无效。以虚假的意思表示隐藏的民事法律行为的效力，依照有关法律规定处理”。

根据《民法典合同编通则司法解释》第 14 条第 1 款关于多份合同（阴阳合同）效力问题的规定，当事人之间就同一交易订立多份合同，法院应当认定其中以虚假意思表示订立的合同无效。当事人为规避法律、行政法规的强制性规定，以虚假意思表示隐藏真实意思表示的，法院应当依据《民法典》第 153 条第 1 款的规定认定被隐藏合同的效力；当事人为规避法律、行政法规关于合同应当办理批准等手续的规定，以虚假意思表示隐藏真实意思表示的，法院应当依据《民法典》第 502 条第 2 款的规定认定被隐藏合同的

效力。同时，《民法典合同编通则司法解释》第 14 条第 3 款规定：“当事人就同一交易订立的多份合同均系真实意思表示，且不存在其他影响合同效力情形的，人民法院应当在查明各合同成立先后顺序和实际履行情况的基础上，认定合同内容是否发生变更。法律、行政法规禁止变更合同内容的，人民法院应当认定合同的相应变更无效。”对于多份合同均属合同各方真实意思表示的情形，该条文规定了法院对于合同变更的认定标准。

本部分内容以《民法典》及相关司法解释的规定为基础，并结合实务案例，对虚假的意思表示影响合同效力的诸多因素进行类型化分析、提出律师法律实务建议，以帮助读者在日常经济交往活动及实务办案过程中提前判断相关情形下当事人以虚假意思签署合同而引发合同无效的因素。

（一）“阴阳合同”情形下认定虚假意思表示

009. 以房屋买卖合同为借款提供担保，房屋买卖合同是否无效

【关键词】

房屋买卖合同　借款　让与担保　虚假意思

【场景】

老母亲韩某以房抵押为小儿徐某借款提供担保，但在办理手续时债权人黄某与韩某签署了《房屋买卖合同》且房屋已过户至债权人黄某名下。同时，双方签署《承诺书》，约定：将房屋以抵押形式暂过户给债权人，债权人放贷给小儿徐某，待所借款项连本带利全部还清后，债权人再将房屋过户归还给韩某。

【事态发展（纠纷产生）】

在签订房屋买卖合同后，母子二人韩某、徐某继续居住。后小儿徐某要求出售房屋，债权人黄某将房屋以 122 万元出售给案外人。现老母亲韩某用退休金租房居住，韩某认为其虽与黄某签订《房屋买卖合同》但没有拿到房款，故诉至法院，诉讼请求如下：（1）确认双方签署的《房屋买卖合同》无效；（2）判令债权人黄某赔偿经济损失 102 万元。

【焦点问题】

双方签署《房屋买卖合同》的真实意思是为借款提供担保，该《房屋买卖合同》是否无效？

【结论】

双方签订的房屋买卖合同并非真正的房屋产权交易行为，而是以借款合同关系为基础，债务人与债权人约定将系争房屋形式上转让至债权人名下作为债务履行的担保物，债务人到期清偿债务，则债权人应当将系争房屋返还给债务人的让与担保行为。因此，系争《承诺书》包含了两项合意，即作为主合同的借款合同及作为从合同的系争房屋让与担保行为。根据《民法典》第146条第1款的规定，行为人与相对人以虚假的意思表示实施的民事法律行为无效。由于双方在签约时并不存在真实的房屋买卖合同意思表示，故系争《房屋买卖合同》应属无效。

【典型案例索引】

上海市第一中级人民法院民事判决书，(2020)沪01民终3375号。

【相关法律法规】

《民法典》第146条。

【律师分析】

1. 双方以虚假的意思表示实施的民事法律行为无效，双方基于虚假意思表示签署的合同应认定为无效合同。

《民法典》第146条规定："行为人与相对人以虚假的意思表示实施的民事法律行为无效。以虚假的意思表示隐藏的民事法律行为的效力，依照有关法律规定处理。"据此，双方以虚假的意思表示实施的民事法律行为无效，故双方签署的虚假合同应认定为无效合同。本文案例中，双方签署了2份协议，分别为《房屋买卖合同》和《承诺书》，双方的真实意思是为借款以房产做抵押担保，《承诺书》约定内容才是双方的真实意思。因此，《房屋买卖合同》是双方虚假意思表示行为形成的合同文本，属于虚假合同，应认定为无效。

2. 本文案例中，以虚假的房产转让行为隐藏真实的借款担保目的，其实质是一种非典型的担保行为，学理上称之为让与担保。法院就双方交易行为是否属于让与担保做判断时，需要从交易时间、履行方式、基础债务等方面综合审查双方的真实意思，并根据《民法典》146 条第 1 款的规定认定表面虚假交易行为形成的《房屋买卖合同》为无效合同。

3. 认定以虚假交易隐藏的让与担保行为是否有效，需要审查隐藏行为是否存在无效情形。如本文案例中，以房屋作担保的行为并不属于合同无效情形，故担保行为应属有效。若债务到期且未能清偿，债权人可以在担保人同意的情况下以合理价格出售房屋，债权人可就房屋的变价款主张优先受偿。

4. 让与担保行为效力虽不受表面交易行为无效的影响，但也不能因为交易行为而产生房产产权变更的法律效果。房屋让与担保的债权人即使办理了相应的产权过户、取得了物权登记，也不享有房屋真正所有权，该债权人不能对外随意处分房屋。至于抵押行为是否有效、债权人能否就房屋变价款享有优先受偿权，仍需审查债权人是否办理了担保财产所有权转移登记，只有办理了相应的产权转移登记，债权人才能就该担保财产的变价款主张优先受偿。

010. 出售共有房屋为借款提供担保，售房合同是否无效

【关键词】

房屋买卖合同　回购协议　让与担保　虚假意思

【场景】

金某与陈某婚后取得的房屋，登记在陈某个人名下。后陈某为借款以该房屋对外提供担保，与债权人朱某签署《房屋买卖合同》，约定以 200 万元的价格出售房屋。同日，陈某与朱某又签署《房屋回购协议》，约定陈某自此每月向朱某支付 1.26 万元直至支付 24 个月，然后朱某在第 25 个月内再一次性支付 140 万元以回购房屋。双方签署上述协议后办理了房产过户，但陈某夫妇仍继续在涉案房屋内居住。

【事态发展（纠纷产生）】

金某认为其配偶陈某与朱某之间的法律关系系借款法律关系非房屋买卖法律关系，房屋仅是对借款的担保。金某对《房屋回购协议》的签署并不知情也未签字、未追认，该笔借款是陈某个人借款与金某无关。同时，涉案房屋是金某与陈某婚后共同财产，陈某无权擅自处分。故金某以朱某为被告起诉至法院，诉讼请求如下：（1）判令《房屋买卖合同》无效；（2）判令朱某返还房屋并依法履行过户手续。

【焦点问题】

1. 《房屋买卖合同》中卖房人的配偶是否有权反悔起诉要求合同无效？

2. 房屋买卖合同是否无效？

【结论】

配偶作为共同财产房屋处分纠纷的利害关系人，其有权就房屋买卖合同纠纷案件提起诉讼。本文案例中，陈某与朱某在签订《房屋买卖合同》的同时签订《房屋回购协议》，从该两份合同的履行情况看，陈某与朱某之间形成的是一种因借贷产生的让与担保法律关系，故《房屋买卖合同》并非陈某与朱某的真实意思表示，应属无效合同。

【典型案例索引】

浙江省宁波市中级人民法院民事判决书，（2022）浙02民终4191号。

【相关法律法规】

《民法典》第146条、第1062条（关于夫妻共同财产的规定）；《民法典婚姻家庭编司法解释（一）》第27条、第28条。

【律师分析】

1. 夫妻一方处分夫妻共有房产，不知情的配偶有权提起诉讼确认售房合同无效，至于该配偶能否要回房产需要结合具体案情进行分析应对。

根据《民法典》第1062条、《民法典婚姻家庭编司法解释（一）》第27条关于夫妻共同财产的规定，夫妻在婚姻关系存续期间购得的房产，为夫妻的共同财产，归夫妻共同所有。本文案例中，夫妻一方在另一方不知情的情况下对外出售共有房屋，无论该出售行为是否真实，售房人的配偶均有权就房屋的出售行为提出异议，并可以此向法院提起诉讼。然而，关于本文案例中售房人的配偶金某要求返还房屋并办理过户的请求能否获得法院支持的问题，因售房人陈某未归还全部欠款，且还款期限未届满，因此，陈某配偶的要求返还房产的请求，法院最终未予支持。

2. 夫妻一方擅自处分共有房产，若发生离婚，另一方可就损失向售房一方要求赔偿。

根据《民法典婚姻家庭编司法解释（一）》第28条的规定，夫妻一方未经另一方同意出售夫妻共同所有的房屋，第三人善意购买、支付合理对价并已办理不动产登记，另一方主张追回该房屋的，法院不予支持。然而，夫妻一方因擅自处分共同所有的房屋造成另一方损失的，离婚时另一方请求赔偿损失的，法院应予支持。

3. 在本文案例中，因《房屋买卖合同》并不是双方真实意思表示，根据《民法典》第146条第1款的规定，最终认定《房屋买卖合同》为表面虚假行为，为无效合同。

011. 以购房协议形式履行遗赠扶养内容，购房协议是否无效

【关键词】

房屋买卖合同　借款　让与担保　合同无效

【场景】

老人马某、周某系夫妻，夫妻二人与周某的外甥卢某签署《遗赠扶养协议》，内容为由卢某负责马某的生养死葬，马某将一套房屋赠送给卢某。卢某夫妻居住在该房屋。后周某去世，马某与卢某又签署《北京市存量房屋买卖合同》，约定房款10万元。签合同当日，该房屋变更登记至卢某名下。

【事态发展（纠纷产生）】

涉案房屋过户后，马某后悔，马某以卢某为被告起诉至法院，诉讼请求如下：（1）确认马某与卢某之间于2021年6月4日签订的《北京市存量房屋买卖合同》无效；（2）卢某协助马某将××房屋恢复登记至马某名下，由

此产生的税费由卢某承担；（3）卢某15日内腾退××房屋。

【焦点问题】

2021年6月4日签订的《北京市存量房屋买卖合同》是否无效？

【结论】

马某与卢某之间并无买卖涉案房屋的合意，马某无出售房屋并收取购房款的意思表示，卢某亦无通过支付合同约定的购房价款并取得涉案房屋的意思表示。所以，双方签署的房屋买卖合同系以虚假的意思表示实施的民事法律行为，不属于双方真实意思表示，依法应属无效。

【典型案例索引】

北京市第二中级人民法院民事判决书，（2023）京02民终7419号。

【相关法律法规】

《民法典》第146条、第155条、第157条、第1123条、第1158条。

【律师分析】

1. 根据《民法典》第146条的规定，行为人与相对人以虚假的意思表示实施的民事法律行为无效。以虚假的意思表示隐藏的民事法律行为的效力，依照有关法律规定处理。

本文案例中，行为人与相对人以虚假意思表示形成的合同是2021年6月4日签订的《北京市存量房屋买卖合同》，该合同无效。至于以房屋买卖合同隐藏的《遗赠扶养协议》的效力问题，根据《民法典》第502条第1款的规定：“依法成立的合同，自成立时生效，但是法律另有规定或者当事人另有约定的除外。”本文案例中，《遗赠扶养协议》经双方签字、生效，且无相关无效情形，应该有效。

2. 本文案例中，扶养人卢某取得涉案房屋产权的原因行为不是履行《遗赠扶养协议》，在房屋买卖合同被确认无效后，卢某取得的涉案房屋需返还给马某，并需协助马某将涉案房屋变更登记回马某名下。

《遗赠扶养协议》具有生前法律行为与死后法律行为的统一的特点。生前法律行为，是指双方当事人参与签订协议，并履行协议规定的扶养义务，行为都是在生前进行的，而且在生前就具有法律效力；死后法律行为，是指必须等到遗赠人死后才能将遗产转移给扶养人，扶养人在遗赠人生前不得提出取得遗赠财产的要求。因此，即便《遗赠扶养协议》有效，也不是本文案例中卢某取得房屋产权的原因行为，卢某取得房屋产权的原因行为是涉案《北京市存量房屋买卖合同》的履行。一旦《北京市存量房屋买卖合同》被确认为无效，合同无效为自始无效，卢某基于履行房屋买卖合同取得的房产应返还给马某。

3. 马某为否定涉案《房屋买卖合同》效力，先以显失公平为由起诉请求撤销合同，后又以卢某未实际支付购房款起诉请求解除合同，最后才选择以虚假意思表示为由起诉请求确认合同无效，这一诉讼请求方才正确。

（1）马某以卢某欺诈及价格过低显失公平为由起诉至法院，请求撤销其与卢某签订的《北京市存量房屋买卖合同》，未被法院支持。

法院经审理认为，马某无证据证明卢某为办理过户对马某存在故意告知虚假情况或故意隐瞒真实情况等欺诈行为。同时，无马某签订合同时处于危困状态的证据，且马某具有相应的民事行为能力，鉴于双方存在亲属关系且签有《遗赠扶养协议》等事实，故不能仅以价款金额作为判断是否显失公平的标准，故法院判决驳回了马某的诉讼请求。

（2）马某以卢某未支付购房款 10 万元构成违约为由诉至法院，请求判令解除马某与卢某签订的《北京市存量房屋买卖合同》，未被法院支持。

法院结合双方于 2021 年签订遗赠扶养协议的事实，判断双方当事人签订的《北京市存量房屋买卖合同》只是办理涉案房屋过户的形式，卢某与马某之间并无买卖涉案房屋的意思表示，故马某以卢某未支付购房款为由要求解除合同的诉讼请求事实及法律依据均不足，故法院判决驳回了马某的诉讼请求。

（3）如本文案例，马某以《北京市存量房屋买卖合同》系双方虚假意思表示，请求确认合同无效并返还房屋，法院予以支持。

综上所述，关于同一事项的不同诉讼策略，引起的案件胜败结果完全不同。不同诉讼策略对应的法律依据及证据准备亦不相同，故对于诉讼案件，在起诉前的周全思考及充分的诉前准备尤为重要。

（二）合同名实不符情形下认定虚假意思表示

012. 名为合伙协议实为借贷法律关系，合伙协议是否无效

【关键词】

合伙协议　优先级有限合伙人　固定收益　借款

【场景】

因奥斯公司向江西银行融资4.79亿元，为建立相应放款“通道”，江西银行通过与H证券公司（管理人）、兴业银行某分行（托管人）签订《华金融汇×号定向资产管理合同》，将涉案资金交由H证券公司以其名义出资设立合伙企业后再由合伙企业以股权投资方式使涉案资金最终流入奥斯公司。一方面，H证券公司签订《合伙协议》及《补充协议》，成为承担合伙企业投资风险的优先级合伙人；另一方面，H证券公司又与G市城投公司签订《合伙企业份额受让合同》并明确转让溢价款的支付方式及金额以该合同约定为准，并将《合伙企业份额受让合同》生效及履行情况作为H证券公司履行合伙协议出资义务及《合伙协议》《补充协议》是否终止的前提，也就是说，H证券公司成为合伙人的前提是转让合伙份额退出合伙企业。

【事态发展（纠纷产生）】

交易履行过程中，因G市城投公司欠付溢价款，H证券公司通过江西银行扣划G市城投公司在该银行账户内资金。G市城投公司认为各方基于某促成奥斯公司向江西银行融资目的而签订涉案《合伙协议》及《补充协议》，上述协议均是各方虚假意思表示，各方自始没有合伙的合意。因此，G市城投公司以H证券公司、基金管理公司为被告，以江西银行、奥斯公司为第三人向法院提起诉讼，诉讼请求：确认涉案《合伙协议》及《补充协议》无效。

【焦点问题】

涉案《合伙协议》及《补充协议》是否为无效合同？

【结论】

H 证券公司签订《合伙协议》及《补充协议》时的真实意思并非成为合伙人、分享合伙企业投资收益、承担合伙企业风险，而是以在设立合伙企业的同时转让合伙企业财产份额并收取固定溢价款的形式变相实现还本付息的借贷目的。综合相关刑事判决，已查明各方当事人是基于某促成奥斯公司向江西银行融资目的而签订涉案《合伙协议》及《补充协议》，且《合伙企业份额受让合同》与涉案《合伙协议》及《补充协议》紧密关联，结合三者相关条款可发现 H 证券公司签订涉案《合伙协议》及《补充协议》时的真实意思并非设立合伙企业、对奥斯公司进行股权投资，故可以认定涉案《合伙协议》及《补充协议》均为当事人虚假的意思表示。根据《民法典》第 146 条第 1 款的规定，当事人以虚假的意思表示实施的民事法律行为无效，故涉案《合伙协议》及《补充协议》应当认定为无效合同。

【典型案例索引】

最高人民法院民事判决书，（2020）最高法民终 682 号；最高人民法院民事裁定书，（2021）最高法民申 3214 号（某证券公司申请再审）；最高人民法院民事裁定书，（2021）最高法民申 5486 号（基金管理公司申请再审）；江西省宜春市中级人民法院刑事判决书，（2019）赣 09 刑初 12 号。

【相关法律法规】

《民法典》第 146 条；《民法典合同编通则司法解释》第 15 条；《民间借贷司法解释》（2020 年第二次修正）第 23 条。

【律师分析】

1. 假投资背后隐藏着真借贷法律关系。通过对本文案例多方签署的多份协议进行整体分析，可知 H 证券公司签署涉案《合伙协议》投入 4.79 亿元的真实目的并非合伙而是借款。本文案例因刑事案件查明了各方签约的真实目的，故各方的基础法律关系得以明晰，进而查明各方在签署涉案《合伙协议》时存在通谋虚伪表示行为。

根据（2019）赣 09 刑初 12 号刑事案件查明的事实，可以得知各方当事人签署涉案《合伙协议》及其《补充协议》的真实目的为促成奥斯公司向江西银行融资，奥斯公司法定代表人罗某为此特向有关国家工作人员行贿，两人又违规签发告知单，指示城投公司作为劣后级有限合伙人出资，从而帮助奥斯公司最终取得江西银行投入的4.79亿元款项。

在本文案例中：一方面，证券公司签订《合伙协议》及《补充协议》成为承担合伙企业投资风险的优先级合伙人；另一方面，证券公司又与城投公司签订《合伙企业份额受让合同》并明确转让溢价款的支付方式及金额以该合同约定为准，作为履行约定涉案款项出资义务及《合伙协议》《补充协议》是否终止的前提。结合三份协议相关条款，可发现证券公司签订涉案《合伙协议》及其《补充协议》时的真实意思并非设立合伙企业、对奥斯公司进行股权投资，而是通过搭建资金通道实现奥斯公司向江西银行借款的目的。本文案例中的难点是查明涉案《合伙协议》签署时各方的真实目的，故本文案例中刑事案件查明的事实及综合考量同时期全部协议的内容系解题要点。

2. 有限合伙企业中约定优先级合伙人与劣后级合伙人的情形较为常见，且实务中与该类区分有关的合伙协议效力的问题一直存在争议。

例如本文案例中所涉基金系股权投资类有限合伙企业，法院并未评判合伙协议中是否存在优先级获利与劣后级承担亏损约定内容的违法性问题。根据《合伙企业法》第69条“有限合伙企业不得将全部利润分配给部分合伙人；但是，合伙协议另有约定的除外”的规定，若合伙协议中存在违反上述《合伙企业法》“不得将全部利润分配给部分合伙人”的规定的约定，或存在劣后级合伙人提供“差额补足”承担合伙企业全部损失的约定，因上述约定内容有悖于合伙企业“利益共享、风险共担”的基本原则以及公平原则，可能会导致合伙协议无效。

但同时应当注意，根据《合伙企业法》第69条“但是，合伙协议另有约定的除外”的规定，以及《九民会议纪要》第90条有关信托文件及相关合同劣后级受益人责任承担的规定，并结合最高人民法院民事审判第二庭编著的《〈全国法院民商事审判工作会议纪要〉理解与适用》对于“劣后级受益人责任承担”的理解与适用部分，[1] 亦存在劣后级受益人承担差额补足责

① 参见最高人民法院民事审判第二庭编著：《〈全国法院民商事审判工作会议纪要〉理解与适用》，人民法院出版社2019年版，第473～477页。

任的情形。例如，在信托到期后如果产生损失，劣后级受益人负有对优先级受益人从信托财产获得利益与其投资本金及约定收益之间的差额承担补足义务，优先级受益人请求劣后级受益人按照约定承担责任的，法院应予支持。

因此，司法实务中关于合伙人优先级约定文件的效力问题，需要结合合伙协议内容及合伙事项是否需接受相应监管等情形作分别研讨。

3. 关于优先级有限合伙人证券公司与劣后级合伙人城投公司签署的《回购协议》效力问题，本文案例中并未讨论和评判。

在本文案例中，关于优先级有限合伙人与劣后级有限合伙人就回购合伙份额签署的《回购协议》效力问题，劣后级有限合伙人 G 市城投公司在提起本文案例诉讼前已经另案起诉请求法院确认《回购协议》无效，可惜该《回购协议》效力纠纷案件的审判结果并未公开。然而，司法实务中，关于劣后级有限合伙人回购优先级有限合伙人合伙份额的约定，若回购协议仅是就优先级有限合伙人与劣后级有限合伙人就优先级有限合伙人投资保障所达成的协议，并非合伙企业的利润分配约定，则上述约定内容与合伙企业优先级 LP 分配利润或劣后级 LP 承担企业经营风险不同，并不存在违反相关法律法规的情形。若回购协议中不存在由优先级合伙人全部分配合伙事项的收益或由劣后级合伙人承担全部损失的情形，且不存在其他违法、违规情形的，一般亦应认定为有效合同且双方有义务依约履行。

013. 同时签商品房买卖合同与回购协议，买卖合同是否无效

【关键词】

商品房买卖合同　网签备案　借款　让与担保　优先受偿

【场景】

开发商东森公司与杨某签订 9 份《商品房买卖合同》，杨某购买东森公司开发的 9 套房产。东森公司当日将涉案 9 份《商品房买卖合同》备案登记在杨某名下。同日，杨某向东森公司支付购房款 477.5 万元。东森公司开具金额为 500 万元的收款收据，并在公司记账为已预扣一个月利息 22.5 万元，

杨某向东森公司出具收到借款利息 22.5 万元的收条以及东森公司出具欠付利息的欠条。同日，东森公司与杨某签订《回购协议》，约定三个月内东森公司有权以实际成交价格对 9 套房产进行回购，如逾期未回购，则 9 套房产归杨某所有。东森公司未向杨某交付 9 套房产，涉案房产存在司法查封登记、预查封登记、无所有权登记、无发证预告登记。

【事态发展（纠纷产生）】

东森公司被裁定进入破产程序，杨某申报债权，就 9 套商品房申请房产交付。东森公司以杨某为被告起诉至法院，诉讼请求如下：（1）确认原告、被告之间的 9 份《商品房买卖合同》无效；（2）判令被告配合撤销登记在被告名下的 9 套房产《商品房买卖合同》的备案登记。

【焦点问题】

杨某与东森公司签订的 9 份《商品房买卖合同》效力如何认定？

【结论】

《民法典》第 146 条规定："行为人与相对人以虚假的意思表示实施的民事法律行为无效。以虚假的意思表示隐藏的民事法律行为的效力，依照有关法律规定处理。"东森公司与杨某签订的合同虽名为《商品房买卖合同》，但根据双方签订的《回购协议》的内容，及杨某在支付款项中预先扣除利息，及其出具收取利息的收条和东森公司出具欠付利息欠条等事实，可以确定杨某与东森公司之间的房屋买卖合意并非双方真实意思表示，而真实意思表示是以买卖合同形式隐藏的借贷担保法律关系。故根据上述法律规定，杨某与东森公司签订的 9 份《商品房买卖合同》，是名为买卖实为借贷担保的合同，双方以虚假意思表示签订的买卖合同无效。

【典型案例索引】

辽宁省沈阳市中级人民法院民事判决书，（2023）辽 01 民初 152 号。

【相关法律法规】

《民法典》第 146 条；《民法典时间效力规定》第 1 条、第 3 条。

【律师分析】

1. 司法实务中，以房屋买卖合同为借款作担保的情形较常见，除买卖合同因虚假意思表示被认定为无效外，还要注意隐藏的借款担保约定能否起到担保作用，是否存在担保失效的风险。

网签备案的买卖合同能否让债权人对房产享有优先受偿权？如本文案例中，因涉案9套房产仅是将买卖合同备案登记在杨某名下，并未完成预告登记或所有权转移登记，对外不具有公示效果。买卖合同备案行为并未产生让与担保的法律后果，双方间设立的非典型担保不产生物权优先效力，因此，购房人（债权人）杨某对涉案9套商品房不享有优先受偿权。

2. 因网签购房合同被认定为无效，合同无效自始无效，购房人应配合开发商撤销网签备案登记。

根据《民法典》第155条有关无效的民事法律行为自始无效的规定，以及第157条关于民事法律行为无效行为人因该行为取得的财产应当予以返还的规定，在购房合同被认定为无效时，购房人应该配合将涉案财产恢复至合同签署之前的原始状态。如本文案例中，法院基于原告的诉讼请求，判决被告杨某于本判决发生法律效力后15日内配合原告东森公司撤销涉案9套商品房合同备案登记。

3. 司法实务中，判定双方签署房屋买卖合同是否为双方真实意思，一般通过审查房屋买卖行为是否真实、是否实际支付购房款、买卖双方之间利益关系、房屋交付情况、房屋占有情况、各方当事人主张等客观行为进行综合判断。

014. 以售房合同为借名贷款提供担保，售房合同是否无效

【关键词】

房屋买卖合同　空白合同　借名借款

【场景】

王某因年龄不符合银行放贷审批要求，故将自有房屋过户至熊某名下，借熊某之名以房屋作抵押向银行贷款，为此王某与熊某签署虚假的《房屋买卖合同》。同时，双方签署《借款协议》《房屋租赁协议》。虽然房屋从王某过户至熊某名下，但仍由卖房人王某实际居住。王某持有户名为熊某、用于

偿还涉案房屋贷款的工商银行活期存折，且由王某一直偿还房屋贷款借款本息十余年。

【事态发展（纠纷产生）】

2021年左右，双方就房屋所有权产生纠纷，熊某强制王某搬出涉案房屋。王某认为房屋银行贷款一直由其偿还，其应为房屋真实产权人。王某与熊某签署的房屋买卖合同系被欺骗，王某签署《房屋买卖合同》是为借熊某之名向银行贷款，双方做的担保约定，双方并无真实的房屋买卖意思和行为。因此，在《房屋买卖合同》签署的十余年后，王某以熊某为被告起诉至法院，诉讼请求如下：（1）判决确认《房屋买卖合同》无效；（2）判决熊某协助房屋办理过户。

【焦点问题】

王某将房屋登记至熊某名下，是因双方存在真实房屋买卖关系还是因为王某借用熊某名义以涉案房屋向银行贷款？

【结论】

从王某持有的房屋买卖合同包括关键性条款在内的所有空白栏均未填写内容，涉案房屋从王某名下登记至熊某名下后仍由王某居住、使用直至2021年左右才被迫搬出，以及王某持有户名为熊某、用于偿还熊某名下27万元涉案房屋贷款的工商银行活期一本通存折，且熊某27万元银行贷款发放后即由王某偿还该贷款借款本息十年有余，直至熊某改变还款账户等证据与事实分析，王某所诉称为借用熊某名义贷款将涉案房屋通过虚假房屋买卖登记至熊某名下的事实，具备高度盖然性，法院予以采信。王某只是为借用熊某名义向银行贷款而将房屋过户至熊某名下，并不是向熊某借款，故双方亦不属于让与担保法律关系。因此，王某与熊某签订的关于涉案房屋《房屋买卖合同》属虚假意思表示，属于无效合同。

【典型案例索引】

湖北省武汉市中级人民法院民事判决书，（2022）鄂01民终14151号。

【相关法律法规】

《民法典》第146条、第153条、第154条、第926条。

【律师分析】

1. 在本文案例中，王某为借用熊某名义向银行贷款而将房屋过户至熊某名下，并不是向熊某借款，故双方亦不属于让与担保法律关系。

司法实务中，借名贷款的出现，常会发生在一方不满足贷款条件而借用他人名义或者说委托他人向金融机构进行申请贷款，所以实务中借名贷款的双方实际是一种委托代理法律关系。本文案例中，王某为借用熊某名义贷款将涉案房屋通过虚假房屋买卖登记至熊某名下的行为，并非让与担保行为，同时因为房屋买卖合同并非双方真实意思，房屋买卖合同应属无效合同。

2. 借名贷款中，若金融机构对借名关系及实际借款人并不知情，基于合同相对性原则，名义借款人需承担款项的清偿义务。

根据《民法典》第153条、第154条的规定，若借款合同符合以下情形，则借款合同可认定为无效合同：

（1）借款合同违反法律、行政法规的强制性规定的。

（2）借款合同违背公序良俗的。

（3）借款合同中行为人与相对人恶意串通，损害他人合法权益的。

3. 基于合同相对性，金融机构直接向名义借款人催款。由于金融借款法律关系受国家金融管制，对借贷形式、流程以及借款人信用有严格要求，除非名义或实际借款人触碰刑法底线，否则借款合同一般不容易认定为无效合同。

4. 法律上并未禁止民间借贷中的借名贷款行为，当借款清偿出现问题时，名义借款人可以向出借人披露借名贷款行为和实际借款人，出借人根据偿还能力可以选择名义借款人或实际借款人作为相对人承担债务清偿责任。

《民法典》第926条规定，受托人以自己的名义与第三人订立合同时，受托人因委托人的原因对第三人不履行义务，受托人应当向第三人披露委托人，第三人因此可以选择受托人或者委托人作为相对人主张其权利，但是第三人不得变更选定的相对人。根据上述规定，借款清偿出现问题时，名义借款人作为受托人可以向出借人披露相关事实和实际借款人，当委托人即实际借款人浮出水面时，出借人可以选定相对人并要求该相对人承担债务清偿责任，但不得再次变更，名义借款人与实际借款人也因此就借款不再承担连带责任，出借人无权要求名义借款人承担债务清偿责任。

三、违反强制性规定的合同无效

根据《民法典》第143条“具备下列条件的民事法律行为有效：（一）行为人具有相应的民事行为能力；（二）意思表示真实；（三）不违反法律、行政法规的强制性规定，不违背公序良俗”的规定，以及第153条第1款“违反法律、行政法规的强制性规定的民事法律行为无效。但是，该强制性规定不导致该民事法律行为无效的除外”的规定，违反法律、行政法规的强制性规定的合同，应属无效合同。

其中，关于“强制性规定”的识别问题，根据《九民会议纪要》第30条关于强制性规定识别的规定，原《合同法》施行后，针对一些法院动辄以违反法律、行政法规的强制性规定为由认定合同无效，不当扩大无效合同范围的情形，原《合同法司法解释（二）》第14条将原《合同法》第52条第5项规定的“强制性规定”明确限于“效力性强制性规定”。此后，《最高人民法院关于当前形势下审理民商事合同纠纷案件若干问题的指导意见》进一步提出了“管理性强制规定”的概念，指出违反管理性强制规定的，法院应当根据具体情形认定合同效力。随着这一概念的提出，审判实践中又出现了另一种倾向，有的法院认为凡是行政管理性质的强制性规定都属于“管理性强制规定”，不影响合同效力。这种望文生义的认定方法，应予避免。法院在审理合同纠纷案件时，应依据原《民法总则》第153条第1款和原《合同法司法解释（二）》第14条的规定慎重判断“强制性规定”的性质，特别是要在考量强制性规定所保护的法益类型、违法行为的法律后果以及交易安全保护等因素的基础上认定其性质，并在裁判文书中充分说明理由。下列强制性规定，应当认定为“效力性强制性规定”：（1）强制性规定涉及金融安全、市场秩序、国家宏观政策等公序良俗的；（2）交易标的禁止买卖的，如禁止人体器官、毒品、枪支等买卖的规定；（3）违反特许经营规定的，如场外配资合同；（4）交易方式严重违法的，如违反招投标等竞争性缔约方式订立的合同；（5）交易场所违法的，如在批准的交易场所之外进行期货交易。关于经营范围、交易时间、交易数量等行政管理性质的强制性规定，一般应当认定为“管理性强制性规定”。

根据《民法典合同编通则司法解释》第 16 条关于《民法典》第 153 条第 1 款但书部分的规定，合同违反法律、行政法规的强制性规定，有下列情形之一，由行为人承担行政责任或者刑事责任能够实现强制性规定的立法目的的，法院可以依据《民法典》第 153 条第 1 款关于“该强制性规定不导致该民事法律行为无效的除外”的规定认定该合同不因违反强制性规定无效：（1）强制性规定虽然旨在维护社会公共秩序，但是合同的实际履行对社会公共秩序造成的影响显著轻微，认定合同无效将导致案件处理结果有失公平公正；（2）强制性规定旨在维护政府的税收、土地出让金等国家利益或者其他民事主体的合法利益而非合同当事人的民事权益，认定合同有效不会影响该规范目的的实现；（3）强制性规定旨在要求当事人一方加强风险控制、内部管理等，对方无能力或者无义务审查合同是否违反强制性规定，认定合同无效将使其承担不利后果；（4）当事人一方虽然在订立合同时违反强制性规定，但是在合同订立后其已经具备补正违反强制性规定的条件却违背诚信原则不予补正；（5）法律、司法解释规定的其他情形。法律、行政法规的强制性规定旨在规制合同订立后的履行行为，当事人以合同违反强制性规定为由请求认定合同无效的，法院不予支持。但是，合同履行必然导致违反强制性规定或者法律、司法解释另有规定的除外。依据前两款认定合同有效，但是当事人的违法行为未经处理的，法院应当向有关行政管理部门提出司法建议。当事人的行为涉嫌犯罪的，应当将案件线索移送刑事侦查机关；属于刑事自诉案件的，应当告知当事人可以向有管辖权的法院另行提起诉讼。

综合上述法律法规关于“强制性规定”的相关规定，原《合同法》及原《合同法司法解释（二）》均因 2021 年 1 月 1 日《民法典》的正式实施而废止，《民法典》及《民法典合同编通则司法解释》均未提及“效力性强制性规定”，《民法典合同编通则司法解释》也未有意区分效力性强制性规定和管理性强制性规定，进而加大了司法实务中合同有效性的认定概率。

本部分内容主要围绕《民法典》及相关司法解释的规定，并结合实务案例，对违反“强制性规定”影响合同效力的诸多因素进行类型化分析，提出律师法律实务建议，以帮助读者在日常经济交往活动及实务办案过程中预判相关情形下合同无效的风险。

（一）未取得相应资质情形下认定违反强制性规定

015. 未经监管批准超经营范围接受理财委托的，委托理财协议是否无效

【关键词】

委托理财协议　理财产品　经营范围　违反强制性规定

【场景】

上海中括是一家个人独资企业，投资人为关某，注册资本为50万元，经营范围为电子科技领域内的技术开发、转让、咨询和服务等。保险经纪公司（甲方）与上海中括（乙方）签订《委托理财协议》，约定甲方委托乙方为其进行代理理财产品的管理服务，双方约定在2016年12月17日至2017年12月16日乙方对甲方账户中2500万元进行有偿专户理财。该协议到期后，双方另行续签两份委托理财协议，期限为2017年12月17日至2018年12月16日、2018年12月17日至2019年12月16日。2019年8月7日，上海中括经核准注销登记。庭审中，双方均认可未开立股票账户进行理财操作。

【事态发展（纠纷产生）】

上海中括投资人关某认为上海中括不具备金融类委托理财资质，涉案《委托理财协议》违反了行政法规的强制性规定。因此，关某以保险经纪公司为被告、以李某为第三人起诉至法院，诉讼请求：确认上海中括与保险经纪公司签署的合同期间为2016年12月17日至2017年12月16日、2017年12月17日至2018年12月16日、2018年12月17日至2019年12月16日三份《委托理财协议》无效。

【焦点问题】

涉案三份《委托理财协议》是否属于无效的法律行为？

【结论】

根据涉案《委托理财协议》约定，上海中括受托理财的内容是证券资产管理，但上海中括作为非金融机构法人，其经营范围为电子科技领域内的技术开发、转让、咨询和服务等，不具备开展金融委托理财业务的资质。本文案例中，上海中括签署涉案《委托理财协议》开展的证券业务属于需经核准的限制经营的业务，故其接受委托开展该项理财业务不仅超出其经营范围，亦未经监管机构批准，严重违反了上述规定及监管秩序，故涉案《委托理财协议》因违反效力性强制性规定而无效。

【典型案例索引】

北京金融法院民事判决书，（2022）京74民终758号。

【相关法律法规】

《民法典》第153条；《民法典合同编通则司法解释》第16条；《民法典时间效力规定》第1条；原《合同法》（2021年1月1日起因《民法典》施行被废止）第52条。

【律师分析】

1. 关于《民法典》施行后认定合同无效的法律适用问题，《民法典》第153条第1款除了承接原《合同法》第52条第5项内容外，又做了但书规定，《民法典合同编通则司法解释》第16条对于“该强制性规定不导致该民事法律行为无效的除外”又做了更细化的分解，也体现出认定合同无效将更为艰难，故权利人在制定诉讼策略时需要更加谨慎考量合同无效的适用情形。

《民法典》第153条第1款第1句内容与原《合同法》第52条第5项内容基本一致，不同之处在于《民法典》规定了例外情形，即强制性规定不导致该民事法律行为无效的除外。根据《民法典合同编通则司法解释》第16条的规定，该司法解释规定中并未有意区分效力性强制性规定和管理性强制性规定，该司法解释是关于违反强制性规定但书中合同有效的除外情形，是在救济无效合同，在无效合同中寻求一部分违反强制性规定的合同认定为有效合同。未特意区分效力性强制性规定和管理性强制性规定，加大了合同有效性的认定概率，体现了司法实务对于保障合同有效、维护交易稳定的裁判趋势。

《民法典时间效力规定》第1条第2款规定："民法典施行前的法律事实引起的民事纠纷案件，适用当时的法律、司法解释的规定，但是法律、司法解释另有规定的除外。"在本文案例中，涉案《委托理财协议》均签订于《民法典》施行前，故本文案例应当适用当时的法律、司法解释的规定，即依据原《合同法》第52条第5项关于合同无效的规定认定涉案《委托理财协议》是否符合无效条件。

2. 在本文案例中的诉讼第三人李某是被告保险经纪公司的股东，也是涉案三份《委托理财协议》实际经办人，原告提起本文案例诉讼时，李某已离开保险经纪公司。综上，原告在确认《委托理财协议》无效纠纷案件中，以保险经纪公司为被告、以李某为诉讼第三人。

3. 因涉案《委托理财协议》的签约主体是上海中括，非原告关某，且上海中括在本文案例立案前已经注销，基于合同相对性原则，关某的诉讼主体身份被其他方提出异议。

在本文案例中，诉讼过程中第三人李某就原告关某提起确认《委托理财协议》无效之诉的诉讼主体身份提出异议，李某认为关某不是委托理财协议的合同主体，上海中括也已经注销，不具备诉讼主体资格，关某作为上海中括的投资人，请求确认委托理财协议无效没有法律依据。第三人李某的该项异议未被法院予以认可，原因是当事人以及与合同有利害关系的民事主体对于合同效力有争议的，均可以向法院提起确认合同无效之诉。原告关某作为上海中括个人独资企业的投资人，涉案《委托理财协议》与关某有利害关系，故关某有权就涉案《委托理财协议》提起确认合同无效之诉。

016. 民间借贷中职业放贷行为的认定，是否直接导致借款合同无效

【关键词】

借款合同　职业放贷人　金融监管　违反强制性规定

【场景】

原告谢甲与被告金属制品公司、贸易公司、陈1、陈2（本文案例中统称

四债务人）于2016年上半年签订了两份《借款合同》，谢甲按照合同约定两次支付借款本金共计222.8万元，谢某实际向四债务人支付了借款，四债务人也向谢某又分别出具了两份载明已收到借款的借条。

【事态发展（纠纷产生）】

借款到期后，四债务人未能偿还借款本息。谢甲以金属制品公司、贸易公司、陈1、陈2四人为共同被告起诉至法院，诉讼请求如下：（1）判令四被告偿还借款本金222.8万元给原告；（2）判令四被告支付利息1324820元给原告（计息计算略）。

【焦点问题】

涉案《借款合同》法律效力如何?

【结论】

本文案例一审判决支持了原告谢甲的诉讼请求，但二审及再审认为谢甲符合职业放贷人的认定条件，相关《借款合同》应属无效，具体裁判观点如下：

根据《银行业监督管理法》第19条的规定，未经国务院银行业监督管理机构批准，任何单位和个人不得设立银行金融机构或者从事银行业金融机构的业务活动。该强制性规定直接关系国家金融管理秩序和社会资金安全，事关社会公共利益，属于效力性强制性规定。根据本文案例查明的事实，谢甲本人及其子谢某、其女婿刘某某向外发放贷款，收取高额利息。仅2018年，在湖南省郴州市中级人民法院及辖区基层人民法院就有以谢甲为原告、以谢某和刘某为关联原告的涉及民间借贷的案件5件，累计出借资金本金高达13938000元，谢甲未经批准，通过向社会不特定对象提供资金以赚取高额利息，其出借行为具有反复性、经常性，借款目的具有营业性，违反《银行业监督管理法》非经批准不得从事金融业务的强制性规定，应根据原《合同法》第52条的规定，认定涉案《借款合同》无效。

【典型案例索引】

湖南省高级人民法院民事裁定书，（2020）湘民申1508号。

【相关法律法规】

原《合同法》（2021年1月1日起因《民法典》施行被废止）第52条

第5项（该条文内容同《民法典》第153条第1款内容）、第58条；《银行业监督管理法》第19条；《九民会议纪要》第53条。

【律师分析】

1. 关于职业放贷人的认定，司法实务中主要适用的法律依据包括《九民会议纪要》《民间借贷司法解释》《最高人民法院、最高人民检察院、公安部、司法部关于办理非法放贷刑事案件若干问题的意见》以及各省市发布的指导意见和职业放贷人名录等。

根据《九民会议纪要》第53条的规定，未依法取得放贷资格的以民间借贷为业的法人，以及以民间借贷为业的非法人组织或者自然人从事的民间借贷行为，应当依法认定无效。同一出借人在一定期间内多次反复从事有偿民间借贷行为的，一般可以认定为是职业放贷人。民间借贷比较活跃的地方的高级人民法院或者经其授权的中级人民法院，可以根据本地区的实际情况制定具体的认定标准。

《民间借贷司法解释》第13条规定："具有下列情形之一的，人民法院应当认定民间借贷合同无效：……（三）未依法取得放贷资格的出借人，以营利为目的向社会不特定对象提供借款的……"

《最高人民法院、最高人民检察院、公安部、司法部关于办理非法放贷刑事案件若干问题的意见》第1条第1款规定："违反国家规定，未经监管部门批准，或者超越经营范围，以营利为目的，经常性地向社会不特定对象发放贷款，扰乱金融市场秩序，情节严重的，依照刑法第二百二十五条第（四）项的规定，以非法经营罪定罪处罚。"该条第2款又进一步明确："前款规定中的'经常性地向社会不特定对象发放贷款'，是指2年内向不特定多人（包括单位和个人）以借款或其他名义出借资金10次以上。"

2. 因职业放贷行为导致《借款合同》被认定无效后，借款本金及资金占用费应予返还，而高额利息不予支持。

关于职业放贷行为认定无效后的处理问题，《〈全国法院民商事审判工作会议纪要〉理解与适用》一书认为：依据原《民法总则》第157条（《民法典》第157条、原《合同法》第58条）的规定，双方对于无效法律行为取得的财产应予返还。借款人应当返还借款，同时应当支付资金占用期间的利息损失，法院一般应当按照款市场报价利率确定损失的数额，不应支持合同中约定的高额利息。法院在审理民事案件过程中如果发现涉嫌刑事犯罪，应按照规定将案件移送有关部门处理。

然而，司法实务中也有很多法院仅支持借款本金的返还不支持资金占用费的返还。例如本文案例中，法院认为根据原《合同法》第 58 条的规定，金属制品公司、贸易公司、陈 1、陈 2 基于无效《借款合同》取得的财产应予返还，谢甲主张被申请人应支付其占用资金期间利息，但法律只保护合法的借贷，谢甲作为职业放贷人，违法放贷，其支付占用资金期间利息的主张与禁止从违法行为中获利原则不符，故法院未支持债权人谢甲要求四债务人支付资金占用期间利息的诉讼请求。

017. 未取得开发资质而签署合作开发合同，该合同是否无效

【关键词】

合作开发　开发资质　非农建设用地　国有土地

【场景】

扬美股份公司与佰佳瑞公司签订涉案《合作开发协议》，约定由扬美股份公司提供自有集体土地、佰佳瑞公司提供资金，双方共同开发房地产并按比例分配销售利润。

【事态发展（纠纷产生）】

因涉案同一土地出现多次与他方合作情形，涉案《合作开发协议》，必然会影响汇泰公司与扬美股份公司之间协议的履行，损害了汇泰公司的合同权利，因此，汇泰公司以扬美股份公司、佰佳瑞公司为被告起诉至法院，诉讼请求：确认扬美股份公司与佰佳瑞公司 2013 年 9 月 20 日签订的《合作开发协议》及与合作开发地块相关的补充协议无效。

【焦点问题】

房地产开发资质是否影响《合作开发协议》的效力？

【结论】

扬美股份公司以原农村集体经济组织的非农建设用地，以合作开发方式进入市场交易，该《合作开发协议》的履行需以办理相关的土地使用权出让手续为前提，故其性质实质上亦属于《国有土地使用权司法解释》第12条所规定的合作开发房地产合同。根据前述司法解释第13条第2款关于“当事人双方均不具备房地产开发经营资质的，应当认定合同无效”的规定，因扬美股份公司与佰佳瑞公司均不具备房地产开发经营资质，故双方签订的《合作开发协议》依法应认定为无效。

【典型案例索引】

广东省深圳市中级人民法院民事判决书，（2020）粤03民终10433号。

【相关法律法规】

《民法典》第153条；《国有土地使用权司法解释》第12条、第13条；《深圳市原农村集体经济组织非农建设用地和征地返还用地土地使用权交易若干规定》第3条、第7条。

【律师分析】

1. 一物多卖情形并不必然认定为恶意串通，本文案例一审以恶意串通损害他人权益为由判断涉案《合作开发协议》无效，属认定理由错误，二审法院予以纠正，以违反强制性规定为由判断涉案《合作开发协议》无效。

《民法典》第154条所指的恶意串通，应理解为表意人与相对人恶意通谋，以实施某种行为为手段，实现损害他人利益并从中获得非法利益之目的的情形。现有法规及司法解释对于一地数卖合同履行问题的规定，均表明仅重复交易本身并不影响合同效力，当事人之间是否构成前述法律规定所指的恶意串通，尚需结合合同订立、履行、权利义务内容等其他因素予以判断。本文案例中，扬美股份公司就同一土地与多人签订合作合同的情形类似于一物数卖，系经济生活中的常见现象。一般而言，后买受人以更高价格买取已售之物，系市场经济自由竞争的体现，即便后一交易对象对前一交易知情，亦不必然导致行为无效。

2. 根据《深圳市原农村集体经济组织非农建设用地和征地返还用地土地

使用权交易若干规定》第 3 条、第 7 条的规定，原农村集体经济组织非农建设用地以合作开发等方式进入市场交易的，应当与规划国土部门签订土地使用权出让合同并缴清地价。因此，以非农建设用地投资用以合作开发房地产的，该合作开发合同的履行需以办理相关的土地使用权出让手续为前提。

018. 施工人挂靠其他施工单位签订施工合同，施工合同是否无效

【关键词】

施工合同　施工资质　挂靠　违反强制性规定

【场景】

原告黎某作为发包人与承包人利和公司就登记在黎某配偶名下的夫妻共同房屋工程施工及有关事项协商一致，签订涉案《建设工程施工合同》。工程进行一段时间后，双方发生纠纷，涉案工程停工。原告黎某到住建部门查询发现承包人利和公司没有房屋建筑工程施工承包企业资质，涉案工程是利和公司挂靠其他公司到住建部门进行的报建。

【事态发展（纠纷产生）】

原告黎某以利和公司为被告起诉至法院，诉讼请求：确认原告与被告所签订的《建设工程施工合同》无效。

【焦点问题】

涉案《建设工程施工合同》是否无效？

【结论】

根据《民法典》第 153 条第 1 款的规定，违反法律、行政法规的强制性规定的民事法律行为无效。但是，该强制性规定不导致该民事法律行为无效的除外。《建设工程司法解释（一）》第 1 条第 1 款规定："建设工程施工合同具有下列情形之一的，应当依据民法典第一百五十三条第一款的规定，认定无效：（一）承包人未取得建筑业企业资质或者超越资质等级的；（二）没有资质的实际施工人借用有资质的建筑施工企业名义的；（三）建设工程必须进行招标而未招标或者中标无效的。"本文案例中，黎某与利和公司签订

的建设工程施工合同虽是双方当事人的真实意思表示，但利和公司不具有建筑业企业资质，其借用其他有资质的建筑施工企业的名义，签订涉案建设工程施工承包合同并进行报建、施工的行为，违反了法律、行政法规的强制性规定，按照上述法律、司法解释的规定，应当认定无效。

【典型案例索引】

广东省中山市第一人民法院民事判决书，（2022）粤2071民初14672号。

【相关法律法规】

《民法典》第153条第1款；《建设工程司法解释（一）》第1条第1款。

【律师分析】

1. 关于建设工程施工合同无效的情形，根据《建设工程司法解释（一）》第1条、第3条，《建筑法》第26条第2款，《招标投标法》第3条的规定，可有以下情形：

（1）承包人未取得建筑业企业资质或者超越资质等级的。

（2）没有资质的实际施工人借用有资质的建筑施工企业名义的。

（3）建设工程必须进行招标而未招标或者中标无效的。

（4）发包人未取得建设工程规划审批手续。

（5）《民法典》第791条第2款规定："……承包人不得将其承包的全部建设工程转包给第三人或者将其承包的全部建设工程支解以后以分包的名义分别转包给第三人。"第3款规定："禁止承包人将工程分包给不具备相应资质条件的单位。禁止分包单位将其承包的工程再分包……"据此，承包人因上述转包或违法分包建设工程与他人签订的建设工程施工合同亦应属无效合同。

2. 根据《民法典》第156条"民事法律行为部分无效，不影响其他部分效力的，其他部分仍然有效"的规定，实务中建设工程施工合同还存在部分条款无效的可能，经梳理可有以下情形：

（1）根据《民法典》第501条的规定，当事人在订立合同过程中知悉的商业秘密或者其他应当保密的信息，无论合同是否成立，不得泄露或者不正当地使用；泄露、不正当地使用该商业秘密或者信息，造成对方损失的，应当承担赔偿责任。因此，保密协议（条款）可独立于主合同而无效。

（2）《建设工程质量管理条例》第 10 条规定："建设工程发包单位不得迫使承包方以低于成本的价格竞标，不得任意压缩合理工期。建设单位不得明示或者暗示设计单位或者施工单位违反工程建设强制性标准，降低建设工程质量。"《房屋建筑和市政基础设施项目工程总承包管理办法》（建市规〔2019〕12 号）第 24 条第 1 款规定："建设单位不得设置不合理工期，不得任意压缩合理工期。"《第八次全国法院民事商事审判工作会议（民事部分）纪要》第 30 条规定："要依法维护通过招投标所签订的中标合同的法律效力。当事人违反工程建设强制性标准，任意压缩合理工期、降低工程质量标准的约定，应认定无效……"根据上述规定，当事人违反工程建设强制性标准，任意压缩合理工期、降低工程质量标准的条款，应属无效。

（3）根据《建设工程质量管理条例》第 40 条第 1 款"在正常使用条件下，建设工程的最低保修期限为：（一）基础设施工程、房屋建筑的地基基础工程和主体结构工程，为设计文件规定的该工程的合理使用年限；（二）屋面防水工程、有防水要求的卫生间、房间和外墙面的防渗漏，为 5 年；（三）供热与供冷系统，为 2 个采暖期、供冷期；（四）电气管线、给排水管道、设备安装和装修工程，为 2 年"的规定，双方约定的保修期短于法定最低期限的条款，应属无效。

3. 建设工程施工合同无效与其他类型合同无效的法律后果有所不同，因建设工程施工合同的履行是为将承包人对工程投入的劳务和建材转化为建筑物，合同无效后，已经投入的劳务和建材无法恢复原状，故建设工程施工合同无效后只能是就已完工程进行折价补偿。

根据《民法典》第 793 条第 1 款与第 2 款的规定，可以将建设工程施工合同无效后的情况区分为两类：

（1）建设工程施工合同无效，但是建设工程经验收合格的，可以参照合同关于工程价款的约定折价补偿承包人。

（2）建设工程施工合同无效，且建设工程经验收不合格的，按照以下情形分别处理：

第一，修复后的建设工程经验收合格的，发包人可以请求承包人承担修复费用。

第二，修复后的建设工程经验收不合格的，承包人无权请求参照合同关于工程价款的约定折价补偿。

019. 系违建的房屋出租的，租赁合同是否无效

【关键词】

租赁合同　违法建筑　违反强制性规定

【场景】

F公司委托创客公司作为涉案商场的运营管理方。创客公司与餐饮公司签订《房屋租赁合同》，餐饮公司承租后，经装修及广告宣传，开始对外餐饮营业。但因经营不善，餐饮公司要求退租，并迁出涉案房屋。后政府部门认定涉案商场属于违建，责令F公司限期自行拆除。

【事态发展（纠纷产生）】

餐饮公司以创客公司为被告起诉至法院，诉讼请求如下：（1）确认双方于2019年11月14日签订的《房屋租赁合同》无效；（2）判令创客公司返还房租及利息；（3）判令创客公司返还合同押金及利息；（4）判令创客公司赔偿餐饮公司装修费等费用；（5）判令创客公司支付餐饮公司为实现权益支出的律师费。

【焦点问题】

1. 涉案《房屋租赁合同》效力如何认定？

2. 该租赁合同无效后租赁双方的退赔问题如何处理？

【结论】

根据《租赁合同司法解释》第2条的规定，出租人就未取得建设工程规划许可证或者未按照建设工程规划许可证的规定建设的房屋，与承租人订立的租赁合同无效。根据法院已查明事实，涉案《房屋租赁合同》涉及的房屋未取得规划和建设审批手续，故认定餐饮公司、创客公司签订的《房屋租赁合同》无效。

【典型案例索引】

北京市第一中级人民法院民事判决书，（2023）京01民终3010号。

【相关法律法规】

《民法典》第153条、第157条；《租赁合同司法解释》第2条；《城乡规划法》（2019年修正）第40条。

【律师分析】

1. 司法实务中关于违建房屋的认定问题。

根据《北京市城乡规划条例》（2021年修正）第29条的规定，各项建设用地和建设工程应当符合城乡规划，依法取得规划许可。规划许可证件包括选址意见书、建设工程规划许可证、乡村建设规划许可证和相应的临时规划许可证。城镇建设项目应当按照建设工程规划许可证或者临时建设工程规划许可证的许可内容进行建设；农村建设项目应当按照乡村建设规划许可证或者临时乡村建设规划许可证的许可内容进行建设。因此，未到规划部门办理取得建设工程规划许可证或未按照许可内容进行建设的房屋，以及逾期未拆除的临时性房屋都属于违建。

2. 常见的违建类型可以概括为以下几种情形：

（1）未取得土地使用权、未取得建筑许可证，而建成的房屋。

（2）虽取得土地使用权，但未取得建设用地规划许可证和建设工程规划许可证，而建成的房屋。

（3）虽取得土地使用权，但擅自改变建设工程规划许可证的规划内容，而建成的房屋。

（4）虽取得土地使用权，但擅自改变了使用土地性质而建成的房屋。

（5）虽取得土地使用权，但擅自将临时性建筑改为永久性建筑。

3. 就违建签订的租赁合同无效后，租赁双方应承担的法律后果应如何认定？

根据《民法典》第157条的规定，民事法律行为无效后，行为人因该行为取得的财产，应当予以返还；不能返还或者没有必要返还的，应当折价补偿。有过错的一方应当赔偿对方由此所受到的损失；各方都有过错的，应当各自承担相应的责任。具体到合同无效后的租赁双方责任问题，法院一般会对租赁双方过错责任进行综合认定，法院一般会审查违建的权属情况、出租人是否存在欺诈或隐瞒等情形、承租人是否尽到注意义务等问题。例如，出租人明知该建筑物属于违建的情况下仍对外出租，审判实践中一般会认定出租人应对租赁合同无效的后果承担主要责任。

4. 在本文案例中，对于原告作为承租人请求被告支付装修费及相关损失的请求，法院结合租赁双方就合同无效的过错程度，以及损失方能够举证证明的实际损失金额，以此裁判租赁双方各自应承担的赔偿金额。

（二）身份不适格情形下认定违反强制性规定

020. 非同村村民购买宅基地使用权，购买协议是否无效

【关键词】

买卖合同　宅基地　违反强制性规定

【场景】

黄某作为涉案宅基地的使用权人，与彭某签订契约，约定将涉案宅基地使用权卖给彭某，永不反悔。契约上有黄某、彭某及证明人王某签字确认。又经查彭某户籍信息，彭某非涉案宅基地所在村的村民。

【事态发展（纠纷产生）】

黄某以彭某为被告起诉至法院，诉讼请求：判决确认黄某、彭某签订的宅基地使用权买卖契约无效。

【焦点问题】

黄某与彭某签订的宅基地使用权买卖契约是否无效？

【结论】

黄某与彭某签订契约买卖的宅基地使用权属于农村集体用地，宅基地使用权是集体经济组织成员享有的权利，与特定的身份关系相联系，非本集体经济组织成员无权取得或变相取得。彭某非黄某所在村的村民，依法不得

购买该村宅基地使用权，其无权享有该村的宅基地使用权，双方签订的宅基地使用权买卖契约违反了《土地管理法》的强制性规定，应认定为无效。

【典型案例索引】

广东省汕尾市中级人民法院民事判决书，(2023）粤15民终354号。

【相关法律法规】

《民法典》第362条、第363条；《民法典时间效力规定》第1条；《土地管理法》第9条；原《合同法》(2021年1月1日起因《民法典》施行被废止）第52条。

【律师分析】

1. 农村宅基地不能卖给本村以外的人员，否则宅基地所涉买卖合同无效。

《土地管理法》第9条规定："城市市区的土地属于国家所有。农村和城市郊区的土地，除由法律规定属于国家所有的以外，属于农民集体所有；宅基地和自留地、自留山，属于农民集体所有。"农村宅基地使用权是集体经济组织成员享有的权利，与特定身份相关联。本文案例中，黄某与彭某签订了出售农村宅基地使用权的契约，违反了国家法律关于宅基地属于农民集体所有的规定，损害了法律、行政法规和国家政策对于对宅基地使用权进行严格管理的社会公共利益，应是无效合同。

2. 根据《民法典》第362条、第363条的规定，宅基地使用权人对宅基地享有占有和使用的权利，宅基地及地上房屋均可以转让，但应符合土地管理的相关法律法规。

宅基地是农村村民用于建造住宅及其附属设施的集体建设用地，包括住房、附属用房和庭院等用地。农村宅基地所有权属于农民集体所有，宅基地使用权是农村集体经济组织成员享有的权利和福利。若将农村宅基地上房屋出售给宅基地所在集体经济组织以外的人员，违反了法律、行政法规的强制性规定。因此，实践中村民与本村以外人员签订的宅基地房屋买卖合同，一般均因违法而认定为合同无效。

3. 买卖农村宅基地及地上房屋，买卖双方应注意以下几点：

（1）买卖双方必须都是农村户口。

（2）根据《土地管理法》第 9 条、第 11 条的规定，买卖双方应是同村村民。若是跨村买卖房屋，需要事前查明当地有无相关政策支持，或是否存在两村虽名为两村但同属一个村集体经济组织的情形。

（3）根据《土地管理法》第 62 条第 1 款的规定，农村村民一户只能拥有一处宅基地。因此，买家不能因为买入宅基地使用权而拥有两处或以上宅基地。

（4）买卖合同应经农村集体经济组织、乡（镇）人民政府审核批准。根据《土地管理法实施条例》第 34 条第 1 款的明确规定，宅基地申请依法经农村村民集体讨论通过并在本集体范围内公示后，报乡（镇）人民政府审核批准。同样，宅基地使用权买卖也需要获得农村集体经济组织、乡（镇）人民政府批准。

（5）宅基地使用权与地上房屋一并转让。因房地一体化，所以宅基地使用权不能单独进行交易，当宅基地上房屋买卖之后，该房屋所占宅基地使用权一并转让。

（6）农村宅基地使用权买卖后，应办理宅基地使用权变更登记。根据《民法典》第 365 条的规定，已经登记的宅基地使用权转让的，应当及时办理变更登记。

021. 借名购买村集体开发的小产权房，借名买房协议是否无效

【关键词】

借名买房　小产权房　村集体　违反强制性规定

【场景】

原告王某之子与被告张某之女为夫妻，原告、被告双方为亲家关系。张某所在村集体开发了小产权房，王某与张某签署《协议书》约定借张某之名购买张某所在村集体开发的小产权房。协议签署后，王某向张某支付购房款，张某以自己名义向村集体报名购房并交付房款。

【事态发展（纠纷产生）】

涉案小产权房由张某居住并对外出租，原告王某以张某为被告起诉至法院，诉讼请求如下：（1）依法确认王某、张某于 2005 年 7 月 15 日签订的《协议书》无效；（2）依法判令张某返还王某购房款 113259 元，并赔偿王某的经济损失 30 万元，合计 413259 元。

【焦点问题】

王某与张某于 2005 年 7 月 15 日签订的《协议书》效力如何？

【结论】

根据法院对张某所在社区居民委员会进行的调查及王某、张某双方的确认，涉案房屋为村集体开发的小产权房，根据《土地管理法》第 9 条第 2 款：农村和城市郊区的土地，除由法律规定属于国家所有的以外，属于农民集体所有；宅基地和自留地、自留山属于农民集体所有。农村集体开发的小产权房的购买人应属于该集体组织成员。根据《民法典》第 153 条第 1 款的规定，违反法律、行政法规的强制性规定的合同无效。王某与张某签订的顶名买房的《协议书》因违反土地管理的相关强制性规定而无效。

【典型案例索引】

山东省青岛市中级人民法院民事判决书，（2022）鲁 02 民终 17217 号；山东省青岛市中级人民法院民事裁定书，（2023）鲁 02 民申 194 号。

【相关法律法规】

《民法典》第 153 条、第 157 条；《民法典时间效力规定》第 1 条；《土地管理法》（2019 年修正）第 9 条。

【律师分析】

1. 所谓小产权房，是指在农村集体土地上建设的房屋，该类房屋未办理相关证件，未缴纳土地出让金等费用，其产权证不是由国家房管部门颁发，而是由乡政府或村颁发。小产权房并不是法律概念，只是大家对在集体用地上建起来的、没有房产证的住房的一种通俗叫法。

2. 就小产权房的买卖，对于村集体成员之间的小产权房买卖合同一般认定为有效合同，而对于本集体与其他集体组织成员之间、城镇居民之间的小产权房买卖合同一般认定为无效合同。

根据《土地管理法》第9条的规定，城市市区的土地属于国家所有。农村和城市郊区的土地，除由法律规定属于国家所有的以外，属于农民集体所有；宅基地和自留地、自留山，属于农民集体所有。村集体集资或筹资建设的小产权房，因土地性质原因，小产权房的产权应属村集体，村集体开发的小产权房是对村集体成员的福利，具有一定人身属性，所以本村集体以外的人员无购房资格。

3. 小产权房屋买卖合同无效后，已支付的购房款或对房屋进行翻建或装修的费用应适当予以返还。

小产权房买卖合同中，买方因合同无效遭受的损失除了购房款利息外，还包括买方接收房屋后的装修花费。因此，在合同被认定无效后，基于各方的过错责任，卖方除可能面临返还购房款和支付利息等风险外，还可能面临向买方赔偿装修款等损失的风险。在小产权房买卖合同被认定无效后，买方的风险是：除需返还房屋外，还需要支付房屋占有期间的使用费用。例如本文案例中，《协议书》无效后，被告张某应当返还原告王某的购房款113259元。基于原告、被告均有过错，关于原告主张的损失，考虑到房屋购买后各方居住情况及2005年以来房价上涨等因素，法院酌情支持了原告关于要求被告赔偿购房款利息损失的主张。

022. 亲属间购买人身保险，保险合同是否无效

【关键词】

保险合同　保险利益　行为能力　违反强制性规定

【场景】

原告张母与第三人成女系母女关系，成女为视力残疾人，张母为成女监护人。被告成叔与成女为叔侄关系。张母委托成叔为成女购买人身保险，并向成叔转账支付保险费300100元。当日，成叔以被保险人成女父亲身份作为投保人为成女购买人身保险，成叔及成女在保险公司以电子签名方式签订

《人身保险投保书》。同时，成叔与保险公司签订《人身保险合同》，载明：投保人成叔，被保险人成女，身故保险金受益人成叔，成叔支付了保险费300100元。现保险公司将上述《人身保险合同》受益人由成叔变更为张母。

【事态发展（纠纷产生）】

张母主张《人身保险合同》无效，故以保险公司、保险分公司、成叔为被告，以成女为第三人起诉至法院，诉讼请求：依法确认成叔与保险公司签订的《人身保险合同》无效并判令保险公司返还张母保险费300100元。

【焦点问题】

成叔与保险公司签订的《人身保险合同》是否应确认为无效合同?

【结论】

《保险法》第31条第3款规定："订立合同时，投保人对被保险人不具有保险利益的，合同无效。"根据查明的事实，成叔与成女系叔侄关系，涉案《人身保险合同》签订时，投保人成叔以父女关系承保，保险人保险公司作为专业保险机构，在办理保险业务过程中，未尽到审慎审查义务，存在明显过错，且虽然投保时成女在场，但其存在视力残疾，不能认定其真实意思表示为同意为其订立合同。因投保人成叔对被保险人成女不具有保险利益，成叔与保险公司签订的《人身保险合同》依法应当确认为无效合同。

【典型案例索引】

青海省西宁市中级人民法院民事判决书，（2023）青01民终267号。

【相关法律法规】

《民法典》第153条、第157条；《保险法》第12条、第31条；《保险法司法解释（二）》第2条；《民法典时间效力规定》第1条第3款；《民事诉讼法》第122条。

【律师分析】

1. 关于非保险合同当事人是否有资格起诉要求确认保险合同无效的问题，因思考角度不同可能会存在一定争议，但基于民事诉讼法关于起诉主体中利害关系人的规定，实务中一般认可非合同当事人的利害关系人享有诉讼主体资格。

基于合同相对性的思考，根据合同相对性原理及法律规定，依法成立的合同对双方当事人具有约束力，因此会有些被告以原告非合同当事人为由，提出原告的诉讼主体身份不适格的答辩意见。该观点虽然言之有理，但一般不容易被法院支持。本文案例中，法院根据《民事诉讼法》第 122 条第 1 项“原告是与本案有直接利害关系的公民、法人和其他组织”关于起诉条件的规定，认为张母作为被保险人成女之母，与涉案《人身保险合同》存在直接利害关系，是本文案例适格的原告。因此，确认张母有权提起确认合同无效之诉。

至于被告保险公司答辩认为张母主张确认合同无效以及要求返还保险费的诉讼主张应当另行通过损害赔偿或委托代理法律关系向成叔主张，法院对被告的该答辩意见未予采纳。

2. 《人身保险合同》被确认无效后，因保险公司存在过错，相应投保费也应予以退还。

根据《民法典》第 157 条的规定，合同无效或者被撤销后，因该合同取得的财产，应当予以返还；不能返还或者没有必要返还的，应当折价补偿。有过错的一方应当赔偿对方因此所受到的损失，双方都有过错的，应当各自承担相应的责任。再根据《保险法司法解释（二）》第 2 条的规定，人身保险合同中，因投保人对被保险人不具有保险利益导致合同无效，投保人主张保险人退还扣减相应手续费后的保险费的，法院应予支持。具体到本文案例中，基于签订保险合同时保险公司对于投保人成叔的身份未尽到审慎审查义务，存在过错，以退还全额保险费为宜。鉴于成叔支付的保险费 300100 元确系张母给付，成叔亦同意向张母退还。因此，法院对张母主张保险公司退还 300100 元的诉讼请求予以支持。

3. 根据《保险法》第 12 条第 1 款的规定，人身保险的投保人在保险合同订立时，对被保险人应当具有保险利益。所谓保险利益，是指投保人或者被保险人对保险标的具有的被法律承认的利益。

司法实务中关于保险利益的界定，可以从相应人员的身份关系上考量：（1）投保人对本人具有保险利益；（2）投保人对配偶、子女、父母具有保险利益；（3）投保人对与投保人有抚养、赡养或者扶养关系的家庭其他成员、近亲属具有保险利益；（4）投保人对与投保人有劳动关系的劳动者具有保险利益。

（三）逃避监管情形下认定违反强制性规定

023. 期货交易未经监管机构批准，相关交易行为是否无效

【关键词】

期货交易　监管　强制性规定　行政法规　行政规章

【场景】

齐鲁公司做了一个叫作齐鲁油的现货交易平台，但投资人在该交易平台上可以全天无限次“买入卖出”或“卖出买入”，并允许反向操作或以对冲方式了结交易，该交易平台不以实物交收为目的，不必进行交割实物。熊某在该公司平台做的齐鲁油交易均未进行实物交割，熊某遭受财产损失。

【事态发展（纠纷产生）】

熊某认为齐鲁油现货交易平台符合商品现货市场非法期货交易的全部要件，涉案交易应认定无效，故以齐鲁公司、开户银行等为被告起诉至法院，诉讼请求如下：（1）确认熊某在齐鲁公司交易系统中开户账号为×××的账户及其全部交易无效；（2）齐鲁公司返还熊某损失款。

【焦点问题】

违反《期货交易管理条例》未经监管部门审批，涉案交易是否无效？

【结论】

国务院颁布的《期货交易管理条例》第6条规定：“设立期货交易所，由国务院期货监督管理机构审批。未经国务院批准或者国务院期货监督管理机构批准，任何单位或者个人不得设立期货交易场所或者以任何形式组织期货交易及其相关活动。”而中国证券监督管理委员会青岛监管局函复齐鲁公司不具备组织期货交易及其相关活动的业务资格，故齐鲁公司组织涉案的期货交易未经国务院或者国务院期货监督管理机构批准，违反了行政法规的强

制性规定，应认定涉案的全部交易无效。

【典型案例索引】

北京市第二中级人民法院民事裁定书，（2021）京02民申555号。

【相关法律法规】

《民法典》第153条；《期货交易管理条例》第6条；《民法典合同编通则司法解释》第16条、第17条、第18条；原《合同法》（2021年1月1日起因《民法典》施行被废止）第52条；《民事诉讼法》第211条。

【律师分析】

1. 对于就一审判决未上诉直接提起再审的，实务中就再审法院应否受理一直存在争议。对此，即便上级法院受理了再审申请，但再审审查要点与上诉后的二审审查要点仍有不同，所以相关权利人在选择救济程序时需要谨慎考量。

第一，就一审判决未上诉直接提起再审申请的，法院能否确定受理立案，尚存在一定争议。尽管部分法律规定可以作为一审判决直接申请再审的法律依据，如：（1）根据《民事诉讼法》第210条“当事人对已经发生法律效力的判决、裁定，认为有错误的，可以向上一级人民法院申请再审”的规定，申请再审的对象并未限定为二审判决、裁定。（2）《第一次全国民事再审审查工作会议纪要》（法〔2011〕159号）第6条：“当事人对地方各级人民法院作出的已经发生法律效力的一审、二审民事判决、裁定、调解书，以及再审改变原审结果的民事判决、裁定、调解书，认为有法定再审事由，向上一级人民法院申请再审的，上一级人民法院应当受理。”

第二，直接申请再审并不能节省诉讼费。一旦案件被裁定再审，申请人仍需要按照标的额缴付诉讼费。《诉讼费用交纳办法》第9条规定：“根据民事诉讼法和行政诉讼法规定的审判监督程序审理的案件，当事人不交纳案件受理费。但是，下列情形除外：……（二）当事人对人民法院第一审判决或者裁定未提出上诉，第一审判决、裁定或者调解书发生法律效力后又申请再审，人民法院经审查决定再审的案件。”因此，一审判决未上诉直接申请再审的方案，实质上并不能节省诉讼费。

第三，法院在再审程序中审查的要点与在二审程序中审查的要点完全不同。简言之，再审程序审查内容主要集中于原审判决是否存在《民事诉讼法》第 211 条所述的 13 种应当再审的情形，仅予以程序性审查，很少审查案件事实部分。然而，二审程序是法定程序，二审法院就案件的事实及法律适用要进行实体审查。

综上所述，权利人就案件选择诉讼方案时，需要结合案件具体情况及不同诉讼目的，选择合适的诉讼救济程序。

2. 《期货交易管理条例》系国务院制定的行政法规，根据《民法典》第 153 条的规定，违反《期货交易管理条例》强制性规定的，法律行为无效。

例如本文案例中，齐鲁公司不具备组织期货交易及其相关活动的业务资格，齐鲁公司组织涉案的期货交易未经国务院或者国务院期货监督管理机构批准，故认定涉案交易行为无效。

3. 关于违反强制性规定的认定问题，特别是行政法规、规章等如何认定为强制性规定，一直以来都是司法实务中的争议焦点问题。

法院确认合同无效，应当以全国人大及其常委会制定的法律和国务院制定的行政法规为依据，不得以地方性法规、行政规章为依据。《九民会议纪要》第 31 条规定："违反规章一般情况下不影响合同效力，但该规章的内容涉及金融安全、市场秩序、国家宏观政策等公序良俗的，应当认定合同无效。"但在适用公序良俗原则时，《九民会议纪要》在第 31 条后半句又加了限制，即"人民法院在认定规章是否涉及公序良俗时，要在考察规范对象基础上，兼顾监管强度、交易安全保护以及社会影响等方面进行慎重考量，并在裁判文书中进行充分说理"。再结合《民法典合同编通则司法解释》第 16 ~ 18 条关于认定合同无效的限制内容，审判实务中就认定合同无效将会越来越谨慎，该类诉讼权利人在提起诉讼时需要提前对败诉风险和胜诉利益进行分析和权衡。

024. 以合作经营形式变相出租杂志刊号，合作协议是否无效

【关键词】

合作经营协议　名实不符　违反强制性规定

【场景】

软知公司与K出版社签订《合作经营协议》，双方在协议中约定软知公司对K出版社主办的G杂志实行学术经营管理，K出版社授权软知公司组织人员开展采编工作，软知公司向K出版社交纳固定管理费。

【事态发展（纠纷产生）】

软知公司认为，《合作经营协议》实为变相转让或出租杂志刊号，协议应属无效，故以K出版社为被告起诉至法院，诉讼请求如下：（1）判令确认软知公司、K出版社签订的《合作经营协议》无效；（2）判令K出版社返还软知公司2008年管理费50万元。

【焦点问题】

K出版社与软知公司签订的《合作经营协议》效力如何认定？

【结论】

根据《出版管理条例》第21条第1款规定，出版单位不得向任何单位或者个人出售或者以其他形式转让本单位的名称、书号、刊号或者版号、版面，并不得出租本单位的名称、刊号。本文案例中，软知公司作为G杂志实际经营主体，负责杂志日常经营。K出版社虽然没有放弃终审权，但是K出版社不实际参与杂志经营，不承担杂志经营和亏损的风险，每年向软知公司收取数额不等的固定管理费用。该行为实为转让或变相转让或出租杂志刊号，明显违反了行政法规的强制性规定，应属无效。

【典型案例索引】

北京市高级人民法院民事裁定书，（2022）京民申3597号。

【相关法律法规】

《民法典》第153条；《出版管理条例》第21条；《九民会议纪要》第30条；《民法典合同编通则司法解释》第16条。

【律师分析】

1.《民法典》第153条第1款规定违反法律、行政法规的强制性规定的民事法律行为无效。本文案例中，变相出租刊号的行为违反了《出版管理条例》规定，法院认定为违反强制性规定。

《出版管理条例》是国务院于1997年1月2日发布，于当年2月1日正式实施的行政法规，后经六次修改，现施行版本为2020年11月29日发布并实施的版本。《出版管理条例》第21条第1款规定，出版单位不得向任何单位或者个人出售或者以其他形式转让本单位的名称、书号、刊号或者版号、版面，并不得出租本单位的名称、刊号。

《九民会议纪要》第30条第2款规定："……下列强制性规定，应当认定为'效力性强制性规定'：强制性规定涉及金融安全、市场秩序、国家宏观政策等公序良俗的；交易标的禁止买卖的，如禁止人体器官、毒品、枪支等买卖；违反特许经营规定的，如场外配资合同；交易方式严重违法的，如违反招投标等竞争性缔约方式订立的合同；交易场所违法的，如在批准的交易场所之外进行期货交易……"本文案例中，出现合同双方通过变相出租杂志刊号、允许经营合作方介入期刊采编业务等违规问题，扰乱出版秩序，故法院认定违反《出版管理条例》应属于违反"效力性强制性规定"，相关违规行为应属无效。

2. 在本文案例中，租用杂志刊物一方认为合作协议无效后出版方应该返还基于合作协议已收取的合同款，法院认为涉案合同款为违法所得，应予以没收，故未支持软知公司关于退还50万元合同款的诉讼请求。

涉案《合作经营协议》虽系无效协议，但在被生效判决确认无效之前已得以履行，且协议约定的期限为三年，已于2010年12月31日履行完毕。双方因履行该协议所获取的收入属于违法所得，应当予以没收。就《合作经营协议》的违法行为，法院将另行建议有关行政主管机关予以处理。现软知公司要求返还其依据该协议支付的2008年管理费50万元，缺乏法律依据，法院不予支持。

025. 以收取会费形式售卖疗养用房，入会协议是否无效

【关键词】

入会协议　商品房预售　预售许可　违反强制性规定

【场景】

翠岛公司以划拨土地开发温泉疗养院，并与郑某签订《入会协议》，约定郑某向翠岛公司支付2417987元，翠岛公司将涉案疗养房屋交与郑某使用，使用期限未予约定。《入会协议》第2条第1点、第4点等多处约定郑某对涉案疗养度假住所享有排他性使用权，第7条对竣工验收合格后的事宜进行了约定，第9条约定“如法律规定变化，允许疗养院将这批独立疗养度假住所过户到他人名下，则甲方将协助乙方将房屋产权过户到乙方名下”。翠岛公司以同样方式与包括郑某在内的多个社会不特定主体签署相同《入会协议》销售疗养房屋的使用权，且涉案房屋在双方签订《入会协议》时未竣工验收合格。

【事态发展（纠纷产生）】

翠岛公司多次受到行政处罚，且郑某未足额支付合同款，故翠岛公司以郑某为被告起诉法院，诉讼请求如下：（1）确认翠岛公司与郑某签订的《入会协议》无效；（2）郑某将其因上述协议而取得的房屋返还给翠岛公司；（3）郑某支付房屋占用费，具体金额翠岛公司申请评估鉴定。

【焦点问题】

翠岛公司与郑某签订的《入会协议》的法律效力如何认定？

【结论】

出卖人翠岛公司与买受人郑某之间的法律关系性质应为商品房预售合同关系。《商品房买卖合同司法解释》第2条规定：“出卖人未取得商品房预售许可证明，与买受人订立的商品房预售合同，应当认定无效，但是在起诉前取得商品房预售许可证明的，可以认定有效。”涉案协议签订时，翠岛公司未取得涉案房屋的商品房预售许可证明，且在本文案例起诉前仍未能补正，违反了前述规定，且根据广州市规划和自然资源局于2020年3月作出的《限期整改通知书》，涉案房屋未完成竣工验收。根据《民法典》第153条“违反法律、行政法规的强制性规定的民事法律行为无效。但是，该强制性规定不导致该民事法律行为无效的除外。违背公序良俗的民事法律行为无效”的规定，涉案《入会协议》应当认定为无效。

【典型案例索引】

广东省广州市中级人民法院民事判决书，(2023) 粤 01 民终 26539 号。

【相关法律法规】

《民法典》第 153 条、第 157 条；《商品房买卖合同司法解释》第 2 条。

【律师分析】

1. 虽然郑某与翠岛公司签订的是“入会”协议，但从协议的具体内容以及实际履行情况来看，双方之间的法律关系实质上为商品房预售合同法律关系。而翠岛公司并未取得涉案房屋的商品房预售许可证，因此，法院依据《商品房买卖合同司法解释》第 2 条及《民法典》第 153 条的规定，认定涉案《入会协议》无效。

2. 《入会协议》被认定无效后，郑某因《入会协议》取得的涉案房屋应予返还，翠岛公司因《入会协议》取得的款项应向郑某返还，双方其他损失根据过错由法院酌情分配应承担的赔偿金额。

《民法典》第 157 条规定：“民事法律行为无效、被撤销或者确定不发生效力后，行为人因该行为取得的财产，应当予以返还；不能返还或者没有必要返还的，应当折价补偿。有过错的一方应当赔偿对方由此所受到的损失；各方都有过错的，应当各自承担相应的责任。法律另有规定的，依照其规定。”翠岛公司作为出卖方，对其自身未取得商品房预售许可证、涉案房屋未竣工验收合格应当是清楚知悉的，其在此情况下将涉案房屋作为商品房进行预售，明显存在过错。根据《入会协议》记载的内容，可以认定郑某作为买受人在购买涉案房屋时清楚知悉涉案房屋并非商品房且未竣工验收合格，但其仍与翠岛公司签订《入会协议》购买涉案房屋，对于合同无效同样存在过错。涉案《入会协议》系双方协商签订，双方属于平等民事主体，对于合同无效负有同等过错。因此，法院确定翠岛公司、郑某对涉案协议无效各承担 50% 的过错责任。

（四）违反法定程序情形下认定违反强制性规定

026. 集体土地性质未变更即转让的，转让协议是否无效

【关键词】

集体土地使用权转让　土地性质　审批　违反强制性规定

【场景】

2012年，B公司与合众公司签订《建设绿化隔离带内3%～5%建设用地项目合作合同书》，涉案土地为集体土地，规划用途为：城镇建设用地，但土地仍属于绿化用地、农用地。合同主要内容为：（1）合众公司向B公司支付固定的绿地使用费、征地费、拆迁补偿费、人员安置费、地上建筑物拆除费、青苗补偿费等费用，上述费用为合众公司对该项目进行土地一级开发的土地整理成本；（2）B公司将协助合众公司合理设计挂牌条件及上市交易，协助合众公司合理合法地取得土地使用权；（3）合作期间，合众公司独立经营、独享收益、独担风险，B公司收取固定收益。

【事态发展（纠纷产生）】

B公司认为涉案合同实际为变相的集体土地转让合同，应属无效，故以合众公司为被告起诉至法院，诉讼请求：确认B公司与合众公司签订的《建设绿化隔离带内3%～5%建设用地项目合作合同书》无效。

【焦点问题】

B公司与合众公司签订的《建设绿化隔离带内3%～5%建设用地项目合作合同书》的效力应如何认定？

【结论】

《建设绿化隔离带内3%～5%建设用地项目合作合同书》虽名为合作合同，但其内容使合众公司变相取得土地使用权，故涉案合同实为土地使用权转让合同。就合同效力问题，涉案土地的性质为集体土地，根据我国《土地管理法》及《土地管理法实施条例》，农村集体土地的出让、转让以及改变

用途须履行严格的审批手续。本文案例中，虽然B公司就涉案土地上建设取得了相应建房审批手续，但并未取得用地手续，并因此受到了土地管理部门的处罚。B公司将涉案土地通过合同方式转让给合众公司用于经营酒店，无论从其约定的“合作期限”52年，还是从其实际给付对价的内容看，在未办理土地性质的变更、未经土地管理部门审批的情况下，导致集体土地发生流转，违反了我国土地管理的强制性法律规定，应属无效。

【典型案例索引】

北京市高级人民法院民事判决书，(2021)京民终677号。

【相关法律法规】

《民法典》第154条；2004年《土地管理法》第43条、第63条；《民法典时间效力规定》第1条；原《合同法》(2021年1月1日起因《民法典》施行被废止)第52条。

【律师分析】

1. 关于集体土地使用权的流转问题，我国相关立法、政策发生了从严令禁止到逐步附条件允许的变化过程，其中主要可以分为以下几个阶段：

(1) 严令禁止阶段：1987年1月1日开始施行的原《民法通则》第80条第3款规定：“土地不得买卖、出租、抵押或者以其他形式非法转让。”2004年施行的《土地管理法》第43条规定：“任何单位和个人进行建设，需要使用土地的，必须依法申请使用国有土地……”第63条进一步规定：“农民集体所有的土地的使用权不得出让、转让或者出租用于非农业建设……”在该阶段，集体土地流转属于国家绝对禁止的行为。

(2) 国家逐步放宽、放开阶段：2013年11月12日发布的《中共中央关于全面深化改革若干重大问题的决定》明确，建立城乡统一的建设用地市场。在符合规划和用途管制前提下，允许农村集体经营性建设用地出让、租赁、入股，实行与国有土地同等入市、同权同价。2015年2月27日，《全国人大常委会关于授权国务院在北京市大兴区等三十三个试点县(市、区)行政区域暂时调整实施关于法律规定的决定》授权试点地区试行集体经营性建设用地入市。《土地管理法》(2019年修订)正式放开集体建设用地流转，并延续至今。

（3）在上述两个阶段之间其实还可以区分出一个各地政府不断寻求突破和尝试的阶段：各地政府就集体建设用地流转问题作出过相关具体政策文件，允许“有条件流转”。典型文件包括《北京市农民集体建设用地使用权流转试点办法》（京国土房管集〔2003〕645号）、《广东省集体建设用地使用权流转管理办法》（粤府令第100号）、《湖北省农民集体所有建设用地使用权流转管理试行办法》（湖北省人民政府令第294号）等。

2.《民法典》物权编关于集体土地作为建设用地的法律适用规定与《土地管理法》相关规定相呼应，既明示了集体土地可以作为建设用地入市，又明确了集体经营性建设用地入市后的管理措施，维护了土地管理秩序。

现行有效的《土地管理法》（2019年修订），删除了原43条关于进行建设必须使用国有土地的规定，允许集体经营性建设用地在符合法定条件和程序的情况下可交由单位和个人使用，破除了集体土地进入市场的法律障碍。根据《土地管理法》（2019年修订）第63条的规定，集体建设用地入市流转必须满足以下条件：（1）符合规划；（2）依法登记的经营性建设用地；（3）签订书面协议；（4）村民会议2/3以上成员通过。

3. 违反规划用途的集体土地流转行为，应属无效。

《土地管理法》第63条中的“集体经营性建设用地”表明所流转土地不但规划上为非农业用地，且必须已完成农业用地转为建设用地的审批手续，否则不应被认定为合法用于建设用途的土地，该等土地流转因违反土地用途管制的相关规定而无效。

例如本文案例中，涉案土地的性质为集体土地，涉案土地仍属于绿化用地、农业用地。B公司在未经审批变更土地性质和用途的情况下，即将集体土地使用权转让给合众公司的行为，违反了我国土地管理的有关强制性法律规定，因此，相关转让行为及转让合同应属无效。

027. 农村土地承包合同未经村民会议同意，承包合同是否无效

【关键词】

农村土地承包　荒山　村民委员会　村民小组　违反强制性规定

【场景】

二被告王某与六村民委员会于2007年订立《荒山承包合同》，约定承包六村民委员会所有的荒山，县政府向王某颁发了林权证，该证登记的林地所有权人为原告，林地使用权人、森林和林木所有权人和使用权均为王某，面积为150亩，林地使用期为50年。原告系六村民委员会下属的一个村民小组，被告王某原也是六村民委员会下属村民小组村民，后因政策搬迁至其他村民委员会。2022年，因被告王某在承包的荒山上建养猪场污染村民水源，与原告村民产生纠纷，丽江市生态环境局对被告养猪场给予了罚款的行政处罚。

【事态发展（纠纷产生）】

原告以王某、六村民委员会为被告起诉至法院，诉讼请求：判令两被告王某与六村民委员会于2007年8月25日签订的《荒山承包合同》无效。

【焦点问题】

2007年8月25日签订的《荒山承包合同》的效力如何认定？

【结论】

《农村土地承包法》第52条规定："发包方将农村土地发包给本集体经济组织以外的单位或者个人承包，应当事先经本集体经济组织成员的村民会议三分之二以上成员或者三分之二以上村民代表的同意，并报乡（镇）人民政府批准。由本集体经济组织以外的单位或者个人承包的，应当对承包方的资信情况和经营能力进行审查后，再签订承包合同。"签订涉案承包合同时有效的《土地管理法》第15条第2款规定，农民集体所有的土地由本集体经济组织以外的单位或者个人承包经营的，必须经村民会议2/3以上成员或者2/3以上村民代表的同意，并报乡（镇）人民政府批准。涉案《荒山承包合同》的签订违反了以上法律规定，依法应当认定为无效合同。

【典型案例索引】

云南省丽江市中级人民法院民事判决书，（2023）云07民终341号。

【相关法律法规】

《民法典》第153条；《村民委员会组织法》第24条；《农村土地承包

法》第52条；《土地管理法》第11条；《土地管理法》（2004年修正）第15条第2款；《民法典时间效力规定》第1条；《森林资源民事纠纷司法解释》第5条。

【律师分析】

1. 关于法律规定的“本集体经济组织以外的单位或者个人”的认定问题，其中法律规定的同一集体经济组织不应扩大解释为同一个村民委员会的村民，而应仅限于同一村集体的村民。

根据《村民委员会组织法》第2条第1款的规定，村民委员会为群众性自治组织。根据《土地管理法》第11条的规定，农村土地可以由村农民集体、乡镇农民集体所有，并没有规定由村民委员会所有。因此，法律规定的“本集体经济组织”不应为村民委员会。例如本文案例中，被告王某原系六村民委员会下属花坪村村民，争议土地属于原告六村民委员会下属箐头村所有，被告王某因不属于原告村民，属于法律规定的“本集体经济组织以外的单位或者个人”。因此，将土地承包给王某，均应经原告箐头村2/3以上的村民会议成员或者2/3以上的村民代表同意，否则相关承包合同会因为违反法律强制性规定而被认定为无效合同。

2. 确认合同无效的诉讼纠纷案件，不适用三年诉讼时效的限制。

诉讼时效适用范围仅限于请求权。本文案例中，诉讼请求为确认合同无效，这种诉讼请求为确认之诉，确认之诉的基本特点在于法院仅需确认双方当事人之间是否存在一定的民事法律关系，判决当中也不具有给付内容，不具有可执行性，故不适用诉讼时效的规定。

3.《森林资源民事纠纷司法解释》第5条就违反法定民主议定程序的集体林地承包合同无效的例外情形做了列举，主要包括：

（1）合同订立时，法律、行政法规没有关于民主议定程序的强制性规定的。

（2）合同订立未经民主议定程序讨论决定，或者民主议定程序存在瑕疵，一审法庭辩论终结前已经依法补正的。

（3）承包方对村民会议或者村民代表会议决议进行了合理审查，不知道且不应当知道决议系伪造、变造，并已经对林地大量投入的。

028. 借款时即以房产又抵又卖并做流押约定，房屋买卖合同是否无效

【关键词】

房屋买卖合同　借款　流押　违反强制性规定

【场景】

张某与H公司签订《还款协议书》，约定若在还款期限届满前不能偿还所有欠款，则张某将为债务作抵押担保的涉案房屋产权过户给H公司。因涉案房屋不能直接过户给H公司，H公司与其员工傅某协议约定由傅某出面办理产权人登记，但房屋产权人实际为H公司。于是，在债务清偿期未届满前，张某与傅某就涉案房屋签署《房屋买卖合同》，并将涉案房屋由张某名下过户至傅某名下。此后，涉案房屋由傅某名下过户至H公司名下。

【事态发展（纠纷产生）】

郑某与张某系夫妻，认为张某擅自处分夫妻共有房产，故以傅某、张某为被告起诉至法院，诉讼请求：确认张某与傅某签署的《房屋买卖合同》无效。

【焦点问题】

涉案《房屋买卖合同》是否为无效合同?

【结论】

《房屋买卖合同》形式上是买卖房屋，实质上是以转移抵押房屋的所有权方式抵偿欠款。根据张某与H公司签订的《还款协议书》，张某偿还欠款的债务履行期限为自2001年1月1日始至2005年12月31日止，如第六年起（2006年）张某无力偿还，则将房屋过户给H公司。但《房屋买卖合同》订立的时间为2003年4月21日，此时张某的债务履行期限尚未届满。根据《民法典时间效力规定》第7条的规定，《民法典》施行前，当事人在债务履行期限届满前约定债务人不履行到期债务时抵押财产或者质押财产归债权人所有的，适用《民法典》第401条和第428条的规定。根据《民法典》第

401 条的规定，抵押权人在债务履行期限届满前，与抵押人约定债务人不履行到期债务时抵押财产归债权人所有的，只能依法就抵押财产优先受偿。张某与傅某订立《房屋买卖合同》，实质上是在债务履行期限届满前，未对抵押的涉案房屋评估清算即通过直接转移所有权归属的方式抵偿债务。虽然因合同订立时抵押权人 H 公司暂不具备房屋过户条件，涉案房屋先过户至傅某名下，但结合在案证据足以认定 H 公司系实际接收涉案房屋一方。因此，《房屋买卖合同》系流押契约，根据《民法典》第 401 条的规定，流押契约应属无效，故涉案《房屋买卖合同》无效。

【典型案例索引】

北京市第一中级人民法院民事判决书，（2023）京 01 民再 18 号。

【相关法律法规】

《民法典》第 153 条、第 401 条、第 428 条；《民法典时间效力规定》第 7 条。

【律师分析】

1. 本文案例中的流押条款，并不是直接由债权人、债务人约定的，所以在认定《房屋买卖合同》是否属于流押的问题上有一定困难和争议，法院结合合同约定内容及综合在案事实，认定合同中抵押物（涉案房屋）归债权人所有的约定为流押约定。

张某与傅某订立《房屋买卖合同》，实质上是在债务履行期限届满前，未对抵押的涉案房屋评估清算即通过直接转移所有权归属的方式抵偿债务。虽然因合同订立时抵押权人 H 公司暂不具备房屋过户条件，涉案房屋先过户至傅某名下，但结合 H 公司与傅某签署的《协议书》约定内容，以及傅某在 H 公司符合过户条件后又将涉案房屋过户给 H 公司的事实，可认定 H 公司是实际接收涉案房屋的一方。因此，《房屋买卖合同》是 H 公司在债务履行期限届满前约定债务人张某抵押财产（涉案房屋）归债权人 H 公司所有的流押约定，又根据《民法典》第 401 条关于流押条款无效的规定，故认定《房屋买卖合同》无效。

2.《民法典》第 401 条、第 428 条对流押、流质条款效力的规定，与

《民法典》施行前有所不同，《民法典》采用部分有效、部分无效的原则。

根据《民法典》第 401 条、第 428 条的规定，所谓流押，是指债权人在抵押合同订立时，与抵押权人约定在债务人不履行债务时，抵押物归债权人所有。所谓流质，是指债务人在质押合同订立时与出质人约定，债务人到期不履行债务时，质押财产归债权人所有。《民法典》对流押、流质条款的效力问题做了新的规定，采用部分有效、部分无效的原则。《民法典》实施后，有流押条款、流质条款的担保合同，只是条款本身无效，并不影响整个担保合同的效力。抵押权人（流质权人）在债务履行期届满前，与抵押人（出质人）约定债务人不履行到期债务时抵押财产（质押财产）归债权人所有的，该转变所有权的流押（流质）条款无效，抵押权人（流质权人）只能就抵押财产（质押财产）优先受偿，而不能据此取得抵押物（质押物）的所有权。

3. 关于论证流押、流质条款的法律效力问题，《民法典》具有溯及力，《民法典》施行前的相关内容也应适用《民法典》的规定。

根据《民法典时间效力规定》第 7 条的规定，《民法典》施行前，当事人在履行债务期限届满前约定债务人不履行到期债务时抵押财产或者质押财产归债权人所有的，适用《民法典》第 401 条和第 428 条的规定。因此，即便流押、流质合同签订在《民法典》施行之前，《民法典》在流押条款、流质条款的效力问题上仍然具有溯及力，在判断流押、流质条款法律效力时仍应当适用《民法典》的规定。

（五）擅自处分特殊财产情形下认定违反强制性规定

029. 未经其他合伙人许可擅自转让合伙份额，转让协议是否无效

【关键词】

合伙企业　合伙份额　转让合同　违反强制性规定

【场景】

李某与其他几位朋友合伙经营一家合伙企业，在未征得其他合伙人同意

的情况下，李某与合伙人以外的胡某签订《合伙份额转让协议》，约定李某将合伙企业10%的合伙份额转让给胡某。

【事态发展（纠纷产生）】

胡某支付转让款后，因合伙企业内部经营纠纷，导致无法正常经营，且合伙企业其他合伙人对李某的私自转让行为不予确认，导致胡某无法参与合伙企业的正常经营。故胡某以李某为被告诉至法院，诉讼请求：判决确认原告、被告签订的《合伙份额转让协议》无效。

【焦点问题】

涉案《合伙份额转让协议》法律效力如何？

【结论】

根据《合伙企业法》第22条第1款的规定，除合伙协议另有约定外，合伙人向合伙人以外的人转让其在合伙企业中的全部或者部分财产份额时，须经其他合伙人一致同意。被告李某在向原告胡某转让股权时，其他合伙人对此并不知情，被告也未提供证据证明其向原告转让10%合伙份额的行为征得了其他合伙人一致同意。因此，根据《民法典》第153条第1款有关违反强制性规定的内容，被告李某转让合伙份额的行为不发生法律效力。

【典型案例索引】

河南省信阳市中级人民法院民事判决书，（2021）豫15民终4264号。

【相关法律法规】

《民法典》第153条、第974条；《民法典合同编通则司法解释》第16条；《合伙企业法》第22条第1款；《民法典时间效力规定》第1条；原《合同法》（2021年1月1日起因《民法典》施行被废止）第52条；《民事诉讼法司法解释》第108条第1款、第109条。

【律师分析】

1.《民法典》第二十七章合伙合同与《合伙企业法》相关规定之间的关系及联系。

《民法典》施行后，其新增了第二十七章合伙合同，并将该合同类型列为典型合同的一种。《合伙企业法》是从 1997 年 8 月 1 日开始施行，在 2006 年修订后，自 2007 年 6 月 1 日施行至今。《民法典》施行后并没有废止《合伙企业法》,《民法典》中关于合伙合同的规定有一部分与《合伙企业法》规定内容基本一致，仅表述略有不同。比如，《民法典》第 974 条与《合伙企业法》的 22 条第 1 款内容就是如此。关于《民法典》中规定的合伙合同与《合伙企业法》规定的合伙企业，两者可以简单区分为合伙合同与合伙企业之间的不同，如合伙人按照合伙合同已经注册成立合伙企业，则当事人之间的纠纷，属于合伙企业纠纷；若各合伙人之间只有合伙合同，没有相对应的合伙企业，当事人之间的纠纷属于合伙合同纠纷。因此，是否在市场监督管理部门进行了合伙企业登记，是区分适用《民法典》还是《合伙企业法》的关键。

2. 合伙人向合伙人以外的他人转让合伙份额的，若无其他合伙协议约定，则转让行为须经其他合伙人一致同意，且同意的意思表示需要有一定表现形式，如转让合同中作为见证人签字、单独出具书面同意书、微信（短信）关于同意对外转让的回复或相关电话录音等。

3. 合伙人向其他合伙人转让合伙份额的，则转让行为仅需通知其他合伙人，法律上并不强制要求必须征得其他合伙人同意，因此在合伙人内部转让合伙份额时，提前做好转让事项的通知即可，这种通知以电话、短信、微信、电子邮件、书面通知函等形式作出均可，其中书面通知函需要保留好相应的邮寄单据和签收凭证。

030. 合伙人委托书未生效时即对外转让合伙财产，转让协议是否无效

【关键词】

合伙合同　合伙份额　转让合同　违反强制性规定

【场景】

原告王某与被告张甲、许某、赵某、万某五人共同经营液化气站，该液化气站虽登记为个人独资企业，投资人登记为许某，但实际为五人合伙，每位合伙人各占 20% 份额。王某、张甲、赵某、万某四位合伙人于 2023 年 3 月

6日给许某出具《委托书》，委托许某出售液化气站。《委托书》附加有生效条件，即买方打款之后，四委托人不再享有权利。许某与张乙签订《转让协议》，签订时间为3月9日，但买方打款时间为3月12日。在打款之前的3月10日，五位合伙人协商由王某继续经营液化气站，万某和张甲退出，其各自20%股份转让给王某，当日王某分别支付了转让款。转让之后，王某占液化气站60%份额，许某和赵某各占20%的份额。3月11日，许某将液化气站所有份额转让给张乙之事以微信通知王某。王某遂提起诉讼，3月15日张乙获得被诉信息，并于3月24日该液化气站营业执照变更投资人为王乙。

【事态发展（纠纷产生）】

原告王某认为，许某转让液化气站没有经过其他合伙人同意私自转让，该转让协议无效，故以许某、张乙及其他合伙人为被告诉至法院，诉讼请求：确认被告许某与被告张乙签订的转让协议书为无效协议。

【焦点问题】

涉案《转让协议》效力如何认定？

【结论】

2023年3月6日签署的《委托书》在签字后并未立即生效，这份《委托书》附加有生效条件，即买方打款之后，四委托人不再享有权利。虽然3月9日许某与张乙签订了《转让协议》，但买方并未立即打款，直到3月12日买方才支付打款，在打款之前的3月10日，各合伙人就液化气站又形成了新的协议，协议由王某继续负责经营，由此导致《委托书》失去效力。形成新的协议后，许某个人已无处置液化气站的权利，应当及时告知张乙实情并停止履行《转让协议》，至于张乙是否追究许某等人的违约责任与本文案例并无联系。但是，许某仍无视3月10日各合伙人达成的新协议，特别是明知案件已经立案的情况下，仍然强行履行《转让协议》，明显违背《民法典》第970条、第974条的规定，侵犯了合伙人王某、赵某的合法权益，故涉案《转让协议》被认定为无效。

【典型案例索引】

河南省商丘市中级人民法院民事判决书，（2023）豫14民终2101号。

【相关法律法规】

《民法典》第153条、第158条、第970条、第974条；《民法典合同编通则司法解释》第16条、第18条。

【律师分析】

1. 附生效条件的《委托书》，自生效条件满足时起发生法律效力。

《民法典》第158条规定："民事法律行为可以附条件，但是根据其性质不得附条件的除外。附生效条件的民事法律行为，自条件成就时生效……"在本文案例中，其他合伙人向许某出具附生效条件的《委托书》，且在《委托书》未生效前全体合伙人即已通过协商达成新的协议，变更了原《委托书》之委托内容。在上述过程中，受托人许某参与了合伙人之间的协商，未提出异议，也并未向其他合伙人告知其已经与合伙人以外的张乙签署了《转让协议》一事。因此，《转让协议》签署时间是否真实出现存疑状态，再结合后续许某已无相应权利对外出售合伙财产的事实，法院最终认定涉案《转让协议》无效。

2. 与受托人签署转让协议的受让方能否以其善意、不知情为由，请求以善意取得规定取得液化气站的所有权？

在本文案例中，张乙称其系善意受让人，但经查明张乙与许某户籍地址为同一乡镇，关系特殊，且在本文案例的一审中同为被告，在变更工商登记、完成液化气站转让之前，已经收到起诉状等诉讼材料，明知液化气站已经产生了纠纷，仍与许某互相串通办理气站工商登记变更手续。因此，法院最终未认定张乙的受让行为符合善意取得。

3. 本文案例中，一审法院以许某无权处分以及受让方张乙不构成善意取得为由，认定涉案《转让协议》无效，二审法院纠正为合伙人许某在转让液化气站及相应份额时并未征求其他合伙人同意，损害其他合伙人权益违反《民法典》第970条、第974条的规定，认定《转让协议》无效。

4. 若合伙企业经营需要特殊资质，如会计师、律师等执业资质要求，部分合伙人转让合伙企业经营权给无相应资质的受让方，则该转让协议因违反多条强制性规定，应属无效。

例如，在（2020）甘0102民初8424号案件中，被告张某仅持有会计师事务所80%的股权，在无另一合伙人授权同意的情况下，其与吴某签署了会计师事务所经营权和所有权转让协议，其行为明显超越了自己的职责权限，被告吴某明知自己不具备注册会计师执业资格，与被告签订《转让协议书》，该转让行为违反了《合伙企业法》的规定，故双方签订的《转让协议书》应属无效。

031. 公租房转租或赠与的，转租或赠与协议是否无效

【关键词】

赠与合同　公租房　居住权　违反强制性规定

【场景】

原告彭某作为S大学的退休职工，该学校分配涉案21号房屋给彭某承租居住。彭某与朱某签订《房屋赠与协议》，约定：彭某将涉案21号房屋赠予朱某，朱某管彭某养老。

【事态发展（纠纷产生）】

原告彭某认为其作为承租人无权将公租房赠与他人，故以朱某为被告起诉至法院，诉讼请求如下：（1）确认《房屋赠与协议》无效；（2）判令朱某立即从涉案21号房屋腾退。

【焦点问题】

涉案房屋赠与合同是否无效？

【结论】

居住权人有权按照合同约定，对他人的住宅享有占有、使用的用益物权，以满足生活居住的需要。居住权不得转让、继承。本文案例中，涉案房屋的承租人系彭某，其作为涉案房屋的居住人对涉案房屋享有物权请求权。彭某将其承租的S大学公房赠与朱某，未经房屋所有权人S大学同意，且根据相

关政策，租赁公房未经出租方同意不得转租，故彭某无权将涉案房屋赠与给朱某，该赠与合同应属无效。

【典型案例索引】

北京市第一中级人民法院民事判决书，(2023) 京01民终553号。

【相关法律法规】

《民法典》第153条、第157条、第366条、第369条；《民法典时间效力规定》第1条第2款；原《合同法》(2021年1月1日起因《民法典》施行被废止) 第51条、第52条。

【律师分析】

1. 就公租房能否转租的问题，因公租房的特殊性，转租公租房的合同应属无效。

依据《民法典》第369条的规定，居住权不得转让、继承。设立居住权的住宅不得出租。再根据《民法典》第153条第1款的规定，违反法律、行政法规的强制性规定的民事法律行为无效。因此，公租房承租人将房屋转租他人违反法律法规，相关转租行为及转租合同应属无效。

2. 就公租房能否赠与的问题，因单方赠与行为性质的原因，通过本文案例可以从多角度论证赠与合同无效。

本文案例中，涉案公租房屋的所有权人为S大学，根据相关政策，公租房未经出租方同意不得转租。彭某未经S大学同意，将其承租的公租房赠与朱某，属于无权处分。事后，彭某的处分行为亦未得到权利人S大学的追认，故彭某与朱某签订的《房屋赠与协议》无效。

3. 公租房的转租行为不仅违反《民法典》《公共租赁住房管理办法》的相关规定，亦违背公序良俗，故公租房的转租行为无效。

除《民法典》的相关规定外，根据2012年公布实施的《公共租赁住房管理办法》第27条第1款第1项、第36条第1款第1项的规定，公租房的承租人禁止转借、转租或者擅自调换其承租的公租房。公租房的承租人擅自将其承租的公租房转租给不具有承租资格的第三人，侵害了其他公租房轮候对象的权益，妨害了公租房具有的社会保障职能，扰乱了国家对于公租房的管理秩序，损害了社会公共利益，所以也可以认定公租房转租合同因违背公序良俗而无效。

4. 在本文案例中，原告作为公租房承租人，原告对涉案公租房享有占有、使用的权利，故原告有权要求被告从涉案房屋搬离并交还原告。

四、内容违背公序良俗的合同无效

公序良俗主要包括公共秩序与善良风俗两个方面，其中公共秩序是指法律秩序，善良风俗是指法律秩序之外的道德。《民法典》就“公序良俗”共提及了8次，且将公序良俗作为判定民事法律行为效力的重要依据，具体如下。

1. 民事行为不得违背公序良俗系民法的基本原则

《民法典》第8条规定：“民事主体从事民事活动，不得违反法律，不得违背公序良俗。”该规定将公序良俗确定为民法的基本原则。

2. 公序良俗系认定民事法律行为有效的必备条件之一

《民法典》第143条规定：“具备下列条件的民事法律行为有效：（一）行为人具有相应的民事行为能力；（二）意思表示真实；（三）不违反法律、行政法规的强制性规定，不违背公序良俗。”将公序良俗作为认定民事法律行为有效的必备条件之一。

3. 违背公序良俗原则，相关民事法律行为无效

《民法典》第153条规定：“违反法律、行政法规的强制性规定的民事法律行为无效。但是，该强制性规定不导致该民事法律行为无效的除外。违背公序良俗的民事法律行为无效。”据此，法院可依据公序良俗原则认定民事法律行为无效。

4. 当存在损害国家利益、社会公益和社会道德秩序的行为，而又缺乏相应的“效力性强制性规定”时，可依据公序良俗原则认定该民事行为无效

《九民会议纪要》第30条第2款规定：“……下列强制性规定，应当认定为‘效力性强制性规定’：强制性规定涉及金融安全、市场秩序、国家宏观政策等公序良俗的；交易标的禁止买卖的，如禁止人体器官、毒品、枪支

等买卖；违反特许经营规定的，如场外配资合同；交易方式严重违法的，如违反招投标等竞争性缔约方式订立的合同；交易场所违法的，如在批准的交易场所之外进行期货交易……”《九民会议纪要》第31条规定：“违反规章一般情况下不影响合同效力，但该规章的内容涉及金融安全、市场秩序、国家宏观政策等公序良俗的，应当认定合同无效……”

本部分内容主要围绕《民法典》及相关司法解释的规定，并结合实务案例，对公序良俗原则影响合同效力的诸多因素进行类型化分析、提出律师法律实务建议，以帮助读者在日常经济交往活动及实务办案过程中规避相关情形下合同无效的风险。

（一）违反市场监管秩序情形下认定违背公序良俗

032. 租用购车指标，租赁协议是否无效

【关键词】

购车指标　租赁协议　监管秩序　公序良俗

【场景】

刘某有一北京市购车指标，出租后辗转到冯某手中。恰屠某想租用他人京牌购车指标，经李某居间介绍，屠某与出租人冯某签订《小汽车车牌指标租赁使用协议书》，约定屠某有偿租用冯某的北京市购车指标5年，屠某支付了全部租金6.5万元，并利用该购车指标将其购买的一辆斯柯达牌小客车登记在指标人刘某名下，领取车牌号。

【事态发展（纠纷产生）】

刘某欲索回购车指标，拖走了屠某的车辆，屠某报警处理。因屠某不能继续使用该京牌购车指标，屠某以李某、冯某、刘某为被告起诉至法院，诉讼请求如下：（1）确认屠某与冯某签订的《小汽车车牌指标租赁使用协议书》无效；（2）冯某返还屠某车牌租赁费6.5万元，李某、刘某承担连带返还责任；（3）三被告赔偿屠某律师费。

【焦点问题】

涉案《小汽车车牌指标租赁使用协议书》效力如何?

【结论】

为实现小客车数量的合理、有序增长，有效缓解交通拥堵状况，降低能源消耗和减少环境污染，北京市人民政府于2010年12月23日出台了《〈北京市小客车数量调控暂行规定〉实施细则》，规定北京市对小客车实施数量调控和配额管理制度；需要取得本市小客车指标的，应当通过摇号方式无偿取得，北京市购车指标不得买卖、变相买卖、出租或者出借。屠某与冯某签订《小汽车车牌指标租赁使用协议书》的目的是租赁北京市小客车配置指标进行使用，该行为扰乱了北京市对于小客车配置指标调控管理的公共秩序，损害了社会公共利益，违背公序良俗，该协议应属无效。

【典型案例索引】

北京市第三中级人民法院民事判决书，(2023)京03民终3862号。

【相关法律法规】

《民法典》第153条。

【律师分析】

1. 对于车辆限购城市，租用小汽车购车指标的行为较为常见，该类小汽车购车指标的租赁合同因违反行政规则，违反公序良俗，应属无效。

北京市人民政府发布的《北京市小客车数量调控暂行规定》规定，小客车配置指标不得转让。《〈北京市小客车数量调控暂行规定〉实施细则》亦规定，小客车指标仅限指标所有人使用，不得买卖、变相买卖、出租或者出借。虽然《北京市小客车数量调控暂行规定》《〈北京市小客车数量调控暂行规定〉实施细则》不属于全国人大及其常委会制定的法律和国务院制定的行政法规，仅为地方规定，但根据《九民会议纪要》第31条“违反规章一般情况下不影响合同效力，但该规章的内容涉及金融安全、市场秩序、国家宏观政策等公序良俗的，应当认定合同无效”的规定，法院认为租赁北京市小客车配置指标进行使用，扰乱了北京市对于小客车配置指标调控管理的公共秩序，损害了社会公共利益，认为违反公序良俗，故认定租赁协议无效。

2. 购车指标租赁协议被认定无效后，关于租金返还问题，若双方无特别约定，法院将酌情判定返还金额。

根据《民法典》第157条的规定，民事法律行为无效、被撤销或者确定不发生效力后，行为人因该行为取得的财产，应当予以返还。有过错的一方应当赔偿对方由此所受到的损失；各方都有过错的，应当各自承担相应的责任。例如，在本文案例中，就《小汽车车牌指标租赁使用协议书》为无效合同，双方均有过错，法院综合考虑双方过错、租赁期限和购车指标实际使用时间，予以酌定。屠某租用5年、实际使用了23个月，法院判决支持返还屠某39570元。又因，刘某非租赁协议的相对人，上述金额的返还义务人为中间人李某和出租人冯某，二人承担债务清偿连带责任。

033. 为借名买车签订的相关协议，是否无效

【关键词】

购车指标　租赁协议　借名买车　监管秩序　公序良俗

【场景】

原告刘某欲购买小汽车，经案外人介绍认识被告张某（中介），被告张某出主意可借用被告路某的购车指标买车，于是原告刘某与被告路某签署涉案《小汽车车牌指标租赁使用协议书》，约定租期20年，刘某按约定支付了97000元费用。

【事态发展（纠纷产生）】

合同签订后，无法办理车辆登记手续，张某退还7000元后未再继续退还费用。原告刘某以路某、张某为被告起诉至法院，诉讼请求如下：（1）判令原告、被告签订的《小汽车车牌指标租赁使用协议书》无效；（2）判令二被告共同返还原告90000元。

【焦点问题】

涉案《小汽车车牌指标租赁使用协议书》效力如何认定？

【结论】

法院认为，涉案《小汽车车牌指标租赁使用协议书》实际内容为刘某出资购买小汽车登记在路某名下，实为借名买车合同。违背公序良俗的民事法律行为无效。机动车登记制度是维护道路交通秩序，预防和减少交通事故，保护公民、法人和其他组织的财产安全及其他合法权益的重要措施。机动车所有人与登记人一致，是机动车登记制度的内在要求。刘某与路某之间的借名买车关系，违反了《北京市小客车数量调控暂行规定》，扰乱了北京市对于小客车配置指标调控管理及身份证管理的公共秩序，损害了社会公共利益，应属无效。

【典型案例索引】

北京市第一中级人民法院民事判决书，（2023）京01民终82号。

【相关法律法规】

《民法典》第153条、第157条。

【律师分析】

1. 借名买车的目的是规避政策，侵害了该政策规定所要调控的社会管理秩序，违反公序良俗，故一般均属无效的民事法律行为。

司法实务中常见借名购车情形，借名购车行为中实际上包含了两个合同关系：其一，登记车辆所有人与实际出资人之间的借名购车合同法律关系；其二，登记车辆所有人与车辆经销商之间的车辆买卖合同关系。按照上述两个法律关系分析车辆所有权的变动，车辆所有权因为买卖合同关系而从车辆经销商手中变动到车辆登记人手中，而实际出资人进而要依据其与车辆登记人的借名购车合同主张车辆所有权的再次变动。借名购车合同关系因违反了有关机动车登记的规定，导致出现“车户分离”的情形，构成对机动车登记管理公共秩序的损害，该行为显然是为规避政策，侵害了该政策规定所要调控的社会管理秩序，违反公序良俗，故法院一般会确认类似借名购车合同无效。

2. 根据《民法典》第157条的规定，民事法律行为无效、被撤销，或者确定不发生效力后，行为人因该行为取得的财产，应当予以返还；不能返还或者没有必要返还的，应当折价补偿。有过错的一方应当赔偿对方由此所受到的损失，双方都有过错的，应当各自承担相应的责任。本文案例中，双方签订的合同无效，被告应将因该合同取得的款项返还给原告。

3. 司法实务中除借名买车外，还存在买卖小汽车购车指标的行为，有的"聪明人"以债权转让协议隐藏买卖小汽车购车指标的行为，在这种情形下，无论是债权转让协议还是买卖小汽车购车指标的行为，均属无效。

例如，在北京市第二中级人民法院（2023）京 02 民终 2098 号案件中，李某与黄某签订的《债权转让协议》名为债权转让，实为买卖小汽车购车指标的合同，实际涉及对北京市车辆配置指标的买卖，违反了相关规定，扰乱了国家对北京市小客车配置指标调控管理的公共秩序，损害了公共利益。根据法律规定，违背公序良俗的民事法律行为无效，故李某与黄某签订的《债权转让协议》应属无效。

034. 借名买房后出名人又卖房，借名协议及出名人赔偿应如何认定

【关键词】

借名买房　口头约定　举证责任　逃避监管　公序良俗

【场景】

原告熊某与被告马某原本并不相识，二人通过案外人卢某相识。熊某因不具有在北京市通州区购房的资格，故与暂无购房计划的马某达成口头借名买房协议，约定熊某借用马某名义买房，事后给马某一些经济补偿，当时熊某、马某及案外人卢某、刘某四个人都在场。此后，被告马某与房地产开发公司签署购房协议，购得涉案房屋，熊某支付涉案房屋部分购房款并持有涉案房屋手续、票据，熊某的公司占用涉案房屋。

【事态发展（纠纷产生）】

被告马某不认可其与熊某之间成立借名买房约定，并将房屋以 1540 万元的价格出售给他人且已履行完毕，遂熊某以马某为被告起诉至法院，诉讼请求如下：（1）判决马某向熊某返还 6615484. 87 元（房屋首付款 3599837 元、房屋面积差补偿费 14591 元、已还房贷 70 万元、车位费 10 万元、中介费

20万元、维修基金39214元、契税359832.84元、物业费35198元、产权代办费和代收登记费2085元、停车管理费2400元、房屋差价损失1562327.03元）；（2）判决马某赔偿熊某利息损失1104387.23元。

【焦点问题】

1. 双方之间是否成立借名买房法律关系？

2. 借名买房法律关系的效力如何认定？

【结论】

法院观点如下：

第一，关于双方之间是否成立借名买房法律关系。根据已经查明的涉案购房款项支付情况，熊某支付涉案房屋部分购房款并持有涉案房屋手续、票据，结合马某与房地产公司工作人员的微信聊天记录，马某对其代熊某持有涉案房屋的事实系明知。马某未能提供充分反证推翻前述证据内容，其主张涉案房屋系案外人卢某所赠送的结婚礼物，该主张缺乏充分依据，且与一般常理不符，在此情形下法院对其相应主张难以采信，故认定双方之间就涉案房屋成立借名买房法律关系。

第二，关于涉案借名买房法律关系的效力。熊某认可其借用马某名称购买涉案房屋的原因系因熊某不具备北京市购房资格，故其借名买房行为的目的在于规避北京市住房限购政策，构成了对公共秩序的破坏，故法院在此情形下认定熊某与马某之间的借名买房法律行为无效。

【典型案例索引】

北京市第三中级人民法院民事判决书，（2023）京03民终377号。

【相关法律法规】

《民法典》第8条、第153条、第157条；《民事诉讼法》第67条。

【律师分析】

1. 关于借名买房中所购买房屋已被出名人擅自出售的情形，借名人（实际购房人）可要求出名人退还购房款以及房屋价格上涨的差价损失。

根据《民法典》第157条的规定，民事法律行为无效、被撤销或者确定不发生效力后，行为人因该行为取得的财产，应当予以返还；不能返还或者没有必要返还的，应当折价补偿。有过错的一方应当赔偿对方由此所受到的损失；各方都有过错的，应当各自承担相应的责任。法律另有规定的，依照其规定。例如本文案例中，在双方之间的借名买房法律关系无效后，被告马某应返还原告熊某对涉案房屋的支付的购房款。关于熊某支付的涉案房屋购房款，原告熊某所举证能够证明其已支付的购房款是5053157.84元，故法院判决该部分款项被告应予返还。

关于原告熊某主张被告赔偿房屋价格上涨差价损失1562327.03元的诉讼请求，法院认为，涉案房屋现已被马某出售给案外人，在涉案房屋买卖合同无效后，基于《民法典》第157条的规定，熊某有权主张相应损失。关于损失的数额，由于双方对于借名买房的行为及原因均系明知，对于合同无效均存在过错，法院在确定房屋差价损失数额时对熊某一方亦存在过错的情形，并考虑前述支持利息部分已足以弥补熊某的部分损失的情形，结合涉案房屋的购买及售出情况，酌定被告马某给付原告熊某房屋差价损失20万元，并对于熊某主张过高部分及差价损失的利息部分不再予以支持。

2. 司法实务中，当事人主张以借名买房协议对抗法院强制执行的案件较常见，法院一般会审理借名买房的真实性及有效性，并结合案件事实最终判断应否支持借名人（实际购房人）要求法院排除强制执行的诉讼请求。

例如，在最高人民法院（2019）最高法民申4757号案件中，最高人民法院认为：基于南京市房地产限购等政策，借名人杨甲并不具有在南京市购房的资格，其借用杨乙之名购买涉案房屋，规避行政监管意图明显，并非法律法规所保护和鼓励的行为。借名人杨甲明知涉案房屋买卖违反前述法律规定，依然签订《房屋买卖补充协议》，明知自己不符合购房资格而与杨乙签订《借名合同》，意图规避房地产调控监管，不符合《执行异议和复议规定》第28条“金钱债权执行中，买受人对登记在被执行人名下的不动产提出异议，符合下列情形且其权利能够排除执行的，人民法院应予支持：（一）在人民法院查封之前已签订合法有效的书面买卖合同……”的规定，此规定是关于查封前须签订合法有效书面买卖合同的规定。法院据此认定借名人杨甲（实际购房人）对涉案房屋享有的民事权益不足以排除执行。

035. 以自然人身份承租经营加油站，租赁合同是否无效

【关键词】

租赁合同　特许经营　主体身份　强制性规定　公序良俗

【场景】

被告薛某与第三人北泰公司签订《北泰加油站承包经营合同》，约定经营承包北泰加油站。在征得北泰公司同意后，被告薛某将北泰加油站租赁给原告王某经营，双方签订《北泰加油站租赁合同》，原告分三次向被告支付定金及租金共计 44 万元。此后，北泰公司以被告违法经营为由解除了承包经营合同，并通知原告移交加油站，原告将加油站移交给北泰公司。原告实际经营加油站 1 年零 9 个月零 10 天。

【事态发展（纠纷产生）】

原告王某以薛某为被告、以北泰公司为第三人起诉至法院，诉讼请求如下：(1) 依法确认原告、被告签订的《北泰加油站租赁合同》无效；(2) 判令被告退还多收取的租赁费 368985.68 元。

【焦点问题】

原告、被告签订的《北泰加油站租赁合同》的法律效力如何认定？

【结论】

关于原告、被告签订的租赁合同效力问题。危险化学品经营关系公共利益和社会公共安全，根据《行政许可法》第 9 条、《危险化学品安全管理条例》第 33 条、《危险化学品经营许可证管理办法》第 21 条的规定，国家对危险化学品经营、成品油经营实行强制许可制度，禁止未经许可的主体从事危险化学品经营，禁止已经具备危险化学品经营资质的主体出租、出借、转让危险化学品经营许可证。本文案例中，原告、被告均未取得危险化学品经营许可证、成品油经营许可证，在不具备经营危险化学品资质的情况下承包经营加油站，且双方当事人均系个人，转租合同违反了特许经营规定，危及不特定公众人身及财产安全，属于损害社会公共利益、违背公序良俗的行为，

故依法认定租赁合同无效。

【典型案例索引】

陕西省汉中市中级人民法院民事判决书，（2022）陕07民终2070号。

【相关法律法规】

《民法典》第153条、第157条；《民法典时间效力规定》第1条第3款；《行政许可法》第9条；《危险化学品安全管理条例》第33条；《危险化学品经营许可证管理办法》第21条。

【律师分析】

1. 加油站属于国家特许经营产业，只有符合特许经营要求才有权承包、承租加油站实施经营行为。

根据《危险化学品安全管理条例》（中华人民共和国国务院令第645号，2013年修订）第33条第1款的规定，国家对危险化学品经营（包括仓储经营）实行许可制度。未经许可，任何单位和个人不得经营危险化学品。又根据《商业特许经营管理条例》（中华人民共和国国务院令第485号）第3条第2款的规定，企业以外的其他单位和个人不得作为特许人从事特许经营活动。因此，自然人无权作为特许经营人承租或承包加油站进行经营活动。

2. 本文案例中，一审法院以原告、被告之间转租行为违反《危险化学品安全管理条例》《商业特许经营管理条例》等强制性规定为由认定转租合同无效，被告提起上诉，认为上述规定并不属于效力性强制性规定，二审法院以转租行为损害公共利益违反公序良俗为由判决转租合同无效。

在本文案例中，一审法院认为原告、被告均未取得危险化学品经营许可证、成品油经营许可证，在不具备经营危险化学品资质的情况下承包经营加油站，双方的行为均违反了国家特许经营的强制性规定。转租合同违反法律、行政法规强制性规定，应属无效。被告对此提出异议，认为上述规定均是管理性强制性规定，而非会导致民事法律行为无效的效力性强制性规定。二审法院未就《危险化学品安全管理条例》《商业特许经营管理条例》是效力性强制性规定还是管理性强制性规定进行论述，直接以转租行为违反有关规定、损害公共利益、违反公序良俗为由认定转租合同无效。

3. 合同无效后，双方因合同履行取得的财产应予以返还，故租赁合同无效后的承租人有权要求出租人返还已支付的租金。

根据《民法典》第157条的规定，民事法律行为无效后，行为人因该行为取得的财产，应当予以返还；不能返还或者没有必要返还的，应当折价补偿。有过错的一方应当赔偿对方由此所受到的损失；各方都有过错的，应当各自承担相应的责任。本文案例中，原告、被告签订的租赁合同无效，导致的法律后果为：（1）返还原物，即原告应当将加油站返还给被告。（2）返还租金，即被告应当向原告返还全部租金44万元，原告诉讼请求表示自愿向被告支付每年按4万元计算的租赁期间的租赁费，该自愿行为不违反法律规定，法院判决予以支持。

4. 关于以自然人身份作为特许人所签订的特许经营合同效力问题，应认定为合同无效。

在《最高人民法院关于企业以外的其他单位和个人作为特许人所签订的特许经营合同是否有效的复函》中，最高人民法院批复认为，2007年5月1日起施行的《商业特许经营管理条例》第3条第2款关于“企业以外的其他单位和个人不得作为特许人从事特许经营活动”的规定，可以认定为行政法规的效力性强制性规定；企业以外的其他单位和个人作为特许人与他人签订的特许经营合同，可以认定为无效。

5. 违反规章制度一般不影响合同效力，但该规章内容若涉及市场秩序等公序良俗的，合同应属无效。

根据《九民会议纪要》第31条有关违反规章的合同效力的规定，违反规章一般情况下不影响合同效力，但该规章的内容涉及金融安全、市场秩序、国家宏观政策等公序良俗的，应当认定合同无效。

6. 根据《民法典合同编通则司法解释》第17条关于违背公序良俗原则的合同无效的规定，合同虽然不违反法律、行政法规的强制性规定，但是有下列情形之一的，法院应当依据《民法典》第153条第2款的规定认定合同无效：

（1）合同影响政治安全、经济安全、军事安全等国家安全的。

（2）合同影响社会稳定、公平竞争秩序或者损害社会公共利益等违背社会公共秩序的。

（3）合同背离社会公德、家庭伦理或者有损人格尊严等违背善良风俗的。

法院在认定合同是否违背公序良俗时，应当以社会主义核心价值观为导向，综合考虑当事人的主观动机和交易目的、政府部门的监管强度、一定期限内当事人从事类似交易的频次、行为的社会后果等因素，并在裁判文书中充分说理。当事人确因生活需要进行交易，未给社会公共秩序造成重大影响，且不影响国家安全，也不违背善良风俗的，法院不应当认定合同无效。

036. “一房二卖”情形下，后交易合同是否无效

【关键词】

商品房买卖合同　“一房二卖”　抵押登记　恶意串通　公序良俗

【场景】

购房人高某起诉置业公司，要求置业公司就其已抵顶给高某的涉案商铺出具相关手续协助高某办理该商铺的不动产登记证书。在该案件审理过程中，置业公司与案外人物业公司签订了《商品房买卖合同》，置业公司将涉案商铺出卖给案外人物业公司，并给物业公司办理了不动产登记证书。

【事态发展（纠纷产生）】

高某以置业公司、物业公司为被告起诉至法院，诉讼请求：确认置业公司与物业公司签订的《商品房买卖合同》无效。

【焦点问题】

置业公司与物业公司签订的《商品房买卖合同》的法律效力如何认定？

【结论】

置业公司和物业公司明知涉案商铺已经抵顶给高某，在高某起诉要求置业公司协助办理涉案商铺不动产权登记证书期间，置业公司与物业公司又签订了《商品房买卖合同》，通过以物抵债的方式将涉案商铺抵顶给了物业公司，并相互配合在房产管理部门办理了不动产权登记，该行为违反了《民法典》第 8 条不得违背法律、不得违背公序良俗的规定，应认定物业公司和置

业公司签订、履行的《商品房买卖合同》为无效合同。

【典型案例索引】

青海省高级人民法院民事裁定书，（2022）青民申25号。

【相关法律法规】

《民法典》第8条、第153条、第154条；《民事诉讼法司法解释》第108条、第109条。

【律师分析】

1. 恶意串通事实的证明，证明标准要高于一般待证事实的证明，故权利人在主张以恶意串通否定合同效力时，需提前考虑在案证据所能证明的内容，以及需要考量待证事项的举证难度和举证不利的风险。

关于恶意串通事实的证明，根据《民法典》第154条的规定，行为人与相对人恶意串通，损害他人合法权益的民事法律行为无效。恶意串通首先要有双方损害第三人的恶意，恶意是明知或应知某种行为会造成他人的损害而故意为之，即认定恶意串通应该具备双方串通损害他人的目的这一条件。根据《民事诉讼法司法解释》第108条、第109条的规定，举证责任人证明一般待证事实的证明标准为证明该待证事实的存在达到高度可能性，而对于诸如欺诈、胁迫、恶意串通事实的证明，需要达到使法院确信该待证事实存在的可能性能够排除合理怀疑。因此，证明行为人与相对人之间存在恶意串通，举证责任相对较重，不易证明，权利人在否定合同效力的诉讼中需要谨慎选择诉讼策略。

2. 在本文案例中，二审法院认为涉案合同因存在恶意串通、损害他人权益的情形，故而否定合同效力，但再审法院没有论证恶意串通问题，而是以违反公序良俗否定合同效力。

虽然从时间上看，本文案例中高某签订的商铺买卖合同在前，物业公司签署合同在后，即便能认定物业公司明知高某此前已经签订了商铺买卖合同，也无法证明物业公司存在“串通损害”高某利益的目的。从另一层面来讲，置业公司除了涉案商铺之外的财产，足够清偿高某的债权，不存在高某购买涉案商铺不得其利益便会受损的实际后果。因此，物业公司与置业公司之间签署的商铺买卖合同并不存在恶意串通且损害高某利益的情形，不应认定为无效合同。二审法院审理后，认为置业公司就涉案商铺在先与高某已有买卖合同的情形下，又与后一买家物业公司签署买卖合同，后一合同违背商业道德、违反公序良俗，故而认定后一商铺买卖合同无效。

037. 具备执业资质人员在其他单位“挂证”的兼职或中介协议，是否无效

【关键词】

代理协议　挂证　部门规章　公序良俗

【场景】

原告建筑公司因业务需要与被告L工程技术中心签订了《人才代理服务协议》，协议约定由被告为原告代理寻找具有二级注册建造师资质人员三人，代理费用225000元，代理期限为2018年11月29日至2021年11月28日。协议签订后，被告向原告提供了具有二级注册建造师专业资质人员三人，即陈某、杨某、柳某。原告将三人的信息在甘肃省建筑市场监管与诚信信息系统进行了注册，注册单位为原告建筑公司。2018年11月22日公布的《住房和城乡建设部办公厅等关于开展工程建设领域专业技术人员职业资格“挂证”等违法违规行为专项整治的通知》及2019年2月2日的补充通知，明确规定社会保险缴纳单位与注册单位不一致的情形属于违法挂靠，应予整改。而陈某、杨某、柳某均已在其他公司注册，属于违法挂靠应予整改的情形。

【事态发展（纠纷产生）】

原告建筑公司以L工程技术中心为被告起诉至法院，诉讼请求如下：（1）确认双方于2019年1月18日签订的《人才代理服务协议》无效；（2）判令被告返还原告支付的费用225000元。

【焦点问题】

陈某等三人的社保缴纳单位与其注册建造师注册执业单位不一致的情形，是否足以导致涉案《人才代理服务协议》无效？

【结论】

涉案《人才代理服务协议》签订后，原告建筑公司将被告L工程技术中心提供的陈某等三人的二级注册建造师信息在该公司进行了注册，但陈某等三人的社保缴费单位却并非原告建筑公司，结合被告与原告签订的涉案《人才代理服务协议》的约定是为招聘兼职建造师，以及陈某等三人亦是第三方推荐的兼职建造师的事实，双方协议约定的兼职建造师的《人才代理服务协议》违反了《注册建造师管理规定》第26条“注册建造师不得有下列行为：……（六）同时在两个或者两个以上单位受聘或者执业……”的规定。虽然违反规章一般情况下不影响合同的效力，但该规章的内容涉及金融安全、市场秩序、国家宏观政策等公序良俗的，应当认定合同无效。《注册建造师管理规定》虽属部门规章，但该规章对注册建造师在两个或两个以上单位受聘或执业可能影响建筑市场秩序和建筑业健康持续发展而被明令禁止，住房和城乡建设部亦对建设领域专业技术人员职业资格“挂证”等违规事项进行专项整治，法院根据原《民法总则》第143条关于合同有效不得违背公序良俗的规定，认定双方签订的《人才代理服务协议》无效。

【典型案例索引】

甘肃省高级人民法院民事裁定书，(2021）甘民申587号。

【相关法律法规】

《民法典》第143条；原《民法总则》第143条（2021年1月1日起因《民法典》施行而被废止，该第143条被《民法典》第143条沿用)；《注册建造师管理规定》第26条；《民法典时间效力规定》第1条；原《合同法》(2021年1月1日起因《民法典》施行被废止）第52条；《九民会议纪要》第30条、第31条。

【律师分析】

1. 司法实务中，建造师在其他企业“挂证”并取得一定利益的现象屡见不鲜，但“挂证”行为扰乱了建筑市场秩序、违背了公序良俗，相关“挂证”赚取利益的合同应属无效。

根据《注册建造师管理规定》第26条“注册建造师不得有下列行为：……

（六）同时在两个或者两个以上单位受聘或者执业……”的规定，注册建造师已有受聘或执业单位的，不可再将注册建造师证书挂到其他企业，这种“挂证”行为违反上述规定。虽然《注册建造师管理规定》属于部门规章，不能定义为影响合同效力的“效力性强制性规定”，但根据《九民会议纪要》第31条“违反规章一般情况下不影响合同效力，但该规章的内容涉及金融安全、市场秩序、国家宏观政策等公序良俗的，应当认定合同无效”的规定，注册建造师的“挂证”行为，扰乱建筑市场秩序，损害社会公共利益，违背公序良俗，相关以“挂证”获利的合同应属无效。

2. “挂证”行为被发现后，不仅相关“挂证”获利合同无效，且挂证的注册建造师亦会受到处罚。

根据《注册建造师管理规定》第37条的规定，注册建造师在执业活动中有该管理规定第26条所列行为之一的，由县级以上地方人民政府住房和城乡建设主管部门或者其他有关部门给予警告，责令改正，没有违法所得的，处以1万元以下的罚款；有违法所得的，处以违法所得3倍以下且不超过3万元的罚款。

（二）违反金融监管秩序情形下认定违背公序良俗

038. 票据持票人的民间“贴现”行为，是否无效

【关键词】

承兑汇票　民间贴现　公序良俗

【场景】

原告百香公司以低于票面金额的价格购买被告景明公司持有的未到期电子商业承兑汇票，双方转让上述汇票时并无基础的交易和债权债务关系。

【事态发展（纠纷产生）】

百香公司于票据到期后提示付款，却遭到拒付，现票据状态为“拒付追索待清偿”。原告百香公司以景明公司为被告起诉至法院，诉讼请求：判令景明公司向百香公司支付涉案汇票金额264536.25元及利息。

【焦点问题】

百香公司取得票据行为的效力如何认定？

【结论】

《商业银行法》第3条第1款规定："商业银行可以经营下列部分或者全部业务：……（四）办理票据承兑与贴现……"中国人民银行颁布的《贷款通则》第9条第7款规定："票据贴现，系指贷款人以购买借款人未到期商业票据的方式发放的贷款。"原《商业汇票承兑、贴现与再贴现管理暂行办法》第2条第2款规定："本办法所称贴现系指商业汇票的持票人在汇票到期日前，为了取得资金贴付一定利息将票据权利转让给金融机构的票据行为，是金融机构向持票人融通资金的一种方式。"根据上述规定，票据贴现业务为特许经营业务，未经许可，特许经营者以外的其他主体不能经营票据贴现业务。不具有法定贴现资质的主体实施的票据"贴现"行为，违反了国家关于金融业务特许经营的强制性规定，危害了国家的金融管理秩序，损害了社会公共利益。《民法典》第153条第2款规定："违背公序良俗的民事法律行为无效。"本文案例中，百香公司不具有法定贴现资质，其通过非法贴现取得涉案票据，此通过非法贴现取得票据的行为无效。

【典型案例索引】

广东省广州市中级人民法院民事判决书，（2023）粤01民终19159号。

【相关法律法规】

《民法典》第153条、第155条、第157条；《九民会议纪要》第101条；《电子商业汇票业务管理办法》（中国人民银行令〔2009〕第2号）第42条；《商业银行法》（2015年修正）第3条；《贷款通则》（中国人民银行令〔1996年2号〕）第9条；原《商业汇票承兑、贴现与再贴现管理暂行办法》（2023年1月1日起因《商业汇票承兑、贴现与再贴现管理办法》施行被废止）第2条。

【律师分析】

1. 根据《电子商业汇票业务管理办法》第42条第1款的规定，"贴现"

是指持票人在票据到期日前，将票据权利背书转让给金融机构，由其扣除一定利息后，将约定金额支付给持票人的票据行为。

2. 因银行等金融机构对票据“贴现”会收取费用，故而产生民间私下转让票据，票据购买人低于票面金额购买，待票据到期后找承兑人承兑，以赚取票面金额差价的现象。

根据《九民会议纪要》第 101 条第 1 款的规定，“票据贴现属于国家特许经营业务，合法持票人向不具有法定贴现资质的当事人进行‘贴现’的，该行为应当认定无效，贴现款和票据应当相互返还”。因此，合法持票人向不具有法定“贴现”资质的当事人进行“贴现”的行为，属于票据的民间“贴现”行为，该类就票据民间“贴现”的行为应属无效。

3. 票据民间“贴现”行为被认定无效后，其法律后果是“贴现”款和票据应当相互返还。

根据前述《九民会议纪要》第 101 条的规定，以及《民法典》第 157 条的规定，民事法律行为无效后，行为人因该行为取得的财产，应当予以返还；不能返还的，应当折价补偿。有过错的一方应当赔偿对方由此所受到的损失；各方都有过错的，应当各自承担相应的责任。本文案例中，百香公司不具有法定贴现资质，其通过非法贴现取得涉案票据，百香公司通过非法贴现取得票据的行为无效，百香公司依法不能取得票据权利。基于无效的民事法律行为，原告取得的涉案票据和被告取得的贴现款项应相互返还。结合原告提交的转账证据，能证明原告向被告支付的 252834. 2 元为票据贴现款。故此，法院判决原告应向被告返还涉案票据，同时被告应向原告返还票据贴现款 252834. 2 元。

039. 以低于票面金额投资他人持有的未到期票据，是否属于民间“贴现”行为

【关键词】

承兑汇票　民间贴现　公序良俗

【场景】

原告秦某（甲方）与被告楠丰公司签署了一份《电子商业承兑汇票代持

确认书》，约定：秦某向楠丰公司支付投资理财款 719037.54 元，投资标的为楠丰公司持有的电子商业汇票，并约定了票据到期前秦某不可赎回，即票据到期前秦某不能取回资金，提前取回资金则损失投资利润；票据到期后由楠丰公司行使票据权利并将兑付到的资金按票面金额返还秦某，票据不能兑付的风险由秦某承担。涉案代持确认书签署当日，秦某完成 719037.54 元投资款的转账支付。

【事态发展（纠纷产生）】

后续因票据无法承兑，原告秦某以楠丰公司为被告起诉至法院，诉讼请求如下：（1）确认秦某与楠丰公司签订的《电子商业承兑汇票代持确认书》无效；（2）判令楠丰公司向秦某返还购买票据款 719037.54 元及利息。

【焦点问题】

1. 涉案代持确认书是否无效？

2. 楠丰公司是否应承担相应的退款责任？

【结论】

《电子商业汇票业务管理办法》第 42 条第 1 款规定："贴现是指持票人在票据到期日前，将票据权利背书转让给金融机构，由其扣除一定利息后，将约定金额支付给持票人的票据行为。"由此可见，票据贴现业务为特许经营业务，未经许可，特许经营者以外的其他主体不能经营票据贴现业务。不具有法定贴现资质的主体进行的票据贴现行为，违反了国家关于金融业务特许经营的强制性规定，危害了国家的金融管理秩序，损害了社会公共利益，属于违背公序良俗及损害社会公共利益的行为，应归于无效。从《电子商业承兑汇票代持确认书》的内容来看，秦某与楠丰公司有进行涉案票据贴现行为以谋取利益的共同故意，《电子商业承兑汇票代持确认书》的合同目的违反了国家关于金融业务特许经营的强制性规定，危害了国家的金融管理秩序，损害了社会公共利益，亦应当认定为无效合同。

【典型案例索引】

广东省广州市中级人民法院民事判决书，（2023）粤 01 民终 24288 号。

【相关法律法规】

《民法典》第153条、第155条、第157条；《电子商业汇票业务管理办法》第42条。

【律师分析】

1. 票据持票人取得票据应基于真实的交易和债权债务关系，若持票人不能证明其持票原因，无法证明存在合法的基础交易，则该持票人存在被定性为因非法“贴现”取得票据的风险，导致该持票人不能依法享有票据权利，财产利益受损。

《票据法》第10条第1款规定：“票据的签发、取得和转让，应当遵循诚实信用的原则，具有真实的交易关系和债权债务关系。”例如，在本文案例中，楠丰公司在无基础交易关系的情况下，通过背书获得涉案票据，楠丰公司不具有法定“贴现”资质，其实际属于通过非法“贴现”取得涉案票据，是基于无效的民事法律行为取得票据，依法不能取得票据权利。楠丰公司取得的票据和前手取得的“贴现”款项应当相互返还。楠丰公司不是合法持票人，不享有相应的票据权利，秦某投资楠丰公司持有的票据自始无法实现其投资目的。

2. 民间“贴现”，是指合法持票人向不具有法定贴现资质的当事人进行“贴现”的行为，票据的民间“贴现”行为应属无效。

根据《九民会议纪要》第101条第1款“票据贴现属于国家特许经营业务，合法持票人向不具有法定贴现资质的当事人进行‘贴现’的，该行为应当认定无效，贴现款和票据应当相互返还”的规定，票据“贴现”属于国家特许经营业务，民间其他主体未经法定许可无权对未到期票据进行贴现，否则相关票据“贴现”行为应属无效。

3. 本文案例中，涉案《电子商业承兑汇票代持确认书》的内容系对票据“贴现”的约定，合同内容不属于委托内容，且票据持有人亦无发行金融理财产品的资质。因此，无论从哪个角度讲，《电子商业承兑汇票代持确认书》均属无效合同。

首先，《电子商业承兑汇票代持确认书》约定楠丰公司以自己持有的票据作为理财产品与秦某建立交易，从而取得秦某投资，秦某既不占有资金，也不持有票据；楠丰公司并不受秦某指示处理票据，而是在票据到期时自主行使票据权利，将取得资金按票面金额返还秦某。可见，双方之间的关系不符合委托合同受托人按照委托人指示处理委托事务的基本特征。

其次，从《电子商业承兑汇票代持确认书》的约定主体和标的看，楠丰公司并无发行金融理财产品的资质，但楠丰公司以自己持有的票据作为理财标的物，以票面金额与秦某投资款差额作为秦某投资收益，该项经营行为显然已超出其经营范围。而发行金融理财产品属于国家特许经营范畴，须取得金融监管机构的批准并接受金融监管机构的监管，故上述交易结构中，楠丰公司超越经营范围从事国家特许经营的金融业务，违反法律法规强制性规定，损害金融秩序，其与秦某签订的票据代持协议书应属无效。

最后，《电子商业承兑汇票代持确认书》签订时，相关汇票已经在楠丰公司名下，即实际是秦某扣除一定利息购买楠丰公司持有的票据，并委托楠丰公司继续在名义上持有，楠丰公司获得相应资金。可见，秦某为票据实际所有权人，该交易行为亦构成民间贴现，相关票据贴现行为应属无效。

综合上述论述，对涉案《电子商业承兑汇票代持确认书》无论从哪个角度论证，均属于无效合同。

4. 票据民间“贴现”行为扰乱了正常的国家金融秩序，如以民间“贴现”为业的，则可能构成《刑法》第225条第3项规定的非法从事资金支付结算业务行为，实务中存在以非法经营罪追究非法“贴现”行为刑事责任的风险。

因票据贴现属于国家特许经营业务，根据《九民会议纪要》第101条第1款“人民法院在民商事案件审理过程中，发现不具有法定资质的当事人以‘贴现’为业的，因该行为涉嫌犯罪，应当将有关材料移送公安机关”及《刑法》第225条规定第3项“未经国家有关主管部门批准非法经营证券、期货、保险业务的，或者非法从事资金支付结算业务的”的规定，如行为人以票据“贴现”为业的，则可能构成非法经营罪，有被追究刑事责任的相关风险。

040. 与控股股东“对赌协议”未予公告披露，“对赌协议”是否无效

【关键词】

“对赌协议” 回购协议 新三板 披露义务 公序良俗

【场景】

金源公司为非上市股份有限公司，被告刘某为公司的控股股东、实际控制人，原告李某，以及被告袁某、熊某均为公司股东。金源公司在新三板挂牌后，经公司决议发行股份不超过1000万股，募集资金不超过2.5亿元。被告嘉兴企业与金源公司签订《股票发行认购合同》，被告嘉兴企业认购金源公司此次发行的股份150万股，新认购股东股份禁售期为一年。同时，刘某、袁某、熊某、嘉兴企业另行签订《补充协议》，约定被告刘某、袁某、熊某应当确保金源公司2018年、2019年净利润不低于4000万元、8000万元等多个事项，否则被告刘某、袁某、熊某应当按固定年收益率8%的标准回购被告嘉兴企业此次认购的股票。此次股票发行，券商、律师事务所出具的公告文件中均未披露《补充协议》内容。

【事态发展（纠纷产生）】

原告李某认为涉案《补充协议》未经公司股东会、董事会决议，未经披露、逃避监管，故以刘某、袁某、熊某、嘉兴企业（有限合伙）为被告起诉至法院，诉讼请求如下：（1）确认四被告之间于2018年签订的《补充协议》无效；（2）被告向原告支付财产损失赔偿金10万元。

【焦点问题】

本文案例具有“对赌”性质的《补充协议》是否无效？

【结论】

《挂牌公司股票发行常见问题解答（三）——募集资金管理、认购协议中特殊条款、特殊类型挂牌公司融资》（本文案例中简称《解答（三）》）中载明，股份回购等特殊条款应该进行完整披露。《证券法》第19条规定：“发行人报送的证券发行申请文件，应当充分披露投资者作出价值判断和投

资决策所必需的信息，内容应当真实、准确、完整。”可见，在金源公司该次股票发行认购中，没有遵守如实披露信息的法定义务，也违反了《解答（三）》对于股票发行存在特殊条款时的监管要求。由此产生的后果，是不能确保金源公司的股权真实清晰，对投资者股权交易造成不确定的影响，损害了包括原告在内的非特定投资者合法权益、市场秩序与交易安全，不利于金融安全及稳定，违背了公共秩序。尽管《解答（三）》属于部门规章，但因其经法律授权并为证券行业监管基本要求，且“新三板”是全国性的交易场所，社会影响面大，应当加强监管和交易安全保护，以保障广大非特定投资人利益，故违反《解答（三）》的合同也因违背公序良俗而应当认定为无效。因此，综合考量各种因素，本文案例中的《补充协议》应当认定为无效合同。

【典型案例索引】

湖南省安化县人民法院民事判决书，（2022）湘0923民初435号。

【相关法律法规】

《民法典》第153条；《民法典时间效力规定》第1条；原《合同法》（2021年1月1日起因《民法典》施行被废止）第7条、第52条；《证券法》第19条；《解答（三）》第2条。

【律师分析】

1. 本文案例中的《补充协议》，约定了若金源公司未达到业绩目标或在某日期前不能启动主板上市工作，则由金源公司股东刘某、袁某、熊某回购投资方嘉兴企业所认购的金源公司股份，该回购协议属于实践中的“对赌协议”。

2. 全国中小企业股份转让系统即“新三板”，是经国务院批准，依据我国《证券法》设立的全国性证券交易场所，其股票交易面向的是不特定对象。而且，“新三板”受中国证监会监管，建立了相应的市场规则和监管体系。因此，在“新三板”挂牌交易的公司，公司控股股东与投资方签署的协议不仅要考虑合同本身的有效性，还应当从市场监管规则以及市场秩序和投资者保护等角度考量合同的有效性问题。

3.《解答（三）》是全国中小企业股份转让系统于2016年8月8日颁布

实施的部门规章。

《解答（三）》中载明股份回购等特殊条款应该进行披露，其中的有关规定如下："二、挂牌公司股票发行认购协议中签订的业绩承诺及补偿、股份回购、反稀释等特殊条款（以下简称"特殊条款"）应当符合哪些监管要求？答：挂牌公司股票发行认购协议中存在特殊条款的，应当满足以下监管要求：……（三）挂牌公司应当在股票发行情况报告书中完整披露认购协议中的特殊条款；挂牌公司的主办券商和律师应当分别在'主办券商关于股票发行合法合规性意见'、'股票发行法律意见书'中就特殊条款的合法合规性发表明确意见。"

因此，像本文案例中涉及的股权回购协议，属于上述《解答（三）》中的特殊条款，应该在主办券商和律师事务所作出的"主办券商关于股票发行合法合规性意见"和"股票发行法律意见书"中进行披露并就有关特殊条款的合法合规性发表明确意见。

4. 投资人与目标公司股东之间的"对赌协议"原则上有效。投资人与目标公司之间的对赌协议，根据《九民会议纪要》第5条的规定，"对赌协议"可以有效，但履行对赌回购义务需要考虑《公司法》中的"股东不得抽逃出资"等禁止性规定。

投资人与目标公司股东之间的"对赌协议"，原则上应该有效。根据《九民会议纪要》关于"对赌协议"效力及履行的规定，对于投资方与目标公司的股东或者实际控制人订立的"对赌协议"，如无其他无效事由，认定有效并支持实际履行，实践中并无争议。

但投资方与目标公司订立的"对赌协议"是否有效以及能否实际履行，存在争议。根据《九民会议纪要》第5条有关与目标公司"对赌协议"的规定，投资方与目标公司订立的"对赌协议"在不存在法定无效事由的情况下，目标公司仅以存在股权回购或者金钱补偿约定为由，主张"对赌协议"无效的，法院不予支持，但投资方主张实际履行的，法院应当审查是否符合《公司法》关于"股东不得抽逃出资"及股份回购的强制性规定，再据此判决是否支持其诉讼请求。

041. 未经登记即使用“基金”字样对外签投资协议，投资协议是否无效

【关键词】

投资协议　基金　金融安全　公序良俗　效力性强制性规定

【场景】

原告荣某与被告基金管理人金证公司签订《私募外汇投资基金发起协议》（本文案例中简称《外汇投资协议》），主要载明“基金的名称：金证外汇投资基金；投资经理：王某、张某；投资目标：产品采取多策略组合进行投资”。原告通过刷 POS 机的形式向金证公司支付 68 万元。金证公司系一人有限责任公司，王某系该公司股东，金证公司未向中国证券投资基金业协会履行登记备案手续。

【事态发展（纠纷产生）】

原告荣某认为金证公司违反了《证券投资基金法》的规定，故以金证公司、王某为被告起诉至法院，诉讼请求如下：（1）判令荣某与金证公司签订的《外汇投资协议》无效；（2）判令金证公司向荣某返还 133612.5 元及赔偿荣某从实际支付日到实际清偿之日的相应利息；（3）判令王某对上述债务承担连带责任。

【焦点问题】

荣某与金证公司签订的《外汇投资协议》效力如何认定？

【结论】

《证券投资基金法》第 89 条规定：“担任非公开募集基金的基金管理人，应当按照规定向基金行业协会履行登记手续，报送基本情况。”第 90 条规定：“未经登记，任何单位或者个人不得使用‘基金’或者‘基金管理’字样或者近似名称进行证券投资活动；但是，法律、行政法规另有规定的除外。”本文案例中，金证公司作为基金管理人，未履行登记手续却使用“基金”字样进行证券投资活动，违反法律规定，而上述规定涉及金融安全、市场秩序、

国家宏观政策等公序良俗，系效力性强制性规定，故荣某与金证公司之间的合同关系因违反法律规定，应属无效。

【典型案例索引】

北京市昌平区人民法院民事判决书，(2020) 京0114民初9783号。

【相关法律法规】

《九民会议纪要》第30条、第31条；《民法典时间效力规定》第1条；原《合同法》(2021年1月1日起因《民法典》施行被废止) 第52条；《证券投资基金法》第89条、第90条。

【律师分析】

1. 强制性规定涉及金融安全、市场秩序、国家宏观政策等公序良俗的，该强制性规定为效力性强制性规定，涉案合同违反上述规定的，应属无效合同。

根据《九民会议纪要》第30条第2款"下列强制性规定，应当认定为'效力性强制性规定'：强制性规定涉及金融安全、市场秩序、国家宏观政策等公序良俗的"的规定，违反涉及金融安全、市场秩序、国家宏观政策等公序良俗的强制性规定，属于违反效力性强制性规定，相关合同应属无效。例如本文案例中，即便金证公司主张双方签订的《外汇投资协议》合法有效，称金证公司虽未办理备案，但其针对股票、外汇等金融市场上的数据进行收集、量化模型分析，分析出有高成功率的结果，完成交易合作。但金证公司违反了《证券投资基金法》的规定，且该法律规定涉及金融安全、市场秩序、国家宏观政策等公序良俗，故认定《外汇投资协议》违反效力性强制性规定，合同应属无效。

2. 涉案《外汇投资协议》被认定无效后，各方因该合同取得的财产，应当予以返还；不能返还或者没有必要返还的，应当折价补偿。有过错的一方应当赔偿对方因此所受到的损失，双方都有过错的，应当各自承担相应责任。

根据《民法典》第157条的规定，合同无效后，因该合同取得的财产，应当予以返还；不能返还或者没有必要返还的，应当折价补偿。有过错的一方应当赔偿对方因此所受到的损失，双方都有过错的，应当各自承担相应责任。在本文案例中，荣某委托金证公司投资基金，金证公司应知晓非公开募集基金的相关法律规定，荣某作为投资者，欲投资基金，亦应了解相应法律规定，故对于合同的无效，双方均有过错。因此，法院依据过错责任原则对上述损失的承担予以分配。荣某主张金证公司应还投资款133612.5元未超过实际剩余投资款金额，故法院予以支持，而荣某诉讼请求金证公司承担资金占用期间利息损失的诉求于法无据，法院酌定后予以驳回。

3. 一人有限责任公司的股东不能证明公司财产独立于股东自己的财产的，应当对公司债务承担连带责任。

根据《公司法》（2023年修订）第23条第3款的规定："只有一个股东的公司，股东不能证明公司财产独立于股东自己的财产的，应当对公司债务承担连带责任。"例如本文案例中，金证公司股东只有王某一人，王某对证明金证公司财产独立于其自己的财产负有举证责任，若王某无法证明，则王某应对金证公司的债务承担连带责任。

4. 根据《证券投资基金法》第89条、第90条的规定，未履行登记手续则不能使用"基金"字样进行证券投资活动。

《证券投资基金法》第89条规定："担任非公开募集基金的基金管理人，应当按照规定向基金行业协会履行登记手续，报送基本情况。"根据该法第90条的规定，未经登记，任何单位或者个人不得使用"基金"或者"基金管理"字样或者近似名称进行证券投资活动。因此在本文案例中，金证公司的行为违反了上述法律规定，且上述法律规定为"效力性强制性规定"，故涉案《外汇投资协议》被法院认定为无效合同。

（三）违反道德秩序情形下认定违背公序良俗

042. 以"假结婚"办户口所涉相关结婚落户协议，是否无效

【关键词】

落户协议　"假结婚"　公序良俗

【场景】

为达到落户的目的，赵某与吴某于2020年12月2日签订《北京户口结

婚落户协议书》并在北京市延庆区民政局登记结婚。同日，赵某向中介刘某转账10万元，后来中介刘某将其中的6万元转给吴某。《北京户口结婚落户协议书》就双方婚内生活、婚前财产及婚内收入分配、婚姻存续时长、落户手续办理以及离婚事项均做了明确约定。

【事态发展（纠纷产生）】

因政策变动，不能按约定办理落户手续。赵某以中介刘某、吴某为被告起诉至法院，诉讼请求如下：（1）依法确认赵某与吴某签订的《北京户口结婚落户协议书》无效；（2）判令中介刘某、吴某返还赵某10万元。

【焦点问题】

1.《北京户口结婚落户协议书》是否无效？

2. 无效后的各方责任如何认定？

【结论】

民事主体从事民事活动，不得违反法律，不得违背公序良俗。本文案例中，为达到落户目的，赵某与吴某于2020年12月2日签订《北京户口结婚落户协议书》并在北京市延庆区民政局登记结婚。赵某与吴某试图以婚姻登记的形式达到落户的目的，违背公序良俗和国家户籍管理制度，故双方签订的《北京户口结婚落户协议书》应认定为无效。

民事法律行为无效后，行为人因该行为取得的财产，应当予以返还。故中介刘某基于《北京户口结婚落户协议书》取得的10万元应予返还。

【典型案例索引】

北京市第一中级人民法院民事判决书，（2022）京01民终6226号。

【相关法律法规】

《民法典》第8条、第153条第2款、第157条。

【律师分析】

1. 根据《民法典》第8条、第153条第2款的规定，民事主体从事民事活动，不得违反法律，不得违背公序良俗。违背公序良俗的民事法律行为无效。

公序良俗包括公共秩序与善良风俗两个方面，其中公共秩序是指法律秩序，善良风俗指的是法律秩序之外的道德。公序良俗主要包括基本权利之维护、弱者利益之保护、经济社会管理秩序之维护、婚姻家庭秩序之维护以及伦理道德之维护五大类。本文案例中，赵某与吴某试图以婚姻登记的形式达到落户的目的，约定双方在婚后不发生实质夫妻关系，属于对婚姻家庭秩序的严重破坏，亦对国家户籍管理制度造成破坏，双方签订的《北京户口结婚落户协议书》系对公序良俗的严重违背，故应认定为无效合同。

2. 根据《民法典》第 157 条的规定，民事法律行为无效后，行为人因该行为取得的财产，应当予以返还；不能返还或者没有必要返还的，应当折价补偿。

例如本文案例中，赵某与吴某签订的《北京户口结婚落户协议书》无效，赵某与吴某已办理离婚登记，中介刘某基于《北京户口结婚落户协议书》取得的 10 万元应予返还，至于中介刘某转给吴某的 6 万元，中介刘某可与吴某另行解决。因此，法院判决：（1）确认《北京户口结婚落户协议书》无效；（2）中介刘某于判决生效后七日内向赵某返还 10 万元。

3. 关于落户北京，此前非农业户口的夫妻投靠落户政策相对较严格，但农业户口的夫妻投靠因对婚姻年限要求较短，故而出现通过“假结婚”取得北京农业户口的操作。但因 2021 年 4 月 15 日之后，北京市公安局颁布新的落户政策，使该种操作无法继续实施，也因此产生类似本文案例的退款纠纷案件。

根据此前《北京市公安局关于印发户口审批工作规范的通知》，妻子投靠丈夫入农业户口的，如果是北京远郊区县，结婚满 3 年即可，对申请人年龄无要求。这是所有夫妻投靠落户的条件中，对申请人年龄、结婚年限两项综合起来要求最低的一类。然而，2021 年 4 月 15 日，《北京市公安局关于统一本市农业非农业夫妻投靠落户政策的通知》发布，自此北京取消了外省市人员投靠入农业户口的政策，夫妻投靠进京落户统一按非农业落户政策办理，户口进京后也一律登记为非农业户口。非农业户口的落户条件要求较高，包括：（1）申请人年满 45 周岁，且结婚满 10 年；（2）申请人年满 46 周岁，不满 55 周岁，结婚应满 5 年；（3）申请人年满 55 周岁以上，结婚应满 2 年。

因此，因政策变动原因，此前的相关拟通过“假结婚”办理落户的操作均无法实施，相关诉讼纠纷随之产生。

043. 夫妻一方向出轨对象赠与财物，该赠与行为是否无效

【关键词】

夫妻共有　婚内出轨　赠与　公序良俗　不当得利

【场景】

原告文某与被告郑某为夫妻。被告郑某婚内出轨小 17 岁的蒋某，郑某向蒋某多次、多笔转账。2015 年 12 月 5 日，被告郑某从银行取款 108000 元。同日，富达房地产公司向被告蒋某出具收到蒋某首付款 9 万元的《收据》。12 月 8 日，被告郑某、蒋某签订《协议》，约定：“一、首付款加税费共 11 万元及月供由郑某付给；……四、双方不得单独与异性约会、就餐，不能超越底线或出轨；五、违反协议者无权占有富达绿家园的房子，且应当净身出门，不占有房内的一点东西；六、在双方都遵守协议的情况下，从 2015 年 12 月 8 日起到 2018 年 12 月 8 日止，被告郑某若与原妻没离婚，此套住房归被告蒋某所有。”

【事态发展（纠纷产生）】

原告文某认为郑某赠与出轨对象蒋某财物的行为应属无效，故以郑某、蒋某为被告起诉至法院，诉讼请求如下：（1）判决确认被告郑某对被告蒋某的赠与行为无效；（2）判决被告蒋某返还不当得利 450000 元。

【焦点问题】

被告郑某、蒋某之间的赠与行为是否无效？

【结论】

根据《民法典》第 8 条、第 153 条第 2 款的规定，民事主体从事民事活动，不得违反法律，不得违背公序良俗。违背公序良俗的民事法律行为无效。本文案例中，被告郑某、蒋某之间年龄相差近 17 岁。双方签订的《协议》中含有“双方不得单独与异性约会、就餐，不能超越底线或出轨”“被告郑

某若与原妻没离婚，此套住房归被告蒋某所有”等表述。除此之外，被告郑某多次在“七夕”等节日向被告蒋某转账520元。以上事实表明，被告郑某、蒋某之间至少在签订《协议》时起即存在不正当的男女关系。在此期间内，被告郑某为维持不正当男女关系与被告蒋某成立的法律行为不仅违背了民法的公序良俗原则，并且侵害了原告对夫妻共同财产的共有权利，因而应属于无效的民事法律行为。两被告签署的《协议》亦应属无效。

【典型案例索引】

湖南省永州市中级人民法院民事判决书，（2023）湘11民终504号。

【相关法律法规】

《民法典》第8条、第153条、第157条、第299条、第1062条。

【律师分析】

1. 夫妻一方婚内出轨，且为维持不正当男女关系而向出轨对象赠与的财产，因违反公序良俗，赠与行为或赠与合同均属无效。

在婚姻关系存续期间，夫妻双方对共同财产具有平等的权利，因日常生活需要而处理共同财产，任何一方均有权决定，非因日常生活需要对夫妻共同财产做重要处理决定的，夫妻双方应当平等协商，取得一致意见。本文案例中，郑某在与文某婚姻关系存续期间，为维持与蒋某之间的不正当男女关系，将夫妻共同财产赠与蒋某，既有悖公序良俗，又严重损害了配偶一方的财产权益，该赠与行为无效。

2. 赠与行为被法院确认无效后，出轨对象因接受赠与而取得的他人夫妻共同财产，应予返还。

根据《民法典》第157条的规定，民事法律行为无效、被撤销或者确定不发生效力后，行为人因该行为取得的财产，应当予以返还；不能返还或者没有必要返还的，应当折价补偿。有过错的一方应当赔偿对方由此所受到的损失；各方都有过错的，应当各自承担相应的责任。例如本文案例中，被告郑某、蒋某之间违背公序良俗的法律行为被确认为无效后，因被告郑某、蒋某对此均负有过错，故被告蒋某因该法律行为而取得的财产应当予以返还。

3. 夫妻一方向出轨对象赠与财物，另一方有权提起诉讼追索要回相关赠与财物。

例如本文案例中，在被告郑某未作为原告提起诉讼的情况下，因原告系夫妻共同财产的共同共有人，所以原告文某有权提起诉讼并要求被告蒋某返还受赠与的财物，被告蒋某亦应当向原告返还取得的财物。至于返还后的财物夫妻之间如何分配，则是夫妻之间的内部问题，可以另行处理。

4. 本文案例中，原告文某认为郑某每月用现金支付蒋某生活费、车贷、房贷，时间长达6年，近72个月，共计432000元，原告文某要求被告蒋某返还。

法院结合在案证据及相关转账行为的发生时间及发生背景，认定郑某支付购房款及向蒋某转账等金额属于赠与范畴，共计387768元。其中，郑某购买的丰田汽车，属于郑某、文某的夫妻共同财产，蒋某为该车偿还贷款共计111806.16元，应当予以扣减。最终，法院支持原告要求蒋某返还的金额为275961.84元。

044. 用房产抵偿赌债而签订商品房买卖合同，该合同是否无效

【关键词】

房屋买卖合同　赌债　抵债协议　强迫交易　公序良俗

【场景】

2019年4月27日，原告房产公司与张某、G公司就金玉龙城16幢1层10号房屋签订《商品房买卖合同》。经查，被告张某丈夫冯某因犯赌博罪、强迫交易罪受到刑事处罚，刑事判决中关于冯某的强迫交易罪的事实是：冯某逼迫原告房产公司法定代表人尚某将价值3049.311万元的金玉龙城16幢、17幢1~5层的部分商铺以转让方式抵偿对冯某等人的2150.2万元的赌债和债务。

【事态发展（纠纷产生）】

原告房产公司以张某、G公司为被告起诉至法院，诉讼请求：判决确认被告张某、G公司与原告房产公司于2019年4月27日就金玉龙城16幢1层

10号房屋签订的《商品房买卖合同》无效。

【焦点问题】

涉案《商品房买卖合同》的法律效力应如何认定?

【结论】

张某所举证据并不能证明其与冯某对尚某享有合法债权，合法债权的金额亦无法明确，且（2020）黔0522刑初236号刑事判决书认定以下事实："2019年4月份，被告人冯某逼迫尚某将价值3049.311万元的金玉龙城第16幢、17幢1~5层的部分商铺以转让方式抵除冯某、张某2等人的2150.2万元的赌债和债务。"综上所述，依据《民事证据规定》第10条"下列事实，当事人无须举证证明：……（六）已为人民法院发生法律效力的裁判所确认的基本事实……"的规定，可认定落款时间为2019年4月27日的《商品房买卖合同》所抵债务包含尚某所欠冯某、张某等人的"赌债"，法院援引原《民法总则》第8条"民事主体从事民事活动，不得违反法律，不得违背公序良俗"及原《合同法》第52条的规定，认定《商品房买卖合同》无效。

【典型案例索引】

贵州省毕节市中级人民法院民事判决书，（2021）黔05民终4944号。

【相关法律法规】

《民法典》第8条、第143条、第153条；原《民法总则》第8条（2021年1月1日起因《民法典》施行而被废止，该第8条内容被《民法典》第8条沿用）；原《合同法》（2021年1月1日起因《民法典》施行而被废止）第52条；《民事证据规定》第10条。

【律师分析】

1. 根据《民事证据规定》第10条的规定，"已为人民法院发生法律效力的裁判所确认的基本事实"无须当事人再举证证明。因此，在本文案例中原告以刑事判决已查明内容为证，解决了涉案房屋抵债的债务系赌债的举证困难。

经生效刑事判决认定，冯某与尚某之间存在多次赌博行为，冯某实施了强迫尚某用涉案房屋抵偿赌债的事实，并认定了冯某的行为已构成强迫交易罪。虽然与原告签订《商品房买卖合同》的是被告张某及G公司，但原告完全是在冯某的操控和强迫之下与被告张某及G公司签订。因此，原告就涉案《商品房买卖合同》所涉抵债的债务为赌债的事实已经完成举证责任。

2. 合同所抵偿的债务是因为赌博发生的债务，赌博行为违背了公序良俗，所以抵偿赌债的合同应属无效。

《民法典》第8条规定："民事主体从事民事活动，不得违反法律，不得违背公序良俗。"第143条规定："具备下列条件的民事法律行为有效：（一）行为人具有相应的民事行为能力；（二）意思表示真实；（三）不违反法律、行政法规的强制性规定，不违背公序良俗。"第153条第2款规定："违背公序良俗的民事法律行为无效。"根据上述法律规定，民事主体从事民事活动，不得违反法律，不得违背公序良俗，违背公序良俗的民事法律行为无效。涉案《商品房买卖合同》所抵偿的债务是因为赌博发生的债务，赌博行为违背了公序良俗，故相关抵偿赌债的《商品房买卖合同》应属无效合同。

3.《民法典》于2021年1月1日起开始施行，根据法不溯及既往原则，《民法典》施行前的相关事实适用《民法典》之前的法律规定，《民法典》施行后的法律事实引起的民事纠纷案件适用《民法典》的规定。

根据《民法典时间效力规定》第1条"民法典施行后的法律事实引起的民事纠纷案件，适用民法典的规定。民法典施行前的法律事实引起的民事纠纷案件，适用当时的法律、司法解释的规定，但是法律、司法解释另有规定的除外。民法典施行前的法律事实持续至民法典施行后，该法律事实引起的民事纠纷案件，适用民法典的规定，但是法律、司法解释另有规定的除外"的规定，暂不管法律适用其他复杂情形，上述规定可以简单、朴素地理解为以2021年1月1日为分界线，该日期之前发生的事情适用《民法典》之前的法律，该日期之后发生的事情适用《民法典》的规定。

五、恶意串通损害他人权益的合同无效

根据《民法典》第154条的规定，行为人与相对人恶意串通，损害他人合法权益的民事法律行为无效。其中，"恶意"按照一般学理解释为明知

（损害他人合法权益）而为之，“串通”指双方均清楚合同的目的。恶意串通的构成分为主观和客观两方面因素。主观因素为恶意串通，即当事人双方具有共同目的，希望通过订立合同、实施民事法律行为损害国家、集体或者第三人的利益。恶意串通可以是意思表达，即双方当事人事先达成协议，或者是一方作出意思表示，对方明知其目的非法，而用默示的方式接受。恶意串通也可以是行为表达，即双方当事人相互配合或者双方共同作为。客观因素为合同损害国家、集体或者第三人的利益。

本部分内容基于《民法典》及相关司法解释关于恶意串通的规定，并结合实务案例，对恶意串通影响合同效力的诸多因素进行类型化分析，提出律师法律实务建议，以帮助读者在日常经济交往活动及实务办案过程中预判相关情形下合同无效的风险。

（一）内外勾结情形下认定恶意串通

045. 为获私利而签的损害合伙事宜结算文件，该结算是否无效

【关键词】

合伙协议　工程结算　恶意串通

【场景】

许某与杜某签订《合伙协议》，双方约定共同出资、共同建设新宇公司承包的涉案工程，且约定结算工程款时需双方进行确认，一方签字无效。工程完工后，杜某单方与新宇公司进行结算，签署《××项目工程结算》，并收取新宇公司9万元好处费。《××项目工程结算》约定结算金额为824万余元，涉案工程造价鉴定金额为867万余元。

【事态发展（纠纷产生）】

许某认为《××项目工程结算》金额低于实际造价金额，损害了其权益，故以杜某、新宇公司为被告起诉至法院，诉讼请求：确认《××项目工程结算》协议无效。

【焦点问题】

《××项目工程结算》是否存在合同无效情形?

【结论】

杜某与许某合伙承包涉案工程，并以合伙人身份参与涉案工程，结合新宇公司与杜某结算金额小于实际金额又许诺单独给予杜某好处费等事实，能够判断出杜某与新宇公司恶意串通签署结算协议，且结算金额已损害了合伙人许某的利益，故《××项目工程结算》为无效合同。

【典型案例索引】

青海省高级人民法院民事裁定书，(2022）青民申376号。

【相关法律法规】

《民法典》第154条；《民法典时间效力规定》第1条；原《合同法》(2021年1月1日起因《民法典》施行被废止）第52条。

【律师分析】

1.《民法典》第154条恶意串通合同无效的规定基本沿用了原《合同法》第52条第2项“恶意串通，损害国家、集体或者第三人利益”的规定，仅是《民法典》第154条规定中不再区分利益受损的主体类型（国家、集体、第三人)，而是统一规定为“他人”，所以在适用时不用再特意区分受损害方的主体类型。

2. 结算对象通过许诺给合伙事务中某一合伙人好处费的方式完成项目结算，结算损害合伙利益，可以认定该双方存在恶意串通。

例如本文案例中，许某与杜某签订《合伙协议》，双方合伙承包工程，双方对于工程款结算均享有实际利益。工程结算过程中，杜某在明知结算款与实际工程款存在差异的情形下，因相对方许诺单独给予好处费9万元，杜某同意工程结算金额并签署《××项目工程结算》。无论最终合同相对方是否真实向杜某支付该9万元好处费，都不影响对于杜某在签署《××项目工程结算》时与相对方具有串通故意的认定，且结果是签署的《××项目工程结算》实际损害了合伙人许某的权益。因此，该《××项目工程结算》存在行为人与相对人恶意串通且损害许某合法权益的情形，《××项目工程结算》无效。

046. 未经其他合伙人同意擅自转让合伙店铺，转让行为是否无效

【关键词】

合伙协议　合伙事务　口头约定　转让　恶意串通

【场景】

高某开办涉案烤肉店（个体工商户，登记经营者为高某），孙某与高某合伙经营该烤肉店，口头协商共同出资、共担风险和收益。孙某转账 10 万元给高某用于店铺出资，后又陆续出资购买经营用品。该店关闭后不多久，高某以 10 万元转让费将店铺转让给方某。方某将店铺完成更名（个体工商户，经营者方某）。

【事态发展（纠纷产生）】

孙某以高某、方某恶意串通损害其利益为由，以高某、方某为被告起诉至法院，诉讼请求：确认高某和方某转让涉案烤肉店的行为无效。

【焦点问题】

高某将涉案烤肉店转让给方某的行为是否属于无效民事法律行为？

【结论】

根据《民法典》第 970 条第 1 款，合伙人就合伙事务作出决定的，除合伙合同另有约定外，应当经全体合伙人一致同意。本文案例中，孙某和高某共同投资、共同经营、共担风险、共享收益，双方之间虽未签订书面合伙合同，但事实上已经成立合伙关系。对外转让涉案烤肉店属于合伙事务，依法应当经全体合伙人即孙某和高某一致同意，而孙某并未同意转让。同时，受让人方某明知孙某与高某之间存在合伙关系，在未征得孙某同意的情况下受让烤肉店，又没有证据证明是以合理价格受让该烤肉店，该转让行为符合《民法典》第 154 条规定的行为人与相对人恶意串通、损害他人合法权益的情形。因此，高某向方某转让涉案烤肉店，应为无效民事法律行为，相关转

让合同无效。

【典型案例索引】

辽宁省沈阳市中级人民法院民事判决书，（2022）辽01民终17225号。

【相关法律法规】

《民法典》第154条、第970条第1款、第974条；《合伙企业法》第22条、第23条、第24条、第73条。

【律师分析】

1. 本文案例中，烤肉店属于个体工商户，工商登记经营者为高某，所以关于如何认定原告孙某与高某之间存在合伙关系有一定证明难度。

原告、被告在庭审中，就双方曾口头约定共同投资、共同经营、共担风险、共享收益一事均未提出异议，虽双方未签署书面的合伙协议，但已达成合伙意思，属于合伙经营烤肉店。实务中，若被告不承认双方之间存在合伙经营关系呢？因本文案例中孙某向高某转账10万元，有转账记录，若高某不承认合伙关系则高某将无法就该10万元收款进行合理解释，原告可以选择以借款或不当得利（慎用）为由要求被告返还该10万元转款。因此，就已亏损的烤肉店，从逐利角度出发，高某一般也会承认其与孙某之间存在合伙经营的关系。

2. 涉案店铺登记在高某一人名下，对于受让人方某明知或应知涉案店铺为高某与孙某合伙经营事项，在司法实务中存在一定证明难度，需要结合受让人与高某、孙某之间的关系及各方日常接触情况来综合判定。

3. 在本文案例中，受让人方某不能举证证明其已经支付10万元转让费用一事，是证明行为人与相对人之间存在恶意串通的关键点。受让人未合理支付转让费用且转让方未积极追款，显然该转让交易存在不符合常理的情形，转让双方应进行合理解释，法院据此认定双方存在恶意串通行为。

4. 根据《民法典》第974条的规定，除合伙合同另有约定外，合伙人向合伙人以外的人转让其全部或者部分财产份额的，须经其他合伙人一致同意。

合伙人向合伙人以外的人转让合伙财产份额，表面上看属于合伙人处分其合伙份额的行为，实质上涉及合伙合同主体变更，直接影响合伙合同存续，属于影响合伙的重大事项。因此，在无特殊约定的情形下，合伙关系一旦成立，合伙人对外转让合伙份额的行为，将存在被认定为无效的风险。注意本文案例是根据《民法典》第154条恶意串通的法律规定认定转让行为无效，并非根据第153条第1款有关违反强制性规定的合同无效的规定。

司法实务中，关于合伙人违反《民法典》第974条的规定是否一定导致转让合同或转让行为无效，其实并不必然，实务中的争议仍很大。其他合伙人除确认合同无效外，还可考虑以撤销转让合同的方式否定转让合同的效力。

5.《民法典》施行后并未废止2006年修订的《合伙企业法》，在判断合伙企业及合伙协议相关事项时，仍需依据和援引《合伙企业法》的相关内容。因此，合伙人转让合伙份额时，仍需注意以下事项：

（1）根据《合伙企业法》第22条“除合伙协议另有约定外，合伙人向合伙人以外的人转让其在合伙企业中的全部或者部分财产份额时，须经其他合伙人一致同意。合伙人之间转让在合伙企业中的全部或者部分财产份额时，应当通知其他合伙人”的规定，合伙人之间转让在合伙企业中的全部或者部分财产份额时，也应当通知其他合伙人。

（2）根据《合伙企业法》第23条“合伙人向合伙人以外的人转让其在合伙企业中的财产份额的，在同等条件下，其他合伙人有优先购买权；但是，合伙协议另有约定的除外”的规定，合伙人向合伙人以外的人转让其在合伙企业中的财产份额的，在同等条件下，其他合伙人有优先购买权。

（3）根据《合伙企业法》第24条“合伙人以外的人依法受让合伙人在合伙企业中的财产份额的，经修改合伙协议即成为合伙企业的合伙人，依照本法和修改后的合伙协议享有权利，履行义务”的规定，合伙人以外的人依法受让取得合伙份额的，依法成为合伙人后，应依法享有权利，履行义务。

（4）根据《合伙企业法》第73条“有限合伙人可以按照合伙协议的约定向合伙人以外的人转让其在有限合伙企业中的财产份额，但应当提前三十日通知其他合伙人”的规定，有限合伙人可以向合伙人以外的人转让其财产份额，但应当提前30日通知其他合伙人。

047. 部分股东贩卖公司资产，相关买卖协议是否无效

【关键词】

无权处分　原始取得　恶意串通　买卖合同

【场景】

陈某是铝制品公司众多股东中的一个，铝制品公司早年租用一块土地并在土地上建设厂房、办公楼，但至今未经不动产部门进行产权登记确认。陈某与小飞燕公司签署《房产、土地使用权买卖协议》，小飞燕公司知道陈某只是铝制品公司的股东之一，不是公司的法定代表人，并且签订协议之前，小飞燕公司委托他人协助陈某去收购铝制品公司其他股东的股份。

【事态发展（纠纷产生）】

铝制品公司认为陈某与小飞燕公司恶意串通损害其合法权益，故以陈某与小飞燕公司为被告起诉至法院，诉讼请求：判令《房产、土地使用权买卖协议》无效。

【焦点问题】

1. 铝制品公司是否具备诉讼主体资格？

2. 《房产、土地使用权买卖协议》是否有效？

【结论】

第一，诉争土地及土地上的厂房、办公楼均为铝制品公司租赁和建设，铝制品公司应为利害关系人，有权提起本文案例的诉讼。第二，作为受让方的小飞燕公司，在明知陈某仅是铝制品公司的其中一名股东时，为达到买卖土地及房产的目的，其还委托他人协助陈某去收购铝制品公司其他股东的股份，且双方在《房产、土地使用权买卖协议》第3条、第4条中对股东转让事宜予以了明确。因此，可认定小飞燕公司与陈某之间在签署《房产、土地使用权买卖协议》时存在恶意串通，并已损害到铝制品公司的合法权益，故涉案《房产、土地使用权买卖协议》无效。

【相关法律法规】

《民法典》第154条；《民法典时间效力规定》第1条；原《合同法》

（2021 年 1 月 1 日起因《民法典》施行被废止）第 52 条。

【典型案例索引】

长沙市中级人民法院民事判决书，（2020）湘 01 民终 6494 号。

【律师分析】

1. 本文案例中，铝制品公司虽非涉案合同的签约主体及涉案房产的登记权利人，但其作为利害关系人仍有权起诉要求确认合同无效。

关于本文案例中铝制品公司原告主体身份问题的讨论，起因是铝制品公司不是涉案《房产、土地使用权买卖协议》双务合同的当事人，也不是该合同所涉房产、土地使用权的登记权利人，故在诉讼中被质疑原告主体身份。结合案件事实，涉案房产、土地使用权是铝制品公司的前身法人主体承包的土地使用权并在租用土地上完成厂房、办公楼及其他添付物的建设，铝制品公司作为真实权利人的继受主体，虽未进行产权登记，但铝制品公司仍是上述财产的利害关系人及财产权益人，故铝制品公司具备原告诉讼主体资格。

2. 关于合同双方存在恶意串通情形的认定，法院基于签约主体的身份、签约准备、签约内容以及另诉庭审中发现的故意隐瞒事实等情况，综合认定合同双方存在恶意串通的认识和故意。

从涉案合同《房产、土地使用权买卖协议》签订的形式、内容、过程看，陈某仅是铝制品公司的一名股东，陈某隐瞒其他股东，私自以个人名义出售公司资产并将所得款项据为己有，其行为侵犯了公司和其他股东的合法权益。作为受让方的小飞燕公司，委派他人协助陈某收购铝制品公司其他股东的股份。同时，在铝制品公司诉小飞燕公司租赁合同纠纷诉讼案件中，发现小飞燕公司对其与陈某签订了《房产、土地使用权买卖协议》的事实予以隐瞒。因此，陈某作为无处分权的主体和小飞燕公司签订《房产、土地使用权买卖协议》，主观上双方存在恶意串通的故意，客观上严重损害了铝制品公司及各股东的合法利益，故认定《房产、土地使用权买卖协议》是无效合同。

048. 在继承人析产继承前，擅自卖出遗产的行为是否无效

【关键词】

房屋买卖合同　法定继承　共同共有　恶意串通

【场景】

涉案房屋系丁某与潘某的夫妻共同财产，登记在丁某一人名下。原告丁女是二人之女，被告丁孙是二人之孙。潘某去世后，未就涉案房屋进行析产继承，丁某通过与丁孙签订《房屋买卖合同》将涉案房屋过户给丁孙。

【事态发展（纠纷产生）】

原告丁女作为潘某的法定继承人之一，认为丁某与丁孙的行为侵害了其权益，故以丁孙为被告起诉至法院，诉讼请求如下：（1）确认被告与丁某就×号房屋签订的《房屋买卖合同》无效；（2）判令被告配合将上述房屋恢复登记至被继承人丁某名下。

【焦点问题】

丁某与丁孙是否存在恶意串通，且是否损害了丁女的合法权益？

【结论】

行为人与相对人恶意串通，损害他人合法权益的民事法律行为无效。当事人对恶意串通事实的证明，法院确信该待证事实存在的可能性能够排除合理怀疑的，应当认定该事实存在。本文案例中，潘某去世后未进行析产继承，涉案房屋应属于丁某及潘某法定继承人共同共有的财产。丁某、丁孙作为家庭成员，应当知道涉案房屋有身为潘某法定继承人之一的丁女的份额，在处分房屋时，应当经过丁女的同意。丁某、丁孙未经丁女同意，私自签订《房屋买卖合同》并办理房屋过户手续，法院有理由相信丁某与丁孙存在恶意串通，且损害了丁女的合法权益，《房屋买卖合同》应属无效。

【典型案例索引】

北京市第一中级人民法院民事判决书，（2023）京 01 民终 3363 号。

【相关法律法规】

《民法典》第 154 条；《民法典时间效力规定》第 1 条；原《合同法》（2021 年 1 月 1 日起因《民法典》施行被废止）第 52 条。

【律师分析】

1. 在法定继承中，关于部分继承人未经析产即处分继承财产的，经常会出现因处分行为未经其他法定继承人同意而无效的情形。

例如本文案例中，根据房屋买卖契约及房产档案，涉案房屋系丁某与潘某的夫妻共同财产，丁孙作为二人之孙，对此应明知。丁某生前将涉案房屋过户给丁孙时，潘某已去世，丁女作为潘某的法定继承人之一，对此并不知晓且事后亦未追认，故丁某与丁孙的行为侵犯了潘某之法定继承人丁女的权利，构成恶意串通，二人签订的《房屋买卖合同》应属无效。

2. 法定继承中第一顺位的继承人包括：配偶、子女、父母以及尽到主要赡养义务的丧偶儿媳、女婿，第二顺位继承人包括：兄弟姐妹、祖父母、外祖父母。

根据《民法典》第 1127 条第 1 款的规定，法定继承中，遗产按照下列顺序继承：（1）第一顺序：配偶、子女、父母；（2）第二顺序：兄弟姐妹、祖父母、外祖父母。《民法典》第 1129 条规定，丧偶儿媳对公婆，丧偶女婿对岳父母，尽了主要赡养义务的，作为第一顺序继承人。继承开始后，由第一顺序继承人继承，第二顺序继承人不继承，只有在没有第一顺序继承人继承时，才由第二顺序继承人继承。

3. 孙子女、外孙子女并非法定顺位继承人，只有在特定情形下才能代位继承祖父母、外祖父母的财产。例如本文案例中，丁女作为第一顺位继承人，对继承财产享有共有份额，但丁孙并不是潘某遗产的法定继承人。

根据《民法典》第 1128 条第 1 款与第 3 款的规定，被继承人的子女先于被继承人死亡的，由被继承人的子女的直系晚辈血亲代位继承。代位继承人一般只能继承被代位继承人有权继承的遗产份额。因此，孙子女、外孙子女只有在特殊情形下，才能通过代位继承来继承祖父母、外祖父母的遗产。

（二）逃避债务转移资产情形下认定恶意串通

049. 执行中关联公司倒签转让协议转让股权的，该转让协议是否无效

【关键词】

股权转让　倒签合同　关联关系　转移资产　恶意串通

【场景】

城乡建设公司作为华都公司的债权人，其债权已经另案判决确认。判决执行阶段中，在法院于2011年9月27日组织的执行谈话笔录中，债务人华都公司提及其对毛业公司享有涉案股权，且债权人当即申请法院冻结该涉案股权。同年10月11日法院冻结股权前，债务人将涉案股权转移登记至恒天公司名下，本次股权转让所依据的《股权转让协议》的签署时间为9月20日，恒天公司以其对其他公司的应收账款抵顶股权转让款。此后，债务人无其他财产，债权人城乡建设公司债权未实际清偿。

【事态发展（纠纷产生）】

在债权人经多年其他案由的诉讼均未实现债权清偿后，债权人以债务人华都公司与恒天公司之间签订的《股权转让协议》存在恶意串通、损害其利益的情况为由，以该两公司为被告起诉至法院，诉讼请求：确认《股权转让协议》无效。

【焦点问题】

涉案《股权转让协议》的法律效力如何？

【结论】

第一，关于《股权转让协议》的落款时间为9月20日是否真实的问题。结合恒天公司在诉讼中又提出过一份签署于5月的股权转让协议及相应的股东会决议，以及恒天公司同时控股债务人与毛业公司、三公司存在关联关系的事实，可判断协议落款时间及股东会决议签署时间的真实性均缺乏证明力，真实性存疑。

第二，关于《股权转让协议》约定的对价是否实际履行的问题。两份协议约定的2300万元对价款的支付方式为非货币支付，约定恒天公司以其对其他公司的应收账款作为对价抵顶股权转让款，但这里所指的其他公司于9月28日已被吊销营业执照，并在此后申请了企业破产，债务人、恒天公司均向破产管理人做了债权申报。

因此，债务人与恒天公司签订的《股权转让协议》在签订时间、支付对价方面均存在虚假之处，足以认定该协议应系在法院执行谈话之后补签，目的显然是通过股权转让的方式对抗法院对于债务人持有的毛业公司股权的执行，应当认定属于恶意串通行为，损害了债权人城乡建设公司的利益，该行为应确认为无效。

【典型案例索引】

北京市高级人民法院民事裁定书，（2022）京民申6650号。

【相关法律法规】

《民法典》第154条；《民法典时间效力规定》第1条；原《合同法》（2021年1月1日起因《民法典》施行被废止）第52条；《民事诉讼法司法解释》第109条。

【律师分析】

1. 关于恶意串通的认定，恶意串通行为的构成要件可从主观要素和客观要素两个方面进行论证，具体如下：

主观要素为恶意串通，即当事人双方具有通过共同行为达到损害他人合法权益的目的。客观要素为恶意串通所实施的行为损害了他人合法权益。其中，在主观要素方面，恶意并非道德上所谓恶的意思，而是与善意相对而称的概念，是指明知某种情形存在。在证明标准上，《民事诉讼法司法解释》第109条对恶意串通行为适用排除合理怀疑的证明标准。然而，恶意串通毕竟是行为人与相对人的主观心理状态，他人很难举证证明。因此，对于恶意串通中明知的判断，应当适用事实推定，即在主观认知状态不够明确的情况下，根据一定的基础事实来确认当事人知道或应当知道。相应地，对恶意串通行为的认定，应当根据合同双方当事人之间的关系、订立合同时的具体情况、合同约定内容以及合同的履行情况，在此基础上加以综合判断。

2. 在本文案例中，因涉案《股权转让协议》的签约主体为关联公司，存在利害关系，法院判断股权转让协议落款时间及股东会决议签署时间的真实性存疑。结合《股权转让协议》的对价款支付过程造假等事实，法院认为涉案《股权转让协议》签署的时间应在法院执行谈话之后，更符合案件真实情况。因此，判定《股权转让协议》的签署目的是逃避法院强制执行涉案股权，故而认定债务人与股权受让人之间具有恶意串通、损害债权人合法权益的情形。

050. 继承人倒签借条转移债务人遗产，相关协议是否无效

【关键词】

以房抵债　借款　债务人死亡　法定继承　恶意串通

【场景】

被告王某的丈夫张甲向原告张乙借款，其间张甲、王某均向原告偿还过欠款，但仍有部分欠款未还清。张甲因病死亡的第四天，王某与被告董某签订《房屋抵账协议》，将王某、张甲夫妻的唯一住房作价 30 万元抵债给董某，张甲的其他继承人放弃继承并配合办理了房产过户。此后，原告张乙另案以继承人债务清偿纠纷案件起诉王某，法院判决王某偿还原告借款及利息。

【事态发展（纠纷产生）】

因王某在以房抵债后已无其他财产，原告张乙以王某、董某为被告起诉至法院，诉讼请求：判决被告王某与董某签订的《房屋抵账协议》无效。

【焦点问题】

王某与董某签订的《房屋抵账协议》是否有效？

【结论】

被告虽就涉案房屋签订了以房抵债协议并办理了过户手续，但双方以房抵债的基础法律关系，即民间借贷关系是否真实，经鉴定机构鉴定存有异议。因被告在庭审中一致认可三张借条、一张欠条为借款当天王某本人出具，但根据鉴定机构采用拉曼光谱法对四张债权凭证字迹形成时间鉴定得出的结论，

2015 年 8 月 23 日与 2019 年 10 月 6 日的借条、2015 年 8 月 23 日与 2020 年 10 月 28 日的借条字迹形成时间为同时期，这与被告关于借条形成时间的表述相矛盾。而被告对 30 万元借款的发生除了四张债权凭证以外，仅提供借款来源的间接证据，未能提供其他直接证据，故上述矛盾足以使社会一般人对三张借条的真实性产生合理怀疑，继而对被告之间 30 万元借款的真实性产生合理怀疑。加之被告对涉案房屋交付时间说法不一致，法院判定，被告王某与董某签订的《房屋抵账协议》因不存在真实借贷关系属虚假意思表示而无效。

【典型案例索引】

辽宁省朝阳市中级人民法院民事判决书，（2023）辽 13 民终 97 号。

【相关法律法规】

《民法典》第 146 条、第 1153 条、第 1161 条。

【律师分析】

1. 债务人死亡，继承人就债务人所负债务，应在继承财产范围内向债权人偿还债务，即所谓的“父债子还”。

“父债子还”是一个很笼统的说法，结合相关法律法规，其中的“父债”可笼统地理解为被继承人死亡后仍有未清偿的债务，“子还”可理解为继承人对被继承人死亡后仍未清偿债务的清偿行为。根据《民法典》第 1161 条第 1 款的规定，继承人以所得遗产实际价值为限清偿被继承人依法应当缴纳的税款和债务。超过遗产实际价值部分，继承人自愿偿还的不在此限。因此，实务中所谓的“父债子还”是继承人在继承财产范围内，以继承财产实际价值为上限，对被继承人的债权人承担债务清偿责任。但若继承人明确放弃继承遗产的，则该继承人也不需要承担被继承人未清偿债务的偿还责任。

2. 关于借款合同、借条、欠条签字笔迹形成时间的鉴定，有时会对案件事实的认定发挥着极大的影响，如本文案例中原告方就借条形成时间申请司法鉴定，就是一个非常值得思考的实务操作。

第一，笔迹书写形成时间鉴定是公认的世界性难题，虽然部分问题已经能够解决，但精确度不高。司法实务中，关于笔迹书写时间的鉴定是否可以作为认定案件事实的依据一直存在争议，且很多司法鉴定机构不对外承接笔迹书写时间鉴定工作。笔者此前办理类似案件时采用过此类操作，如西南政法大学司法鉴定中心对外有朱墨时序鉴定、基于痕迹特征的文件形成时间鉴定、基于材料特性的文件形成时间鉴定等文书鉴定项目，可以作为相关案件制定诉讼策略时的备选项。

第二，鉴定意见属于诉讼证据种类之一，可作为用以证明案件事实的材料，鉴定意见是否被采信，属于法院对案件的审理范畴。一般情况下，鉴定机构、鉴定人员、鉴定程序合法，鉴定意见被法院采信的概率就比较大。

第三，若出现笔迹形成时间的鉴定意见不被法院采信的情形，还可以从纸张、墨迹等细小部分的区别寻求突破口，如从以下几个方面对文件进行鉴定：

（1）通过对不同笔迹墨水成分进行鉴定，可以判断不同笔迹是否为同一支笔书写，或者是否为同人同笔一次性书写完成。该鉴定结果可作为认定相关证据为伪造证据的突破口。

（2）如果笔迹和印章或指纹有交叉、重叠的地方，从仪器设备和显微镜可以看出是先捺印还是先写字，那么可以做朱墨时序鉴定，即鉴定是“先盖章后写字”还是“先写字后盖章”，并以此查明证据材料形成过程中是否存在伪造情形。

（3）观察证据材料细节，可以尝试对文件不同部位形成的先后顺序请求司法鉴定，如有些是先在空白纸上签名，后又有人利用空白纸补填合同内容。

3. 在2008年，《最高人民法院司法行政装备管理局关于对外委托文件制成时间鉴定有关事项的通知》公布施行，该通知内容仍现行有效，通知内容主要针对文件形成时间的鉴定要求，并明示仅能对近期内（3个月、6个月）形成的文件的形成时间进行鉴定，现今的技术已有所改观。

司法实务中，一般情况下对外委托文件制成时间鉴定时，应要求送检单位提供比对的样本。若送检单位不能提供样本，目前只有少数鉴定机构用多次测定法能鉴定三个月以内的制成文件；极个别公安部门的鉴定机构能鉴定6个月以内的制成文件。由于受各种客观因素的影响，送检鉴定的检出率不高。对此，法院的司法技术人员应对委托案件的鉴定条件和鉴定机构的资质、能力进行审查，对落款时间和怀疑时间超过6个月的，要求送检单位必须提供比对的样本。

051. 诉讼中被告在无真实借款情形下将资产质押给他方，质押合同是否无效

【关键词】

租赁合同　借款　股权质押　逃避债务　恶意串通

【场景】

原告康特公司因追索房屋租金起诉被告国建公司及国建研究院。诉讼过程中，被告国建公司与法拉瑞公司签署《借款合同》及涉案《股权质押合同》。此后，被告国建公司、国建研究院与原告康特公司就租金纠纷达成调解协议，由国建研究院支付租金，若国建研究院逾期支付，由国建公司与国建研究院共同承担欠付租金的支付义务。法院据此出具调解书。因调解书未能实际履行，康特公司依据调解书向法院申请强制执行。

【事态发展（纠纷产生）】

因国建公司及国建研究院无其他可供执行财产，康特公司以国建公司、法拉瑞公司为被告起诉至法院，诉讼请求：确认国建公司与法拉瑞公司之间就国建公司持有的新材料公司5%的股权质押给法拉瑞公司的《股权质押合同》无效。

【焦点问题】

涉案《股权质押合同》是否存在恶意串通损害康特公司利益的情形，是否应认定为无效？

【结论】

涉案《股权质押合同》的订立系发生在房屋租赁合同纠纷案件诉讼期间，且未能证明质权人就借款合同实际支付了借款。债务人国建公司除已出质的涉案股权外，现已无其他财产可供执行。因此，法院认定国建公司与法拉瑞公司之间订立的《股权质押合同》存在恶意串通损害康特公司利益的情形，故判决确认涉案《股权质押合同》无效。

【典型案例索引】

广东省深圳市中级人民法院民事判决书，（2021）粤 03 民终 27622 号。

【相关法律法规】

《民法典》第 154 条；《民法典时间效力规定》第 1 条；原《合同法》（2021 年 1 月 1 日起因《民法典》施行被废止）第 52 条。

【律师分析】

1. 本文案例中，法院关于恶意串通的认定，主要审查涉案《借款合同》的签署时间、是否实际履行以及是否存在真实的转款凭证。

第一，借款发生在涉案诉讼过程中，存在故意逃避债务之嫌。法拉瑞公司主张的借款发生在 2020 年 6 月 5 日，而其提交的《借款合同》签订于 2020 年 9 月 22 日，签署时间发生在康特公司以国建公司及国建研究院为被告提起房屋租赁合同纠纷诉讼之后。

第二，从资金流向看，难以认定 2020 年 9 月 22 日签订的《借款合同》所指向的借款为法拉瑞公司主张的发生于 2020 年 6 月 5 日的 200 万元借款。法拉瑞公司系向国建研究院股东远建合伙企业汇款 200 万元，备注用途为“投资款”；远建合伙企业向康特公司汇款 200 万元，备注用途为“代国建研究院支付租金”。从转账记录上不能看出该笔 200 万元与国建公司有关。法拉瑞公司提交的《代付款同意书》内容为：康特公司同意远建合伙企业代付国建研究院租金，与国建公司无关。

第三，涉案《股权质押合同》签订于 2020 年 9 月 23 日，但直至 12 月 7 日法院的民事调解书作出后，双方才于 12 月 24 日办理了股权质押登记。

第四，法拉瑞公司与国建公司的控股股东相同，高管人员存在重合情形，两者存在关联关系。法拉瑞公司的法定代表人是远建合伙企业出资额 200 万元的合伙人。

综上所述，在无法认定涉案《股权质押合同》存在真实的借款关系的情况下，结合股权质押发生的事件，双方之间存在恶意串通具有高度盖然性。

2. 质押权必须以存在真实的借贷关系为前提。在本文案例中，法拉瑞公司与国建公司的借款关系真实性存疑，在此情况下，涉案《股权质押合同》

的订立系发生在房屋租赁合同纠纷案件诉讼期间，国建公司除已出质的涉案股权外已无其他财产可供执行。因此，法院最终认定国建公司与法拉瑞公司之间订立的《股权质押合同》存在恶意串通损害康特公司利益的情形，故涉案《股权质押合同》为无效合同。

052. 被诉前债务人将资产抵押给他人，抵押合同是否无效

【关键词】

业绩对赌　抵押借款　特殊身份　恶意串通

【场景】

债务人韩某与债权人刘某均为风行公司高管，同时，韩某是风行合伙企业执行事务合伙人，刘某为风行合伙企业自然人股东。在韩某与风行合伙企业被投资人起诉前，韩某以债务人身份与债权人刘某签署《借款合同》《主债权及不动产抵押合同》，并将韩某所有的涉案房屋抵押登记给刘某。此后，韩某与风行合伙企业被起诉，涉案房屋被保全查封，法院判决韩某与风行合伙企业对投资人厦门国都企业负有债务清偿责任。

【事态发展（纠纷产生）】

厦门国都企业胜诉后执行涉案房屋，但因涉案房屋已抵押给刘某，执行资产价值减损。厦门国都企业以韩某、刘某为被告起诉至法院，诉讼请求：判决《主债权及不动产抵押合同》无效。

【焦点问题】

韩某与刘某签订的《主债权及不动产抵押合同》是否存在恶意串通损害他人利益的情形？

【结论】

第一，韩某、刘某签署《主债权及不动产抵押合同》办理抵押登记后很长时间双方均未催促支付借款，且款项支付路径存在财务走账、未实际支付借款的嫌疑。第二，韩某、刘某二人存在特殊身份关系，均应对韩某、风行合伙企业的对外债务及财产状况明知。二人签订《主债权及不动产抵押合

同》，并以登记在韩某名下的涉案房屋设定抵押，属于恶意串通。第三，韩某对涉案房屋设定抵押，客观上降低了自身的偿债能力，损害了厦门国都企业的利益。因此，《主债权及不动产抵押合同》存在恶意串通损害债权人利益的情形，应属无效合同。

【典型案例索引】

北京市第二中级人民法院民事判决书，（2021）京02民终10639号。

【相关法律法规】

《民法典》第154条；《民法典时间效力规定》第1条；原《合同法》（2021年1月1日起因《民法典》施行被废止）第52条。

【律师分析】

1. 关于行为人与相对人恶意串通的认定，可先审查合同类型、合同内容、签署时间等事项，判断交易是否合情合理。

本文案例中，韩某与刘某签署《借款合同》及《主债权及不动产抵押合同》，就缔约目的而言，是韩某为向刘某借款，而用自己的房产作抵押而设立。就合同履行而言，在刘某未借给韩某款项的前提下，双方就办理了房屋抵押登记手续，且刘某与韩某签订《借款合同》及房屋抵押登记手续后一直拖了几个月才陆续转账14笔完成借款支付，显然不符合常理。

2. 若发现交易不符合常理，可以再审查交易流水，若存在相互走账等情形，可以此作为认定恶意串通的客观证据。

本文案例中，经调取韩某的银行流水，发现刘某汇款当天前后，汇出的钱基本又回到刘某账户，特别是事前韩某向案外人罗某转款，罗某将该部分款项转给刘某，刘某再转回给韩某。结合此前抵押合同签署过程有悖常理，以及通过他人账户倒账等事实，法院认定借款合同未实际履行，而基于借款合同设立的房屋抵押登记即失去实际意义。再结合韩某与刘某的同事关系及该二人根据债务人公司情况均能预判到韩某被诉情形发生。因此，法院最终认定韩某、刘某签署《借款合同》及《主债权及不动产抵押合同》存在恶意串通情形。

3. 关于原告举证证明行为人与相对人之间存在恶意串通的证明标准，根据《民事诉讼法司法解释》的规定，证明标准达到高度盖然性即可。

《民事诉讼法司法解释》第108条第1款规定："对负有举证证明责任的当事人提供的证据，人民法院经审查并结合相关事实，确信待证事实的存在具有高度可能性的，应当认定该事实存在。"原告提起诉讼主张行为人与相对人之间存在恶意串通行为请求确认合同无效的，应承担基本举证责任，证明标准达到高度盖然性即可。例如本文案例中，综合考虑韩某、刘某之间的特殊关系及身份、合同签署的不合理以及借用他人账户倒账等事实，对于韩某与刘某之间存在恶意串通的事实，已经达到了法律规定的法院确信该事实存在并排除合理怀疑的证明标准，故法院认定韩某与刘某之间存在恶意串通转移资产的主观恶意。

053. 保证人在债务未清偿完毕前赠与他人股权，赠与合同是否无效

【关键词】

最高额保证　连带责任　赠与合同　恶意串通　逃避执行

【场景】

被告黎父、张母为夫妻，该二人作为保证人与银行签署《最高额保证合同》为债务人金联公司提供连带保证，银行据此向金联公司发放贷款。此后，张母、黎父将登记在张母名下某合作社股权2股（股东证号：××）无偿赠与二人之女黎女。因金联公司未能按期偿还银行贷款，银行起诉金联公司，法院判决确认银行对金联公司的债权及张母、黎父承担连带保证责任。此后，银行将债权转让给原告腾源公司。

【事态发展（纠纷产生）】

腾源公司申请法院强制执行时，金联公司、张母、黎父均无可供执行财产，故以张母、黎父、黎女为被告起诉至法院，诉讼请求如下：（1）判令确认被告张母、黎父向被告黎女赠与张母持有的某合作社股权2股（股东证号：××）的合同无效；（2）判令被告黎女将某合作社股权2股恢复过户至被告张母名下，被告张母应予以协助；（3）判令被告黎女向被告张母返还受赠股权后所收取的股份分红收益（自2013年12月23日起至恢复过户至被告张母

期间所收取的分红收益）。

【焦点问题】

张母、黎父、黎女之间赠与涉案股权的行为是否无效？

【结论】

首先，从合同当事人的身份和背景看。张母、黎父、金联公司法定代表人互相提供连带保证，相互之间具有密切的利益关系。张母、黎父与黎女是母女关系及父女关系，关系紧密。从这些情况来分析，黎女很可能知晓张母、黎父为金联公司的债务提供保证担保的情况。

其次，从合同履行情况来看。张母、黎父赠与涉案股权给黎女的时间发生于2013年12月，此时张母、黎父作为保证人为金联公司向银行的借款提供保证担保，银行已向金联公司发放贷款，该债务尚未得到清偿。张母、黎父作为上述债务的保证人在该债务未清偿完毕前无偿将名下股权赠与黎女，结合前述互联互保情形可知，张母、黎父赠与涉案股权给黎女时明显具有逃避债务的主观恶意。

最后，从股权赠与的后果来看。在银行的债权实现前，张母、黎父作为债务保证人在未征得银行同意的情况下将涉案股权赠与黎女，降低其保证担保能力，现张母、黎父名下已无其他可供执行的财产，故该股权赠与行为实际上已经损害债权人的合法权益。

因此，法院认定张母、黎父与黎女之间的涉案股权赠与行为应属无效。

【典型案例索引】

广东省佛山市中级人民法院民事判决书，（2023）粤06民终3539号。

【相关法律法规】

《民法典》第154条、第188条；《民法典时间效力规定》第1条；原《合同法》（2021年1月1日起因《民法典》施行被废止）第52条。

【律师分析】

1. 资产管理公司经债权转让取得涉案债权，资产管理公司有权起诉要求确认相应逃避债务转移资产的行为及对应的合同无效。

债权转让通知送达债务人时，债权转让即对债务人发生法律效力，债权人可以或者应当具有的权利义务一并发生转移。因此，债权受让人有权就债务人影响债权受偿的行为提出诉讼。例如本文案例中，保证人转移资产导致保证债权无法清偿的，债权受让人有权起诉请求确认相应转让行为无效、请求确认相应涉案合同无效。

2. 关于赠与合同的赠与方主观恶意认定的问题，需要结合债权产生时间及通过赠与合同转移资产的发生时间来判断。

例如本文案例中，被告张母、黎父、黎女之间的赠与股权行为发生于2013年12月23日，此时被告张母、黎父已作为保证人为金联公司向银行的借款提供保证担保，银行已向金联公司发放了合计550万元的借款，上述借款尚未清偿完毕。被告张母、黎父为金联公司的债务提供保证担保，在债务未清偿完毕之前无偿将名下股权赠与他人，必然会影响被告张母、黎父作为保证人的偿债能力。因此，法院认定被告张母、黎父显然具有主观逃避债务的恶意。

3. 受赠人是否存在恶意串通转移资产的主观认识及故意，需要结合受赠人是否知晓赠与人负债等情况进行判断。

例如本文案例中，被告张母、黎父与被告黎女是母女关系及父女关系，关系紧密，被告黎女应当知道被告张母、黎父为金联公司的债务提供保证担保的情况。被告张母、黎父将被告张母名下股权无偿赠与被告黎女，其行为难言善意，属于明知而串通。因此，法院认定受赠人黎女主观亦存在恶意串通、损害他人权益的认识和故意。

4. 诉讼请求确认合同无效的案件，不受3年诉讼时效的限制，只要符合合同无效条件，权利人随时可以诉讼请求法院确认合同无效。

《民法典》第188条规定："向人民法院请求保护民事权利的诉讼时效期间为三年。法律另有规定的，依照其规定。诉讼时效期间自权利人知道或者应当知道权利受到损害以及义务人之日起计算……"然而，对于当事人请求确认合同无效的请求权，因当事人不享有自行确认合同无效的法定权利，只有法院和仲裁机构有权确认合同是否有效。对于合同效力的认定，实质是国家公权力对民事行为进行的干预，合同无效系自始无效，且无效的原因主要是其违法性，单纯的时间经过不能改变无效合同的违法性及其违法所造成的法律后果和影响。因此，当事人请求确认合同无效的，不受诉讼时效期间的限制。

5. 在本文案例中，关于将诉争财产恢复登记至原权利人名下的诉讼请求，非常实用，在确认之诉的诉讼请求中加入给付内容，便于债权人依据胜诉生效判决向法院申请强制执行，避免债权人另行主张的诉累。

债权人的诉讼请求除确认赠与合同无效外，还提出了额外的两个诉讼请求：“（2）判令被告黎女将合作社股权 2 股恢复过户至被告张母名下，被告张母应予以协助；（3）判令被告黎女向被告张母返还受赠股权后所收取的股份分红收益（自 2013 年 12 月 23 日起至恢复过户至被告张母期间所收取的分红收益）。”法院判决：“（2）被告黎女应于本判决发生法律效力之日起十日内，将上述合作社股权 2 股恢复过户至被告张母名下，被告张母应予以协助；（3）被告黎女应于本判决发生法律效力之日起十日内向被告张母返还分红收益 197354 元。”

054. 对赌业绩无法完成时股东对外抵押资产，抵押合同是否无效

【关键词】

业绩对赌　补偿义务　抵押借款　恶意串通

【场景】

投资人与方某夫妇签署《增资协议》并约定了对赌业绩要求，若方某未完成业绩要求将承担业绩补偿责任。有证据证明方某夫妇在履约过程中，已预见到未能完成预期业绩、需承担补偿义务。此后，方某夫妇与王某（方某母亲）签署抵押借款合同并将涉案房屋抵押给王某，抵押价值超过房屋本身价值，且双方均无法证明王某已实际支付借款。

【事态发展（纠纷产生）】

投资人因方某夫妇业绩承诺未完成，诉至法院经判决确认方某夫妇对投资人承担约定的业绩补偿责任。因涉案房屋设有抵押减损了方某夫妇的清偿财产，投资人以方某夫妇、王某为被告起诉至法院，诉讼请求如下：（1）判

决确认《房屋抵押借款合同》无效；（2）判决涤除抵押登记。

【焦点问题】

三被告签署《房屋抵押借款合同》时，是否存在恶意串通、损害他人利益的情形？

【结论】

履约过程中，在方某夫妇与案外人之间往来邮件中，方某表示“现金补偿履约中不足的部分，我将以我和我妻子名下现有的所有资产，按照存在形态，依法进行履约处理，原增资协议终止”，上述邮件内容表明方某夫妇在预见到将要承担业绩补偿责任后，与王某之间签署的《房屋抵押借款合同》存在恶意串通的情形具有高度盖然性，双方意在阻挠投资人在申请法院强制执行时执行涉案房屋，损害了投资人利益，该《房屋抵押借款合同》应属无效。基于该合同依法登记的抵押权亦无效，应予以注销。

【典型案例索引】

上海市青浦区人民法院民事判决书，（2020）沪 0118 民初 23913 号。

【相关法律法规】

《民法典》第 154 条；《民法典时间效力规定》第 1 条；原《合同法》（2021 年 1 月 1 日起因《民法典》施行被废止）第 52 条。

【律师分析】

1. 债权人投资方确认债务人转移资产并起诉请求确认转移资产的协议无效，关键点在债权人举证证明债务人对转移资产存在恶意串通的情形，如本文案例中的几点关键证据非常有利于债权人，可作为类似案件的参考，具体包括：

（1）债务人转移资产的主体身份信息，涉案《房屋抵押借款合同》的相对人为行为人方某的母亲，行为人与相对人系近亲属且居住在一起。

（2）方某夫妇与他人的往来邮件，其中方某发给他人的邮件载明：“1. 感谢四方 A 公司领导层的信任，也感谢来自四方 A 公司的各种支持！2. 鉴于 2016 年上海 B 公司实际经营业绩未达预期，预计 2017 年年底为止 26 个月内完成总计9000万元净利润的可能性较小……”此后邮件中有一份《对赌协议到期后的执行方案建议》，该建议中包括业绩未完成的相关补偿方案。

2. 签署对赌业绩协议或其他借款合同时，债权人要求将公司的实际控制人及配偶列为合同相对方，有利于后续出现争议时，债权人控制违约方有效资产，债务获得有效清偿的概率更大。

3. 在本文案例中，原告诉讼请求的第2项为涤除抵押权，因抵押权必须以存在真实的借贷关系为前提，涉案《房屋抵押借款合同》被认定为无效合同，所以基于该合同产生的抵押登记，也应涤除注销抵押登记。

055. 女婿因负债在诉讼中与岳母签房屋买卖合同，该合同是否无效

【关键词】

房屋买卖合同　以债购房　银行流水　亲属关系　恶意串通

【场景】

吴某欠付裘某大额借款，且借款到期后吴某未能偿还。裘某将吴某起诉至法院，在庭审结束后法院未作出判决的期间内，吴某与其岳母徐某签订《房屋转让合同》，将涉案房屋卖给岳母，并在签合同当日办理了产权变更登记，相关税费由吴某缴付。房屋产权变更后，吴某及其配偶、子女的户口仍登记在涉案房屋处。

【事态发展（纠纷产生）】

裘某取得胜诉判决后，发现在吴某转移房产后已无其他财产，且在调取银行转账记录时发现徐某支付的购房款大部分是吴某事先转给徐某再由徐某转给吴某。裘某以吴某、徐某为被告起诉至法院，诉讼请求如下：（1）确认涉案《房屋转让合同》无效；（2）吴某、徐某于判决生效之日起十五日内将涉案房屋恢复登记至吴某名下。

【焦点问题】

涉案合同是否存在恶意串通损害第三人利益的情形？

【结论】

第一，涉案房屋买卖合同的签订时间发生在裘某诉吴某借款纠纷案件庭

审结束不久、宣判前夕，足见其有逃避债务、转移财产的主观故意。第二，吴某与徐某系女婿与岳母的关系，吴某在执行笔录中也陈述“我当时和徐某说外面欠钱还不上了，希望她可以接手用来还债”，可见徐某“接手”即“买房”时知道或者应当知道吴某对外负有巨额债务。徐某明知吴某转移资产的目的而以默示的方式接受，符合认定为恶意串通的条件。第三，徐某支付给吴某的所谓“购房款”实际全部来源于吴某本人，徐某未曾实际支付过分毫“购房款”，双方虚构“购房款”银行流水的目的就是逃避债务的执行。第四，涉案合同的签订及履行，导致吴某无财产、无法清偿其对裘某所负债务。因此，涉案合同因恶意串通损害裘某利益而无效。

【典型案例索引】

浙江省高级人民法院民事判决书，（2022）浙民终161号。

【相关法律法规】

《民法典》第154条；《民法典时间效力规定》第1条；原《合同法》（2021年1月1日起因《民法典》施行被废止）第52条；《民事诉讼法司法解释》第108条第1款、第109条。

【律师分析】

1. 诉讼过程中原告未申请采取财产保全措施，被告在生效判决作出前转移资产的，仍可能被认定为恶意转移资产。

第一，对已经存在债权的司法确认，并不是债权形成的原因，故不能认为作出生效判决的时间是该债权产生的起算点。

第二，本文案例中，吴某对自己与裘某之间存在债权债务的事实心知肚明，吴某应当预见到裘某对其享有的债权经由生效判决确认具有现实性。

第三，徐某的委托诉讼代理人在该案二审庭审中称该债权债务在被生效裁判确认前只是裘某的一种“期待利益”，不应受法律保护。对此，法院认为合法的财产期待利益与现实权利一样，也应受法律保护。

2. 恶意串通的表现形式，既可以是双方当事人事先协商，也可以是一方作出意思表示，另一方明知其目的非法而以默示的方式接受。

3. 就房屋买卖合同签署情况、房款支付情况等综合判定涉案房屋买卖合同双方的主观恶意。本文案例中，涉案房屋受让方徐某向转让方吴某支付的购房款其实全部来源于吴某，是多人银行账户“过桥”、三次循环转账的结果，故可认定涉案合同双方存在恶意串通。

在本文案例中，涉案《房屋转让合同》的签署时间为2013年10月28日，约定房屋总价180万元。同日，涉案房屋登记权利人由吴某变更为徐某。其中，转账记录显示一共有三次过桥转账，分别为：

第一次转账：吴某的钱转出去。2013年10月28日，吴某向徐某儿子程某转账55万元；10月29日，吴某向徐某儿子程某转账65万元；10月31日，案外人向徐某儿子程某转账60万元。诉讼中，吴某确认该案外人的该笔转账系受其指示向程某转账。前述三笔转账合计180万元。

第二次转账：吴某的钱通过他人转到徐某账户。徐某儿子程某在收到前述吴某三笔转账后，随即分别于2013年10月28日、10月29日、10月31日向徐某转账50万元、70万元、60万元，合计180万元。

第三次转账：吴某的钱通过徐某账户转入吴某账户。受让方徐某分三次向转让方吴某支付购房款的时间和金额为2013年10月28日50万元、10月29日70万元、10月31日60万元，合计180万元。

056. 姐夫被起诉后将资产转移给妻妹，转让协议是否无效

【关键词】

一人有限公司　连带责任　股权转让　利害关系　恶意串通

【场景】

朱某持有债务人国嘉公司100%股权，同时与他人合伙经营一家建材市场。因债务人国嘉公司未履行其与债权人博文公司签署的项目转让协议，债权人以债务人、朱某为被告向法院起诉要求赔偿，法院判决债务人支付赔偿款及朱某对赔偿款承担连带责任。在债权人起诉期间，朱某与其妻子的妹妹孙某梅签署《出资额转让协议》，约定将朱某持有的建材市场出资份额转让给孙某梅。

【事态发展（纠纷产生）】

法院已判决朱某对债权人承担赔偿责任，但因朱某已通过《出资额转让协议》转移其最大资产，再无能力清偿对债权人的债务。债权人遂以朱某及资产受让人孙某梅为被告起诉至法院，诉讼请求：确认涉案《出资额转让协议》无效。

【焦点问题】

涉案《出资额转让协议》是否存在恶意串通损害第三人利益的情形？

【结论】

第一，从《出资额转让协议》签署时间上看，债务人未完全履行其与债权人签署合同约定的义务，债权人以债务人、朱某为被告提起诉讼，要求债务人、朱某履行合同义务的时间早于《出资额转让协议》签订时间；第二，从《出资额转让协议》履行情况看，朱某、孙某梅对涉案660万元转让款的交付陈述不清，涉案《出资额转让协议》真实性存疑；第三，从涉案《出资额转让协议》签订主体身份属性上分析，该协议签订时，孙某梅的姐姐孙某艳与朱某尚处于婚姻存续期间，故转让方朱某与受让方孙某梅之间具有利害关系。因此，涉案《出资额转让协议》存在串通及损害博文公司利益的情形，应当认定为无效。

【典型案例索引】

贵州省黔西南布依族苗族自治州中级人民法院民事判决书，（2021）黔23民终3115号。

【相关法律法规】

《民法典》第154条；《民法典时间效力规定》第1条；原《合同法》（2021年1月1日起因《民法典》施行被废止）第52条；《民事诉讼法司法解释》第108条第1款、第109条。

【律师分析】

1. 因债权人非合同当事人，资产受让方在资产转让合同确认无效纠纷案件中，对债权人的原告身份提出异议，资产受让方的该种异议能否成立？

例如本文案例中，资产受让方孙某梅认为债权人博文公司不是涉案《出资额转让协议》的合同当事人，该协议对博文公司不直接发生效力，与博文公司无直接利害关系，博文公司不是适格原告，其无权主张《出资额转让协议》无效。然而，资产受让方的上述观点并不能成立，根据《民事诉讼法》第 122 条“起诉必须符合下列条件：（一）原告是与本案有直接利害关系的公民、法人和其他组织……”的规定，以及《民法典》第 154 条“行为人与相对人恶意串通，损害他人合法权益的民事法律行为无效”的规定，在本文案例中，朱某将涉案合伙份额转让给孙某梅，朱某却未将该转让款或其他财产支付给债权人博文公司偿债，一定程度上削弱了朱某对债权人的偿债能力。涉案《出资额转让协议》是否有效，直接关联到债权人债权能否受偿的问题，该《出资额转让协议》与债权人博文公司具有直接利害关系，故债权人有权提起合同效力确认之诉。

综上所述，司法实务中，债权人因债务人无其他可供执行财产，债权人发现债务人存在通过资产转让协议转移资产的行为，债权人以资产转让方和受让方为被告起诉至法院，要求确认债务人资产转让协议无效。对于这类案件，债权人提起确认资产转让协议无效的诉讼，法院一般都会认定债权人具有合法原告身份，被告就债权人的原告主体身份是否适格的主张，一般没有太多可争取的空间。

2. 资产转让协议签署时间早于诉讼判决确认债权债务发生时间，此种在债务未确认的情况下债务人转移资产的行为能否认定为恶意串通逃避债务履行？

例如本文案例中，朱某认为其按照市场价格合法转让其合伙份额的时间在法院作出一审判决前，更早于二审生效判决之前，债权人诉讼中也未采取保全措施，故朱某、孙某梅签订《出资额转让协议》时，朱某与债权人博文公司当时未形成债权债务关系。然而，因债务人国嘉公司是朱某一人持股的有限公司，朱某与国嘉公司之间的往来文件、转账流水已证明二者之间存在财产混同情形，根据《公司法》（2018 年修正）第 63 条（2023 年 12 月 29 日《公司法》修订后调整为第 23 条第 3 款）“一人有限责任公司的股东不能证明公司财产独立于股东自己的财产的，应当对公司债务承担连带责任”的规定，朱某对债务人国嘉公司债务承担连带责任的事实依据已经出现，债权人一审起诉债务人和朱某的时间早于涉案《出资额转让协议》签订时间。因此，朱某是在明知对债权人负有清偿责任的情况下，将其合伙份额转让给妻妹孙某梅。结合朱某与孙某梅之间的姻亲关系，孙某梅在受让资产时应当知道朱某的财务状况，故法院最终认定双方存在恶意串通情形。

3. 资产转让中的恶意串通损害债权人利益情形的认定，其中的重点问题是资产转让款的实际支付情况，需要重点关注转账凭证等证据的收集工作。

例如本文案例中，涉案《出资额转让协议》中关于转让款的约定为协议签署之日以现金形式一次性支付，但无论是作为转让方的朱某还是作为受让方的孙某梅，均未能提供证据证明上述转让款已实际支付，且受让方主张该转让款是为折抵朱某欠付其配偶的工程款，但受让方亦未提供证据证明朱某欠付的工程款实际存在。另外，债权人申请调查了受让方的银行账户转账明细，受让方孙某梅向朱某配偶孙某艳转账共计20万元，就该20万元的用途孙某梅本人未出庭、未提供说明、未提供该款项为资产转让款的证据，且该款项与资产转让款660万元相差甚大，故法院最终认定受让方未实际支付《出资额转让协议》约定的转让款。

057. 亲属间签转让合同且钱款支付不明确，转让合同是否无效

【关键词】

股权转让　夫妻　亲属关系　股权代持　利益一致　恶意串通

【场景】

李某、郑某、施某同为融茂公司股东，施某为郑某妹夫，代持郑某的融茂公司股权。经融茂公司股东会决议，李某作为债权人出借500万元给郑某及郑某配偶朱某。后因郑某、朱某未偿还借款，李某起诉郑某、朱某二人要求偿还借款本息且取得胜诉。郑某、朱某与施某签署《股权转让协议书》，约定转让昆仑饭店50%股权，并完成工商变更登记。

【事态发展（纠纷产生）】

李某作为债权人，认为郑某、朱某通过涉案《股权转让协议书》转移

资产导致李某债权无法清偿，故以郑某、朱某、受让方施某及昆仑饭店为被告起诉至法院，诉讼请求如下：（1）确认涉案《股权转让协议书》无效；（2）施某返还因上述合同而取得的昆仑饭店 30%、20% 的股权并恢复登记至郑某、朱某名下；（3）昆仑饭店协助郑某、朱某和施某办理上述股权变更登记手续。

【焦点问题】

涉案《股权转让协议书》是否合法有效？

【结论】

施某是郑某的妹夫，存在特殊亲属关系。同时，郑某为融茂公司隐名股东，其股份由施某显名代持，所以双方商业利益存在一致性。且李某提供融茂公司股东会决议已证明施某在签署涉案《股权转让协议书》时施某已知道转让方郑某、朱某对李某的负债。结合施某无法证明其已实际支付股权转让款，所以郑某、朱某与施某之间就签署涉案《股权转让协议书》存在恶意串通损害李某利益的情形，应属无效合同。

【典型案例索引】

最高人民法院民事裁定书，（2021）最高法民申 317 号。

【相关法律法规】

《民法典》第 154 条；《民法典时间效力规定》第 1 条；原《合同法》（2021 年 1 月 1 日起因《民法典》施行被废止）第 52 条；《民事诉讼法司法解释》第 108 条第 1 款、第 109 条。

【律师分析】

1. 本文案例中存在阴阳合同情形，即就同一股权转让事项存在两份不同合同。其中，830 万元版《股权转让协议书》非真实意思，是为避税使用，合同无效；另一份 2450 万元版《股权转让协议书》因存在恶意串通损害他人权益，合同亦属无效。

从本文案例证据看，涉案 830 万元版《股权转让协议书》仅出现在办理股权变更手续的文件中，且施某主张实际支付的金额已大大超过 830 万元版

《股权转让协议书》约定的股权转让价款，施某等辩解称该830万元版《股权转让协议书》是为避税另行签订的合同。法院最后认为该辩解符合实际情况，认定2450万元版《股权转让协议书》系股权转让双方真实意思表示，是股权转让双方实际履行的依据。又因2450万元版《股权转让协议书》符合合同无效情形，认定该合同亦属无效。

2. 关于2450万元版《股权转让协议书》合同无效的认定，因被告施某提供的合同复印件也存在不同排版格式的版本，故法院对该合同的真实性存疑。

就2450万元版《股权转让协议书》复印件的提供，被告施某委托代理人签字落款于2017年12月18日（注明无原件）提供的两个复印件版本中，其中“鉴于”部分及后续的所有条款的排版格式明显不同：一个是空两格排版格式，另一个是左边对齐格式；合同主体地址、联系电话等包含的内容要素亦明显不同。并且，在含有关键的转让价款一页的文本中，两个复印件版本的内容亦有不同。因此，法院认定就施某所提交的2450万元版《股权转让协议书》也存在多种版本格式，合同真实性存疑。

3. 即便被告提供银行流水作为股权转让款的支付凭证，但法院最终未认定各方实际履行了涉案2450万元版《股权转让协议书》，主要原因是相关银行流水的支付备注没有明确用途、支付主体非股权转让协议的当事人、各主体之间存在利益关系以及历史往来款项等，法院综合认定涉案2450万元版《股权转让协议书》的股权转让款未实际支付。

本文案例中，涉案2450万元版《股权转让协议书》主要内容为：郑某、朱某将其所持的昆仑饭店30%、20%股权转让给施某，股权转让价为2450万元（未包含昆仑饭店的债务）。股权转让款的支付方式为：第一期：在该协议签订之日起三个工作日内，施某向郑某、朱某支付股权转让款350万元，该股权转让款由施某直接支付给恒丰银行偿还昆仑饭店的贷款。第二期：自股权过户至施某名下及法定代表人变更为施某之日起70日内，施某再向郑某、朱某付清余款，即剩余股权转让款2100万元扣减昆仑饭店对外所有债务的余额，该余额款项支付至指定的朱某账户内。

关于上述约定的2450万元股权转让款的支付情况，案件中被告方提供的相关的银行转账凭证及收据、收条体现的均是昆仑饭店经营过程中与第三人之间的经营货款等款项往来，数目琐细，应纳入公司经营成本科目计算，尚不能将上述款项直接定性为郑某、朱某应偿还的债务，更不能将上述昆仑饭店的债务与郑某、朱某出让股权应收转让款进行直接抵扣。因此，现有证据不能证明施某履行了2450万元股权转让款的支付义务。

4. 关于债权人李某拟否定涉案股权转让合同效力，亦可从确认合同无效角度以及债权人撤销合同角度否定股权转让合同效力，债权人李某有权基于自身情况选择合适的起诉角度。

本文案例中，债权人李某主张郑某、朱某与施某签订的《股权转让协议书》无效，理由是郑某、朱某与施某之间恶意串通、损害了李某的债权。各被告辩称李某提起合同无效之诉系行使原《合同法》第74条（《民法典》第539～541条）所规定的“债权人的撤销权”，撤销权早已超过法定一年的除斥期间。法院认为，从债权人李某起诉所依据的事实和理由来看，本文案例存在合同无效之诉与债权人撤销之诉竞合的情况。因此，李某可以选择其中一种法律关系保护其权利，法院对于李某提起合同无效之诉，最终予以认可和准许。

058. 提前签署多份租赁合同以应对不同场景，该类租赁合同是否无效

【关键词】

租赁合同　抵押担保　债权转让　提前串通

【场景】

万昌公司为他人银行贷款提供保证担保，并用名下商场82间商铺提供抵押担保。债务人无法清偿银行贷款，法院判决万昌公司承担担保责任。执行中，恒基公司以商铺承租人身份提出执行异议，并拿出租期15年的《商场租赁合同》及已一次性支付租金的收据和转账记录作为证据，但该支付金额明显偏低。同时，万昌公司向农商行提供信贷资料中所涉与恒基公司的《商场租赁合同》租期为8年，两份合同租期重合。经盖章形成时间鉴定，该两份租赁合同确为早年形成文件。在15年租期的《商场租赁合同》租期内万昌

公司仍以自己名义与82间商铺散户签订出租商铺合同并收取租金。

【事态发展（纠纷产生）】

银行将债权转让给东方投资公司，东方投资公司认为万昌公司、恒基公司恶意串通损害其利益，故以万昌公司、恒基公司为被告起诉至法院，诉讼请求：判决租期15年的《商场租赁合同》无效。

【焦点问题】

万昌公司与恒基公司签订的15年租期的《商场租赁合同》是否存在恶意串通、损害东方投资公司利益的情形？

【结论】

因万昌公司为他人高额银行贷款提供担保系重大经营决策，各方会提早磋商，恒基公司和万昌公司完全有可能就涉案贷款签订多份合同以应对法院执行。并且，恒基公司提供的租期15年的《商场租赁合同》的租金明显过低，15年租金一次性支付在租赁风险、交易习惯等方面有违常理，且恒基公司无法合理解释租期内万昌公司仍收取其已承租商铺租金行为。综上，万昌公司与恒基公司提前恶意串通具有高度盖然性，且该行为损害了他人利益，故涉案《商场租赁合同》应属无效。

【典型案例索引】

广东省清远市中级人民法院民事判决书，（2020）粤18民终1838号。

【相关法律法规】

《民法典》第154条；《民法典时间效力规定》第1条；原《合同法》（2021年1月1日起因《民法典》施行被废止）第52条。

【律师分析】

1. 在本文案例中存在2份租赁合同，且经盖章形成时间鉴定，该2份租赁合同确为早年形成文件，法院经综合在案其他证据认定担保人在提供担保前提前与承租人恶意串通，提前签署租赁合同避免涉案商场被法院强制执行。

第一，产权人万昌公司此前向银行提供的信贷资料中含有一份8年租期的《商场租赁合同》，该租赁合同与15年期《商场租赁合同》租期重合。

第二，15年期《商场租赁合同》的承租人不能认定为真实承租人，因为在该租赁合同的租期内，产权人万昌公司仍以自己名义与各租户签订出租商铺合同，并收取相应租金。

第三，15年期《商场租赁合同》的承租人向万昌公司一次性支付的租金7900万元，该金额仅为8年期《商场租赁合同》租金的1/4，明显低于市场价格，且汇款凭证上未写明款项用途，款项是借款还是其他款项仍存争议。万昌公司对该笔款项做“其他应付款”记账，未做收入（收益、利润）记账，且相关人员未到庭就该笔款项的疑问进行合理解释说明，故法院未将承租人支付的该7900万元认定为租金。

第四，15年期《商场租赁合同》的承租人与产权人万昌公司是关联公司，承租人向法院提供的两份租赁合同，根据一审法院鉴定，成文时间是2012年12月前后，而在2013年1月至4月万昌公司作为担保人，先后向农商行、佛山中行作担保，贷款额达1.6亿元和1.5亿元，应属于公司、银行及担保人等的重大经营决策，万昌公司及相关权利人肯定会提前磋商。

法院结合上述事实，综合认定承租人与万昌公司完全有可能就涉案贷款签订多份租赁合同，提前串通应对债权人及相关诉讼，属于恶意串通损害债权人利益的情形。

2. 在本文案例中，产权人万昌公司及承租人恒基公司均未派人到庭对存在多份租期重合的租赁合同以及7900万元款项的真实用途进行合理解释说明，故应承担相关事实举证不明的不利后果。因此，对于涉案事实，若原告、被告笃信其所主张内容为真实情况，该诉讼当事人不应放弃诉讼及答辩的权利，应积极参与庭审，并当庭说明案件事实。

059. 无法清偿即将到期债务而将资产转给近亲属，转让合同是否无效

【关键词】

股权转让　到期债务　无偿受让　特殊关系　恶意串通

【场景】

陈甲与胡某是夫妻。在2015年底即明知自己负有大量担保债务到期以及

自身借款450万元到期无法偿还的情况下，在2016年1月6日，该二人履行了签署日期为2015年7月8日的《股权转让协议》，将夫妻二人名下的浙江某电器公司的股权全部转让给陈甲的亲妹妹陈乙和妹夫李某。后经查明，陈乙、李某未实际支付股权转让款，陈乙、李某于2021年离婚前将李某名下股权全部转让给陈乙。

【事态发展（纠纷产生）】

杭州某合伙企业（有限合伙）经法院判决对胡某、陈甲享有到期债权，因胡某、陈甲无清偿财产，故以陈甲夫妇及其妹妹、妹夫四人为被告起诉至法院，诉讼请求：确认《股权转让协议》无效，并判令被告协助办理股权变更登记的相应手续。

【焦点问题】

《股权转让协议》双方是否存在恶意串通、损害第三人利益的情形？

【结论】

被告陈甲、胡某在明知自己负有大量担保债务到期未能清偿以及自身借款到期无法偿还的情况下，将其名下的股权全部转让给近亲属妹妹和妹夫，其行为直接影响了原告的债权实现，而受让人妹妹、妹夫应知晓被告陈甲、胡某的负债情况，且未支付任何股权转让款，主观上并非善意，以上事实应认定双方转让股权的行为系恶意串通，故法院认定四被告签订的《股权转让协议》为无效合同。

【典型案例索引】

浙江省金华市中级人民法院民事裁定书，（2022）浙07民终1020号。

【相关法律法规】

《民法典》第154条、第157条；《民法典时间效力规定》第1条；原《合同法》（2021年1月1日起因《民法典》施行被废止）第52条、第58条。

【律师分析】

1. 在本文案例中，关于恶意串通的认定可以从涉案合同双方近亲属关系、转让款支付情况以及转让行为发生时间等角度出发，并据此论证行为人与相对人存在恶意串通逃避债务履行的主观故意。

涉案股权受让人系转让人的亲妹妹和妹夫，转让方对于其即将到期的债务能否清偿应已有预知，且受让方未实际支付股权转让款，综合上述事实可认定涉案《股权转让协议》的行为人与相对人之间存在串通和转移财产的主观认识和故意。

2. 若涉案《股权转让协议》被认定为无效合同，则根据《民法典》第157条（该条文内容是关于合同被确认无效相关法律后果的规定，内容与原《合同法》第58条内容一致）的规定，股权受让方应该将涉案股权返还给转让方，返还义务包括协助完成相对应的股权变更登记手续。

060. 债务人配偶与他人转移夫妻共同财产逃避债务，转让行为是否无效

【关键词】

房屋买卖合同　非债务人　共同共有　责任财产　规避执行　恶意串通

【场景】

程甲与朱甲系夫妻关系，程乙与程甲系姐妹关系。刘某于2019年4月17日起诉朱甲偿还债务，2019年7月8日法院一审判决朱甲偿还刘某借款及利息，该案后又经二审、发回重审及重审后的二审，仍确认朱甲向刘某偿还借款及利息。2019年8月28日，程甲作为出卖人与程乙签订涉案《房屋买卖合同》，约定程甲以50万元价格将涉案房屋出售给程乙，签订合同的次日，涉案房屋产权变更登记至程乙名下。涉案房屋为朱甲、程甲的夫妻共有财产，登记在程甲一人名下。二人于2020年1月10日签署离婚协议。

【事态发展（纠纷产生）】

刘某认为，朱甲配偶程甲转移夫妻共有财产导致债务人朱甲的清偿能力减弱，影响刘某债权的清偿，故以朱甲、程甲、程乙为被告起诉至法院，诉讼请求如下：（1）确认程甲与程乙于2019年8月28日签订的《房屋买卖合同》无效；（2）判决程乙协助将涉案房屋过户登记至程甲名下。

【焦点问题】

程甲与程乙之间签订的《房屋买卖合同》是否无效？

【结论】

法院生效裁判认为：恶意串通，损害国家、集体或者第三人利益的合同无效。本文案例中，河南省西峡县人民法院对刘某与朱甲民间借贷纠纷第一次作出一审判决后，程甲即与程乙签订《房屋买卖合同》并随即进行房屋过户行为，程乙自始至终未向程甲支付购房款。程甲、程乙虽主张双方是以房屋买卖的名义进行了房屋互换，但程乙名下的902房屋并未登记至程甲名下，而程甲名下的涉案房屋却登记到了程乙名下。此外，对于将程乙名下的902房屋登记至程甲之女朱乙名下的原因，程甲在另案诉讼中及本文案例一审、二审中的陈述存在多处矛盾。如在另案诉讼中，程甲主张因其不具备购房资格故将902房屋登记至朱乙名下；本文案例一审中，程甲表示因北京限购政策无法登记至自己名下；本文案例二审中，程甲则主张其出于避税考虑故将902房屋登记至朱乙名下。程甲未能就前述矛盾陈述作出合理解释。涉案房屋系经生效判决确认的属于朱甲与程甲的夫妻共同财产。程甲在明知朱甲至今未清偿刘某欠款的情况下，在与朱甲夫妻关系存续期间，与自己的姐姐程乙签订《房屋买卖合同》，将程甲与朱甲共有的房屋转移登记至程乙名下，使朱甲的责任财产直接减损而致刘某的债权难以清偿。因此，程甲与程乙构成恶意串通，侵害刘某的合法权利，双方就涉案房屋签订的《房屋买卖合同》无效。涉案房屋所有权应恢复登记至程甲名下。

【典型案例索引】

北京市第一中级人民法院民事判决书，（2022）京01民终8867号。

【相关法律法规】

《民法典》第154条、第157条；《民法典时间效力规定》第1条；原《合同法》（2021年1月1日起因《民法典》施行被废止）第52条。

【律师分析】

1. 本文案例系人民法院案例库收录的关于合同效力问题的典型案例，案例中讨论的转移资产的行为人系债务人的配偶，即非债务人本人，而关于债权人能否否定非债务人转让资产行为问题的讨论，法院的观点为需综合案件事实以查明转让行为双方是否存在恶意串通损害债权人权益的情形，具体如下：

对非债务人与相对人签订的房屋买卖合同是否属于恶意串通损害债权人合法权益的认定，需综合债务人与合同当事人之间的特殊身份关系、成交价款及支付情况、转让时间、债务人对标的房屋是否享有权利、是否减损债权人的责任财产等方面进行实质判断。如当事人的房屋交易虽符合房屋买卖的形式特征，但实质减损了债务人的责任财产并致使他人债权有不能清偿风险，且债务人不能提供充足有效的履行担保，应认定为恶意串通的逃债行为，转让行为无效。

2. 关于夫妻共同债务的认定，司法实务中以“共债共签”为确认原则。

根据《民法典》第 1064 条的规定，夫妻双方共同签名或者夫妻一方事后追认等共同意思表示所负的债务，以及夫妻一方在婚姻关系存续期间以个人名义为家庭日常生活需要所负的债务，属于夫妻共同债务。夫妻一方在婚姻关系存续期间以个人名义超出家庭日常生活需要所负的债务，不属于夫妻共同债务；但是，债权人能够证明该债务用于夫妻共同生活、共同生产经营或者基于夫妻双方共同意思表示的除外。

（三）无权处分情形下认定恶意串通

061. 承租人未经出租人同意即转租租赁物，转租合同是否无效

【关键词】

合伙份额代持　合伙事务分配　无权处分　恶意串通

【场景】

兄弟织染厂是普通合伙企业，执行事务合伙人为张某，合伙人为张某和常甲。张某、常甲与常乙等三人签订租赁合同，约定出租厂区厂房及设备，双方亦约定未经同意不得转租。常乙未经出租方同意将兄弟织染厂厂房及辅

助办公楼房承包给杨某，双方签署《承包合同》，常乙在合同中盖上了兄弟织染厂的公章。出租方张某得知后，到厂区取回兄弟织染厂营业执照，重新制作一枚公章，并在厂区张贴通知常乙租期已到，限期支付欠付租金并完成腾退和交接。

【事态发展（纠纷产生）】

承包人杨某起诉兄弟织染厂、张某、常甲、常乙，要求交付兄弟织染厂公章及营业执照并赔偿损失。兄弟织染厂以常乙、杨某为被告起诉至法院，诉讼请求：确认常乙、杨某签订的《承包合同》无效。

【焦点问题】

常乙代表兄弟织染厂与杨某签订的《承包合同》是否有效？

【结论】

常乙在明知无处分权的情况下，以明显低价处分兄弟织染厂，且在出租方张某通知要求结清租赁费、腾退场地后，仍将兄弟织染厂交付了杨某，损害了兄弟织染厂利益，主观上明显存在故意。杨某在查看了兄弟织染厂的营业执照知道常乙非登记的合伙人，无相应权限，但仍签订涉案《承包合同》，主观上存在重大过错，且在得知出租方通知要求常乙结清租赁费、腾退场地后仍接收兄弟织染厂，并向常乙支付第一个月承包费，可以认定存在主观故意。因此，常乙与杨某签订《承包合同》系恶意串通损害兄弟织染厂利益的行为，《承包合同》自始无效。

【典型案例索引】

河南省安阳市中级人民法院民事判决书，（2022）豫05民终2978号。

【相关法律法规】

《民法典》第154条；《民法典时间效力规定》第1条；原《合同法》（2021年1月1日起因《民法典》施行被废止）第52条。

【律师分析】

1. 承租人常乙虽然举证证明其与常甲签署过合伙份额代持协议、与执行事务合伙人张某和合伙人常某签署过协议约定委托常乙对兄弟织染厂进行经营管理，但上述协议均非合伙企业合伙事务执行的分工，承租人非合伙企业登记的执行事务合伙人，故承租人转租合伙企业厂区仍属于无权处分行为。

在本文案例中，关于常乙是否有权代表兄弟织染厂与杨某签订涉案《承包合同》问题，因为合伙人身份应以合伙协议及合伙企业工商登记为准，而兄弟织染厂合伙协议及合伙企业工商登记信息均显示合伙人为张某、常某。常乙与常某签订的合伙份额代持协议仅对其二人具有法律约束力，不产生对外的法律效力，故不能成为常乙系兄弟织染厂合伙人的证据。此外，张某、常某与常乙签订协议书，委托常乙对兄弟织染厂进行经营管理，向常乙提供每月 10000 元的工资报酬，以及兄弟织染厂将该厂厂房及设备等出租给常乙，以上事实明显不属于合伙人内部对于合伙事务执行的分工或利润的分配。因此，法院最终认定常乙与杨某签订涉案《承包合同》时不具备兄弟织染厂合伙人身份，更非该厂执行事务合伙人，常乙无权代表兄弟织染厂对外签署《承包合同》。

2. 司法实务中，行为人仅是无权处分并不能认定转租合同无效，还需证明承租人与次承租人之间存在恶意串通的主观故意。

例如本文案例中，关于承租人常乙代表兄弟织染厂与次承租人杨某签订的《承包合同》是否有效，虽然常乙承租兄弟织染厂厂区面积与次承租人杨某承包厂区面积存在区别，但常乙以年租金 100 万元将该厂转租（承包）给杨某，远低于常乙承租兄弟织染厂的价格。常乙在明知无处分权的情况下，以明显低价处分兄弟织染厂，且在执行事务合伙人张某通知要求结清租赁费、腾退场地后，仍将兄弟织染厂交付给杨某，损害了兄弟织染厂的利益，主观上明显存在故意。

3. 关于次承租人张某的主观故意判断，可以从张某的知情情况以及租金是否合理等角度进行认定。

在本文案例中，杨某在查看了兄弟织染厂的营业执照，知道常乙非兄弟织染厂的登记合伙人的情况下，仍以常乙代表兄弟织染厂的形式，与常乙签订涉案《承包合同》，杨某主观上存在重大过错。此外，张某在得知兄弟织染厂的执行事务合伙人已经张贴公告通知常乙结清租金并腾退交还厂区的情况下，仍接收兄弟织染厂，并向常乙支付第一个月租金 8 万元，可认定杨某存在主观故意。

4. 关于认定转租合同无效后权利人主张赔偿的问题，因合同双方恶意串通损害了权利人的利益，故权利人有权要求合同双方共同赔偿损失。

承租人违法将涉案厂区、厂房承包给他人，造成权利人就涉案厂区、厂房等财产无法行使占有、使用和收益等权益，造成权利人权益损失，承包合同双方应共同承担赔偿责任。具体到本文案例中，关于兄弟织染厂主张的损失，常乙、杨某恶意串通损害兄弟织染厂的利益，应该承担共同赔偿责任，其现占用土地及厂房包括涉案《承包合同》约定的该厂生产房和办公楼房，常乙租赁兄弟织染厂的土地及厂房均未向该厂返还，故法院参照 2021 年租赁合同年租金 180 万元的数额，折算赔偿数额为日租金为 4931.5 元，并按照实际损害天数计算损失赔偿金额。

062. 显名股东未经权利人同意擅自对外出售股权，转让协议是否无效

【关键词】

股权转让　隐名股东　无权处分　亲属关系　恶意串通

【场景】

雷某与代某等人合伙经营采砂场，雷某不便显名，故约定采砂许可证仅登记在代某名下，且由代某经营管理采砂场。代某以采砂场资产注册成立遂江公司，其中公司部分股权实际属于雷某，雷某为遂江公司隐名股东。代某通过涉案两份《股权转让协议》将公司 100% 股权转让给他人，协议中未明确约定股权转让价款的金额及支付方式。遂江公司依据涉案两份《股权转让协议》，办理了股东工商变更登记。

【事态发展（纠纷产生）】

雷某虽未被登记为遂江公司股东，但根据公安机关就雷某股东身份及持股份额对遂江公司其他股东的询问笔录，可以得知雷某为遂江公司隐名股东。雷某认为代某和遂江公司登记的其他股东在未经其同意的情况下签署股权转让协议，已损害其合法权益，故以代某及《股权转让协议》涉及的其他当事人为被告起诉至法院，诉讼请求：确认涉案两份《股权转让协议》无效。

【焦点问题】

涉案两份《股权转让协议》是否有效？

【结论】

就股权转让协议效力问题，雷某未授权任何人转让其持有的遂江公司股权，涉案股权转让协议交易双方存在一定亲属关系，交易各方在明知涉及转让的股权有部分属于雷某的情况下，恶意串通，故意隐瞒，将涉及雷某的股权进行了转让并进行了工商登记，损害了雷某的利益，符合恶意串通损害他人合法权益导致合同无效的规定，故认定涉案两份《股权转让协议》无效。

【典型案例索引】

四川省遂宁市中级人民法院民事判决书，（2020）川 09 民终 1455 号。

【相关法律法规】

《民法典》第 154 条；《民法典时间效力规定》第 1 条；原《合同法》（2021 年 1 月 1 日起因《民法典》施行被废止）第 52 条；《民事诉讼法司法解释》第 108 条第 1 款、第 109 条。

【律师分析】

1. 本文案例的关键点在于如何证明雷某的隐名股东身份，以及证明雷某在遂江公司实际享有多少股权份额。

在本文案例中，因为公安机关的介入，帮助法院在审理确认股权转让协议无效案件中查明了雷某的股东身份。根据公安机关相应询问笔录内容，涉案协议转让方代某、苏某真实持股份额均小于协议约定的转让股权份额，雷某为遂江公司真实股东，转让方代某、苏某超额售出的股权为雷某的股权。同时，在确认雷某的隐名股东身份后，也一并确认了雷某虽未在工商部门登记为遂江公司的股东，但雷某是遂江公司的真实股东，故雷某有权提起确认《股权转让协议》无效的诉讼。

2. 在没有代持协议的情况下，雷某最终之所以被认定为遂江公司隐名股东是基于公安机关经济犯罪侦查部门的相关询问笔录及遂江公司的历史由来，法院综合认定雷某对遂江公司享有 30% 的股权。鉴于此，为保障权益、避免风险，对于投资及合伙经营等事项，相关协议的签署及约定明确将尤为重要，并可帮助权利人避免很多不必要的风险和麻烦。

在本文案例中，遂江公司的前身系采砂场，在遂江公司未成立之前，一直以采砂场名义对外经营，而雷某是采砂场的合伙人之一，占该合伙企业的30%股份。因遂江公司依托合伙期间采砂场的资产和合伙期间取得的采砂许可证进行经营，遂江公司承接了原个人合伙采砂场的财产权和行政许可，再结合其他合伙人在公安机关询问时对雷某股东身份和股份份额予以确认的笔录，能够证实雷某系遂江公司的股东，其在该公司占有30%的股权，其股权系雷某个人合伙期间所占合伙股份权益承继而来。

3. 在解决雷某隐名股东身份问题后，就股权转让协议因协议双方均知情雷某的股东身份仍以低价转让股权，显然存在恶意串通损害雷某权益的情形，故涉案《股权转让协议》被认定为无效合同。

在本文案例中，遂江公司现有股东明知且认可雷某的股东身份，在雷某已参加并达成股东会决议的情况下，遂江公司现有股东另行达成用公司资产抵偿债务的股东会决议并签订《股权转让协议》，以更低的价格转让了遂江公司100%的股权，显然损害了雷某的利益。同时，股权转让各方存在亲属关系，故综合认定涉案《股权转让协议》各方存在恶意串通，且损害了雷某的利益，法院最终判定涉案《股权转让协议》无效。

063. 将已卖出并交付房屋再卖他人，后手购房合同是否无效

【关键词】

房屋买卖合同　一房二卖　无权处分　亲属关系　善意　恶意串通

【场景】

原告王某于2007年购买了范甲的涉案房屋，支付了购房款并自2009年开始实际居住。2019年，王某与范甲补签了《房屋买卖合同》。2011年，范甲与其儿子范乙签订《房屋面积买卖协议书》，范甲又将涉案房屋卖给范乙。2014年，范乙与赵某签订《购房协议合同》，范乙又将涉案房屋转卖给赵某。2020年5月，王某向一审法院提起诉讼，要求确认其与范甲于2019年签订

的《房屋买卖合同》为有效合同，经法院生效判决确认该合同有效。2020 年 12 月，涉案房屋产权变更登记在赵某外甥女白某名下。

【事态发展（纠纷产生）】

王某以范甲、范乙、赵某、白某为被告起诉至法院，诉讼请求如下：（1）确认范甲与范乙于 2011 年 3 月 30 日签订的《房屋面积买卖协议书》无效；（2）确认范乙与赵某于 2014 年 7 月 1 日签订的《购房协议合同》无效；（3）判令范甲、范乙、赵某、白某协助办理涉案房屋的变更登记手续，并由范甲、范乙、赵某、白某承担房屋过户费用。

【焦点问题】

1. 范甲与范乙签订的《房屋面积买卖协议书》是否无效？

2. 范乙与赵某签订的《购房协议合同》是否无效？

【结论】

第一，王某与范甲签订的《房屋买卖合同》已经法院生效判决认定有效且已实际履行，范甲于 2009 年已将涉案房屋交付给王某，王某已合法占有了该房屋。范乙并未提交证据证明涉案房屋归其所有或其合法占有了涉案房屋，故范乙无权处分涉案房屋。

第二，赵某、白某也无证据证明范乙与范甲于 2011 年签订的《房屋面积买卖协议书》系范甲本人签字和真实意思表示。在二审期间，范甲称其将涉案房屋卖给了王某，对范乙与赵某之间的合同及后续情况不知情，原二审认定《房屋面积买卖协议书》无效正确。

第三，范乙与赵某于 2014 年签订《购房协议合同》，约定以 100 万元的价格将涉案房屋出卖给赵某。经法院二审庭审询问，赵某未能提交购买涉案房屋时的银行交易流水或转账记录等凭证证明其已足额支付了购房款。再审期间，赵某、白某虽然提交了涉案房款的支付凭证并进行了解释，但是根据法院调取的范乙的相关银行流水，可以证明相关账户之间存在平账流水记录及多笔大量资金往来，故仅凭部分银行交易流水不足以证明支付了房款。此外，赵某与范乙、范甲系亲戚关系，其在购买涉案房屋时应对该房屋当时的具体情况进行掌握，故其未能证明其购买涉案房屋时尽到了合理的注意义务，法院认为不能确认赵某购买涉案房屋系出于善意，认定范乙与赵某签订的《购房协议合同》无效。

【典型案例索引】

山东省青岛市中级人民法院民事判决书，(2023) 鲁02民再132号。

【相关法律法规】

《民法典》第154条、第209条、第311条、第490条。

【律师分析】

1. 无权处分并不一定导致合同无效，如本文案例中确认购房合同无效需要结合无权处分、主观恶意、相互串通等因素综合分析后才可以否定合同效力。

《民法典》第311条第1款规定："无处分权人将不动产或者动产转让给受让人的，所有权人有权追回；除法律另有规定外，符合下列情形的，受让人取得该不动产或者动产的所有权：（一）受让人受让该不动产或者动产时是善意；（二）以合理的价格转让；（三）转让的不动产或者动产依照法律规定应当登记的已经登记，不需要登记的已经交付给受让人。"《民法典》第154条规定："行为人与相对人恶意串通，损害他人合法权益的民事法律行为无效。"根据上述法律规定，在本文案例中法院认为范乙与赵某于2014年签订的《购房协议合同》存在恶意串通损害原告权益的情形，故认定范乙与赵某于2014年签订的《购房协议合同》无效。

2. 本文案例中，购房人提供了购房款的支付流水，凭此支付流水一般可以证明购房合同的实际履行以及购房人无主观恶意损害原告合法权益，但经法院调取相关银行账户流水记录，发现购房合同双方通过转出、转回同一笔款系在有意制作转账流水。

根据法院调取的范乙的相关银行流水，可作如下分析：首先，可以证明赵某、白某主张通过案外人向范甲支付40万元，但2014年8月12日由范乙向案外人银行账户转款38万元，8月13日转款2万元，共计40万元，因此该40万元不能证明赵某、白某提出的已经支付购房款的主张；其次，白某的母亲与范乙之间在2013年1月1日至2014年12月31日存在大量资金往来，仅凭部分银行交易流水不足以证明支付了房款；最后，赵某与范乙、范甲系亲戚关系，赵某在购买涉案房屋时应对该房屋当时的具体情况进行掌握，故赵某未能证明其购买涉案房屋时尽到了合理的注意义务，法院认为不能确认赵某购买涉案房屋系出于善意。

3. 关于原告请求法院判令相关责任人协助办理涉案房屋产权变更登记的诉讼请求，法院认为购房合同无效后白某无权取得涉案房屋，应将涉案房屋返还给原告王某，故判决支持了原告要求协助办理产权变更的诉讼请求。

在本文案例中，因范乙与赵某签订的《购房协议合同》无效，赵某未取得涉案房屋的所有权，故其无权将涉案房屋转让给其外甥女白某。涉案房屋现登记在白某名下，原告王某要求范甲、范乙、赵某、白某协助其办理涉案房屋的变更登记手续，于法有据，法院予以支持。此外，因范甲、范乙、赵某、白某的行为损害了原告王某对涉案房屋的合法权益，王某请求由范甲、范乙、赵某、白某承担房屋过户费用，于法有据，法院予以支持。

（四）夫妻一方擅自处分资产情形下认定恶意串通

064. 夫妻一方将共有财产转给他方，转让合同是否无效

【关键词】

夫妻共同财产　一人有限公司　无偿转让　股权转让　恶意串通

【场景】

夫妻婚后，男方以个人名义成立一人有限责任公司，且夫妻双方并未就夫妻财产及该一人有限公司资产做过任何特别约定。在夫妻关系存续期间，男方擅自将该一人有限公司40%的股份以0元的价格无偿转让给叶某。

【事态发展（纠纷产生）】

夫妻双方后经判决离婚，女方认为男方未经其许可擅自处分将夫妻共同财产涉案公司股权无偿转让给叶某，属恶意串通非法转移夫妻共同财产，故以男方和叶某为被告起诉至法院，诉讼请求：确认涉案《股权转让协议》无效。

【焦点问题】

涉案《股权转让协议》应否有效?

【结论】

涉案一人有限公司系夫妻关系存续期间设立且夫妻之间无相关财产的特别约定，故应属于夫妻共同财产。同时，根据审计，该一人有限公司存在财产，而男方单方无偿将公司股权转让给叶某的行为系擅自处分夫妻共同财产，已损害配偶的合法权益，且叶某未能举证证明其在受让股权时主观上系善意，故涉案《股份转让协议》应属无效。

【典型案例索引】

浙江省台州市中级人民法院民事判决书，(2020）浙10民终1849号。

【相关法律法规】

原《婚姻法》(2001年修正，2021年1月1日起因《民法典》施行被废止）第17条；原《合同法》(2021年1月1日起因《民法典》施行被废止）第52条；《民法典》第1062条。

【律师分析】

1. 本文案例中，男方与叶某之间的股权转让办理工商登记的时间与男方提出离婚的时间相临近，结合男方以0元对价转让具有财产价值的公司股权，法院最终认定男方在签署涉案《股权转让协议》及转让股权时主观上存在转移夫妻共同财产的恶意。

2. 涉案《股权转让协议》中，受让方无偿接受涉案股权，故不能认定受让方叶某存在善意取得的情形。

在本文案例诉讼过程中，被告认为涉案股权转让协议中约定的0元转让款并非绝对意义上的所谓“无偿”转让，结合在案证据以及涉案股权经审计存在财产价值的事实，被告对于该0元对价的解释显然不能被法院认可。根据《民法典》第311条有关所有权善意取得的规定，受让人取得无处分权人处分的股权，需同时满足以下条件：(1）受让人受让该股权时是善意；(2）以合理的价格转让；(3）转让的股权已经完成工商变更登记，登记至受让方名下。显然，本文案例中的受让方以 0 元对价受让涉案股权，不符合股权善意取得的构成条件。

065. 夫妻一方将共有股权转给己方弟弟，转让合同是否无效

【关键词】

股权转让　夫妻共有　擅自处分　亲属关系　代偿债务　恶意串通

【场景】

李甲与温某是夫妻关系，李甲与李乙是亲兄弟关系。在李甲夫妻开始处理离婚事宜期间，李甲、李乙签订《股权转让协议》，约定李乙以替李甲偿还 450 万元外债为对价，受让李甲持有的种植合作社的股权。

【事态发展（纠纷产生）】

温某认为李甲擅自处分夫妻共有的股权，且李乙未实际支付股权转让款，故以李甲、李乙为被告起诉至法院，诉讼请求：确认李甲和李乙签订的《股权转让协议》无效。

【焦点问题】

涉案《股权转让协议》是否存在协议双方恶意串通情形？

【结论】

种植合作社股权系李甲在其与温某的婚姻关系存续期间取得，涉案股权为夫妻共同财产。李甲与温某开始处理离婚事宜之后，李甲与其弟李乙签订《股权转让协议》，李乙作为李甲的弟弟及合作社股东，其对上述情况应当知晓。

从转让对价看，协议约定的转让对价为李乙代李甲偿还 450 万元的债务，但该债务李乙目前并未实际偿还，且其中已有部分确定为李甲与温某的夫妻共同债务，故李乙未实际支付股权转让的对价。据此，认定李甲、李乙应属恶意串通。

同时，李甲未征得温某的同意，擅自将涉案股权转让给他人，该股权转让行为侵犯了温某对夫妻共同财产享有的合法权益，损害了温某的利益。因此，法院认定涉案《股权转让协议》无效。

【典型案例索引】

北京市第二中级人民法院民事判决书，(2023) 京02民终4995号。

【相关法律法规】

《民法典》第154条、第1062条；《民法典时间效力规定》第1条；原《合同法》(2021年1月1日起因《民法典》施行被废止) 第52条；《民事诉讼法司法解释》第108条第1款、第109条。

【律师分析】

1. 关于夫妻共有财产的认定，根据《民法典》第1062条的规定，在夫妻在婚姻关系存续期间所得的下列财产，为夫妻共同财产，归夫妻共同所有：(1) 工资、奖金、劳务报酬；(2) 生产、经营、投资的收益；(3) 知识产权的收益；(4) 继承或者受赠的财产。对于夫妻共同财产，夫妻双方均享有平等的处理权，任何一方不得擅自处分。因此，对于受让夫妻共同财产的一方，应注意在签订协议时征得转让方配偶签字或取得转让方配偶认可相关事项的书面文件（授权委托书或授权视频等）。

2. 涉案《股权转让协议》受让方李乙主张："如果法院认为李甲出售股权没有征求配偶温某意见，属于擅自转让，可以责令温某另行起诉要求赔偿。"该主张显然无法成立。

在本文案例中，李甲在其与温某夫妻关系存续期间签订《股权转让协议》，涉及对夫妻共同财产的处分，未征得温某的同意，且有部分转让对价已经法院生效判决认定为夫妻共同债务。受让方李乙与转让方李甲为兄弟关系，对于温某的夫妻共同财产性质应当知晓。因此，温某有权在确认合同无效纠纷案件中主张李甲与李乙之间的《股权转让协议》存在恶意串通，损害其利益的情形，并可以请求确认《股权转让协议》无效。

3. 涉案《股权转让协议》的双方均主张种植合作社的投资均是来自对外借贷，但该种主张并不能否认转让方李甲持有的股权属于夫妻共同财产，也不能否认种植合作社股权的价值。因此，法院最终仍认定李甲、李乙的股权转让行为损害李甲配偶温某的利益，符合恶意串通损害他人合法权益的法定情形，《股权转让协议》应属无效。

066. 夫妻一方将共有股权无偿转给他人，转让合同是否无效

【关键词】

股权转让　夫妻共有　擅自处分　亲属关系　间接故意　无偿受让　恶意串通

【场景】

杨某与王某是夫妻，杨某与冯某是远房亲戚，关系非常密切。在杨某与配偶王某婚姻关系存续期间，杨某投资持有中鼎公司股权。后杨某隐瞒其配偶王某，与冯某签署《股权转让协议》，将杨某持有的中鼎公司股权以零元对价转让给冯某。

【事态发展（纠纷产生）】

王某认为杨某未经其同意擅自处分夫妻共有的中鼎公司股权，且《股权转让协议》双方存在恶意串通损害其利益的行为，故以杨某、冯某为被告起诉至法院，诉讼请求如下：（1）确认涉案《股权转让协议》无效；（2）冯某协助将其持有的中鼎公司10%股权变更登记至杨某名下。

【焦点问题】

涉案《股权转让协议》的效力如何认定？

【结论】

一方面，杨某隐瞒王某擅自与冯某签订《股权转让协议》的行为，属于擅自处分夫妻共同财产，以零元低价转让财产的行为，侵犯了王某的利益；另一方面，考虑到冯某与杨某之间的亲戚关系，冯某对于杨某的婚姻状况应属明知。即使存在极端情况，冯某确对杨某已婚与否不知情，但双方签订《股权转让协议》时杨某早已过而立之年，冯某作为无偿取得财产的受让人，其亦应对该财产是否属于夫妻共同财产、无偿转让是否可能损害他人合法权利尽到最基本的询问与注意义务。因此，受让方冯某签署涉案《股权转让协议》属于追求自身利益而放任损害结果发生的态度，属于主观故意。因此，杨某与王某签署涉案《股权转让协议》存在恶意串通损害王某权益的情形，

协议应属无效。

【典型案例索引】

北京市第二中级人民法院民事判决书，（2023）京02民终4484号。

【相关法律法规】

《民法典》第154条、第1062条第2款；《民法典时间效力规定》第1条；原《合同法》（2021年1月1日起因《民法典》施行被废止）第52条、第186条、第187条；《民事诉讼法司法解释》第108条第1款、第109条。

【律师分析】

1. 股权转让的受让方在受让股权时，若股权转让款明显低于市场价值甚至为零元，则受让方应尽到对股权转让方的权利是否完整、是否属夫妻共同财产等事项的注意和审查义务，否则可认定受让方存在恶意串通的主观故意。

例如本文案例中，冯某在签署《股权转让协议》约定以零元受让涉案股权时，并未对涉案股权是否为夫妻共同财产进行最基本的查询和询问，而是径行签订合同并无偿受让财产。由此可以认定，对于王某财产权益的损害结果，冯某在主观上即使不属于积极追求，亦属于追求自身利益而放任损害结果发生的态度，亦属主观故意。因此，对于杨某与冯某之间的恶意串通情节，已经达到排除合理怀疑的证明标准，该行为损害了王某的合法权利，故涉案《股权转让协议》被认定为无效合同。

2. 受让方冯某主张转让方的配偶王某对涉案股权转让知情，但该《股权转让协议》并无王某签字确认，且冯某提供的证据系为证明案外人的意思表示，与本文案例无关联，故法院对于受让方冯某的主张未予认可。

在本文案例中，股权受让方冯某提供的证据一、证据二为王某起诉其他案外人的《民事起诉状》，用以证明杨某向其他案外人以零元对价转让中鼎公司股权，签署的《股权转让协议》文本与本文案例中的《股权转让协议》相同。证据三《受让股权情况的说明》两份，用于证明案外人以零元对价转让中鼎公司股权，签署的股权转让协议文本与本文案例相同。然而，上述证据系为证明案外人的意思表示，无法体现作为股权转让方配偶的王某自身之意思表示，与本文案例无关联性。受让方冯某未能提供证据证明转让方配偶王某以事前同意或事后追认的方式对股权转让予以确认。因此，法院对于冯某的主张未予认可，最终认定涉案《股权转让协议》无效。

067. 夫妻一方出售共有房产并独占售房款，房屋买卖合同是否无效

【关键词】

房屋买卖合同　共有财产　离婚　恶意串通　善意取得

【场景】

胡某与訾某结婚后购买了涉案房屋，产权登记在胡某一人名下。訾某提起离婚诉讼，经二审法院调解，双方确认离婚并约定夫妻财产分割问题另行解决。达成调解后的当日下午，胡某到房产中介登记出售涉案房屋，并在当晚告知訾某准备出售涉案房屋。次日，胡某重新办理了涉案房屋的不动产权证书，将房号由 706 改为 8 层 706。两日后，胡某与董某签订了《房屋买卖合同》及《补充协议》，约定以 200 万元价格将涉案房屋出售给董某，网签合同载明房屋价款为 90 万元。在董某支付了 10 万元定金后，胡某将涉案房屋过户至董某名下。

【事态发展（纠纷产生）】

訾某认为胡某擅自出售夫妻共有房屋损害其权益，故以胡某、董某为被告起诉至法院，诉讼请求：确认胡某与董某签订的《房屋买卖合同》无效。

【焦点问题】

董某在房屋交易过程中，是否存在与胡某恶意串通的主观态度，并造成了损害訾某合法权利的客观结果？

【结论】

根据法院查明的事实，董某与胡某在涉案房屋交易过程中，存在诸多不合常理之情形：第一，价值 200 万元的房屋，双方在仅支付 10 万元定金的情况下即办理产权过户；第二，没有证据证明董某进入房屋对所有房间，尤其是訾某居住的房间进行实地查看；第三，在《房屋买卖合同》中约定了物业保证金、户口保证金、户籍登记为 4 人的情况下，未进行房屋附属设施设备

及配套物品的查验登记。综合上述情节，应认定董某在与胡某订立合同过程中，对于房屋可能涉及他人合法权利有一定认知。在此情况下，董某仍匆忙与胡某进行交易，足见其对于损害事实的发生在主观上即使不是积极追求，亦属明知而放任损害结果发生，故应认定存在主观恶意，涉案《房屋买卖合同》无效。

【典型案例索引】

北京市第二中级人民法院民事判决书，（2023）京02民终4586号。

【相关法律法规】

《民法典》第143条、第154条。

【律师分析】

1. 关于恶意串通损害他人合法权益情形的认定，如果购房人具有侥幸、放任心态，也存在被认定为主观恶意的风险。

例如本文案例中，购房人董某对于出卖人胡某出售的房屋可能存在其他产权人的事项有一定认知，也猜测到签署及履行涉案《房屋买卖合同》会损害他人权益，但仍匆忙与胡某进行交易，足见购房人董某对于损害事实的发生在主观上即使不是积极追求，也是明知而放任损害结果发生。因此，法院认定董某存在主观恶意。

2. 法院以涉案《房屋买卖合同》双方存在恶意串通损害他人权益的情形为由判决合同无效，所以购房人后续也无法通过善意取得制度对涉案房屋主张所有权。

司法实务中，对于夫妻一方处分夫妻共有房产的，若房屋仅登记在处分人一方名下，则存在购房人善意取得房屋所有权的期待空间。但若法院在就购房合同的效力认定中，已经对购房人是否善意进行了评价，且法院以购房人存在恶意串通损害他人合法权益为由判决购房合同无效，则购房人将失去主张善意取得房屋所有权的机会。因此，购房人在购买房屋时，对于房屋是否属于夫妻共同财产以及是否存在其他产权纠纷，应在签署合同前进行必要的查询并保留查询痕迹，以防范事后纠纷的不利影响。

3. 关于《房屋买卖合同》无效后，购房人已经支付的购房款该如何处理的问题，司法实务中法院一般会对已付购房款的返还进行裁判或说明，但若双方就应返还购房款存在争议，则一般会释明购房人另诉解决。

根据《九民会议纪要》第 36 条第 1 款有关合同无效时释明问题的规定，法院经审理认定合同无效的，除了要在判决书“本院认为”部分对同时返还作出认定外，还应当在判项中作出明确表述，避免因判令单方返还而出现不公平的结果。当然，如果返还财产或者赔偿损失的范围确实难以确定或者双方争议较大的，也可以告知当事人通过另行起诉等方式解决，并在裁判文书中予以明确。

4. 在确认合同无效的诉讼中，原告可将返还诉讼财产列为诉讼请求的内容。

根据《九民会议纪要》第 36 条第 1 款的规定，在双务合同中，原告起诉请求确认合同有效并请求继续履行合同，被告主张合同无效的，或者原告起诉请求确认合同无效并返还财产，而被告主张合同有效的，都要防止机械适用“不告不理”原则，仅就当事人的诉讼请求进行审理，而应向原告释明变更或者增加诉讼请求，或者向被告释明提出同时履行抗辩，尽可能一次性解决纠纷。例如，基于合同有给付行为的原告请求确认合同无效，但并未提出返还原物或者折价补偿、赔偿损失等请求的，法院应当向其释明，告知其一并提出相应诉讼请求。原告请求确认合同无效并要求被告返还原物或者赔偿损失，被告基于合同也有给付行为的，法院同样应当向被告释明，告知其也可以提出返还请求。

5. 原告申请调查被告银行流水以查明购房款的支付情况，但因原告提请调查取证的时间已超过法定期限，因此法院有可能会对调查取证的申请不予支持。

根据《民事证据规定》第 20 条的规定，当事人及其诉讼代理人申请法院调查收集证据，应当在举证期限届满前提交书面申请。申请书应当载明被调查人的姓名或者单位名称、住所地等基本情况、所要调查收集的证据名称或者内容、需要由法院调查收集证据的原因及其要证明的事实以及明确的线索。例如本文案例中，訾某于庭审结束后，向一审法院提交《调查取证申请书》，要求调取董某在平安银行北京房山支行 2022 年 1 月 1 日至 2022 年 11

月1日的账户交易明细。法院认为訾某在庭审结束后提出的调查举证申请，有违诉讼程序规则，且调查内容与本文案例事实的认定没有必然的联系，因此法院对于调查取证申请依法不予准许。

068. 夫妻闹离婚时一方将财产转给近亲属，转让行为是否无效

【关键词】

分割夫妻共有财产　出资份额　特殊关系　恶意串通

【场景】

赵甲对北京某投资中心（有限合伙）享有的2700万元出资份额，系赵甲与王某婚姻关系存续期间取得。2014年，赵甲与王某婚姻出现矛盾，2014年10月王某起诉要求离婚。赵甲与赵乙是父与子的关系。2014年3月，赵甲将2700万元出资份额变更登记至其子赵乙名下，且没有签订有偿转让协议，未收取赵乙对价款，未告知王某、未征得王某同意。2017年6月，赵乙和柳某签署出资转让协议书，对价是2200万元，约定赵乙将北京某投资中心的出资份额转让给柳某，柳某通过网银向赵乙完成对价款的支付。

【事态发展（纠纷产生）】

王某起诉离婚并要求分割夫妻共同财产，诉讼期间发现赵甲将资产转移至赵乙名下，故将赵甲、赵乙列为共同被告并以柳某为诉讼第三人起诉至法院，诉讼请求：确认被告赵甲将持有北某投资中心（有限合伙）2700万元出资数额变更登记为赵乙的行为无效。

【焦点问题】

赵甲2014年3月将2700万元出资份额工商登记变更至赵乙名下的法律行为是否有效？

【结论】

2014年，赵甲与赵乙对2700万元出资份额的更名行为属于父子串通对婚姻存续期间财产的转移，因更名至赵乙，王某在离婚诉讼中无法针对赵甲主张分配上述出资额的财产利益，属于恶意串通损害他人权益的情形，故

认定更名行为无效。更名行为被确认无效后，2700 万元出资额归属于赵甲。至于柳某是否构成善意取得，非本文案例审查内容，相关方可另行寻求解决。

【典型案例索引】

北京市房山区人民法院民事判决书，（2018）京 0111 民初 4865 号；北京市第二中级人民法院民事判决书，（2021）京 02 民终 3788 号。

【相关法律法规】

《民法典》第 154 条；《民法典时间效力规定》第 1 条；原《合同法》（2021 年 1 月 1 日起因《民法典》施行被废止）第 52 条。

【律师分析】

1. 本文案例一审虽然支持了王某提出的确认财产转移行为无效的诉讼请求，但该案二审判决撤销了一审判决并驳回了王某的诉讼请求。

本文案例二审期间，法院查明柳某与赵乙签署出资转让协议书，柳某已将对应的转让款 2200 万元支付给赵乙，赵乙收到该 2200 万元后又转给了赵甲。在庭审中，赵甲与赵乙均认可涉案投资份额在转让给第三人柳某之前的实际持有人一直为赵甲，赵乙仅代持涉案投资份额，赵乙并未实际参与公司经营或最终收取出资份额转让的费用。因此，根据王某提供的证据，不能证明赵甲、赵乙之间转移投资份额的行为存在恶意转移资产及损害原告王某权益的情形，故最终未支持王某确认转移资产行为无效的请求。

2. 关于恶意串通的认定，需要结合原告提供的客观证据推定被告在转移资产时的主观心态，因此原告在提起该类诉讼时需要注意客观证据的收集和准备。

所谓恶意串通，通常是指当事人为了谋取私利，相互勾结，采取不正当方式，共同实施损害他人利益的行为。原告如果想要请求确认当事人订立的合同无效，应就恶意串通和利益受损这两方面的事实承担举证证明责任。由于恶意串通反映的是当事人的一种主观心态，对合同当事人的利益影响比较大，故法律上要求原告承担较一般民事诉讼高度盖然性的证明标准更高的举证证明义务。因此，原告准备证据可尝试从行为发生的时间、行为交易人的关系及行为发生的后果等方面收集和准备证据。

069. 父母一方就共有房屋与子女签买卖合同，买卖合同是否无效

【关键词】

房屋买卖　夫妻共有　擅自处分　委托代理　亲属关系　无偿受让　恶意串通　虚假意思

【场景】

李甲与崔某为夫妻，有一套婚内共有房屋，登记在李甲个人名下。二人年岁已高，为办理涉案房屋从中央在京单位已购公有住房性质变更为商品房性质的手续，二人出具委托书，共同委托小儿子李乙代办相应变更文件及领取新房本。后李甲（出卖人）与李乙之女李丙（买受人）签订《房屋买卖合同》，李乙作为李丙的代理人与李甲签署了该合同。同日，李甲与孙女李丙委托李乙至不动产登记中心办理房屋过户登记手续，且李乙在登记中心否定涉案房屋为夫妻共有，涉案房屋变更登记至李丙名下。

【事态发展（纠纷产生）】

李甲、崔某夫妻认为小儿子李乙与孙女李丙违背二人真实意思将涉案房屋过户至李丙名下，故以李乙、李丙为被告起诉至法院，诉讼请求如下：（1）确认李甲与李丙签订的《房屋买卖合同》无效；（2）判令涉案房屋归原告所有；（3）判令被告赔偿原告损失10万元（精神损失及保全、诉讼费用）。

【焦点问题】

涉案《房屋买卖合同》是否为无效合同?

【结论】

涉案《房屋买卖合同》交易双方李丙及李甲均是崔某亲属，二人明知该房屋属李甲、崔某夫妻共同共有，但双方订立房屋买卖合同时欠缺崔某的书面同意或专门授权，且崔某事后未予追认。李甲、崔某夫妻虽曾向小儿子李乙出具经公证的委托书，但委托权限并不包括出售或赠与涉案房屋。在进行

不动产登记时在场人均隐瞒了该房产系夫妻共同财产的事实，并对不动产登记中心的询问作出虚假陈述。同时，涉案房屋是以不合理的低价予以转让，约定房款也未实际支付。李丙主张涉案《房屋买卖合同》名为买卖合同实为赠与合同，但李丙对赠与合同成立未提供证据证明。综上，法院认定涉案《房屋买卖合同》的签订存在恶意串通的情形，为无效合同。

【典型案例索引】

北京市高级人民法院民事裁定书，（2022）京民申 2966 号。

【相关法律法规】

《民法典》第 154 条、第 1062 条第 2 款；《民事诉讼法司法解释》第 108 条第 1 款、第 109 条。

【律师分析】

1. 涉案房屋为夫妻共有财产，夫妻一方与孙女签署《房屋买卖合同》未征得另一方的同意，且在办理房产转移登记时故意隐瞒房屋共有事实，故可认定涉案《房屋买卖合同》存在恶意串通情形，合同应属无效。

在本文案例中，涉案房屋是李甲、崔某夫妻共同财产，李丙作为李甲、崔某的孙女应明知涉案房屋产权情况。但涉案《房屋买卖合同》上并无崔某签字，且办理房产转移登记时，李甲在登记机关询问诉争房屋共有权情况时，回答并非夫妻共同财产。虽李丙称崔某在办理委托公证时，向公证处工作人员提到要将涉案房屋过户至李丙名下，但公证事项应以公证书记载内容为准。因此，李丙主张崔某对将涉案房屋转移登记至李丙一事知情，但并未提供充分证据予以证明，故法院最终认定涉案《房屋买卖合同》的签订存在恶意串通的情形。

2. 受让方李丙解释房屋实际是长辈赠与，故未实际支付购房款。但无论受让方提出的涉案合同名为买卖实为赠与的主张是否成立，涉案《房屋买卖合同》确属无效。

在本文案例中，李丙以其未支付购房款事项为据，主张涉案交易性质名为买卖实为赠与，李丙主张成立的前提是房屋买卖并非双方真实意思，而根据《民法典》第 146 条第 1 款的规定，当事人以虚假的意思表示签署的合同，亦会导致涉案《房屋买卖合同》无效。

3. 原告在请求确认房屋买卖合同无效纠纷案件中能否一并请求法院确认房屋产权?

例如本文案例中，原告第 2 项诉讼请求为判令涉案房屋归原告所有。因涉案《房屋买卖合同》被确认无效后合同自始无效，李丙基于该涉案《房屋买卖合同》取得的房屋所有权，可根据物权法的善意取得制度认定李丙能否继续享有房屋的所有权。因此，法院认为原告李甲、崔某请求确认涉案房屋归李甲、崔某所有，不属于本文案例处理范围，且属于物权确认范畴，不予处理。关于原告第 3 项诉讼请求“判令被告赔偿原告损失 10 万元（精神损失及保全、诉讼费用）”，因涉案《房屋买卖合同》被确认无效后，有过错的一方应当赔偿对方由此所受到的损失，各方都有过错的，应当各自承担相应的责任。本文案例中，李甲、崔某诉讼请求李丙赔偿损失 10 万元（精神损失及保全、诉讼费用），不属于本文案例处理范围，且李甲、崔某未提交证据证明其存在损失（精神损失）。因此，法院对于原告关于合同被确认无效后的物权确认及损失赔偿请求均未予以支持。若原告将第 2 项诉讼请求变更为请求判令被告协助办理产权变更登记，无论从案件胜诉概率角度看还是从最终通过法院执行程序取回房屋角度看，可能均更有利于原告实现诉讼利益。

070. 父母一方就共有房屋与子女签赠与合同，赠与合同是否无效

【关键词】

赠与合同　夫妻共有　无权处分　亲属关系　恶意串通

【场景】

刘某、钱甲是夫妻，刘某与钱乙是母子，涉案房屋为刘某、钱甲夫妻共同财产，登记在刘某一人名下。刘某与钱乙就涉案房屋签署《赠与合同》，将涉案房屋无偿赠与钱乙所有，并办理了产权转移登记。

【事态发展（纠纷产生）】

钱甲以涉案房屋是其和刘某共同所有，刘某无权单独处置为由，以刘某、

钱乙为被告起诉至法院，诉讼请求：确认涉案《赠与合同》无效。刘某在诉讼中表示同意钱甲的主张，其本人对赠与一事并不知情。

【焦点问题】

1.《赠与合同》是否存在无效情形？

2. 本文案例适用的法律应是原《合同法》还是《民法典》的相关规定？

【结论】

涉案《赠与合同》双方均不能证明其在订立《赠与合同》并进行物权变动时取得了涉案房屋共有产权人刘某、钱甲的一致同意和认可，又结合刘某、钱乙办理物权变动时未向不动产行政管理部门明确告知钱甲为涉案房屋共同共有人的情形，再结合赠与合同无偿性的特点，现有证据表明刘某、钱乙以通过订立《赠与合同》的方式相互串通损害了涉案房屋共有权人钱甲的合法权益，故认定涉案《赠与合同》应属无效。

【典型案例索引】

北京市第三中级人民法院民事判决书，(2021)京03民终19016号；北京市高级人民法院民事裁定书，(2022)京民申1870号。

【相关法律法规】

《民法典》第154条；《民法典时间效力规定》第1条；原《合同法》(2021年1月1日起因《民法典》施行被废止)第52条；《民事诉讼法司法解释》第90条、第108条第1款、第109条。

【律师分析】

1. 房屋共有产权人以夫妻一方无权处分共有财产为由诉讼请求确认赠与合同无效的，法院可能不会支持，此时原告可尝试从赠与合同双方有无恶意串通、损害其利益的角度，请求法院确认赠与合同无效。

例如本文案例中，一审法院认为无权处分并不构成法律规定的导致合同无效的理由，原告仅依据刘某擅自处分夫妻共有房屋与儿子钱乙签订《赠与合同》属于无权处分为由，请求法院确认《赠与合同》无效，一审法院未予支持。根据《民法典时间效力规定》第8条，《民法典》施行前成立的合同，适用当时的法律、司法解释的规定合同无效而适用《民法典》的规定合同有效的，适用《民法典》的相关规定。而根据《民法典》的规定，无权处分并不构成法律规定的导致合同无效的理由。因此，在《民法典》施行后相关权利人拟请求确认合同无效的，不能仅以无权处分为由要求法院确认合同无效，应结合《民法典》关于合同无效的规定以及本书中所述合同无效场景，制定合理、合适的诉讼方案。

2. 关于老年夫妻处分夫妻共有财产给某一子女的行为，由于法院多会考虑对夫妻共有财产的保护，考虑到一方单方处分行为必然损害另一方的合法权益，因此只要能证明转让方与受让方存在一定隐瞒、串通行为，该类转让资产行为法院大概率会认定为无效。

例如本文案例中，赠与合同的赠与人刘某与本文案例原告钱甲均为耄耋老人，根据《老年人权益保障法》的规定，老年人的子女作为赡养人，应当履行对老年人经济上供养、生活上照料和精神上抚慰的义务，赡养人应当妥善安排老年人的住房，老年人自有的住房，子女或其他近亲属不得侵占，不得擅自改变产权关系或者租赁关系。刘某与钱乙签订《赠与合同》并没有钱甲的签字，且刘某与钱乙在办理物权变动时未向不动产行政管理部门明确告知钱甲为涉案房屋共同共有人，再结合赠与合同无偿性的特点，决定了赠与人刘某与受赠人钱乙的注意义务、给付义务、瑕疵担保义务的承担等都较有偿合同更轻甚至不用承担。因此，法院结合在案证据，最终认定刘某、钱乙通过订立《赠与合同》的方式相互串通损害了钱甲的合法权益，故认定《赠与合同》为无效合同。

3. 房屋产权因《赠与合同》发生物权变更登记的，因《赠与合同》是导致涉案房屋物权变动的直接原因，《赠与合同》被法院确认为无效合同后，相关权利人可以通过协商或提起诉讼等方式要求受赠人协助将房屋物权登记恢复原状。当然，权利人也可以在请求确认《赠与合同》无效纠纷案件中一并提出要求受赠人协助办理物权变更的诉讼请求，这将更有利于一步到位实现权利人的利益主张。

（五）在离婚协议转移资产情形下认定恶意串通

071. 离婚协议将夫妻全部财产分割给一方，相关财产约定是否无效

【关键词】

离婚协议　财产分割　逃避债务　恶意串通

【场景】

禹某与罗某为夫妻关系。宋某因禹某未偿还债务将其起诉至法院，经判决确认禹某应向宋某偿还债务后，禹某与罗某办理离婚。双方在离婚协议中约定，将夫妻共同财产全部分配给罗某。

【事态发展（纠纷产生）】

因禹某已无财产，宋某以禹某、罗某为被告起诉至法院，诉讼请求：确认涉案《离婚协议》中财产分配部分无效。

【焦点问题】

《离婚协议》中财产分配部分是否无效？

【结论】

涉案债权发生在禹某与罗某离婚之前，且禹某与罗某在《离婚协议》中将属于夫妻共同财产的车辆及房产全部给予罗某，导致禹某无财产可以偿还宋某。罗某与禹某在明知或者应当知道其所实施的离婚财产分割行为将会损害第三人宋某合法利益的情况下，故意共同实施的行为。因此，《离婚协议》涉及财产分割的内容应为无效。

【典型案例索引】

安徽省马鞍山市中级人民法院民事判决书，（2023）皖05民终225号。

【相关法律法规】

《民法典》第154条；《民事诉讼法司法解释》第108条第1款。

【律师分析】

1. 离婚协议系对于夫妻离婚、财产分割、债权债务承担等综合性事宜的

约定，兼顾身份关系与财产关系，关于婚姻、抚养等有关身份关系的协议应适用该身份关系的法律规定，而有关财产分割、债权债务分担等财产关系的协议则可以适用合同的相关法律规定。因此，债权人主张债务人与债务人配偶之间离婚协议中关于财产分割的部分无效，可以适用《民法典》有关民事法律行为无效的相关法律规定。

2. 关于债务人与其配偶之间的离婚协议中有关财产分割的约定是否存在恶意串通逃避债务的情形，应结合该双方选择离婚的时间节点、财产分割的方式以及客观造成的实际效果等因素综合论证。

例如本文案例中，禹某与其配偶罗某签订离婚财产分割协议时，禹某在明知自己身负巨额债务的情况下，选择与罗某离婚，并以《离婚协议》的形式将夫妻共同财产全部分割给罗某，禹某放弃本应归其本人所有的夫妻共同财产部分，造成自己无财产向债权人宋某偿还债务的后果，故可以认定禹某与其配偶罗某在《离婚协议》中有关财产分割的约定构成恶意串通。

072. 离婚协议约定夫妻共有房产归一方所有，相关财产约定是否无效

【关键词】

离婚协议　财产分割　股东补充赔偿责任　恶意串通

【场景】

刘某、邓某结婚后，邓某以个人名义购买一套商品房（涉案房屋）。夫妻关系存续期间，刘某因股东损害公司债权人利益责任纠纷，被债权人列为被告起诉至法院。在法院未作出一审判决前，刘某与邓某办理离婚，签署《离婚协议书》约定涉案房屋为邓某一人所有、购房所发生的借款由邓某一人偿还。双方离婚后，邓某通过向亲属借款一次性偿还涉案房屋银行贷款并取得房产证，房产登记在邓某一人名下。

【事态发展（纠纷产生）】

法院判决刘某对公司未能偿还的债务承担补充赔偿责任后，债权人据此判决向法院申请执行，因刘某无其他财产，债权人认为刘某与配偶邓某之间的《离婚协议书》中关于涉案房屋的处分存在恶意串通的情形，故以刘某、

邓某为被告起诉至法院，诉讼请求：确认刘某与邓某将作为夫妻共同财产的涉案房屋分割给邓某的行为无效。

【焦点问题】

邓某与刘某签订的《离婚协议书》是否存在恶意串通、损害他人合法权益的事实?

【结论】

第一，涉案房屋购买于刘某与邓某婚姻关系存续期间，在双方无婚内财产特别约定的情况下，涉案房屋为夫妻共同财产。即便邓某在离婚后采用借款方式偿还贷款，也不影响涉案房屋为夫妻共同财产的性质。

第二，离婚前，刘某作为被告涉股东损害公司债权人利益责任纠纷诉讼，存在依诉讼结果承担责任的可能性，其放弃共同财产的行为势必会影响其承担债务的能力，即损害债权人的利益，明显存在恶意。

第三，刘某参股投资的公司负债的事情已被法院确定多年，邓某作为配偶无法合理说明其对刘某公司负债不知情。双方《离婚协议书》约定的涉案房屋归邓某一人所有，致使配偶刘某无其他财产，损害了债权人的利益。

因此，综合在案证据，认定刘某与邓某存在恶意串通损害他人利益的情形，《离婚协议书》中有关涉案房屋归属的条款认定为无效条款。

【典型案例索引】

北京市高级人民法院民事裁定书，(2022) 京民申 266 号。

【相关法律法规】

《民法典时间效力规定》第 1 条；原《合同法》(2021 年 1 月 1 日起因《民法典》施行被废止）第 52 条；《民法典》第 154 条、第 1062 ~ 1064 条（同原《婚姻法》第 17 ~ 19 条规定，2021 年 1 月 1 日起原《婚姻法》因《民法典》施行被废止)。

【律师分析】

1. 在本文案例中，因涉案房屋购买于债务人刘某与其配偶邓某婚姻关系存续期间，且该二人未曾就婚姻关系存续期间所得的财产归各自所有等财产事项进行书面约定。因此，涉案房屋虽以邓某名义购买，但仍应认定为夫妻共同财产。邓某在离婚后采用借款方式偿还贷款的行为并不影响该房屋为夫妻共同财产的性质。

2. 在本文案例中，债权人张某与债务人刘某之间的诉讼于 2019 年 3 月 27 日立案，该案为股东损害公司债权人利益责任纠纷，因刘某未履行法定的清算义务，在其收到案件材料时应对案件判决结果有一定预期。因此，债务人刘某转移财产的主观恶意并不以判决作出或生效为前提。债务人刘某在诉讼中通过《离婚协议书》将夫妻共有财产分配给配偶一方存在逃避债务的主观恶意。

3. 我国公民均有离婚自由，法院对我国公民离婚的事实不予以评价，但离婚协议中的财产分配约定可能存在恶意串通损害他人权益的情形，法院可对离婚协议中该有关财产分配的约定予以效力评价。

例如本文案例中，债务人刘某与其配偶邓某离婚前，刘某已作为被告，卷入股东损害公司债权人利益责任纠纷诉讼，存在依诉讼结果承担责任的可能性。刘某放弃共同财产的行为势必会影响其承担债务的能力，亦即损害债权人的利益，明显存在恶意。邓某作为刘某的配偶，且刘某投资的公司之负债情况多年前即已被法院判决确认，邓某在离婚之前，应当对刘某被起诉及负债情况有所了解，邓某接受夫妻共同财产，至少存在邓某明知刘某逃避债务目的而以默示的方式接受的主观认识，故认定刘某、邓某签署的《离婚协议书》中就涉案房屋财产分配部分存在恶意串通情形。

根据《民法典》第 156 条的规定，民事法律行为部分无效，不影响其他部分效力的，其他部分仍然有效。本文案例中，关于债务人刘某与其配偶邓某之间的《离婚协议书》，虽然《离婚协议书》中关于涉案房屋财产分配的约定无效，但不影响《离婚协议书》中其他条款有效的事实，不影响刘某、邓某婚姻关系已通过离婚方式结束这一事实。

073. 对赌失败后债务人签离婚协议分割资产，相关财产约定是否无效

【关键词】

对赌协议　离婚协议　夫妻共同财产　财产分割　恶意串通

【场景】

刘某因业绩对赌失败，被投资人以股权融资合同纠纷案件起诉。诉讼过程中，刘某与其配偶谢某办理离婚，并在《离婚协议》中约定原属于夫妻共同财产的多套房产、车辆等归谢某所有，所负债务各自偿还。投资人就股权融资合同纠纷案件胜诉后，刘某未能履行生效判决确定的还款义务，亦无其他财产可供执行，刘某无能力偿还全部债务。

【事态发展（纠纷产生）】

投资人认为刘某《离婚协议》中关于财产分割部分的内容系恶意串通逃避债务，故投资人以刘某、谢某为被告起诉至法院，诉讼请求：判决《离婚协议》中第 2 条关于财产部分的约定无效。

【焦点问题】

涉案《离婚协议》中财产分割部分是否无效？

【结论】

刘某所负债务存在于刘某与谢某婚姻存续期间，谢某明知刘某经营不善对外负债，仍通过《离婚协议》将婚姻存续期间共同财产确认为谢某个人所有，明确所负债务各自偿还。刘某、谢某的行为具有主观逃避债务的恶意，财产分割明显不公，导致刘某无财产可供清偿债务，损害了刘某作为债权人的合法利益。综上，应当认定《离婚协议》中有关财产分割部分存在双方恶意串通损害债权人合法权益的情形，应属无效。

【典型案例索引】

湖南省永州市中级人民法院民事判决书，（2022）湘 11 民终 2210 号。

【相关法律法规】

《民法典》第 154 条；《民法典时间效力规定》第 1 条；原《合同法》（2021 年 1 月 1 日起因《民法典》施行被废止）第 52 条；《民法典婚姻家庭编司法解释（一）》第 78 条。

【律师分析】

1. 司法实务中经常能够见到夫妻为逃避债务而选择以离婚协议的方式转

移资产逃避法院查封及强制执行，因此关于离婚协议中有关财产分配的内容是否存在恶意串通情形的证明，对于该类案件是重中之重。

例如本文案例中，在刘某与谢某离婚的时候，债务人刘某名下希尔公司的股权已经毫无价值，且当时刘某名下有高达 1 亿多元的巨额债务，上述债务发生在刘某与谢某婚姻存续期间。双方离婚的时候，通过《离婚协议》将婚姻存续期间的共同财产确认为被告谢某个人所有，明确所负债务各自偿还，这种财产分配方式明显不合理，存在夫妻恶意串通转移财产逃避债务的高度可能性。

2. 本文案例中，有夫妻一方婚前自建房屋在婚后才办理自建房产权证，该房产应否属于夫妻共同财产的问题。该问题在司法实务中较常见的表现形式是：婚前个人买房婚后取得房产证，如果房产证登记在买房人个人名下，则该房产应否属于夫妻共同财产？

婚前购买的房产虽然在婚后才取得了房产证，但婚后办理不动产权证是婚前购房的后续必然行为，不能改变夫妻一方婚前购买并取得房产的事实，不能单纯把取得不动产权证的时间作为判断是不是夫妻共同财产的依据。因此，婚前个人买房、婚后取得房产证，且房产证登记在买房人个人名下的，则该房产应属于买房人婚前个人财产。

3. 按揭贷款购房的，个人婚前支付首付款、婚后夫妻共同偿还贷款，房产证在婚后取得且房产单独登记在首付款支付方一人名下的，则该房产应否属于夫妻共同财产？

根据《民法典婚姻家庭编司法解释（一）》第 78 条的规定，夫妻一方婚前签订不动产买卖合同，以个人财产支付首付款并在银行贷款，婚后用夫妻共同财产还贷，不动产登记于首付款支付方名下的，应先由双方协议处理，无法达成协议的，法院可以判决该不动产归登记一方所有。司法实务中，一般也会认定该房屋是个人财产非夫妻共同财产，但对于夫妻共同按揭偿还银行贷款所支付款项及相对应财产增值部分，则由双方平分，由不动产登记一方对另一方进行补偿。尚未偿还的款项为不动产登记一方的个人债务。

074. 担保人离婚分割大部分财产给配偶，相关财产约定是否无效

【关键词】

离婚协议　财产分割　担保人　连带责任　抚养费　恶意串通

【场景】

对于原告姜某与债务人罗某及债务担保人郭某民间借贷纠纷一案，法院作出民事调解书，明确债务人罗某的负债金额及还款时间、担保人郭某对罗某负担的债务承担连带保证责任。此后，郭某与其配偶登记离婚，《离婚协议书》约定夫妻共有房屋归配偶所有、剩余房屋贷款由郭某偿还。同时，该《离婚协议书》约定夫妻存款大部分由郭某配偶取得，对婚生子女抚养费的约定及实际给付数额均超过法律规定的抚养费标准。

【事态发展（纠纷产生）】

《离婚协议书》分割共有财产后，郭某已无其他财产可偿还给债权人姜某。姜某以郭某、周某为被告起诉至法院，诉讼请求如下：（1）确认《离婚协议书》中关于“××房屋产权归女方所有，余下贷款由男方偿还”的约定无效，确认该房屋归二被告共同所有，贷款应由双方共同偿还；（2）确认离婚协议中关于“男方每月支付8000元抚养费直至孩子24周岁止”的约定无效，并变更该项诉讼请求为男方每月支付抚养费1500元至孩子18周岁止，判决被告周某向被告郭某返还多支付的抚养费；（3）确认离婚协议中关于“所有存款归女方所有”的约定无效，判决被告周某向被告郭某返还存款的50%。

【焦点问题】

郭某和周某的离婚协议是否构成恶意串通？

【结论】

生效民事调解书确认郭某对姜某负有债务，周某在离婚时知道该债务的存在。郭某变相放弃了共同财产中理应享有份额的房产，二被告提供的银行明细显示离婚时周某名下银行存款余额大于郭某名下银行存款余额，根据二

被告签订的《离婚协议书》关于财产分割的约定，被告周某分得的财产价值大于被告郭某分得的财产价值，而被告郭某对原告姜某所负债务尚未清偿，故应认定二被告之间存在恶意串通损害原告利益的行为，故原告提出的确认“××房屋产权归女方所有，余下贷款由男方偿还”及“所有存款归女方所有”条款无效的诉讼请求，法院予以支持。

【典型案例索引】

辽宁省大连市中级人民法院民事判决书，（2023）辽02民终3396号。

【相关法律法规】

《民法典》第154条；《民法典婚姻家庭编司法解释（一）》第49条；《民法典时间效力规定》第1条；原《合同法》（2021年1月1日起因《民法典》施行被废止）第52条。

【律师分析】

1. 离婚协议中就财产分割的约定，若配偶在知道另一方负债的情形下，仍将夫妻共同财产大部分分配给自己，则可能被法院认定为恶意串通、损害他人权益，而导致离婚协议中有关财产分割的约定无效。

例如本文案例中，郭某在未清偿经生效法律文书确认的到期保证债务的情况下，与周某协议离婚，《离婚协议书》对财产分割的约定显失公平，郭某变相放弃了共同财产中理应享有的份额，同时对婚生子女抚养费的约定及实际给付均超过法律规定的抚养费标准。周某在庭审中自述其在离婚时知道郭某所负债务。因此，可以认定郭某与周某签署的《离婚协议书》明显具有转移财产以规避债务的故意，且该分割财产的行为损害了债权人姜某的合法债权，故离婚协议中有关财产分割的约定无效。

2. 关于配偶能否以外人无权就其离婚协议提出异议为由要求法院驳回债权人的诉讼请求问题，司法实务中，因《民法典》第154条及相关规定赋予了债权人诉权，故配偶的该项主张一般不会被法院支持。

例如本文案例中，经过生效民事调解书的确认，郭某作为保证人，对债务人罗某欠付原告的债务承担连带清偿责任。因涉案《离婚协议书》关于财产分割的约定已经导致郭某无财产可清偿给姜某，在此情况下，原告姜某作为郭某的债权人，有权对郭某处分自己财产的行为提出异议。因此，原告姜某有权提起确认《离婚协议书》财产分割约定部分无效的诉讼，以保护自己的合法权益。

3. 离婚协议中就子女抚养费的约定，一般多少金额才能够符合法定标准?

根据《民法典婚姻家庭编司法解释（一）》第 49 条的规定，抚养费的给付数额，有固定收入的，一般可以按其月总收入的 20% ~30% 的比例给付；负担两个以上子女抚养费的，比例可以适当提高，但一般不得超过月总收入的 50% 。

在本文案例中，原告起诉请求确认《离婚协议书》中“男方每月支付 8000 元抚养费直至孩子 24 周岁止”的约定无效。抚养费的给付期限一般至子女 18 周岁为止。但被告郭某当庭陈述离婚时其月收入不到一万元，双方约定的抚养费给付数额超过被告郭某收入的 80% ，该约定超过了法律关于给付期限及给付数额的一般规定，因此原告提出的抚养费支付超过法定标准应确认有关约定无效的主张，法院予以支持。

4. 原告起诉确认离婚协议约定无效的诉讼中，关于法院审理范围的边界应如何确定的问题，司法实务中存在一定争议，部分法院认为确权纠纷案件中应当不审理给付内容。

例如本文案例中，原告提出的“确认 × ×房屋归二被告共同所有，贷款应由双方共同偿还”“变更抚养费为每月 1500 元至孩子 18 周岁止，判决被告周某向被告郭某返还自 2015 年 2 月起至实际偿还完涉案债务期间多支付的抚养费”以及“判决被告周某向被告郭某返还存款的 50% ”的主张，审理法院认为上述主张与本文案例确认合同无效纠纷案件不是同一法律关系，因此审理法院不予处理，建议原告姜某另案主张。

（六）债务人区别清偿情形下认定恶意串通

075. 以法院调解的抵债协议转移优质资产，抵债协议是否无效

【关键词】

债权转让　以物抵债　关联公司　混同　恶意串通

【场景】

兰花公司、贝隆地产公司、贝隆建筑公司的投资人均为刘某、史某，三个公司的登记地为同一地点，刘某、史某为夫妇关系。经上述三个公司两两相互之间的《企业征询函》核对确认，兰花公司欠贝隆建筑公司10371075.66元，贝隆建筑公司欠贝隆地产公司1355万余元。贝隆建筑公司与贝隆地产公司签订《债权转让协议》，贝隆建筑公司将其对兰花公司的900万元债权转让给贝隆地产公司。贝隆地产公司据此900万元债权起诉兰花公司，要求兰花公司支付欠款900万元，诉讼期间双方达成《以物抵债协议书》和解，法院就此作出民事调解书。

【事态发展（纠纷产生）】

赵某等四人均单独以兰花公司为被告向法院起诉要求偿还欠款，且均经法院判决确认兰花公司向上述四债权人偿还欠款，但进入执行阶段，四债权人发现兰花公司已无资产可供执行。四债权人认为兰花公司与贝隆地产公司之间恶意串通转移兰花公司资产的行为已经损害到其合法权益，故以兰花公司为被告、贝隆地产公司为第三人起诉至法院，诉讼请求如下：（1）撤销此前法院作出的民事调解书；（2）确认涉案《以物抵债协议书》无效。

【焦点问题】

涉案《以物抵债协议书》是否为无效合同？

【结论】

贝隆地产公司、贝隆建筑公司、兰花公司之间存在人员、财物混同。因此，在没有足够证据证实贝隆建筑公司对兰花公司享有的10371075.66元债权真实存在的情况下，就涉案《债权转让协议》以及贝隆地产公司据此提出的债权转让纠纷案件中达成《以物抵债协议书》的真实性存疑，贝隆地产公司与兰花公司之间存在串通行为，且该行为损害了赵某等四人作为兰花公司债权人的合法权益，故认定《以物抵债协议书》无效。

【典型案例索引】

最高人民法院（2021）民事裁定书，最高法民申1780号。

【相关法律法规】

《民法典》第 154 条；《民法典时间效力规定》第 1 条；原《合同法》（2021 年 1 月 1 日起因《民法典》施行被废止）第 52 条；《民事诉讼法司法解释》第 108 条第 1 款、第 109 条。

【律师分析】

1. 本文案例是三家公司之间互认债权债务，通过诉讼及法院调解书完成债务人公司优质资产的转移，其中三家公司之间的关系是本文案例的审查重点之一。

第一，贝隆地产公司向贝隆建筑公司发出的用以确认 1355 万余元债权的《企业征询函》上签署的“核对无误”字样，与同日贝隆建筑公司向兰花公司发出的用以确认 10371075.66 元债权的《企业征询函》上签署的“核对无误”字样，经鉴定，两份《企业征询函》中的“核对无误”字样为同一人书写。

第二，在贝隆地产公司起诉兰花公司案件中，高某以被告兰花公司员工身份代理兰花公司参加诉讼。高某又将原告贝隆地产公司缴纳的 7.48 万元诉讼费在贝隆地产公司完成财务报销，即该案被告的委托诉讼代理人替原告交诉讼费并向原告完成财务报销。同时，高某是贝隆建筑公司招聘的合同制工人。三公司之间存在人员混同。

第三，兰花公司、贝隆地产公司、贝隆建筑公司的投资人均为刘某、史某，三家公司登记地为同一地点。

综上所述，法院最终认定三家公司兰花公司、贝隆地产公司、贝隆建筑公司之间存在人员、财物混同。

2. 关于三家公司之间互认的债权债务是否真实存在的问题，因无直接银行转账流水予以证明，同时相关收据上的兰花公司财务章的盖章时间早于兰花公司成立时间，故法院认定贝隆地产公司主张兰花公司欠付贝隆建筑公司的债务无事实依据。

根据本文案例已查明事实，兰花公司 2011 年 4 月 16 日显示收到贝隆建筑公司 131200 元的收据、2011 年 5 月 28 日显示收到贝隆建筑公司 180 万元收据、2011 年 5 月 26 日显示收到贝隆建筑公司出具的 77880 元收据上均加盖兰花公司财务专用章，但兰花公司是于 2011 年 6 月 2 日由某纸业公司变更而来，在上述收据出具时，兰花公司的名称、印章尚未启用，兰花公司尚不存在。因此，贝隆地产公司主张兰花公司欠付贝隆建筑公司 10371075.66 元债务的事实依据不足。

3. 关于涉案《以物抵债协议书》行为人与相对人存在恶意串通情形的认定，主要需要认定贝隆地产公司、贝隆建筑公司、兰花公司之间的债权债务是否真实，尚属存疑。

本文案例中，在没有足够证据证实贝隆建筑公司对兰花公司享有 10371075.66 元债权的情况下，贝隆建筑公司与贝隆地产公司签订《债权转让协议》，进而由贝隆地产公司以兰花公司为被告提起债权转让纠纷诉讼，在诉讼期间，贝隆地产公司与兰花公司达成《以物抵债协议书》，并请求一审法院作出民事调解书予以确认。贝隆地产公司与兰花公司之间存在恶意串通行为，且该行为损害了赵某等四人作为兰花公司债权人的合法权益，故认定为无效行为。

4. 关于原告选择何种法律关系提起诉讼，是原告享有的正常诉讼权利，产生的法律后果由其自行承担，法院一般不主动为原告设定诉讼请求范围。因此，本文案例中被告认为原告应以撤销权之诉主张权利，且法院应按撤销权之诉案由进行审理，但被告这一主张显然无法律依据，法院最终也未予支持。

5. 本文案例中，原告的诉讼请求事项除要求确认涉案合同无效外，还请求法院撤销此前作出的民事调解书，对于原告在确认合同效力纠纷案件中提出的撤销民事调解书的诉讼请求，法院一般会以超出案件审理范围为由而告知原告另行起诉主张。

兰花公司债权人赵某等四人关于撤销此前作出的民事调解书的诉讼请求不属于确认合同无效纠纷案件的审理范围，在《以物抵债协议书》确定无效后，民事调解书形成的基础不复存在，赵某等四人可以对民事调解书启动审判监督程序予以解决。

六、《民法典》所涉合同无效的其他特殊规定

除上述《民法典》总则编关于合同无效规定常见的案件情形外，《民法典》其他编章还有有关从合同、特殊合同、特殊条款等合同无效情形的规定，具体规定如下。

1. 主债权债务合同无效，担保合同、保证合同无效

《民法典》第388条第1款规定："设立担保物权，应当依照本法和其他法律的规定订立担保合同。担保合同包括抵押合同、质押合同和其他具有担保功能的合同。担保合同是主债权债务合同的从合同。主债权债务合同无效的，担保合同无效，但是法律另有规定的除外。"

《民法典》第682条第1款规定："保证合同是主债权债务合同的从合同。主债权债务合同无效的，保证合同无效，但是法律另有规定的除外。"

2. 格式条款无效，损害人身或故意、重大过失损害对方财产的免责条款无效

《民法典》第497条规定："有下列情形之一的，该格式条款无效：（一）具有本法第一编第六章第三节和本法第五百零六条规定的无效情形；（二）提供格式条款一方不合理地免除或者减轻其责任、加重对方责任、限制对方主要权利；（三）提供格式条款一方排除对方主要权利。"

《民法典》第506条规定："合同中的下列免责条款无效：（一）造成对方人身损害的；（二）因故意或者重大过失造成对方财产损失的。"

3. 超越经营范围订立的合同应根据《民法典》关于民事法律行为效力的规定以及合同编有关合同效力的规定进行认定

《民法典》第505条规定："当事人超越经营范围订立的合同的效力，应当依照本法第一编第六章第三节和本编的有关规定确定，不得仅以超越经营范围确认合同无效。"

4. 以虚构租赁物订立的融资租赁合同无效

《民法典》第737条规定："当事人以虚构租赁物方式订立的融资租赁合同无效。"

5. 租赁合同租期超过20年的部分无效

《民法典》第705条第1款规定："租赁期限不得超过二十年。超过二十年的，超过部分无效。"

6. 非法垄断技术或者侵害他人技术成果的技术合同无效

《民法典》第850条规定："非法垄断技术或者侵害他人技术成果的技术合同无效。"

7. 买卖违禁品合同无效

《民法典》第1007条规定："禁止以任何形式买卖人体细胞、人体组织、人体器官、遗体。违反前款规定的买卖行为无效。"

本部分内容主要围绕《民法典》及相关司法解释的规定，结合实务案例，对影响合同效力的诸多因素进行类型化分析，并提出律师法律实务建议，以帮助读者在日常经济交往活动及实务办案过程中预判相关情形下合同无效的风险。

076. 保险公司基于免责条款与投保人签订一次性赔偿协议，是否无效

【关键词】

格式合同　免责条款　一次性赔偿协议

【场景】

被告迟某驾驶营运货车引发撞人交通事故，被撞人高某经抢救无效死亡。高某法定继承人、迟某及营运货车投保的保险公司三方签订《车险人伤案件赔偿协议书》，其中第3条约定：迟某驾驶营业货车从事营业活动无交通运输管理部门核发的从业资格证，保险公司依据《机动车综合商业保险条款》第24条"驾驶出租机动车或营业性机动车，无交通运输管理部门核发的许可证书或其他必备证书，保险人不负责赔偿"的规定，对本次交通事故的商业三者险部分予以全额拒赔。保险公司只在交强险限额内赔偿高某因本次事故造成的医疗费损失1457.51元，死亡赔偿金11万元，共计一次性赔偿111457.51元。第6条约定：各方对于损失及赔偿数额均不得反悔。各方之间的赔偿权利义务关系以此为依据，任何一方不得再以任何理由对保险公司

提出增加赔付及其他要求。本协议履行完毕后，各方之间权利义务关系即终止。

【事态发展（纠纷产生）】

高某继承人起诉保险公司、迟某至法院，诉讼请求：依法确认原告与二被告签订的《车险人伤案件赔偿协议书》第3条和第6条无效。

【焦点问题】

涉案《车险人伤案件赔偿协议书》第3条、第6条是否无效？

【结论】

涉案赔偿协议书第3条中已明确，迟某驾驶的车辆系营业货车，因迟某无从事营业活动所需的交通运输管理部门核发的从业资格证，保险公司依据《机动车综合商业保险条款》第24条“驾驶出租机动车或营业性机动车，无交通运输管理部门核发的许可证书或其他必备证书，保险人不负责赔偿”的规定，对涉案争议所涉交通事故的商业三者险部分予以全额拒赔。但根据我国道路交通安全相关法律、行政法规可知，持有机动车驾驶证并驾驶与准驾车型相符车辆的驾驶员即是合法驾驶人，《道路交通事故认定书》中已载明迟某持有准驾车型的机动车驾驶证，可以驾驶涉案车辆。而驾驶员的道路运输从业资格证是国务院交通运输管理部门颁布的部门规章《道路运输从业人员管理规定》中规定必须办理的，属于行政管理范畴，并非法律、行政法规的强制性规定。且《机动车综合商业保险条款》第24条虽然规定了在驾驶出租机动车或营业性机动车“无交通运输管理部门核发的许可证书或其他必备证书”的情形下，在商业三者险保险责任范围内，无论任何原因的人身伤亡、财产损失和费用，保险人均不负责赔偿的内容，但没有明确此处约定的“许可证书或其他必备证书”就是指道路运输从业资格证。另外，《保险法》第19条规定：“采用保险人提供的格式条款订立的保险合同中的下列条款无效：（一）免除保险人依法应承担的义务或者加重投保人、被保险人责任的；（二）排除投保人、被保险人或者受益人依法享有的权利的。”本文案例中，迟某是否具有道路运输从业资格证与交通事故的损害后果发生无因果关系，《机动车综合商业保险条款》第24条的免责条款属于免除保险人依法应承担的义务、加重投保人、被保险人责任的无效条款。现原告要求确认保险公司依据上述无效条款之规定对本次交通事故的商业三者险拒赔的内容无效，符合法律规定。对于《车险人伤案件赔偿协议书》第6条所约定的内容系建立在第3条有效的基础上。如前文分析，《车险人伤案件赔偿协议书》第3条因依据的《机动车综合商业保险条款》第24条属于无效格式条款，故第6条赖以存在的前提不成立，亦无效。

【典型案例索引】

辽宁省大连市中级人民法院民事判决书，（2023）辽02民终2478号。

【相关法律法规】

《民法典》第143条、第496条、第497条、第506条；《保险法》第19条。

【律师分析】

1. 格式条款是当事人为了重复使用而预先拟定，并在订立合同时未与对方协商的条款。

根据《民法典》第496条第1款的规定，格式条款是当事人为了重复使用而预先拟定，并在订立合同时未与对方协商的条款。

根据《民法典合同编通则司法解释》第9条的规定，合同条款符合《民法典》第496条第1款规定的情形，当事人仅以合同系依据合同示范文本制作或者双方已经明确约定合同条款不属于格式条款为由主张该条款不是格式条款的，法院不予支持。从事经营活动的当事人一方仅以未实际重复使用为由主张其预先拟定且未与对方协商的合同条款不是格式条款的，法院不予支持。但是，有证据证明该条款不是为了重复使用而预先拟定的除外。

2. 格式条款的提供方对于格式条款的内容负有提示和说明义务。

根据《民法典》第496条第2款的规定，采用格式条款订立合同的，提供格式条款的一方应当遵循公平原则确定当事人之间的权利和义务，并采取合理的方式提示对方注意免除或者减轻其责任等与对方有重大利害关系的条款，按照对方的要求，对该条款予以说明。提供格式条款的一方未履行提示或者说明义务，致使对方没有注意或者理解与其有重大利害关系的条款的，对方可以主张该条款不成为合同的内容。

根据《民法典合同编通则司法解释》第 10 条第 1 款、第 2 款的规定，提供格式条款的一方在合同订立时采用通常足以引起对方注意的文字、符号、字体等明显标识，提示对方注意免除或者减轻其责任、排除或者限制对方权利等与对方有重大利害关系的异常条款的，法院可以认定其已经履行《民法典》第 496 条第 2 款（格式条款的说明义务）规定的提示义务。提供格式条款的一方按照对方的要求，就与对方有重大利害关系的异常条款的概念、内容及其法律后果以书面或者口头形式向对方作出通常能够理解的解释说明的，法院可以认定其已经履行《民法典》第 496 条第 2 款规定的说明义务。

3. 在互联网等信息网络订立电子合同，格式条款提供方的提示和说明义务有别于一般的弹窗提示行为。

根据《民法典合同编通则司法解释》第 10 条第 3 款的规定，提供格式条款的一方对其已经尽到提示义务或者说明义务承担举证责任。对于通过互联网等信息网络订立的电子合同，提供格式条款的一方仅以采取了设置勾选、弹窗等方式为由主张其已经履行提示义务或者说明义务的，法院不予支持，但是其举证符合《民法典合同编通则司法解释》第 10 条第 1 款、第 2 款规定的除外。

4. 实务中，与保险公司、银行等机构打交道会涉及格式条款的适用问题，根据《民法典》的相关规定，双方意在免除一方责任而过分加重另一方责任的条款内容，可被认定为无效条款。

根据《民法典》第 143 条的规定，民事法律行为有效，应具备以下条件：第一，行为人具有相应的民事行为能力；第二，意思表示真实；第三，不违反法律、行政法规的强制性规定，不违背公序良俗。违反法律、行政法规强制性规定的民事法律行为无效，违背公序良俗的民事法律行为无效。根据《民法典》第 497 条、第 506 条的规定，格式条款无效的情形包括：（1）提供格式条款一方不合理地免除或者减轻其责任、加重对方责任、限制对方主要权利；（2）提供格式条款一方排除对方主要权利；（3）格式条款中有关于造成对方人身损害或基于故意、重大过失造成对方财产损失的免责条款。

077. 主债权债务合同未真实存在，相关担保合同是否无效

【关键词】

从合同　担保合同　保证合同　抵押登记

【场景】

原告韩某与被告王某签订《主债权及房屋抵押合同（房屋登记专用）》，合同约定：主债权为130万元，债务履行期限1个月，韩某以其名下的×号房屋抵押担保。双方就上述房屋办理了抵押登记，抵押权人为王某。涉案《主债权及房屋抵押合同（房屋登记专用）》签订后，韩某未收到该合同中记载的130万元借款，王某解释该抵押合同是为第三人高某的借款作共同担保，但抵押合同没有约定清楚。

【事态发展（纠纷产生）】

原告韩某以王某为被告起诉至法院，诉讼请求如下：（1）确认原告、被告签署的《主债权及房屋抵押合同（房屋登记专用）》无效；（2）依法涂销原告名下×号房屋的抵押权人为王某的抵押登记。

【焦点问题】

涉案《主债权及房屋抵押合同（房屋登记专用）》的效力如何认定？

【结论】

根据《民法典》第388条第1款的规定，担保合同是主债权债务合同的从合同。主债权债务合同无效的，担保合同无效，但是法律另有规定的除外。没有主债权债务合同，担保合同不成立。本文案例中，涉案《主债权及房屋抵押合同（房屋登记专用）》中仅写明主债权债务金额为130万元，但未明确担保的具体主债权债务，且韩某与王某之间也不存在金额为130万元的债权债务关系。王某称，涉案房屋与高某名下的位于北京市西城区的房屋共同抵押担保400万元债权债务，但在抵押合同中没有明确约定。现已查明，高某名下的位于北京市西城区的房屋单独抵押担保400万元债权债务，与王某的上述主张不符。根据现有证据，无法确定涉案抵押合同所担保的主债权债

务。鉴于普通的担保合同不可独立于主合同而有效存在，故法院认定王某与韩某签订的《主债权及房屋抵押合同（房屋登记专用）》不成立。韩某主张上述抵押合同无效，法院予以支持。

【典型案例索引】

北京市西城区人民法院民事判决书，（2021）京0102民初34499号。

【相关法律法规】

《民法典》第388条、第682条；《民法典担保制度司法解释》第2条。

【律师分析】

1. 担保合同、保证合同是主债权债务合同的从合同。主债权债务合同无效的，担保合同、保证合同无效。

《民法典》第388条第1款规定："设立担保物权，应当依照本法和其他法律的规定订立担保合同。担保合同包括抵押合同、质押合同和其他具有担保功能的合同。担保合同是主债权债务合同的从合同。主债权债务合同无效的，担保合同无效，但是法律另有规定的除外。"第682条第1款规定："保证合同是主债权债务合同的从合同。主债权债务合同无效的，保证合同无效，但是法律另有规定的除外。"上述法律规定已经明确：第一，担保合同、保证合同为主债权债务合同的从合同，即明确了担保合同、保证合同的从属性，担保合同、保证合同不能单独存在。第二，主债权债务合同无效的，担保合同、保证合同均无效。

2.《民法典》关于担保合同的规定与原《担保法》第5条的规定不同，较原规定删除了"担保合同另有约定的，按照约定"，担保合同双方当事人不可以就担保合同独立性进行意思自治的约定。

原《担保法》第5条第1款规定："担保合同是主合同的从合同，主合同无效，担保合同无效。担保合同另有约定的，按照约定。"《民法典》沿用了前一句内容，对后一句内容"担保合同另有约定的，按照约定"变更为"但是法律另有规定的除外"。

《民法典担保制度司法解释》第2条第1款更是明确了合同当事人对于担保合同独立性不再享有意思自治的约定自由。《民法典担保制度司法解释》

第2条第1款规定："当事人在担保合同中约定担保合同的效力独立于主合同，或者约定担保人对主合同无效的法律后果承担担保责任，该有关担保独立性的约定无效。主合同有效的，有关担保独立性的约定无效不影响担保合同的效力；主合同无效的，人民法院应当认定担保合同无效，但是法律另有规定的除外。"

3. 担保合同、保证合同无效后，相关人员依据各自过错程度承担相应责任。

根据《民法典》第388条第2款、第682条第2款的规定，担保合同被确认无效后，债务人、担保人、债权人有过错的，应当根据其过错各自承担相应的民事责任。保证合同被确认无效后，债务人、保证人、债权人有过错的，应当根据其过错各自承担相应的民事责任。本文案例中，抵押合同被法院确认无效后，原告请求涂销涉案房屋上的相关抵押登记的诉讼请求，法院最终予以支持。

078. 以不存在的设备为租赁物签署的融资租赁合同，是否无效

【关键词】

融资租赁　抵押合同　主合同　从合同

【场景】

贝林公司为取得融资，以价值4600万元的"纸箱成型连线一体机"设备为租赁物与租赁公司签署《融资租赁合同》，将该设备以3500万元转让给租赁公司，再以增价10%的价格承租该设备，分3年共12期向租赁公司支付费用。同时，双方又就上述设备签订《抵押合同》，贝林公司将"纸箱成型连线一体机"抵押给租赁公司，并在中国人民银行征信中心动产权属统一登记平台办理了融资租赁业务登记，在市场监督管理局办理了动产抵押登记。

签署《融资租赁合同》当日，原告张某为贝林公司履行《融资租赁合同》提供抵押担保，与租赁公司签署《抵押合同》，原告张某作为抵押人，租赁公司作为抵押权人，以张某自有房产设定抵押并办理了房屋抵押登记。次日，租赁公司向贝林公司支付3500万元。

【事态发展（纠纷产生）】

原告张某发现《融资租赁合同》的租赁设备不真实存在，故以租赁公司、贝林公司为被告起诉至法院，诉讼请求如下：（1）确认两被告签订的《融资租赁合同》以及原告和租赁公司签订的《抵押合同》无效；（2）判令被告租赁公司协助办理抵押房屋抵押权解除登记。

【焦点问题】

涉案《融资租赁合同》及对应的《抵押合同》的效力如何认定？

【结论】

本文案例中，设备出卖方未与被告贝林公司签订过涉案“纸箱成型连线一体机”买卖合同，被告贝林公司提供的购买租赁物发票亦非设备出卖方开具，故可以确认涉案《融资租赁合同》中的机器“纸箱成型连线一体机”是被告贝林公司虚构的租赁物，该“纸箱成型连线一体机”实际并不存在。法院认为，当事人以虚构租赁物方式订立的融资租赁合同无效，所以涉案《融资租赁合同》应属无效。

担保合同是主债权债务合同的从合同，主债权债务合同无效的，担保合同无效，但是法律另有规定的除外。本文案例中，主合同《融资租赁合同》无效，故从合同《抵押合同》无效。

【典型案例索引】

江苏省淮安市清江浦区人民法院民事判决书，（2021）苏0812民初1233号。

【相关法律法规】

《民法典》第388条、第735条、第737条；《融资租赁司法解释》第1条。

【律师分析】

1. 融资租赁合同的本质是承租人借用他人资金使用自己选中的大型设备。

根据《民法典》第735条的规定，融资租赁合同是出租人根据承租人对出卖人、租赁物的选择，向出卖人购买租赁物，提供给承租人使用，承租人支付租金的合同。

2. 依据《民法典》第737条“当事人以虚构租赁物方式订立的融资租赁合同无效”的规定，当事人双方虚构租赁物的，融资租赁合同无效。

司法实务中，当事人可以从《民法典》第737条的角度，认定虚构租赁物双方的合同无效，本文案例中法院就是这样认定的。此外，还有一条否定合同效力的路径可供当事人选择，即依据《融资租赁司法解释》第1条“人民法院应当根据《民法典》第七百三十五条的规定，结合标的物的性质、价值、租金的构成以及当事人的合同权利和义务，对是否构成融资租赁法律关系作出认定。对名为融资租赁合同，但实际不构成融资租赁法律关系的，人民法院应按照其实际构成的法律关系处理”的规定，否定融资租赁关系，并依据隐藏的实际法律关系，结合案件事实看是否存在其他合同无效的情形，对隐藏背后的真实法律关系的效力进行否定评价。

3. 作为主合同的《融资租赁合同》无效，则作为从合同的《抵押合同》亦无效。

根据《民法典》第388条第1款的规定，担保合同是主债权债务合同的从合同。主债权债务合同无效的，担保合同无效。担保合同被确认无效后，债务人、担保人、债权人有过错的，应当根据其过错各自承担相应的民事责任。又根据《民法典》第157条的规定，合同被确认无效后，行为人因该行为取得的财产，应当予以返还。因此，《抵押合同》无效后，抵押权人租赁公司应协助抵押人办理相应抵押权解除登记手续。

079. 非技术权利人签署技术入股投资协议，协议是否无效

【关键词】

合作协议　技术转让　无权处分　侵害他人技术成果

【场景】

原告石某与被告郝某、第三人晶体材料公司、赵某签订《投资合作协议》，合作协议约定：在晶体材料公司成立氮化镓项目部，被告郝某以氮化

镓项目技术转让入股，产品上市后被告郝某取得不少于总股本30%的股份，并约定技术转让后限制对外再转让。

【事态发展（纠纷产生）】

原告石某依据《投资合作协议》，以郝某、S大学为被告，以赵某、晶体材料公司为诉讼第三人起诉至法院，诉讼请求如下：（1）判令被告郝某赔偿原告违约金4000万元；（2）被告S大学在被告郝某不能清偿范围内承担补充赔偿责任。

【焦点问题】

涉案《投资合作协议》是否有效？

【结论】

《投资合作协议》约定内容能够证实郝某签订协议是对氮化镓项目技术进行处分转让，该协议是基于被告郝某以技术入股转让氮化镓技术，协议名为投资合作协议实为技术转让合同。从原告提交的被告郝某签字的笔录、技术开发合同以及双方举证质证意见能够证实合作协议所称的氮化镓项目技术是氮化镓单晶生长技术，技术所有权人为被告S大学，被告郝某非该技术的所有权人，其签订合作协议处分了S大学对该技术的所有权构成无权处分。经法院庭审查实，S大学对被告郝某的处分行为不追认。综上，依据签订协议时的法律规定，即原《合同法》第51条、第329条，该合作协议应属无效协议。《民法典》施行后，根据《民法典时间效力规定》第1条第1款与第2款的规定，《民法典》施行后的法律事实引起的民事纠纷案件，适用《民法典》的规定。《民法典》施行前的法律事实引起的民事纠纷案件，适用当时的法律、司法解释的规定，但是法律、司法解释另有规定的除外；根据该规定第8条的规定，《民法典》施行前成立的合同，适用当时的法律、司法解释的规定合同无效而适用《民法典》的规定合同有效的，适用《民法典》的相关规定。根据《民法典》第850条的规定，非法垄断技术或者侵害他人技术成果的技术合同无效。依据上述法律规定，法院认定原告石某与被告郝某、第三人晶体材料公司、赵某签订的《投资合作协议》无效。

【典型案例索引】

山东省淄博市中级人民法院民事判决书，(2023)鲁03民终282号。

【相关法律法规】

《民法典》第850条；《民法典时间效力规定》第1条、第8条；原《合同法》(2021年1月1日起因《民法典》施行被废止)第51条、第329条。

【律师分析】

1.《民法典》施行后废止了原《合同法》，原《合同法》第51条关于无权处分影响合同效力的规定在《民法典》施行后发生了变更，特别在《民法典合同编通则司法解释》颁布施行后，更明确了无权处分不能直接导致合同无效。

原《合同法》第51条规定："无处分权的人处分他人财产，经权利人追认或者无处分权的人订立合同后取得处分权的，该合同有效。"

《民法典合同编通则司法解释》第19条第1款规定："以转让或者设定财产权利为目的的订立的合同，当事人或者真正权利人仅以让与人在订立合同时对标的物没有所有权或者处分权为由主张合同无效的，人民法院不予支持；因未取得真正权利人事后同意或者让与人事后未取得处分权导致合同不能履行，受让人主张解除合同并请求让与人承担违反合同的赔偿责任的，人民法院依法予以支持。"

因此，在《民法典》施行后，就合同效力的论证，无处分权人签署的合同并不必然导致合同无效，还需要结合其他合同无效情形综合认定合同效力。

2. 非法侵害他人技术成果的技术合同无效。

例如本文案例中，《投资合作协议》的约定内容是对氮化镓项目技术进行处分转让，该协议是基于被告郝某以技术入股转让氮化镓技术而签订，协议名为投资合作协议实为技术转让合同。但是，又因《投资合作协议》约定的技术转让方对技术无处分权，合同履行未得到权利人追认、认可，且损害了真正权利人的技术成果。因此，根据《民法典》第850条"非法垄断技术或者侵害他人技术成果的技术合同无效"的规定，涉案《投资合作协议》因侵害权利人技术成果而合同无效。

3.《民法典》第 850 条规定基本沿用了原《合同法》第 329 条的内容，因此，在论证相关合同无效时并不因《民法典》的施行而导致合同无效的结果发生本质变更。

原《合同法》第 329 条规定："非法垄断技术、妨碍技术进步或者侵害他人技术成果的技术合同无效。"《民法典》第 850 条基本沿用了上述规定内容。《民法典时间效力规定》第 8 条规定："民法典施行前成立的合同，适用当时的法律、司法解释的规定合同无效而适用民法典的规定合同有效的，适用民法典的相关规定。"因此，本文案例中，无论是依据原《合同法》第 329 条还是《民法典》第 850 条的规定，涉案《投资合作协议》均因侵害权利人技术成果而合同无效。

第三章

引发合同被撤销的常见场景

《民法典》是对民事法律行为相关事项的整体规定，其中包含第三编“合同编”，合同行为是民事法律行为的其中一类。本书的立意是研究合同效力问题，故在本章仅就《民法典》所规定的可撤销的民事法律行为中可撤销的合同行为进行研究讨论，所以诸如《民法典》第 265 条第 2 款（农村集体经济组织成员撤销权）、第 280 条第 2 款（权益受侵害业主的撤销权）、第 410 条第 1 款（抵押权实现中受损债权人的撤销权）、第 538 条（无偿处分时债权人的撤销权）、第 539 条（以不合理价格处分时债权人的撤销权）、第 540 条（债权人撤销权行使范围与必要费用承担）、第 541 条（债权人撤销权行使期限）、第 1052 条（受胁迫的婚姻可撤销）、第 1053 条（隐瞒重大疾病的婚姻可撤销）等关于撤销权及撤销行为的规定，不属于本章的研讨范围。

根据《民法典》及相关司法解释的规定，合同可撤销的相关情形可包括以下类型。

1. 基于重大误解签订的合同可撤销

《民法典》第 147 条规定：“基于重大误解实施的民事法律行为，行为人有权请求人民法院或者仲裁机构予以撤销。”

2. 以欺诈手段签订的合同可撤销

《民法典》第 148 条规定：“一方以欺诈手段，使对方在违背真实意思的情况下实施的民事法律行为，受欺诈方有权请求人民法院或者仲裁机构予以撤销。”

3. 基于第三人欺诈而签订的合同可撤销

《民法典》第 149 条规定：“第三人实施欺诈行为，使一方在违背真实意思的情况下实施的民事法律行为，对方知道或者应当知道该欺诈行为的，受欺诈方有权请求人民法院或者仲裁机构予以撤销。”

4. 以胁迫手段签订的合同可撤销

《民法典》第 150 条规定：“一方或者第三人以胁迫手段，使对方在违背真实意思的情况下实施的民事法律行为，受胁迫方有权请求人民法院或者仲裁机构予以撤销。”

5. 显失公平的合同可撤销

《民法典》第 151 条规定：“一方利用对方处于危困状态、缺乏判断能力等情形，致使民事法律行为成立时显失公平的，受损害方有权请求人民法院或者仲裁机构予以撤销。”

6. 限制民事行为能力人签订的合同善意相对人可撤销

《民法典》第 145 条第 2 款规定：“相对人可以催告法定代理人自收到通知之日起三十日内予以追认。法定代理人未作表示的，视为拒绝追认。民事法律行为被追认前，善意相对人有撤销的权利。撤销应当以通知的方式作出。”

此种限制民事行为能力人签订合同的相对方选择撤销的情形不多见，结合《民法典》第 145 条第 1 款“限制民事行为能力人实施的纯获利益的民事法律行为或者与其年龄、智力、精神健康状况相适应的民事法律行为有效；实施的其他民事法律行为经法定代理人同意或者追认后有效”的规定，实务中限制民事行为能力人签订的交易性质的合同，相对方签订合同时未征得其法定代理人的同意，事后其法定代理人也不追认，已经签订的交易性质的合同未生效，限制民事行为能力人的法定代理人一般会诉讼请求确认无效。

7. 无权代理人签订的合同可撤销

《民法典》第 171 条第 2 款规定：“相对人可以催告被代理人自收到通知之日起三十日内予以追认。被代理人未作表示的，视为拒绝追认。行为人实施的行为被追认前，善意相对人有撤销的权利。撤销应当以通知的方式作出。”

8. 赠与合同可撤销

《民法典》第 658 条第 1 款规定：“赠与人在赠与财产的权利转移之前可

以撤销赠与。”第 663 条第 1 款规定：“受赠人有下列情形之一的，赠与人可以撤销赠与：（一）严重侵害赠与人或者赠与人近亲属的合法权益；（二）对赠与人有扶养义务而不履行；（三）不履行赠与合同约定的义务。”第 664 条第 1 款规定：“因受赠人的违法行为致使赠与人死亡或者丧失民事行为能力的，赠与人的继承人或者法定代理人可以撤销赠与。”

综上所述，本章内容主要围绕可撤销合同的相关法律规定及实务案例，对可能导致合同被撤销的诸多因素进行类型化分析，并提出律师法律实务建议，以帮助读者在日常经济交往活动及实务办案过程中规避导致合同被撤销的潜在风险。

一、基于重大误解签订的合同被撤销

根据《民法典》第 147 条的规定，合同当事人基于重大误解而签订的合同，受误解一方有权请求法院或者仲裁机构撤销该合同。该规定内容与原《民法通则》、原《合同法》相关规定内容存在不同，《民法典》仅确认了基于重大误解实施的民事法律行为可以撤销，删除了此前规定中权利人可以基于重大误解、显失公平等事由请求变更合同内容的选项，仅保留权利人可请求法院或者仲裁机构撤销该合同的规定。

根据《民法典》第 155 条“无效的或者被撤销的民事法律行为自始没有法律约束力”的规定，合同被撤销后，合同自始没有发生法律约束力。再根据《民法典》第 157 条“民事法律行为无效、被撤销或者确定不发生效力后，行为人因该行为取得的财产，应当予以返还；不能返还或者没有必要返还的，应当折价补偿。有过错的一方应当赔偿对方由此所受到的损失；各方都有过错的，应当各自承担相应的责任”的规定，以及《民法典合同编通则司法解释》第 24 条、第 25 条的规定，合同各方基于被撤销合同而取得的财物应予返还或折价补偿，并根据合同各方就合同被撤销的过错及受损程度，承担相应的赔偿责任。

根据《民法典总则编司法解释》第 19 条“行为人对行为的性质、对方当事人或者标的物的品种、质量、规格、价格、数量等产生错误认识，按照通常理解如果不发生该错误认识行为人就不会作出相应意思表示的，人民法院可以认定为民法典第一百四十七条规定的重大误解。行为人能够证明自己实施民事法律行为时存在重大误解，并请求撤销该民事法律行为的，人民法院依法予以支持；但是，根据交易习惯等认定行为人无权请求撤销的除外”的规定，以及在司法实务中的实际情况，重大误解一般可表现为以下几种情形：

1. 对合同性质产生错误认识。例如，委托人误认为代理人以扣减代理费的形式弥补代理人的错误操作给委托人造成的损失。

2. 对合同主体（对方当事人）产生错误认识。

3. 对合同标的物产生错误认识，包括对标的物的品种、质量、规格、价格、数量等产生错误认识。

4. 行为人以其意思表示存在第三人转达错误为由请求撤销民事法律行为的，适用《民法典总则编司法解释》第 19 条的规定。

关于重大误解情形下的撤销权行使期限，根据《民法典》第 152 条第 1 款“有下列情形之一的，撤销权消灭：（一）当事人自知道或应当知道撤销事由之日起一年内、重大误解的当事人自知道或者应当知道撤销事由之日起九十日内没有行使撤销权”的规定，权利人应在自知道或者应当知道撤销事由之日起九十日内行使撤销权，否则撤销权消灭。并且，行使撤销权的方式应是向法院或仲裁机构提起诉讼或申请仲裁，而不是仅发送通知文件。

综上所述，本部分内容主要围绕《民法典》及相关司法解释的规定，结合对实务案例的分析，对“重大误解”影响合同效力的诸多因素进行类型化分析，并提出律师法律实务建议，以帮助读者在日常经济交往活动及实务办案过程中预判相关情形下因重大误解导致合同被撤销的风险。

（一）在对合同性质产生错误认识的场景中认定重大误解

080. 双方对账时就是否以扣减代理费代替赔偿款产生歧义，可否撤销对账协议

【关键词】

对账协议　抵债　重大误解　撤销权行使期限

【场景】

原告怡昌公司与被告道远公司签订《国际货物运输代理协议》，约定：道远公司委托怡昌公司作为其货物的货运代理，代为安排货物进出口的相关事宜。2022 年 2 月至 4 月，道远公司持续委托怡昌公司完成货运代理业务，经过双方对账，这段时间内道远公司共计欠付怡昌公司费用人民币 21145 元和 11582.27 美元。其中，3 月因出现“无单放货”，道远公司损失了运费人民币 75340 元。6 月，赵某代表怡昌公司联系道远公司工作人员对账，并称：“从贵司欠款账单中，扣除人民币 75340 元，前提是：A. 请贵司提供无单放货这票货物的报关单。B. 人民币 75340 元金额的详细，我们要跟菲律宾打官司用。”对账后，道远公司认为应该在应付总金额中减去人民币 75340 元怡昌公司赔付给道远公司的费用，怡昌公司则认为不存在无单放货情形，不同意在道远公司应付款中扣减人民币 75340 元。

【事态发展（纠纷产生）】

因欠付代理费，原告怡昌公司以道远公司为被告起诉至法院，诉讼请求：判令道远公司向怡昌公司支付欠款人民币 21145 元、11582.27 美元及其逾期付款违约金。

【焦点问题】

原告怡昌公司是否有权以重大误解为由要求撤销原告、被告双方形成的对账协议？

【结论】

在案证据显示，赵某代表怡昌公司联系道远公司工作人员，称公司财务说上海的账单已经对账完毕，请减去人民币七万余元进行支付就行。该意思表示系代表怡昌公司，且明确同意道远公司在欠款总额中扣减其所要求的金额，即结清道远公司所欠费用，应视为双方已就新的对账达成协议。

但是，在双方达成新的对账协议前，怡昌公司工作人员曾经承认争议货物被“无单放货”，赵某在和道远公司协商过程中也提到扣除这些金额的前提是“请贵司提供无单放货这票货物的报关单”。因此，可以认为怡昌公司与道远公司达成新的对账协议系以道远公司涉案货物被无单放货为前提。按照通常理解，如果当时怡昌公司认识到涉案货物不能证明被无单放货，就不会与道远公司达成该协议。而怡昌公司嗣后查明，双方约定的放货方式是“电放”，怡昌公司持有提单记载托运人出具的电放保函表明货方已经发出放货指令，道远公司在涉案货物已经放行之后才要求怡昌公司控制货物。虽然涉案货物出运时曾发生改配，但改配系由于海关和船公司原因，道远公司对此亦无异议。故双方约定的电放方式及托运人出具的电放保函可予沿用，现有证据尚无法证明涉案业务存在无单放货或未凭指令放货，也没有证据证明怡昌公司对此存在过错。因此，怡昌公司对与道远公司达成新的对账协议的性质，即以扣减道远公司欠款金额的形式弥补道远公司涉案货物被“无单放货”的损失，存在错误认识。

根据《民法典总则编司法解释》第 19 条第 1 款之规定，行为人对行为的性质等产生错误认识，按照通常理解如果不发生该错误认识行为人就不会作出相应意思表示的，法院可以认定为《民法典》第 147 条规定的重大误解。故怡昌公司有权以重大误解为由，依法请求撤销前述与道远公司达成的新的对账协议。怡昌公司在法定期间内提起本文案例的诉讼，并明确不同意抵扣相应的金额，符合撤销权行使的条件，新的对账协议应予以撤销。

【典型案例索引】

上海市高级人民法院民事判决书，（2023）沪民终 221 号。

【相关法律法规】

《民法典》第 147 条、第 577 条、第 921 条、第 928 条第 1 款；《民法典总则编司法解释》第 19 条。

【律师分析】

1. 行为人对行为的性质等产生错误认识，按照通常理解如果不发生该错误认识行为人就不会作出相应意思表示的，法院可以认定为《民法典》第 147 条规定的重大误解。

例如本文案例中，怡昌公司工作人员赵某曾经承认争议货物被“无单放货”，但从未认可系由怡昌公司的原因造成，同时可以认定赵某曾经提出先把道远公司的损失从双方对账确认的欠款中“扣出来”以维护道远公司的利益，但从未明确该笔人民币75340元是作为怡昌公司对道远公司作出的赔偿，今后也无须道远公司支付。道远公司也从未明确抵扣人民币75340元后即解除怡升昌公司相应的赔偿责任，不再追究其他损失。并且，双方始终未就抵扣赔偿金额后最终的付款金额达成一致意见。因缺乏有关赔偿责任和付款金额的明确一致的意思表示，尚无法认定双方在诉前已经达成了有关“无单放货”的赔偿协议。此外，怡升昌公司之后调查发现该票业务放货流程正确，并不存在无单放货，说明协商当时怡昌公司对“无单放货”事实存在重大误解，依据《民法典》第147条的规定，怡昌公司有权请求法院撤销已经达成的对账约定。

2. 合同一方以重大误解为由起诉请求撤销合同的，应自知道撤销事由之日起90日内提出，否则撤销权消灭，权利人也将失去以重大误解请求撤销合同的机会。

根据《民法典》第152条“有下列情形之一的，撤销权消灭：（一）当事人自知道或者应当知道撤销事由之日起一年内、重大误解的当事人自知道或者应当知道撤销事由之日起九十日内没有行使撤销权……”的规定，权利人自知道或应当知道撤销事由之日起90内没有行使撤销权的，则该权利人的撤销权消灭。

3. 委托代理合同关系中，受托人完成委托事务的，委托人应当按照约定向其支付报酬。对于委托人应当预付处理委托事务的费用，受托人为处理委托事务垫付的必要费用，委托人应当偿还该费用并支付利息。

根据《民法典》第928条第1款“受托人完成委托事务的，委托人应当按照约定向其支付报酬”，第921条“委托人应当预付处理委托事务的费用。受托人为处理委托事务垫付的必要费用，委托人应当偿还该费用并支付利息”的规定，委托代理合同关系中，受托人有权按照约定要求委托人支付报酬，若约定由委托人预付处理费，还有对于受托人为处理委托事项垫付的必要费用，委托人应当支付该费用并支付相应逾期付款的利息。

例如本文案例中，对于原告怡昌公司主张的逾期付款违约金，法院认为利息损失是道远公司欠付费用致怡昌公司必然产生的资金被占用期间的孳息损失，于法有据，可以支持。但怡昌公司主张按照约定的每日6‰即年化21.9%的标准计算逾期付款利息，该计算标准已经超过同期全国银行间同业拆借中心公布的一年期贷款市场报价利率LPR的4倍，缺乏有效的合同依据，且道远公司提出违约金过高的抗辩，考虑到怡昌公司损失、涉案合同履行情况以及道远公司欠款原因等因素，法院酌定以同期全国银行间同业拆借中心公布的一年期贷款市场报价利率（LPR）为标准进行计算。

081. 错认自己“交通肇事逃逸”而放弃理赔的声明，能否撤销

【关键词】

保险理赔　交强险　交通肇事　肇事逃逸　重大误解

【场景】

原告贺某驾驶汽车在途经某自然村路段时，发生交通事故，撞伤两名小学生且该两名学生后经抢救无效先后死亡。事发后，贺某未履行救助义务，弃车离开事故现场，途中电话报警但未及时投案，于次日凌晨到县公安局派出所投案，该交通事故经县交警大队认定贺某为交通肇事逃逸，由贺某承担事故的全部责任。贺某所驾驶汽车购有商业第三者责任险和交强险。事发后，保险公司要求贺某书面作出放弃商业第三者责任险索赔的声明，如此才能给予交强险责任理赔。贺某与保险公司签订《放弃索赔声明》，承诺放弃索赔权利，全部损失个人承担。

【事态发展（纠纷产生）】

刑事判决确认贺某构成交通肇事罪但不构成交通肇事逃逸，贺某以保险公司为被告起诉至法院，诉讼请求：撤销其出具的《放弃索赔声明》。

【焦点问题】

贺某请求撤销《放弃索赔声明》是否有事实和法律依据？

【结论】

《民法典》第147条[①]规定："基于重大误解实施的民事法律行为，行为人有权请求人民法院或者仲裁机构予以撤销。"本文案例中，贺某向上诉人出具《放弃索赔声明》，该声明载明"郑重声明：因本次事故存在肇事逃逸原因，本人自愿放弃向贵公司索赔的全部权利"。由上述声明内容可知，贺某放弃保险索赔是基于对其"肇事逃逸"行为的确认，但此时其在事故发生后的行为尚未被最终认定为"肇事逃逸"。贺某声明"事故存在肇事逃逸原因"属个人主观认识。（2018）赣0830刑初199号生效判决确认贺某"不构成交通肇事逃逸"，该结果与贺某在事故发生时自认为"肇事逃逸"的主观认识截然相反，故贺某在声明中作出"肇事逃逸"的意思表示存有认识缺陷。在此情况下，行为人原来的真实意思表示符合法律规定的认定重大误解的条件。

【典型案例索引】

江西省吉安市中级人民法院民事判决书，（2020）赣08民终864号。

【相关法律法规】

《民法典》第147条；《民法典时间效力规定》第1条；原《合同法》（2021年1月1日起因《民法典》施行被废止）第54条；《刑法》第133条。

【律师分析】

1. 交通肇事逃逸是交通肇事罪的加重情形，依附于基本犯罪，不是认定构成交通肇事罪的依据，不能成为独立意义的犯罪，交警大队认定的交通肇事逃逸是否构成交通肇事罪及逃逸的加重情形需要经刑事判决确认。

根据（2018）赣0830刑初199号刑事案件的查明事实及判决内容，在贺某引发交通事故后，附近村民围拢过来，贺某害怕遭到受害人家属的攻击，

---

① 本文案例发生在《民法典》施行前，根据《民法典时间效力规定》第1条的规定，本文案例应适用《民法典》施行前的原《合同法》第54条的规定。关于基于重大误解请求撤销合同的规定，原《合同法》与《民法典》的规定内容无本质变化，且原《合同法》已因《民法典》的施行而废止。因此，本文案例中直接引用现行有效的《民法典》规定，以方便读者在现行有效的法律条文基础上理解和判断撤销合同中重大误解的认定问题。

在得知村民拨打了“120”急救电话后，将肇事车辆遗留在案发现场，在离开途中拨打“110”电话报警，又主动到公安机关投案，虽然在事故后贺某弃车离开案发现场，但没有破坏案发现场，更没有逃避法律追究的主观意愿，其行为不符合《最高人民法院关于审理交通肇事刑事案件具体应用法律若干问题的解释》（法释〔2000〕33号）的规定，经刑事判决确认不构成交通肇事逃逸。

2. 在本文案例中还存在显失公平的情形，即原告在已经赔偿一百余万元后声明放弃向保险公司的赔偿，显然有失公平。

事故发生后，贺某被采取强制措施，受害人医治及赔偿请求急迫，在贺某暂无能力弥补事故损失的情况下，其车辆保险单位应依法承担起相应赔偿责任。至本文案例诉讼，贺某已赔偿一百余万元，其声明放弃索赔的行为在紧迫并缺乏经验的情况下作出，如此一来，保险公司与贺某之间的权利和义务严重不对等，属于法律意义上的显失公平。

3. 投保人在出现理赔事由后，保险公司要求投保人出具的免责声明内容，若存在重大误解、显失公平等事由的，则可依法予以撤销。

例如，本文案例中的声明内容载有：“本人贺某已详阅了贵公司的《车险条款》及《保险法》，已知悉被保险人的相关权利和义务。现向贵公司郑重声明：因本次事故存在肇事逃逸原因，本人自愿放弃向贵司索赔的全部权利。即该案全部损失费用无须贵公司赔偿，全部由本人自行承担，今后不就此案向仲裁机构或法院申请任何形式仲裁或提起任何形式诉讼。”

（二）在对合同标的物产生错误认识的场景中认定重大误解

082. 共有人对出售共有房屋的应收价款金额产生误解，能否撤销售房合同

【关键词】

房屋买卖合同　共有　亲属关系　购房款　重大误解

【场景】

原告姜父与被告姜子系父子关系，原告配偶已死亡。涉案房屋原登记在

姜父、姜子名下，各享有50%份额。姜父与姜子签订《北京市存量房屋买卖合同》，约定出卖涉案房屋，总金额120万元，买受人应当于2019年8月13日前向出卖人支付。合同首部载明出卖人为姜父，合同落款出卖人署名为姜父、姜子，买受人处为姜子签字；合同附件——存量房交易结算资金自行划转声明载有："甲方：姜父（卖房人），乙方：姜子（买房人），兹有乙方购买甲方102号房屋，房价款120万元，买受人应当于2019年8月13日前向出卖人支付。"落款处甲方署名姜父、姜子，乙方有姜子签字。之后，双方办理房屋权属转移登记手续，现涉案房屋所有权登记在姜子名下，性质为单独所有。

【事态发展（纠纷产生）】

姜子未按约定支付购房款，并分次将姜父名下银行卡内存款共计1201500元转至自己名下。姜父以姜子为被告起诉至法院，诉讼请求如下：（1）撤销双方签订的《北京市存量房屋买卖合同》；（2）涉案房屋恢复登记在姜父、姜子名下，各持有50%份额。

【焦点问题】

姜父对其与姜子签订的《北京市存量房屋买卖合同》是否存在重大误解？

【结论】

法院认为，行为人因对行为的性质、对方当事人，以及标的物的品种、质量、规格价格和数量等产生错误认识，使行为的后果与自己的意思相悖，并造成较大损失的，可以认定为重大误解。本文案例中，涉案房屋原为姜父、姜子按份共有，双方各占50%份额。从《北京市存量房屋买卖合同》内容看，房屋价款120万元，而合同首部载明出卖人为姜父，合同落款出卖人署名为姜父、姜子；合同附件——存量房交易结算资金自行划转声明显示，乙方购买甲方涉案房屋，房屋价款120万元，买受人应当于2019年8月13日前向出卖人支付，然声明首部甲方为姜父，声明落款甲方署名姜父、姜子，以致对于120万元房屋价款为姜父个人所有还是与姜子共有，双方存在不同认识，此行为的后果与当事人签订涉案合同的意思相悖，并造成较大损失，应当认定为重大误解，原告诉讼请求撤销涉案《北京市存量房屋买卖合同》法院予以支持。

【典型案例索引】

北京市第二中级人民法院民事判决书，（2022）京02民终4093号；北京市高级人民法院民事裁定书，（2022）京民申6379号。

【相关法律法规】

《民法典》第147条、第152条；《全国法院贯彻实施民法典工作会议纪要》第2条；《民法典总则编司法解释》第19条。

【律师分析】

1. 行为人因对行为的性质、对方当事人，以及标的物的品种、质量、规格和数量等的错误认识，使行为的后果与自己的意思相悖，并造成较大损失的，可以认定为重大误解。基于重大误解实施的民事法律行为，行为人有权请求法院或者仲裁机构予以撤销。

《全国法院贯彻实施民法典工作会议纪要》（法〔2021〕94号）第2条规定："行为人因对行为的性质、对方当事人、标的物的品种、质量、规格和数量等的错误认识，使行为的后果与自己的意思相悖，并造成较大损失的，人民法院可以认定为民法典第一百四十七条、第一百五十二条规定的重大误解。"根据《民法典总则编司法解释》（法释〔2022〕6号）第19条第1款规定："行为人对行为的性质、对方当事人或者标的物的品种、质量、规格、价格、数量等产生错误认识，按照通常理解如果不发生该错误认识行为人就不会作出相应意思表示的，人民法院可以认定为民法典第一百四十七条规定的重大误解。"该条第2款规定："行为人能够证明自己实施民事法律行为时存在重大误解，并请求撤销该民事法律行为的，人民法院依法予以支持；但是，根据交易习惯等认定行为人无权请求撤销的除外。"依据上述司法解释可以认定相关行为符合《民法典》第147条规定的重大误解情形的，行为人可请求法院或仲裁机构撤销该民事法律行为。

2. 在本文案例中，虽然合同中约定了价款，但因合同双方存在特殊关系，导致共有权人错误理解合同约定价款均为其所有，导致各方对合同签订及履行产生重大误解。

首先，姜父与姜子系父子关系，涉案房屋由二人共有，各占 50% 份额。姜父将其所有的涉案房屋份额售予姜子，二人对于出售的房屋标的均应属明知。

其次，《北京市存量房屋买卖合同》、存量房交易结算资金自行划转声明首部载明出卖人、甲方为姜父，但在落款处出卖人、甲方均由姜父、姜子共同签字。

因此，法院认为《北京市存量房屋买卖合同》虽经签字具备双方合意的要件，但就姜父出售房屋份额所应取得的对价双方实际并未达成一致。姜父签订涉案房屋买卖合同所产生的法律后果与其真实意思相悖，对其权利义务产生了重大影响，应认定为存在重大误解。

3. 基于重大误解请求法院撤销合同的期间为法定除斥期间，超过该期限撤销权即消灭，法院将不会支持撤销合同的诉讼请求。

根据《民法典》第 147 条、第 152 条、第 157 条的规定，基于重大误解实施的民事法律行为，行为人有权请求法院或者仲裁机构予以撤销。当事人自知道或者应当知道撤销事由之日起一年内、重大误解的当事人自知道或者应当知道撤销事由之日起 90 日内没有行使撤销权的，撤销权消灭。民事法律行为无效、被撤销或者确定不发生效力后，行为人因该行为取得的财产，应当予以返还。

例如本文案例中，在涉案合同签订后，姜子直至 2020 年 12 月才向姜父银行卡转入购房款 60 万元，该银行卡由姜子持有，其在转款后并未告知姜父，且转款后即刻转出 52 万元，姜父于 2021 年 3 月 1 日提起本文案例的诉讼。因此，法院认定姜父撤销权行使的除斥期间未超过法定的 90 日期限，姜父有权行使撤销权。

083. 就退款金额理解错误而签订《退款协议》，能否予以撤销

【关键词】

医疗美容　服务合同　退款协议　退款金额　重大误解

【场景】

自2020年10月7日至2021年3月28日，原告向被告嘉其普美容公司交款10次，总金额124360元，其中包括：生命魔法仪（22次）费用85520元、净化三焦（20次）费用38840元。2021年4月初，原告终止了上述两个项目，生命魔法仪共做7次、净化三焦共做3次。原告、被告双方商讨退款事宜，经被告员工现场计算原告剩余未使用费用为35840元，故原告同意被告退还2万元、双方终止协议。据此，双方签订涉案《退款协议》，约定被告退还2万元，双方权利义务终止且互不负任何责任。

【事态发展（纠纷产生）】

事后，原告葛某经自己计算发现被告关于其剩余未使用费用计算错误，故原告以嘉其普美容公司及其法定代表人田某为被告起诉至法院，诉讼请求如下：（1）撤销原告与被告于2021年7月30日签订的《退款协议》；（2）判令被告退还原告没有做的项目余款82545元；（3）判令被告退还未做完的四项合一项目余款11640元。

【焦点问题】

涉案《退款协议》应否予以撤销？

【结论】

原告主张撤销《退款协议》的理由在于自己当时系受欺诈而签订协议，并非其真实意思表示。根据查明的事实，原告在办理生命魔法仪项目时交费金额为85520元，而并非被告嘉其普美容公司工作人员计算的35840元。基于此，原告当时主观上存在错误认识，认为当时针对生命魔法仪的费用金额就是被告计算的35840元，原告基于错误认识签订《退款协议》的结果与其真实意思相悖，且原告的错误认识与其在《退款协议》上签字亦存在直接因果关系，原告在客观上遭受了较大损失，因此原告签订《退款协议》的行为构成民法意义上的重大误解。基于重大误解实施的民事法律行为，行为人有权请求法院予以撤销。现原告在法定期限内提起诉讼，要求撤销《退款协议》，法院予以支持。

【典型案例索引】

北京市昌平区人民法院民事判决书，（2021）京 0114 民初 23378 号。

【相关法律法规】

《民法典》第 147 条、第 562 条、第 566 条；《全国法院贯彻实施民法典工作会议纪要》第 2 条；《民法典总则编司法解释》第 19 条。

【律师分析】

1. 涉案《退款协议》被撤销后，原告、被告双方就退款事宜尚存在争议，法院经审理判令被告退还原告没有做的项目余款 51323 元，至于未做完的四项合一项目余款因原告未提供证据证明，该请求法院不予支持。

原告与被告嘉其普美容公司之间形成服务合同法律关系，根据《民法典》第 562 条第 1 款“当事人协商一致，可以解除合同”的规定，原告与被告嘉其普美容公司均以实际行动同意解除双方之间的服务合同，且双方对于原告已经支付的款项总金额无异议。根据《民法典》第 566 条第 1 款的规定，双方解除合同后，尚未履行的，终止履行，相关费用应予退还。本文案例中，原告、被告双方对原告就生命魔法仪共做 7 次、净化三焦共做 3 次事实无异议，生命魔法仪（22 次）费用 85520 元、净化三焦（20 次）费用 38840 元的事实经法院查明确认。因此，经每次均价计算，原告没有做的项目余款为 51323 元，被告应予退还。关于原告诉讼请求第 3 项即判令被告退还未做完的四项合一项目余款，根据《民事诉讼法》第 67 条“当事人对自己提出的主张，有责任提供证据”的规定，原告未提供相应证据证明自己的主张，故法院最终驳回该项诉讼请求。

2. 关于医疗美容服务合同的签署及履行，因各地相继颁布了管理办法及医疗美容服务合同示范文本，消费者在签署相应服务合同时应重视合同内容，在发生纠纷后可依据不同事由选择撤销或解除合同并要求退款。

例如，北京市卫生健康委员会同北京市市场监督管理局，于 2023 年联合印发《北京市医疗美容服务合同（试行）》示范文本，用以规范医疗美容机构与消费者之间的权利义务，能够有效保障消费者的基本权益，其中亮点可归纳如下。

（1）接受医疗美容服务应实名，否则在发生纠纷时将承担签约主体身份等相应的举证责任。

（2）消费者有权索取药品信息及溯源，消费者还可以向美容医疗机构索要服务项目所用肉毒素、玻尿酸、胶原蛋白及假体等填充材料及其他高净值药械产品的合格证、溯源码等资料。

（3）医疗美容机构应如实介绍、宣传服务内容和效果，不得虚假宣传，不得制造“容貌焦虑”。此外，不得在标价之外加价，不得收取任何未予标明的费用，不得实施价格欺诈行为，且不得擅自扩大诊疗范围。

（4）医疗美容机构不得一次性收取或者变相收取超过单次治疗费用5倍的费用。

（5）未接受服务的，7日内可无理由退款。示范文本明确提出，自缴费之日起7日内，美容医疗机构尚未实行医疗美容服务的，消费者有权要求解除合同并退款。消费者提交退费申请单之日起，5日内应一次性全额退回预付款。

084. 错以黄金价格收购铂金物品，能否撤销买卖合同

【关键词】

买卖合同　黄金　铂金　重大误解

【场景】

原告蒙某是专门从事二手金银首饰回收的人员，被告周某与第三人莫某系好朋友。被告周某因急需资金拟出售个人所有的铂金999首饰，经向原告询价，原告按每克354.76元报价，被告同意出售，双方在第三人莫某的店铺进行交易并收货及支付钱款。相隔4日后，被告再次联系原告，并将第三人莫某的铂金999首饰卖与原告，原告按每克352.55元向被告支付价款，被告收到款项后又转支付给第三人莫某。

【事态发展（纠纷产生）】

原告蒙某以周某为被告，以莫某为诉讼第三人起诉至法院，诉讼请求：依法判令撤销原告与被告于2021年12月19日、2021年12月23日达成的二

手铂金首饰买卖合同，判令被告返还不当得利 36328 元给原告，原告将从被告处回收的 38.8 克铂金 999 手镯、项链、戒指和 64 克铂金 999 手镯、项链、戒指退还被告。

【焦点问题】

原告蒙某是否具有法律意义上的重大误解?

【结论】

关于本文案例原告蒙某是否存在重大误解的问题，蒙某在收购周某的铂金饰品时，以黄金饰品价格收购铂金首饰，收购价差达每克 140 元之多，且其在与莫某进行交易后不到三小时发现了该价格错误并协商退货事宜，按照通常理解已足以认定蒙某基于对所收购铂金饰品价格的错误认识导致其作出违背真实的意思表示，且其造成较大损失，故法院认定为重大误解，判令撤销双方的买卖合同。

【典型案例索引】

广西壮族自治区河池市中级人民法院民事判决书，（2022）桂 12 民终 1252 号。

【相关法律法规】

《民法典》第 147 条、第 152 条、第 157 条；《民法典总则编司法解释》第 19 条。

【律师分析】

1. 根据《民法典总则编司法解释》第 19 条的规定，法律意义上的重大误解是指行为人因对行为的性质、对方当事人，以及标的物的品种、质量、规格和数量等发生错误认识，使行为的后果与自己的意思相悖，并造成较大损失的行为。重大误解的构成要件如下：

（1）行为人主观上对行为的性质、对方当事人，以及标的物的品种、质量、数量、价格等方面存在错误认识。

（2）行为的结果与行为人的意思相悖。

（3）行为人的错误认识与行为后果之间存在因果关系。

（4）行为人在客观上遭受了较大损失。

2. 在本文案例中，原告主观上因为自己的失误，错把黄金的回收价格当成铂金999的回收价格进行回收，每克黄金的回收价格高出铂金999价格140元之多。

二手首饰的市场回收价格一般是以贵金属大盘价格（当日板料价）作为基数乘以相应的系数，原告因自己的失误分别于2021年12月19日、2021年12月23日都以当日的黄金回收价格即每克354.76元和352.55元计价其所回收的铂金999饰品，该回收价格与当日的黄金大盘平均价每克367.17元极为相近，而该回收价格与当日铂金999的大盘平均价每克203.715元相比却高出140元之多。可见，原告向被告及第三人收购铂金999的价格明显高于市场回收价格。同时，根据原告在完成第二次铂金999饰品的回收后不到三个小时便与被告进行微信联系要求退款退货，表明原告对铂金999饰品的回收价格存在错误认识，其回收行为的结果与其回收铂金饰品的意思明显相悖，且原告的该错误认识与其回收的后果存在因果关系，并导致原告遭受了较大的经济损失。因此，认定原告涉案的两次铂金999饰品的回收行为均构成重大误解。

3. 根据《民法典》第157条的规定："民事法律行为无效、被撤销或者确定不发生效力后，行为人因该行为取得的财产，应当予以返还；不能返还或者没有必要返还的，应当折价补偿……"原告、被告双方的买卖合同被撤销后，原告与被告进行的两次铂金999首饰的回收而取得的财产，应当相互予以返还。

085. 因错误认识病情而与保险公司签订理赔协议，能否撤销该协议

【关键词】

保险理赔　理赔协议　治疗费用　重大误解

【场景】

原告毛某在被告保险公司处投保了终身重大疾病保险，约定基本保险金额15万元，适用情形包括"对脑肿瘤进行的放射治疗"。原告在承保期内因

重大疾病入院治疗，原告在治疗时认为自己未实际实施放射治疗不符合保险合同约定的有关重大疾病的治疗要求，故与保险公司签署保险理赔《协议书》，约定保险公司只理赔 50% 的费用即 7.5 万元。

【事态发展（纠纷产生）】

理赔协议签订 3 个月后，原告病情复发并需要放射治疗。原告毛某以保险公司为被告起诉至法院，诉讼请求：依法撤销原告、被告于 2021 年 1 月 19 日签订的保险理赔《协议书》。

【焦点问题】

原告与被告签订的《协议书》是否存在重大误解的情形？

【结论】

《民法典》第 147 条规定："基于重大误解实施的民事法律行为，行为人有权请求人民法院或者仲裁机构予以撤销。"原告在被告处投保了终身重大疾病保险，约定基本保险金额 15 万元，后原告因眼眶肿瘤、视神经损伤在 R 医院进行治疗，实行了颅骨钛板置入术、眼眶切除术，并未进行开颅手术或放射性治疗，原告基于 R 医院的治疗情况与被告签订了《协议书》，同意只理赔 7.5 万元，在签订该《协议书》时，原告与被告对原告的病情均认识不足，特别是利益受害的原告对于其自身病情认识不清，原告作为非专业医学人士，并不具备专业的医学知识，对于自身病情的发展及需要接受的治疗手段没有足够的认识，在签订《协议书》时没有认识到自己的后续病情是需要进行放射性治疗而导致对事态的判断出现失误，直到签订协议三个月后其病情复发，才知晓自己的疾病需要进行放射性治疗，而放射性治疗是符合终身重大疾病保险中重大疾病的理赔条件的，故原告在与被告签订《协议书》时其自身具有认识过错，但是该过错并不是其明知的，亦非故意的，该过错导致其对签订《协议书》的行为产生错误的认识，并造成自身遭受重大损失，其行为属于重大误解，故对原告毛某主张撤销原告、被告于 2021 年 1 月 19 日签订的《协议书》的诉讼请求，法院予以支持。

【典型案例索引】

河北省承德市中级人民法院民事判决书，（2021）冀 08 民终 3238 号。

【相关法律法规】

《民法典》第147条、第152条；《民法典时间效力规定》第1条；《民法典总则编司法解释》第19条。

【律师分析】

1. 根据《民法典总则编司法解释》第19条第1款的规定，重大误解是指行为人因对行为的性质、对方当事人，以及标的物的品种、质量、规格和数量等发生错误认识，使行为的后果与自己的意思相悖，并造成较大损失。

2. 根据《民法典》第152条规定，有下列情形之一的，撤销权消灭：

（1）当事人自知道或者应当知道撤销事由之日起1年内、重大误解的当事人自知道或者应当知道撤销事由之日起90日内没有行使撤销权。

（2）当事人受胁迫，自胁迫行为终止之日起1年内没有行使撤销权。

（3）当事人知道撤销事由后明确表示或者以自己的行为表明放弃撤销权。

（4）当事人自民事法律行为发生之日起5年内没有行使撤销权的，撤销权消灭。

3. 基于重大误解请求撤销合同，权利人应在90日内行使撤销权。

例如本文案例中，原告2021年3月10日入院进行治疗，采取了放射性治疗，即原告此时才知道其自身疾病需要进行放射性治疗，故原告知道该撤销事由之日为2021年3月10日，原告于2021年6月1日向法院提起诉讼，其撤销权并未消灭。

086. 误认为保险合同无效而签订的理赔协议，能否撤销该协议

【关键词】

保险合同　保险利益　理赔协议　重大误解

【场景】

闽晖公司为施工人员向保险公司投保购买意外伤害险和意外医疗险，意外伤害每人保额80万元。闽晖公司向保险公司提供徐某身份信息，并为徐某投保上述保险。徐某在做铁制品打磨工作时，打磨片爆裂击伤右眼，治疗后

未能痊愈，被评定为人身保险七级伤残。徐某向保险公司理赔，被告知其与闽晖公司之间无保险利益不能正常获得理赔，故双方签订涉案《保险金给付协议书》约定保险公司仅一次性赔偿2万元。

【事态发展（纠纷产生）】

徐某以保险公司为被告起诉至法院，诉讼请求如下：（1）判令撤销徐某与保险公司于2020年11月6日签订的《保险金给付协议书》；（2）判令保险公司支付徐某保险赔偿金30万元以及逾期利息。

【焦点问题】

对于《保险金给付协议书》徐某可否行使撤销权？

【结论】

徐某因事故造成人身保险七级伤残，根据涉案保险合同的约定，保险公司应向徐某给付意外伤残保险金32万元（40% ×80万元）。但徐某与保险公司签订的《保险金给付协议书》中约定的一次性赔偿仅为2万元，金额差距较大。且根据该协议书内容，徐某是基于保险人告知其与闽晖公司已不再具有保险利益为由才签订该协议书，但法院审查认为徐某与闽晖公司具有保险利益，其有权依据涉案保险合同申请理赔。徐某系基于重大误解签订该协议书，其有权请求法院撤销该协议书。

【典型案例索引】

福建省福州市中级人民法院民事判决书，（2021）闽01民终8314号。

【相关法律法规】

《民法典》第147条、第155条、第157条；《保险法》第31条。

【律师分析】

1. 投保他人人身保险的，需要双方具有保险利益，否则保险合同无效。关于保险利益的判断，根据《保险法》第31条的规定，投保人对下列人员具有保险利益：

（1）本人。

（2）配偶、子女、父母。

（3）前项以外与投保人有抚养、赡养或者扶养关系的家庭其他成员、近亲属。

（4）与投保人有劳动关系的劳动者。

（5）除前述四项外，被保险人同意投保人为其订立合同的，视为投保人对被保险人具有保险利益。

2. 闽晖公司为徐某投保即属前述第5种情形，应认定闽晖公司与徐某之间具有保险利益，保险合同有效，被告保险公司应按照保险合同约定理赔32万元（40% ×80万元）。

本文案例中，现有证据不能直接证明徐某与闽晖公司存在劳动关系。除法定利益外，被保险人同意投保人为其订立合同的，视为投保人对被保险人具有保险利益。闽晖公司在投保时已向保险人提供徐某的个人信息，徐某亦据此向保险公司主张相应的权利，由此可知徐某同意闽晖公司为其订立保险合同，可视为闽晖公司对徐某具有保险利益，涉案保险合同应属有效。

087. 基于标错面积的选房公告签订选房确认书，能否被撤销

【关键词】

拆迁安置协议　选房确认书　多退少补　重大误解

【场景】

被告胡某与拆迁人置业公司及其受托方征收咨询公司签署《房屋拆迁补偿安置协议书》一份，约定胡某同意拆迁人以拆一还一的方式还建安置房（64平方米）。原告村民委员会组织选房，其中涉案房屋所在H3地块4号楼面积预测图显示：一层六户，两边户面积为64平方米，中间四户面积为74平方米。村民委员会、胡某签订《还建楼确认书》，载明：胡某通过摇号选择边户涉案房屋，预测建筑面积为64平方米，待实测面积确认后，按照拆迁协议及相关政策文件进行多退少补。

经面积实测，H3地块4号楼两边户面积实为75.55平方米，中间4户面积实为67.03平方米，村民委员会此前公示中H3地块4号楼边户与中间户面积标识存在错误，将两者面积标反，从而导致摇号选房中选中的房号与实际

面积严重不符。

【事态发展（纠纷产生）】

村委会以胡某为被告起诉至法院，诉讼请求：判令撤销村民委员会、胡某之间签署的《还建楼确认书》。

【焦点问题】

原告、被告双方签署的《还建楼确认书》是否构成重大误解？

【结论】

法院认为，《房屋拆迁补偿安置协议书》是各方真实意思表示，且未违反法律法规的禁止性规定，合法有效。该协议明确约定胡某同意拆迁人以拆一还一的方式还建安置房（64 平方米）。其后，村民委员会向村民发出的村还建房选房公示中 H3 地块 4 号楼面积预测图中显示一层六户，东西两边户面积为 64 平方米，中间四户面积为 74 平方米。因选房公示中标识的面积与房屋的设计草图（预测面积）均存在边户与中间户面积刚好标反的情况，出现了与实际情况不符的错误，导致胡某与村民委员会签订的《还建楼确认书》中，虽约定了还建预测面积 64 平方米的房屋，但实际还建时对应房号的房屋面积却是 75.55 平方米，与双方签订《还建楼确认书》的真实意思表示不符，构成重大误解。

【典型案例索引】

湖北省武汉市中级人民法院民事判决书，（2022）鄂 01 民终 10331 号。

【相关法律法规】

《民法典》第 147 条、第 152 条。

【律师分析】

1. 选房公告将边户与中间户面积数写反了，属于双方对标的物基本属性认识错误，构成重大误解。

根据《民法典总则编司法解释》第 19 条第 1 款的规定，行为人因对行为的性质、对方当事人，以及标的物的品种、数量、质量、规格等的错误认识，使行为的后果与自己的意思相悖，并造成重大损失的，应认定为重大误解。

例如本文案例中，因村民委员会在制作选房公示宣传页时失误，直接按照设计草图进行面积标识，将边户与中间户面积标反，属于对标的物（还建房）基本属性（面积）认识错误，且并非故意为之，亦非村民委员会之本意，使得行为后果与自己的意思相悖，造成重大损失，构成法律意义上的重大误解。

2. 村民委员会在收到实测面积后的90日内向法院申请撤销与胡某签订的确认书，并未超过除斥期间，因此村民委员会要求撤销与胡某签订的《还建楼确认书》的诉讼请求于法有据，法院判决予以支持。

3. 虽然《房屋拆迁补偿安置协议书》约定可对面积误差多退少补，但面积相差较大，已经与双方《还建楼确认书》的真实意思相悖。

例如本文案例中，被告胡某主张房屋面积按照多退少补的方案补足差价，以保障《还建楼确认书》的继续履行，但房屋实测面积与标识面积差已经严重超出合理误差范畴，且适用多退少补的前提是合同双方就合同内容不存在重大误解。因此，不存在在重大误解的情况下针对预测面积与实测面积存在误差情况下的“多退少补”。

088. 车辆实际里程与二手车买卖协议约定里程不一致，能否撤销该买卖协议

【关键词】

买卖协议　二手车　里程　欺诈　重大误解　赔偿

【场景】

原告李某通过快手直播看到被告马某对外销售奔驰威霆车辆，遂与被告马某取得联系欲购买该车辆。购车前，被告马某通过微信向原告介绍涉案车辆“实表实数跑3万多千米”，并承诺保证车辆千米数。原告李某与被告马某签订《卖二手车协议书》，约定车辆售价35.6万元，甲方马某系出售该车二手车的中间商，并非该车辆原所有人，对该车辆仪表显示的行驶里程及4S店的保养千米数不作任何承诺，不承担任何责任与赔偿。同时，约定涉案车辆千米数为3万千米左右及保证为真实千米数等内容。

涉案车辆所有人为邢某，邢某委托刘某为其售卖涉案车辆，刘某又转委

托被告马某代其售卖涉案车辆。刘某曾告知被告马某涉案车辆千米数为 3 万多千米。

【事态发展（纠纷产生）】

原告李某使用涉案车辆后，检修时发现车辆里程已超过 30 万千米，故以马某、邢某、大连机动车产权交易有限公司、大连 × × 机动车市场有限公司为被告起诉至法院，诉讼请求如下：（1）撤销原告李某与被告马某之间的《卖二手车协议书》；（2）所有被告共同返还原告购车款 35.6 万元；（3）所有被告共同赔偿原告三倍购车款 106.8 万元；（4）所有被告共同支付原告交通费、维修费 2 万元；（5）所有被告共同支付原告贷款买车产生的利息。

【焦点问题】

1. 被告马某销售涉案车辆是否存在欺诈行为？

2. 原告李某与被告马某之间的二手车买卖合同能否予以撤销？

【结论】

本文案例中，被告马某受刘某委托代卖涉案车辆，被告马某与原告李某签订《卖二手车协议书》前，曾向刘某询问涉案车辆千米数，刘某告知被告马某涉案车辆千米数为 3 万多千米。现原告提供的证据不足以证实被告马某存在故意告知虚假事实或隐瞒真实情况的情形，故被告马某不存在欺诈行为。

关于重大误解的认定，原告李某欲购买行驶里程为 3 万千米左右的车辆，而涉案车辆实际行驶里程为 30 余万千米，原告对标的物的性质发生重大误解，基于重大误解购买的涉案车辆与其真实的意思表示不一致，本文案例具有重大误解的构成要件。基于重大误解实施的民事法律行为，行为人有权撤销，故原告主张要求撤销二手车买卖协议，法院判决予以支持。

【典型案例索引】

辽宁省大连市中级人民法院民事判决书，（2022）辽 02 民终 6024 号。

【相关法律法规】

《民法典》第 147 条、第 148 条、第 152 条、第 155 条、第 157 条、第 509 条、第 577 条、第 583 条、第 584 条、第 595 条。

【律师分析】

1. 因未认定被告存在消费欺诈行为，故法院未予支持原告就消费欺诈应予法定 3 倍赔偿的主张。原告又依据《卖二手车协议书》约定的 3 倍购车款要求赔偿，因合同被撤销后自始没有法律约束力，因此也不能支持原告提出的 3 倍购车款的赔偿请求。

根据《消费者权益保护法》（2014 年 3 月 15 日实施）第 55 条第 1 款的规定："经营者提供商品或者服务有欺诈行为的，应当按照消费者的要求增加赔偿其受到的损失，增加赔偿的金额为消费者购买商品的价款或者接受服务的费用的三倍……"本文案例中，被告不构成消费欺诈，故不能支持 3 倍赔偿请求。

原告又依据涉案《卖二手车协议书》中"如有以上条款 3 倍退"的约定，提出马某、邢某承担赔偿 3 倍车款的请求，因《卖二手车协议书》存在可撤销的情形，根据《民法典》第 155 条的规定，无效的或者被撤销的民事行为自始没有法律约束力，所以原告李某 3 倍赔偿的主张无法律依据，法院判决不予支持。

2. 在本文案例中，《卖二手车协议书》的签订双方为李某、马某，双方在签订涉案协议书之时，邢某并未参与，马某也未向李某披露交易车辆的所有权人为邢某，基于合同的相对性，法院判决马某承担返还车款、赔偿损失等责任。同时，因原告李某已向马某支付了车款，原告在该资金占用期间存在利息损失，法院判决原告的利息损失由被告马某承担。

089. 店铺转让合同约定租期长于实际剩余租期，能否撤销转让合同

【关键词】

店铺转让　房屋租赁　转租　租期届满　重大误解

【场景】

原告章某拟接手被告李某对外转让的奶茶店铺，双方签订《店面转让协议书》，约定：奶茶店铺现有的装修、装饰、营业设备及其他所有设备等全部转让给章某，转让费 6 万元，李某与房东已签订租赁合同，租期到 2021 年

12 月 1 日止。原告同时与“房东”王某（只是转租人非店铺所有权人）签订房屋租赁合同，约定租期至 2021 年 12 月 1 日止，并已交付房租。

店铺所有权人为 H 职业技术学院，该店铺出租给商贸公司。王某与商贸公司承租了该店铺，先转租给李某，签订涉案《店面转让协议书》后又转租给章某。商贸公司与店铺所有权人之间的租赁合同于 2021 年 1 月 31 日到期，因此章某在经营不到 2 个月后，即被要求腾退并搬离店铺房屋。

【事态发展（纠纷产生）】

原告章某以李某、王某为被告起诉至法院，诉讼请求如下：（1）撤销章某、王某于 2020 年 11 月 16 日签订的《店面转让协议书》；（2）李某向章某退还转让费 59795 元。

【焦点问题】

原告、被告就涉案《店面转让协议书》约定内容是否构成重大误解？

【结论】

法院认为，李某与案外人王某签订的房屋租赁合同约定涉案奶茶店租赁期间至 2021 年 12 月 1 日，而在章某与李某签订涉案《店面转让协议书》当天，章某也与王某签订了房屋租赁合同并支付了 2020 年 12 月 1 日至 2021 年 12 月 1 日的房屋租金。章某与李某在《店铺转让协议书》中对店铺租期亦进行了明确约定和记载，虽然《店铺转让协议书》并非房屋租赁合同，但该店铺租期是促使章某与李某达成转让协议的重要原因，章某签订《店铺转让协议书》的根本目的是在涉案店铺中经营奶茶店，而 H 职业技术学院与王某的前手商贸公司签订的经营合同在 2021 年 1 月 31 日便已到期，这使章某不得不于 2021 年 2 月提前搬离撤场，明显违背了章某当时签订《店面转让协议书》的真实意愿。因店铺租期系吸引章某签订《店铺转让协议书》的关键因素，而章某误认为自己可以租赁涉案店铺至 2021 年 12 月 1 日，故章某、李某签订的《店面转让协议书》为双方因重大误解订立的合同，法院对章某主张撤销《店面转让协议书》的诉讼请求予以支持。

【典型案例索引】

安徽省芜湖市中级人民法院民事判决书，（2021）皖 02 民终 2208 号。

【相关法律法规】

《民法典》第 147 条、第 152 条、第 157 条。

【律师分析】

1. 根据《民法典》第 155 条和第 157 条的规定，合同被撤销后自始对双方不产生拘束力，因合同取得的财产应该予以返还，双方基于各自过错程度承担相应的损失。

例如本文案例中，李某作为店铺的承租人和转让人，有义务协助章某了解房屋租期等涉及店铺的重要信息；而章某作为一名经营者，在与“房东”王某核实涉案店铺租期时，未尽合理的注意义务，也应当承担相应责任，章某受让的涉案店面装修和设施的实际价值系依附于该店铺而实现的，转让费体现和凝结了该店铺本身的价值，现该店铺无法继续承租经营，法院综合涉案协议的履行情况、双方当事人的过错程度等酌定判令李某返还章某转让款 36295 元。

2. 签署店铺转让合同时，以餐饮店铺转让为例，至少应注意以下法律风险：

（1）合同主体应具有处分权。签合同前，确认转让人的身份，若为产权人（房东）需要查看房产证和身份证，若为承租人需要查看租赁合同的主体和租期约定。

（2）另行签署店铺租赁合同。签合同前，确认店铺租赁合同内容，确认承租方的租赁期限，签订合同时务必请房东到场，确认房东、承租人、次承租人等都同意转租。

（3）检查餐饮相关证件及行政记录，包括营业执照（经营范围：餐饮业）、食品经营许可证（主体业态：餐饮服务经营者）等证照。签订合同前，到消防、公安、环保、城管、街道等部门了解是否存在油烟超标准排放、噪声干扰周围生活等情况，是否能顺利办理新证件。到税务部门了解税费是否缴纳完毕，并将相关票据复印保存。

（4）查清相关费用的缴付情况，包括水、电、物业、卫生、供暖等费用。

（5）确认原员工工资发放状况，问清楚是否存在员工工资未结清及其他未解决的矛盾纠纷。

（6）了解周边市政规划。签合同前，从周边以及规划部门等了解情况，避免刚接手就面临拆迁、修路等情况。

（7）签合同前，需要事前约定清楚房屋交接及工商变更等手续的协助办理。

090. 误解法拍房过户费由己方承担而签订付款承诺书，能否撤销

【关键词】

司法拍卖　公有住房　垫付款　重大误解

【场景】

张某通过淘宝网司法拍卖网络平台以33.7504万元竞买了萨某名下涉案房屋，因涉案房屋性质为公有住房，为办理变更登记，张某向涉案房屋登记单位某农商行支付房改款65440元，某农商行出具《收据》，载明：已收到张某代萨某支付的房改款65440元，并在《结算业务委托书》备注：张某代萨某补交房价。张某以《收据》《结算业务委托书》要求萨某返还涉案房屋房改款65440元，萨某向张某支付21000元后，向张某出具《承诺书》，载明：萨某还欠张某44440元，并按2分计息。

【事态发展（纠纷产生）】

张某依据《承诺书》内容，以萨某为被告起诉至法院，诉讼请求如下：判令萨某立即支付张某代其垫付的房改款44440元，利息10665.06元，合计55105.06元。

萨某在诉讼中，以张某为被告提起反诉，诉讼请求如下：（1）判令撤销萨某于2019年1月17日签订的《承诺书》；（2）判令张某向萨某返还21000元及利息。

【焦点问题】

萨某就其出具的《承诺书》主张重大误解是否成立？

【结论】

本文案例中，涉案房产的《拍卖公告》第 8 条明确要求，过户所涉及的买卖双方所需承担的一切税、费和所需补交的相关税、费等均由买受人自行承担，即涉案卖方所需补交的房改款由买受人自行承担。萨某在与张某签订《承诺书》时，因受制于自身的认知能力及法律水平，萨某对某农商行出具的《收据》内容及《结算业务委托书》的备注内容存在错误的理解，错误地认为涉案房改款应由其承担，其出具的《承诺书》中约定的房改款支付义务承担主体与《拍卖公告》中要求的房改款支付义务承担主体不一致，构成误解。且签订该《承诺书》后，如果按照《承诺书》的约定履行会对萨某造成较大经济损失。因此，法院认定萨某是基于重大误解向张某出具涉案两份《承诺书》（一份为打印版，一份为手写版），并对涉案两份《承诺书》依法予以撤销。

【典型案例索引】

广东省肇庆市中级人民法院民事判决书，（2021）粤 12 民终 205 号。

【相关法律法规】

《民法典》第 147 条；《民法典时间效力规定》第 1 条；《全国法院贯彻实施民法典工作会议纪要》（法〔2021〕94 号）第 2 条；《民法典总则编司法解释》第 19 条。

【律师分析】

1. 原《民法总则》于 2017 年 10 月 1 日开始实施，后因 2021 年 1 月 1 日《民法典》的施行而废止，原《民法总则》与《民法典》就第 147 条、第 152 条、第 157 条的规定内容一致，故对重大误解的认定及法律规定内容的适用不产生差异性影响。

2. 根据《民法典》第 152 条的规定，重大误解的当事人应自知道或者应当知道撤销事由之日起 90 日内行使撤销权，否则撤销权消灭。

例如本文案例中，因涉案房屋的市场上市申请及涉案房改款的支付均由张某办理，萨某并未参与上述过程，且萨某签署涉案两份《承诺书》时对于费用负担主体存在错误理解。萨某主张自己是在张某提起诉讼后，经其委托诉讼代理人即专业律师的释明后，才知道撤销事由，符合通常的认知规律，具备高度盖然性，法院认定萨某知道撤销事由之日为本诉起诉之日，萨某于2020年8月18日反诉请求撤销涉案《承诺书》并未超过90日的除斥期间。因此，萨某有权对涉案《承诺书》行使撤销权。

3. 在本文案例中，关于本诉中张某依据《承诺书》要求萨某支付欠款的诉讼请求，因萨某对涉案房改款的承担主体存在重大误解，涉案《承诺书》应予以撤销，涉案房改款应由张某自行承担。因此，张某起诉要求萨某支付欠款的主张，法院不予支持，且张某应向萨某退还已经收取的21000元及以LPR计算的资金占用费。

091. 错误理解租赁物用途而签租赁合同，能否撤销

【关键词】

土地性质　违法建筑　宣传用语　租赁合同　重大误解

【场景】

被告逸丰公司取得以440亩土地用于建设高标准温室260栋的批文，在温室大棚建成后制发宣传册，其宣传册中有户型图。刘某收到宣传册后，实地参观温室大棚及样板间，逸丰公司向其出示了有关行政部门的批文以证明温室大棚的合法性。刘某准备在此改建温室大棚的窖头房用于养老居住，于是双方签署涉案《温室大棚租赁合同》，约定一次性交付租金30万元。刘某与时任逸丰公司法定代表人曲某签订《装修合同》，约定装修费10万元。刘某又分别与逸丰公司签订《物品交接单》约定各项费用4.6万元、签订《逸丰樱桃树委托管理合同》约定费用8000元。原告刘某支付了上述费用，并完成了承租温室大棚窖头房的改建和装修。

【事态发展（纠纷产生）】

刘某经装修入住后，相关行政部门下发违建通知并实际拆除了窖头房的扩建部分及其他院内装修装饰。刘某以逸丰农业公司为被告起诉至法院，诉讼请求如下：（1）撤销刘某与逸丰公司签订的《温室大棚租赁合同》；（2）要求逸丰公司返还租金30万元、装修款10万元、管理费8000元、果树

和设备款 4 万元，赔偿大棚修理费 1.06 万元，合计 45.86 万元，并以同期贷款利率计付利息。

【焦点问题】

原告刘某就《温室大棚租赁合同》约定内容是否构成重大误解？

【结论】

本文案例中，因被告逸丰公司在对外出租温室大棚的宣传手册中使用的广告语句、户型鉴赏图及样板间等存在不实之处，致使原告刘某对涉案温室大棚产生重大误解，错误地认为承租温室大棚后，既可以增加窖头房的面积，又可以用于养老居住。而在双方签订租赁合同后，被告逸丰公司亦在原告刘某委托其装修、扩建窖头房时，并未对原告刘某进行合理说明和解释以及提示相应的风险，现由于增加的窖头房面积被相关行政部门拆除，影响了原告刘某对涉案温室大棚使用的合理预期，并给刘某造成较大的损失。涉案《温室大棚租赁合同》应予撤销，同时作为《温室大棚租赁合同》从合同的《装修合同》《逸丰樱桃树委托管理合同》亦应一并撤销。

【典型案例索引】

辽宁省高级人民法院民事裁定书，(2021) 辽民申 3891 号。

【相关法律法规】

《民法典》第 147 条、第 152 条、第 157 条；《民法典时间效力规定》第 1 条；原《合同法》(2021 年 1 月 1 日起因《民法典》施行被废止) 第 52 条、第 54 条、第 58 条；《九民会议纪要》第 2 条；《民法典总则编司法解释》第 19 条。

【律师分析】

1. 原告诉讼请求主张确认《温室大棚租赁合同》无效，诉讼过程中以可撤销事由变更诉讼请求为撤销《温室大棚租赁合同》，上述变更不违反法律规定，法院予以认可。

根据《九民会议纪要》第 42 条的规定，撤销权应当由当事人行使。当事人未请求撤销的，法院不应当依职权撤销合同。一方请求另一方履行合同，另一方以合同具有可撤销事由提出抗辩的，法院应当在审查合同是否具有可撤销事由以及是否超过法定期间等事实的基础上，对合同是否可撤销作出判断，不能仅以当事人未提起诉讼或者反诉为由不予审查或者不予支持。一方主张合同无效，依据的却是可撤销事由，此时法院应当全面审查合同是否具有无效事由以及当事人主张的可撤销事由。当事人关于合同无效的事由成立的，法院应当认定合同无效。当事人主张合同无效的理由不成立，而可撤销的事由成立的，因合同无效和可撤销的后果相同，法院也可以结合当事人的诉讼请求，直接判决撤销合同。况且在本文案例中，原告刘某在诉讼中变更诉讼请求为撤销涉案合同，符合法律规定。

2. 原告行使撤销权的起算时间应自行政部门通知其拆除违法建设的窖头房时起算，原告行使撤销权未超过法定 90 日的除斥期间。

行政部门下发的《责令改正违法行为通知书》并未送达原告刘某本人，而是由被告逸丰公司代收。原告刘某实际是在 2019 年 3 月 20 日接到相关行政部门电话通知其拆除违法建设的窖头房，故撤销权的起算时间应为 2019 年 3 月 20 日。因此，原告刘某向法院起诉的时间并未超过法定 90 日的除斥期间，原告有权对涉案合同行使撤销权。

3. 涉案《温室大棚租赁合同》及相关从合同被撤销后，基于前述合同取得的财物应予返还或折价补偿。

根据《民法典》第 157 条以及《民法典合同编通则司法解释》第 24 条的规定，合同被撤销后，行为人因该合同取得的财产，应当予以返还；不能返还或者没有必要返还的，应当折价补偿。有过错的一方应当赔偿对方由此所受到的损失；各方都有过错的，应当各自承担相应的责任。例如本文案例中，被告逸丰公司应返还原告刘某租金 286027. 4 元及相应利息并赔偿原告刘某装修款 9 万元、管理费 8000 元、果树和设备款 4 万元；原告刘某返还给被告逸丰公司涉案温室大棚、果树及设备。

二、显失公平的合同被撤销

《民法典》第 151 条规定了乘人之危导致的显失公平对合同效力的影响，

即："一方利用对方处于危困状态、缺乏判断能力等情形，致使民事法律行为成立时显失公平的，受损害方有权请求人民法院或者仲裁机构予以撤销。"该条文内容结合了原《民法通则》第58条、第59条关于乘人之危、重大误解的规定以及原《合同法》第54条的规定，不再单独以乘人之危评价合同效力，而是将乘人之危纳入导致显失公平产生的一种原因，以显失公平作为民事法律行为可撤销的理由。

根据《民法典》第151条的规定，构成乘人之危导致显失公平的情形有以下两种：（1）主观上，行为人在合同订立时具有利用优势或利用对方轻率、无经验等而与对方订立显失公平合同的故意；（2）客观上，在合同成立时合同双方的利益显著失衡。

关于《民法典》第151条规定的利用对方处于危困状态、缺乏判断能力等情形，其中的关键是对于"危困状态"与"缺乏判断能力"的理解。所谓利用对方处于危困状态，是指利用某人陷入某种暂时性的急迫困境，从而急需金钱或有其他急需的状态。例如，某人家人突然患上重病，急需筹集治疗费用，此时如果有人利用这种急需状态要求以明显的低价购买其房屋的，则可能构成显失公平。所谓缺乏判断能力，主要是指欠缺一般的生活经验或者交易经验，如金融机构的从业人员向城里文化水平较低的老年人兜售风险较高的理财产品，由于缺乏判断能力，这些老年人购买风险较高理财产品的行为，就可能构成显失公平。[①] 其中，还需读者关注的是缺乏判断能力，这主要是指欠缺一般的生活经验或者交易经验，而不包括欠缺特殊的判断能力，如对专业的法律问题、金融问题、医护问题等缺乏判断能力则不属于显失公平中的缺乏判断能力。

关于显失公平情形下的撤销权行使期限，根据《民法典》第152条第1款第1项"当事人自知道或者应当知道撤销事由之日起一年内"的规定，权利人应自知道或者应当知道撤销事由之日起一年内行使撤销权，否则撤销权消灭。并且，行使撤销权的方式应是向法院或仲裁机构提起诉讼或申请仲裁，

① 参见最高人民法院民法典贯彻实施工作领导小组主编：《中华人民共和国民法典总则编理解与适用》（上、下），人民法院出版社2020年版，第747页。

而不是仅发送通知文件。

综上所述，本部分内容主要围绕《民法典》及相关司法解释的规定，结合实务案例，对“显失公平”影响合同效力的诸多场景进行类型化分析，并提出律师法律实务建议，以帮助读者在日常经济交往活动及实务办案过程中预判相关情形下因显失公平导致合同被撤销的风险。

092. 为解决居所漏水而签订应急协议，能否认定危困状态下的显失公平

【关键词】

危困状态　相邻关系　协助义务　补偿款　显失公平

【场景】

原告刘某是涉案 2 层 6 号房屋的产权人，被告马某是同栋 3 层 9 号房屋的产权人，原告、被告双方为楼上、楼下邻居关系。2021 年 9 月起，原告刘某所属 6 号房屋卫生间屋顶发生较为严重的漏水情况，经协商，3 楼被告马某重新做了卫生间防水仍未改观原告房屋漏水情况。原告为解决房屋长期漏水问题并排查漏水点，与被告马某于 2021 年 10 月 29 日签订《补充协议》，约定：原告认可自家漏水问题不是被告造成，与被告无关，原告需要在施工前向被告补偿 3 万元及交纳 2 万元保证金，并补偿承租被告房屋的租户 1000 元。

【事态发展（纠纷产生）】

原告刘某以显失公平为由起诉被告马某，其中部分诉讼请求如下：（1）撤销双方于 2021 年 10 月 29 日签订的《补充协议》；（2）返还刘某支付给马某的补偿款 3 万元，退还保证金 2 万元，赔偿刘某为承租马某房屋租户支付的补偿款 1000 元。

【焦点问题】

涉案《补充协议》能否被撤销？

【结论】

法院关于《补充协议》效力的认定如下。

第一，房屋漏水是否构成危困状态。处于危困状态的特点在于，因为自身一时处于危险困难的状态，为了改变这种状况，在和他人交易时，对方利用了一方急于改变这一状态的急迫需求，结果导致交易时利益显著失衡。正常安宁的居住环境是人生存发展的基本条件之一，房屋产生质量问题后能够得到及时修缮并保障房屋的功能正常完整是房屋所有权人的应有权利。房屋漏水虽然难以界定为重大危险或人身威胁，但长时间持续漏水，势必会对房屋居住人的正常生活造成长期困扰，直接影响房屋的正常使用，甚至不可避免影响居住人的心理和精神状态。因此，本文案例原告刘某受到的侵扰是显而易见的，应当认为刘某处于危困状态，刘某因为急于解决漏水问题、尽快恢复正常生活状态，从而签订较为苛刻的协议的迫切心理属于人之常情。

第二，被告马某是否有协助排查、修理的义务。基于基本生活常识，卫生间漏水原因有可能是楼房排水、供水管道自然老化，也有可能楼上邻居在装修过程中的施工活动。无论是哪种原因，作为相邻一方都应当给予必要的协助和配合，但如果超出合理的限度或证明漏水不是相邻一方的过错造成的，提供协助和配合的一方可以要求合理的赔偿或补偿。但本文案例中，被告马某作为楼上房屋的所有人，应对原告刘某房屋漏水的排查、修理负有协助的义务，同时马某作为相邻一方，亦负有合理范围内的容忍义务。

第三，《补充协议》是否显失公平。本文案例中，原告刘某为了及时解决漏水问题与被告马某签订《补充协议》。该漏水事故对刘某的正常生活已造成严重困扰，属于危困状态的范畴。在此情形下，马某作为楼上邻居，本应配合协助以解决问题。但根据双方签订的《补充协议》，为维修漏水，刘某在承担维修费用的基础上，还需额外先行补偿马某 3 万元以及交纳保证金 2 万元。基于生活常理，《补充协议》约定的内容已"显著"利益失衡。原告刘某因漏水事故陷入急迫的困境，需要及时解决漏水问题恢复正常生活，其签订《补充协议》并非出于其真实意愿，而是为解决漏水问题而所作出的无奈之举。被告马某即是利用了刘某急于改变漏水状态的急迫需求，基于其优势地位与刘某签订不公平的协议，导致双方利益"显著"失衡。在此过程中，马某具有利用优势与刘某签订显失公平协议的故意，其行为背离了诚信原则的要求。

因此，原告刘某起诉要求撤销《补充协议》，法院予以支持。因《补充协议》被撤销，故被告马某基于《补充协议》收取的补偿款3万元、保证金2万元以及补偿承租马某房屋租户的1000元，应予退还。刘某诉讼请求中要求马某退还上述款项，法院予以支持。

【典型案例索引】

北京市第二中级人民法院民事判决书，（2023）京02民终898号。

【相关法律法规】

《民法典》第6条、第7条、第151条、第152条。

【律师分析】

1. 显失公平，是指一方利用对方处于危困状态、缺乏判断能力等情形，致使民事法律行为成立时权利义务明显失衡。

《民法典》第6条是关于公平原则的规定，即："民事主体从事民事活动，应当遵循公平原则，合理确定各方的权利和义务。"《民法典》第151条是关于乘人之危导致的显失公平的规定，即："一方利用对方处于危困状态、缺乏判断能力等情形，致使民事法律行为成立时显失公平的，受损害方有权请求人民法院或者仲裁机构予以撤销。"《民法典》第151条是显失公平制度的法律依据。民法体系中设置显失公平制度的意义，在于保证合同双方在完全自愿、平等的基础上完成交易行为，督促人们遵循诚实信用原则订立和履行合同。同时，赋予交易中遭受损害一方撤销合同的请求权，以维护交易的公正性。显失公平原则并不是对合同自由的否定，而是对不能体现当事人真实意思的行为加以限制，以最大限度体现真正的实质意义上的合同自由。

2. 司法实务中，显失公平的构成要件主要包括客观要件和主观要件。

客观要件方面，首先要求双方当事人的利益失衡，且要达到"显著"的程度；此外，应以签订合同的时点作为基准点，来判断双方的利益是否"显著"失衡。主观要件方面，要求签订合同时，一方具有利用优势或利用对方轻率、无经验等而与对方订立显失公平合同的故意。

3. 以显失公平为由起诉请求法院撤销相关合同的，应在自知道或者应当知道撤销事由之日起1年内向法院或仲裁机构提起诉讼或申请仲裁。

根据《民法典》第152条第1款的规定：“有下列情形之一的，撤销权消灭：（一）当事人自知道或者应当知道撤销事由之日起一年内、重大误解的当事人自知道或者应当知道撤销事由之日起九十日内没有行使撤销权；……（三）当事人知道撤销事由后明确表示或者以自己的行为表明放弃撤销权。”根据该条第2款的规定，当事人自民事法律行为发生之日起五年内没有行使撤销权的，撤销权消灭。因此，原告以显失公平为由请求法院撤销涉案合同的，应在自知道或应当知道之日起1年内提出。本文案例中，原告、被告于2021年10月29日签订《补充协议》，后原告于1年之内向法院提起诉讼，要求撤销《补充协议》，符合上述法律规定。

4. 根据《九民会议纪要》第42条的规定，权利人撤销权的行使应当由当事人主动提出。

根据《九民会议纪要》第42条的规定，撤销权应当由当事人行使。当事人未请求撤销的，法院不应当依职权撤销合同。一方请求另一方履行合同，另一方以合同具有可撤销事由提出抗辩的，法院应当在审查合同是否具有可撤销事由以及是否超过法定期间等事实的基础上，对合同是否可撤销作出判断，不能仅以当事人未提起诉讼或者反诉为由不予审查或者不予支持。一方主张合同无效，依据的却是可撤销事由，此时法院应当全面审查合同是否具有无效事由以及当事人主张的可撤销事由。当事人关于合同无效的事由成立的，法院应当认定合同无效。当事人主张合同无效的理由不成立，而可撤销的事由成立的，因合同无效和可撤销的后果相同，法院也可以结合当事人的诉讼请求，直接判决撤销合同。

093. 以物抵债协议约定抵债物价格高于市场价，能否撤销抵债协议

【关键词】

三角债　债务重组　抵债协议　显失公平

【场景】

原告A公司与被告B公司存在买卖活动，B公司拖欠A公司货款4087143元。因被告B公司偿还所欠货款有困难，B公司欲用其债务人C公

司的商铺抵付所欠货款。为方便财务走账，原告A公司与被告B公司协商签订了《债务重组协议》。原告A公司与被告B公司、C公司三方签订《抹账协议》，约定：由C公司直接付货款给A公司，相互做账务处理，冲抵应收（付）账款，金额为3968100元。此后，三方又签订《补充协议》，约定：C公司将107号房屋（建筑面积70.76平方米）和108号房屋（建筑面积61.51平方米），合计面积是132.27平方米，以单价30000元/平方米作价3968100元冲抵欠原告A公司款项。原告A公司后来发现抵债房屋系住宅房，其单价为10800元/平方米，非商铺。

【事态发展（纠纷产生）】

原告A公司认为所签协议显失公平，故以C公司、B公司为被告起诉至法院，部分诉讼请求为：依法撤销原告A公司与被告B公司签订的《债务重组协议》，依法撤销被告B公司、C公司与原告A公司签订的《抹账协议》及《补充协议》。

【焦点问题】

涉案《债务重组协议》、《抹账协议》及《补充协议》应否予以撤销？

【结论】

法院认为，A公司与B公司签订的《债务重组协议》以及A公司与B公司、C公司签订的《抹账协议》及《补充协议》，是以“新天地B2幢107号、108号房屋”抵付C公司欠B公司的货款及B公司欠A公司的货款为目标而完善财务手续实施的行为。因而《债务重组协议》、《抹账协议》及《补充协议》相互联系，不可分割。A公司提供的B公司的法定代表人盖私章的《说明》载明：“将C公司拥有的商铺，房号为107和108，合计面积132.27平方米，以单价30000元/平方米，作价3968100元，冲抵我公司欠A公司的货款。”《补充协议》等证据载明：“现C公司将107号房屋（建筑面积70.76平方米）和108号房屋（建筑面积61.51平方米），合计面积是132.27平方米，以单价30000元/平方米，作价3968100元冲抵C公司方欠A公司款项。”上述证据足以证明A公司提出的以商铺抵付货款的理由成立。C公司提供给A公司员工陈某名下的《商品房买卖合同》载明：房屋系住宅房，房屋单价为 10800 元/平方米，非商铺。C 公司隐瞒抵付货款的房屋系住宅房的事实，且以单价 10800 元/平方米的住宅房按单价 30000 元/平方米以商铺名义抵付货款，符合法律及司法解释规定的重大误解、显失公平。故 A 公司提出的依法撤销 B 公司与 A 公司签订的《债务重组协议》，依法撤销 B 公司、C 公司与 A 公司签订的《抹账协议》及《补充协议》的主张，法院判决予以支持。

【典型案例索引】

安徽省宿州市中级人民法院民事判决书，(2021) 皖 13 民终 1359 号。

【相关法律法规】

原《民法总则》第 147 条（2021 年 1 月 1 日起因《民法典》施行被废止，该条文同《民法典》第 147 条内容）；原《合同法》（2021 年 1 月 1 日起因《民法典》施行被废止）第 54 条；《民法典》第 147 条、第 151 条。

【律师分析】

1.《民法典》施行前后法律法规对显失公平规定不同，《民法典》规定的显失公平合并了原《合同法》第 54 条有关显失公平与乘人之危的规定。

原《合同法》（2021 年 1 月 1 日起因《民法典》施行被废止）第 54 条第 1 款规定："下列合同，当事人一方有权请求人民法院或者仲裁机构变更或者撤销：……（二）在订立合同时显失公平的。"原《最高人民法院关于贯彻执行〈中华人民共和国民法通则〉若干问题的意见（试行）》（2008 年修正，2021 年 1 月 1 日起被废止）第 72 条规定："一方当事人利用优势或者利用对方没有经验，致使双方的权利义务明显违反公平、等价有偿原则的，可以认定为显失公平。"第 73 条第 1 款规定："对于重大误解或者显失公平的民事行为，当事人请求变更的，人民法院应当予以变更；当事人请求撤销的，人民法院可以酌情予以变更或者撤销。"

《民法典》结合了上述规定内容，在第 151 条规定："一方利用对方处于危困状态、缺乏判断能力等情形，致使民事法律行为成立时显失公平的，受损害方有权请求人民法院或者仲裁机构予以撤销。"

2.《民法典》规定的显失公平包含乘人之危的内容，可以据此规定以乘人之危导致显失公平为由要求撤销合同，但实务中也常出现显失公平与重大误解或胁迫一同适用的情形。

因显失公平订立的合同，往往是一方当事人在危困状态下或者缺乏判断能力等情形下订立的使当事人之间享有的权利和承担的义务严重不对等的合同，其中缺乏判断能力或处于危困状态可能是由重大误解或轻微胁迫所致。例如，当事人基于主观上对交易内容的重大误解，在客观上与行为人签署了显失公平的合同，当事人以重大误解、显失公平为由，诉讼请求判决撤销合同。

094. 专业鉴定前的赔偿约定，能否以显失公平为由予以撤销

【关键词】

工伤认定　伤残鉴定　一次性赔偿　显失公平

【场景】

原告蔡某在被告塑料加工厂工作受伤，经市人力资源和社会保障局认定系工伤。在未做工伤认定及伤残鉴定情形下，原告蔡某与被告签订涉案《一次性了结协议》。

【事态发展（纠纷产生）】

伤残鉴定后，原告蔡某认为《一次性了结协议》约定赔偿款显失公平，故以塑料加工厂为被告起诉至法院，诉讼请求：撤销蔡某与塑料加工厂签订的《一次性了结协议》。

【焦点问题】

涉案《一次性了结协议》是否应予撤销？

【结论】

根据《工伤保险条例》第 37 条“职工因工致残被鉴定为七级至十级伤残的，享受以下待遇：……（二）劳动、聘用合同期满终止，或者职工本人提出解除劳动、聘用合同的，由工伤保险基金支付一次性工伤医疗补助金，由用人单位支付一次性伤残就业补助金。一次性工伤医疗补助金和一次性伤残就业补助金的具体标准由省、自治区、直辖市人民政府规定”的规定，塑

料加工厂应当向蔡某支付各项补助金。塑料加工厂与蔡某签订《一次性了结协议》时，尚未进行工伤认定及伤残鉴定，蔡某作为普通的工作人员，相较于用人单位塑料加工厂，对有关工伤理赔的国家法律、政策，及理赔的程序、项目和金额的知悉、了解处在劣势地位，对自身具体情况缺乏准确判断力。蔡某在申请工伤认定及工伤鉴定后才得知双方签订的《一次性了结协议》的赔偿金额明显低于赔偿标准。《民法典》第151条规定："一方利用对方处于危困状态、缺乏判断能力等情形，致使民事法律行为成立时显失公平的，受损害方有权请求人民法院或者仲裁机构予以撤销。"蔡某要求撤销《一次性了结协议》于法有据，法院判决予以支持。

【典型案例索引】

湖南省岳阳市中级人民法院民事判决书，(2022)湘06民终1598号。

【相关法律法规】

《民法典》第151条；《工伤保险条例》(2010年修订)第37条。

【律师分析】

根据《民法典》第151条的规定，一方利用对方处于危困状态、缺乏判断能力等情形，致使民事法律行为成立时显失公平的，受损害方有权请求法院或者仲裁机构予以撤销。

这种显失公平的情形，是指双方当事人的权利义务明显不对等，使一方遭受重大不利。其构成要件包括：

(1) 双方当事人的权利义务明显不对等。

(2) 这种不对等违反公平原则，超过了法律允许的限度。

(3) 区别于欺诈、胁迫、恶意串通损害他人利益等原因导致的显失公平，这种显失公平属于利用他人处于危困状态、缺乏判断能力等情形导致的显失公平。

095. 承租店铺支付高价转让费的，能否以显失公平撤销转租约定

【关键词】

租赁合同　转租　口头合同　租金　显失公平

【场景】

原告筹备选址开生活超市，经汪某介绍，认识了被告熊某，又经熊某介绍，从“一中鲜花店”门面的现租赁人被告张某手中以转让费148000元的价格承租了该门面，双方达成口头转租协议，原告交付了门面转让费148000元。该“一中鲜花店”门面房东系王某，被告张某在一周前从其他转租人处以28000元转让费承租的该门面房，张某收取原告转让费后，带着原告与房东王某签署了门面房租赁合同。

【事态发展（纠纷产生）】

原告认为口头房屋转租协议约定显失公平，以介绍人熊某和转租人张某为被告起诉至法院，部分诉讼请求如下：（1）判令撤销原告与张某达成的口头房屋转租协议；（2）判令被告张某、熊某共同返还原告门面转让费148000元。

【焦点问题】

原告与张某达成的口头房屋转租协议是否应予撤销？

【结论】

《民法典》第151条规定：“一方利用对方处于危困状态、缺乏判断能力等情形，致使民事法律行为成立时显失公平的，受损害方有权请求人民法院或者仲裁机构予以撤销。”缺乏判断能力的特点在于一方对所从事的交易的有关知识储备不足，另一方利用了一方的这一弱点，结果导致交易时利益显著失衡，极不公平。本文案例中，张某以28000元的价格从另一转租人处转租涉案门面，仅隔一周后，张某利用原告缺乏经营超市的市场经验，在涉案门面不具有门面装修、门面设备、经营项目等财产内容的情况下，以148000元的价格转租给原告，导致该转租行为利益显著失衡，极不公平。故法院判决撤销原告与张某达成的口头房屋转租协议。

【典型案例索引】

湖南省常德市中级人民法院民事判决书，（2021）湘07民终1815号。

【相关法律法规】

《民法典》第151条、第155条、第157条。

【律师分析】

1. 根据《民法典》第469条第1款“当事人订立合同，可以采用书面形式、口头形式或者其他形式”的规定，即合同的订立既可以采用书面形式也可以采用口头约定的形式，双方只要能证明相应约定内容且内容符合相应法律法规规定，合同即成立。

2. 司法实务中，显失公平往往与交易风险自担相对应，正常的商业行为及交易风险应该由当事人自行承担，但若出现一方利用对方缺乏判断能力，致使签署的合同内容明显有失公平的，受损害方有权要求撤销该合同。

例如本文案例中，同一个门面房，在同一时期内，转让费相差5倍有余，显然有失公平。被告张某支付的转租费为28000元，接着（只隔一周）被告张某在未对门面进行任何修缮改建的情况下即将该门面以148000元的价格转租给原告。虽然市场交易存在风险，但本文案例中张某与原告之间的店铺转租交易价格明显高于正常市场交易价格，原告因市场经验、技能等方面的欠缺，加上被告熊某、张某带有隐瞒欺诈性质的游说，导致其在订立本文案例门面转租合同时缺乏正常判断能力，致使该门面转租合同在订立口头合同时显失公平，原告要求撤销涉案口头门面转租合同，符合《民法典》第151条的规定。

3. 关于张某是否应当向原告返还门面转让费148000元的问题，根据《民法典》第157条的规定，转租合同被撤销后相关转让费用应予返还。

《民法典》第157条规定：“民事法律行为无效、被撤销或者确定不发生效力后，行为人因该行为取得的财产，应当予以返还；不能返还或者没有必要返还的，应当折价补偿。有过错的一方应当赔偿对方由此所受到的损失；各方都有过错的，应当各自承担相应的责任。法律另有规定的，依照其规定。”本文案例中，根据市场交易习惯，原告应当清楚承租门面需支付一定金额的转让费，并且张某收取转让费后代原告与涉案门面的所有权人王某签订了门面房租赁合同，之后是因为原告自身的原因而解除。张某从另一转租人处转租涉案门面支付了转让费28000元，该费用为市场正常价格，应从148000元中予以扣除，故法院判决被告张某应向原告返还转让费120000元。

096. 无特别情形下变更原有价格约定，能否因价格显失公平而撤销

【关键词】

股权转让　补充约定　回购价格　显失公平

【场景】

2018 年 10 月 8 日，李甲（出让方、甲方）与李乙（受让方、乙方）签订《股权转让协议书》，约定转让目标公司 60% 股权，转让价款为 60 万元。10 月 24 日，李甲（出让方、甲方）与李乙（受让方、乙方）又签订《补充协议书》，约定在原《股权转让协议书》第 2 条增加第 4 项作为《补充协议书》第 2 条第 2 款第 4 项内容，即："因乙方资金困难，经乙方提出，鉴于办理转让手续在支付转让款之前，如乙方未能按《股权转让协议书》约定在 2019 年 1 月 30 日前支付转让款，则乙方同意前述以 60 万元购买 60% 的股权的条件作废，并同意以此前甲方支付的投资款 238.8 万元价格收购回甲方 60% 的股权，并承担合同违约的全部责任，同时自签订本协议之日起按照月息两分计付利息给甲方至付清款项之日止。"《补充协议书》签订后，李甲退出公司，并将股权变更登记至李乙名下，履行了股权变更及法定代表人变更登记手续，但李乙未向李甲支付股权转让款。

【事态发展（纠纷产生）】

原告李甲以李乙为被告起诉至法院，诉讼请求如下：（1）判令李乙向李甲支付股权转让款 238.8 万元及其利息；（2）判令李乙向李甲支付违约金 47.76 万元。

李乙向一审法院提出反诉，反诉请求：撤销李乙、李甲 2018 年 10 月 24 日签订的《补充协议书》第 2 条第 2 款第 4 项。

【焦点问题】

《补充协议书》第 2 条第 2 款第 4 项约定的法律效力及法律性质如何?

【结论】

法院认为，显失公平是指一方当事人在紧迫或者缺乏经验的情况下订立

合同，使当事人之间享有的权利和承担的义务严重不对等。标的物的价值和价款过于悬殊，承担责任、风险承担显然不合理的合同，都可称为显失公平的合同。显失公平的合同往往令当事人双方权利和义务很不对等，经济利益上严重失衡，违反了公平合理的原则。本文案例中，李甲在一审开庭笔录中确认双方合作经营的涉案公司并未分红，财务反映是亏损，李乙对此表示双方合作经营的涉案公司处于持续亏损的状况。在此情况下，李甲与李乙于2018年10月8日签订《股权转让协议书》，明确约定李乙以60万元受让李甲对目标公司享有的60%股权符合双方所述公司现状，应是双方当事人真实意思表示。但双方当事人又于2018年10月24日以《补充协议书》第2条第2款第4项对双方原有的股权转让价款支付约定作出变更，上述两份协议签订日期仅相隔十几天，且涉案公司在此期间一直处于亏损状态，也没有证据显示涉案公司股权价值存在大幅提升，故《补充协议书》第2条第2款第4项中关于李乙应支付李甲238.8万元的60%股权的股权转让款的约定，远远大于双方在《股权转让协议书》中约定的60万元的数额，令当事人双方权利和义务很不对等，故对李乙显失公平。而且，在双方当事人均认可自2016年8月以来目标公司经营状况每况愈下的情况下，李甲依《补充协议书》第2条第2款第4项的约定仍可取回其所主张的全部投资款额（238.8万元），也对李乙极其不公平。因此，《补充协议书》第2条第2款第4项的约定，违反了公平合理的原则，构成显失公平的情形。故法院支持反诉原告李乙的反诉请求，判决撤销李甲、李乙于2018年10月24日所签订《补充协议书》第2条第2款第4项。

【典型案例索引】

广东省韶关市中级人民法院民事判决书，（2020）粤02民终2053号。

【相关法律法规】

原《民法总则》第151条（2021年1月1日起因《民法典》施行被废止，该条文同《民法典》第151条内容）；原《合同法》（2021年1月1日起因《民法典》施行被废止）第6条、第45条、第60条、第107条、第

109 条、第 114 条；《公司法》（2018 年修正）第 71 条第 1 款[①]（2024 年 7 月 1 日起实施的《公司法》已将该条文内容调整到第 84 条第 1 款）。

【律师分析】

1. 根据《民法典》第 156 条“民事法律行为部分无效，不影响其他部分效力的，其他部分仍然有效”的规定，合同中部分被撤销、无效，不影响合同其他条款的效力。

2. 《民法典》第 584 条、第 585 条是关于违约赔偿的规定，其中第 585 条是关于违约金约定的内容，双方可对违约金进行约定，约定违约金以不超过损失的 30% 为限。

根据《民法典》第 585 条第 1 款、第 2 款的规定，当事人可以约定一方违约时应当根据违约情况向对方支付一定数额的违约金，也可以约定因违约产生的损失赔偿额的计算方法。约定的违约金低于造成的损失的，法院或者仲裁机构可以根据当事人的请求予以增加；约定的违约金过分高于造成的损失的，法院或者仲裁机构可以根据当事人的请求予以适当减少。再根据《民法典合同编通则司法解释》第 65 条第 2 款的规定，约定的违约金超过造成损失的 30% 的，法院一般可以认定为过分高于造成的损失。

097. 赔偿金额超出实际损失，能否以显失公平撤销赔偿约定

【关键词】

赔偿协议　赔偿款　显失公平

【场景】

被告张某从原告刘某处为其汽车换装轮胎两条，后在高速行驶时发生爆胎。2019 年 4 月 11 日，原告刘某与被告张某在案外人林某办公室签署涉案《赔偿协议》，约定：原告刘某赔偿 60 万元给车主张某。

【事态发展（纠纷产生）】

原告刘某以赔偿协议显失公平为由起诉被告张某至法院，诉讼请求：撤

---

① 《公司法》（2018 年修正）第 71 条第 1 款规定：“有限责任公司的股东之间可以相互转让其全部或者部分股权。”

销原告刘某与被告张某于2019年4月11日签订的《赔偿协议》。

【焦点问题】

涉案《赔偿协议》是否应予撤销？

【结论】

第一，由于张某更换涉案两条轮胎已经1年以上，不排除其他原因造成爆胎。刘某于2019年4月8日早上赶至厦门接收两条轮胎，4月11日张某要求其签订《赔偿协议》确认其计算错误造成轮胎不匹配，仅3天时间，对于查清爆胎原因、明确各方责任而言显得仓促。另外，刘某签订《赔偿协议》的地点在林某的办公区域中，从录音、录像中可以反映出林某言行上虽没有实施胁迫，但语气比较强势。因此，法院认为张某利用了刘某窘迫为难、判断能力降低的状况，要求其签订《赔偿协议》。

第二，关于张某的损失情况，张某自己对车辆的损失仅提交了仪表照片用以证实此事，至于该车辆是否因爆胎而造成了损坏，张某未提交确凿的证据，经法院释明也未提出损失评估申请。张某在庭审中强调了该车辆价值的贵重性以及维修的困难性，但在事故发生后，其未采取任何合理的措施以固定可以证明该车辆损失情况及爆胎原因的证据，如及时报警、通知保险公司查勘、要求厦门4S店出具检修单等；甚至在诉讼中，在双方对车辆损失存在争议的情况下，张某又自称在庭审后已自行将涉案车辆维修好，而又未提交任何维修方面的证据，其以上的行为都有悖于常理。关于张某主张的玉镯、茅台酒损失，其无法证实上述物品是在爆胎事故中损坏，其主张的租车费也显然过高。张某称其车辆价值130余万元，但其仅提交了68万元的购车发票，故法院按68万元认定其购车价格，在张某提交的证据难以证实其实际损失的情况下，其要求刘某赔偿60万元，显然有失公平。

综上所述，张某要求刘某签订《赔偿协议》致使双方的权利与义务明显违反公平，刘某主张撤销该《赔偿协议》，法院判决予以支持。

【典型案例索引】

广东省中山市第一人民法院民事判决书，（2019）粤2071民初16454号。

【相关法律法规】

原《民法总则》第150条、第151条（2021年1月1日起因《民法典》

施行被废止，上述条文同《民法典》第 150 条、第 151 条内容）。

【律师分析】

1. 根据《民法典》第 157 条的规定，合同被撤销后，行为人因合同取得的财产，应当予以返还，各方相互承担过错赔偿责任。再根据《民法典》第 155 条的规定，合同撤销后自始无效。因此，合同双方主张合同约定以外的法律关系及损失赔偿的，需重新组织证据证明对方应承担损害赔偿责任。

在《赔偿协议》被撤销后，车主张某向一审法院提出反诉主张刘某赔偿损失，根据《民事诉讼法司法解释》第 90 条“当事人对自己提出的诉讼请求所依据的事实或者反驳对方诉讼请求所依据的事实，应当提供证据加以证明，但法律另有规定的除外。在作出判决前，当事人未能提供证据或者证据不足以证明其事实主张的，由负有举证证明责任的当事人承担不利的后果”的规定，车主张某应举证证明其实际损失的存在，以及其损失与刘某更换轮胎的行为之间存在因果关系。但因车主张某未能举证，故车主张某在《赔偿协议》被撤销后要求刘某赔偿损失并支付利息的反诉请求，法院判决予以驳回。

2. 根据《中国保险行业协会机动车商业保险示范条款（2020 版）》第 11 条的规定，车轮单独损失，无明显碰撞痕迹的车身划痕，以及新增加设备的损失，保险人不负责赔偿。本文案例中，若车主张某的车辆仅是爆胎，不容易走保险理赔，再结合前述第一点律师分析，车主以爆胎主张损失赔偿，现实中将不容易得到赔偿。因此，若读者在遇到类似情形时，首先不能有讹人之心，但需要保留好相关证据以方便事故后要求相关方进行赔偿，证据可从以下方面进行收集保留：产品购买凭证、事故记录、维修记录及款项支付凭证、其他物品损害记录或凭证等。

三、以欺诈手段签订的合同被撤销

《民法典》第 148 条是基于欺诈事由撤销民事法律行为的规定，即：“一方以欺诈手段，使对方在违背真实意思的情况下实施的民事法律行为，受欺诈方有权请求人民法院或者仲裁机构予以撤销。”该条文结合了原《民法通则》第58条第1款以及原《合同法》第52条、第54条的规定，其中比较大的修改，是无论欺诈对象是谁，都是可以撤销的民事法律行为；而不是根据欺诈的对象来认定法律效力，欺诈国家的无效，欺诈其他对象的可撤销。①

关于欺诈的认定问题，根据《民法典总则编司法解释》第21条的规定，故意告知虚假情况，或者负有告知义务的人故意隐瞒真实情况，致使当事人基于错误认识作出意思表示的，法院可以认定为《民法典》第148条规定的欺诈。

关于实务中欺诈的举证标准问题，欺诈的证明标准是“排除合理怀疑”，其证明标准要高于一般事项“高度盖然性”的证明标准。根据《民事诉讼法司法解释》第108条第1款关于一般待证事实证明标准的规定，对负有举证证明责任的当事人提供的证据，法院经审查并结合相关事实，确信待证事实存在具有高度可能性的，应当认定该事实存在。再根据《民事证据规定》第86条第1款的规定，当事人对于欺诈、胁迫、恶意串通事实的证明，法院确信该待证事实存在的可能性能够排除合理怀疑的，应当认定该事实存在。

关于欺诈情形下的撤销权行使期限，根据《民法典》第152条第1款第1项“当事人自知道或者应当知道撤销事由之日起一年内、重大误解的当事人自知道或者应当知道撤销事由之日起九十日内没有行使撤销权”的规定，权利人应在自知道或者应当知道撤销事由之日起一年内行使撤销权，否则撤销权消灭。并且，行使撤销权的方式应是向法院或仲裁机构提起诉讼或申请仲裁，而不是只发送通知文件。

综上所述，本部分内容以《民法典》及相关司法解释的规定为基础，加以实务案例，对欺诈影响合同效力的诸多因素进行类型化分析，并提出律师法律实务建议，以帮助读者在日常经济交往活动及实务办案过程中预判相关情形下因欺诈行为导致合同被撤销的风险。

---

① 参见最高人民法院民法典贯彻实施工作领导小组主编：《中华人民共和国民法典总则编理解与适用》（上、下），人民法院出版社2020年版，第736页。

098. 截流工程款并以带息借款形式提供给施工人，能否撤销该借贷关系

【关键词】

工程分包　实际施工人　工程款　借条　欺诈

【场景】

被告路桥公司承包工程项目后又分包给原告傅某，傅某为涉案工程的实际施工人。2018 年 2 月 12 日，发包人就涉案工程项目已经向被告路桥公司支付工程款 70 万元，但被告占着款项未支付给原告也未告知原告该 70 万元已到账。同年 7 月 3 日，傅某向路桥公司出具借条一张，载明：今借到路桥公司 50 万元整，月利率 2.5%，本金和利息在涉案工程款中扣除。

【事态发展（纠纷产生）】

傅某追讨工程款发现 70 万元工程款早在借款前已支付至路桥公司账户，故以路桥公司为被告起诉至法院，诉讼请求：撤销傅某、路桥公司之间基于 2018 年 7 月 3 日的借条所形成的民间借贷关系。

【焦点问题】

原告主张其系因受欺诈出具涉案借条的事由是否成立？

【结论】

本文案例中，被告路桥公司明知傅某是涉案工程的实际施工人，收到涉案 70 万元工程款不仅不告知傅某，还背着傅某与鲁某平进行债务抵扣，事后在傅某需要借款时也未告知相关情况，路桥公司故意隐瞒真实情况，导致傅某在不知晓工程款到账的情况下出具借条，此系因受欺诈而实施的民事行为。因此，傅某提出的以欺诈为由撤销涉案借条的诉讼请求成立，法院判决予以支持。

【典型案例索引】

安徽省马鞍山市中级人民法院民事判决书，（2022）皖 05 民终 1438 号。

【相关法律法规】

《民法典》第 148 条、第 152 条；《民法典总则编司法解释》第 19 条、第 21 条。

【律师分析】

1. 签订合同过程中无论是存在重大误解还是欺诈行为，均能导致合同可撤销，但两者撤销权行使的期限不同。

根据《民法典》第 152 条第 1 款“有下列情形之一的，撤销权消灭：当事人自知道或者应当知道撤销事由之日起一年内、重大误解的当事人自知道或者应当知道撤销事由之日起九十日内没有行使撤销权……”的规定，重大误解情形下撤销权的行使期限较短，只有 90 天，而欺诈行为撤销权行使期限是 1 年。相比重大误解，欺诈行为的撤销权行使期限更长，受欺诈一方可在自知道或应当知道撤销事由之日起 1 年内行使撤销权。

2. 相比于重大误解，司法实务中对民事欺诈行为的认定会更严苛。

对于一般待证事实的证明，根据《民事诉讼法司法解释》第 108 条第 1 款的规定，对负有举证证明责任的当事人提供的证据，法院经审查并结合相关事实，确信待证事实的存在具有高度可能性的，应当认定该事实存在。对于欺诈等事实的证明，根据《民事证据规定》第 86 条第 1 款的规定，当事人对于欺诈、胁迫、恶意串通事实的证明，法院确信该待证事实存在的可能性能够排除合理怀疑的，应当认定该事实存在。

根据《民法典总则编司法解释》第 19 条第 1 款的规定，行为人对行为的性质、对方当事人或者标的物的品种、质量、规格、价格、数量等产生错误认识，按照通常理解如果不发生该错误认识行为人就不会作出相应意思表示的，法院可以认定为《民法典》第 147 条规定的重大误解。

根据《民法典总则编司法解释》第 21 条的规定，故意告知虚假情况，或者负有告知义务的人故意隐瞒真实情况，致使当事人基于错误认识作出意思表示的，法院可以认定为《民法典》第 148 条规定的欺诈。

综上所述，认定民事欺诈行为要注意以下几点：第一，行为人要有告知虚假情况或隐瞒真实情况的故意；第二，行为人的行为导致相对人产生错误认识；第三，相对人基于错误认识作出违背真实意思的意思表示。

3. 在本文案例中，一审法院认定原告傅某出具借条系基于重大误解，二审法院予以纠正，认定原告傅某出具借条的行为系基于受欺诈实施的民事行为。

本文案例中，原告傅某作为涉案工程的实际施工人，被告路桥公司应向原告支付该涉案工程的70万元工程款。然而，路桥公司在收到工程款后，非但未向原告支付该70万元工程款，也未将发包人已经支付工程款事宜告知傅某，被告有隐瞒已收70万元工程款的故意。原告未收到应收工程款，资金紧缺，故而向路桥公司高息借款，出具涉案借条。因此，路桥公司故意隐瞒真实情况，导致傅某在不知晓工程款到账的情况下向路桥公司借款，该借款行为系原告因受欺诈而实施的民事行为。

099. 隐瞒采矿证内资源已枯竭而对外签订转让协议，能否撤销该协议

【关键词】

股权转让　采矿许可证　矿体储量　欺诈

【场景】

被告闫某、熊某持有建材公司100%股权，建材公司名下持有矿山资产，建材公司持有的采矿许可证有效期限为1年（2019年1月16日至2020年1月16日）。原告张某为经营矿山，与闫某、熊某商谈建材公司股权转让事宜，闫某告知张某建材公司的矿山仍有储量但未明确告知建材公司采矿许可证范围内矿产资源已经开采完毕，仍有储量是指证外资源（矿体储量）。原告基于采矿许可证范围内仍有储量的认知，咨询自然资源管理部门采矿许可证可否续期。2020年4月26日，闫某、熊某（出让方）与张某（受让方）签订《建材公司股权转让协议》，约定，闫某、熊某将其持有的建材公司100%的股权转让给张某，股权转让价格600万元。同日，张某向闫某个人账户分两笔转账共计100万元。

【事态发展（纠纷产生）】

因建材公司采矿许可证未能办妥续期，涉案的矿山也被依法关闭，原告

张某认为闫某、熊某构成欺诈，故以该二人为被告起诉至法院，诉讼请求如下：（1）撤销原告、被告于2020年4月26日签订的《建材公司股权转让协议》；（2）两被告共同返还原告股权转让款100万元及按贷款利率的4倍计算违约金。

【焦点问题】

1. 原告是否有权以被告欺诈为由主张撤销《建材公司股权转让协议》？

2. 协议被撤销后的法律后果如何承担？

【结论】

法院认为，关于本文案例被告闫某的行为是否符合欺诈的构成要件，从以下方面进行综合判断：

第一，关于受欺诈对象的认定，本文案例中《建材公司股权转让协议》虽明确采矿许可证到期，双方也明确采矿许可证延期事宜由原告办理，但对于该协议的目的（原告取得股权后，可利用采矿权在原址继续从事资源开采、加工）而言，建材公司有权开采的矿区范围内是否仍有资源储备直接影响原告办理股权转让后，是仅需要办理采矿许可证延期，还是需要先办理变更矿区范围、再办理采矿许可证变更、最后再办理采矿许可证延期，这两者之间需要付出的精力以及承担的政策风险显然差别甚远。因此，建材公司有权开采的矿区范围内是否仍有资源储备直接影响原告是否与被告签订《建材公司股权转让协议》。

第二，被告闫某、熊某具有告知虚假情况、隐瞒事实的主观故意。被告闫某在2021年11月16日询问时表示，有些有意向接手人了解难度后就退出了，可见闫某清楚采矿许可证范围内是否有资源储备直接影响有意受让股权一方的积极性，因此，被告有向原告隐瞒矿区资源储备的故意。闫某辩称原告是在了解了矿区扩界难度的基础上接手股权的，但未提供原告事前了解扩界事宜的相关证据，故该抗辩法院不予支持。

第三，欺诈行为与错误判断之间有因果关系。建材公司有权开采的矿区范围内是否仍有资源储备直接影响办理手续的难易，直接影响原告是否与被告签订《建材公司股权转让协议》。因此，欺诈行为与签署合同之间存在因果关系。

第四，受欺诈人基于错误判断作出了意思表示。原告基于对矿区范围内是否仍有资源储备产生错误认识，从而错误判断了办理手续的难易程度，进而与被告签订《建材公司股权转让协议》。

综上所述，法院认为被告闫某与原告张某就股权转让事宜协商时，没有明确告知其采矿权范围内矿产资源已经开采完毕，仍有储量系指证外资源（矿体储量）的行为构成欺诈，应当承担相应法律后果。根据《民法典》第148条的规定，原告提出的撤销涉案《建材公司股权转让协议》的诉讼请求，法院依法予以支持。

【典型案例索引】

湖北省荆门市中级人民法院民事裁定书，（2021）鄂08民终1420号；湖北省荆门市东宝区人民法院民事判决书，（2022）鄂0802民初54号。

【相关法律法规】

《民法典》第148条、第157条；《民法典时间效力规定》第1条第2款；《民事证据规定》（法释〔2019〕19号）第86条；《民法典总则编司法解释》第21条。

【律师分析】

1. 根据《民法典总则编司法解释》第21条有关民事欺诈认定的规定，民事欺诈是指行为人故意告知虚假情况，或者负有告知义务的人故意隐瞒真实情况，致使当事人基于错误认识作出意思表示。实务中就民事欺诈的认定，可以尝试根据以下构成要件论证是否构成欺诈：

（1）行为上告知虚假事实或隐瞒真实情况，以隐瞒方式从事欺诈应仅限于存在说明义务的情形。欺诈所涉对象无论是涉及行为客体的某种性质，还是可能影响标的物价值，如果对作出从事该行为的决定具有实际影响，则均可构成欺诈所涉对象。

（2）行为人主观上具有故意。所谓故意，是指实施欺诈是为了影响对方当事人的意志，或欺诈人至少具有对方当事人因此可能受到影响的意识。

（3）因欺诈人引起或维持的错误，或称欺诈行为与错误判断之间有因果关系。对方当事人在其决策上受到影响，或者在通过隐瞒方式实施欺诈的情形下，一旦作出说明，对方当事人可能不会再从事该项民事行为。

（4）受欺诈人基于错误判断作出了意思表示，如签订合同的意思表示。

2. 在本文案例中，关于被告实施的欺诈行为，具体是指故意告知原告矿山仍有储量，隐瞒了采矿权范围内矿产资源已经开采完毕，仍有储量系指证外资源（矿体储量）。采矿许可证范围内资源是否已开采完毕对于采矿许可证能否顺利续期具有重要影响，因此本文案例认定被告存在欺诈行为导致原告作出错误判断。

根据已经于2017年12月29日废止的《国土资源部关于进一步完善采矿权登记管理有关问题的通知》（国土资发〔2011〕14号）的规定，在矿区范围内还有剩余可开采利用的查明资源储量是办理采矿许可证延续的必要条件之一。根据《矿产资源开采登记管理办法》（2014年修订）第7条、第15条的规定，对于采矿权界定范围内矿产资源开采完毕的，如想继续开采的，应当首先在采矿许可证有效期内向有关机关申请矿山扩界，变更矿区范围，再以变更后的矿区范围申请办理采矿许可证变更手续。此后，在新的矿区范围内查明剩余可开采利用的储量，再以该剩余查明资源储量作为依据，在采矿许可证有效期届满的30日前向有关部门申请办理采矿许可证延续。因此，采矿权界定范围内矿产资源开采是否完毕，对于办理采矿许可证延续存在重大影响，也直接影响着矿山的真实价值。

3. 根据《民法典》第157条的规定，涉案《股权转让协议》被撤销后，合同双方因《股权转让协议》取得的财产，应当予以返还。有过错的一方应当赔偿对方由此所受到的损失；各方都有过错的，应当各自承担相应的责任。

例如本文案例中，由于被告在双方协商股权转让事宜的过程中，没有客观地告知原告采矿许可证范围内矿产资源已经开采完毕，仍有储量系指证外资源（矿体储量）这一事实，导致原告错误判断了办理手续的难易程度，进而与被告签订《建材公司股权转让协议》，导致涉案股权转让协议被依法撤销，应承担主要的过错责任。本文案例原告对矿山储量也未尽到合理审慎的审查义务，故对该涉案协议被依法撤销应承担次要责任。因此，法院酌定判令被告承担80%的责任，即应返还原告股权转让款80万元，不再承担其他违约责任。

100. 隐瞒商铺场地将拆迁而对外签订转让协议，能否撤销该协议

【关键词】

股权转让　经营场地　拆迁　转让费　欺诈

【场景】

被告彭某拟转让面积为1000平方米的超市，在商户微信群发布广告，承诺无拆迁风险。原告李某与被告彭某、黄某就超市转让签订《股份转让合同》，约定：转让超市经营主体昌园公司100%股权，彭某持股60%，黄某持股40%，转让款共计185万元。经彭某、黄某协调，原告与超市经营场所产权人曹某签订了关于经营场所的租赁合同，租期至2029年9月31日。

【事态发展（纠纷产生）】

原告李某接手经营超市不足半月，超市经营场地因系违法建筑被拆除，故原告以彭某、黄某、曹某为被告起诉至法院，诉讼请求如下：（1）判令撤销李某与彭某、黄某于2021年2月3日签订的《股份转让合同》；（2）判令彭某、黄某返还李某转让款185万元以及资金占用期间的利息；（3）彭某、黄某应承担缔约过失责任，共同赔偿李某经济损失，暂确定为30万元；（4）判令曹某对上述款项的支付承担连带责任。

【焦点问题】

被告彭某在签署转让合同时是否构成欺诈？

【结论】

法院认为，彭某对于涉案房屋的建设过程及涉案房屋并未办理规划审批手续的事实属明知。在彭某、黄某经营超市期间，镇政府曾进行现场勘验，作出《限期拆除决定书》《催告通知书》，甚至在巡查时已当面告知彭某超市可能会被拆除。彭某、黄某明知涉案超市存在短期内将被拆除的风险，却向李某隐瞒该重要事实，作出“无拆迁风险”的承诺，促使李某与其签订《股份转让合同》，通过股份转让实现向李某转让涉案超市经营权和超市资产的

目的，并最终导致李某在接手涉案超市后经营不足半月，经营场所即被拆除，李某受让涉案超市并经营的目的落空。彭某、黄某的行为已经构成欺诈，现李某诉讼请求撤销《股份转让合同》，应予支持。

黄某另主张其未实施欺诈行为，故其转让的 40% 的股权部分应属有效，对此法院认为，《股份转让合同》系彭某、黄某共同签订，且涉及对涉案超市经营权和超市资产的整体转让，故撤销时对外不宜进行区分，如黄某对此存在异议，可对内与彭某另行解决，因此法院对黄某的该项意见不予采纳。

【典型案例索引】

北京市第三中级人民法院民事判决书，（2022）京 03 民终 2161 号。

【相关法律法规】

《民法典》第 148 条、第 149 条、第 152 条、第 155 条、第 157 条。

【律师分析】

1. 合同被撤销后自始无效，应恢复到合同签署前的法律状态。

《民法典》第 155 条规定："无效的或者被撤销的民事法律行为自始没有法律约束力。"《民法典》第 157 条规定："民事法律行为无效、被撤销或者确定不发生效力后，行为人因该行为取得的财产，应当予以返还；不能返还或者没有必要返还的，应当折价补偿。有过错的一方应当赔偿对方由此所受到的损失；各方都有过错的，应当各自承担相应的责任。法律另有规定的，依照其规定。"本文案例中，涉案《股份转让合同》被撤销后，彭某、黄某应当向李某退还其收取的合同款。李某应向彭某返还超市内货品及设备。双方应共同将昌园公司的工商登记信息恢复至《股份转让合同》签订前的状态。

2. 在本文案例中，原告诉讼请求第 2 项和第 3 项为关于被告彭某、黄某应当退还的金额及应承担的赔偿责任。

原告李某要求被告彭某、黄某退还合同款 185 万元，支付资金占用利息，同时要求赔偿其经济损失 30 万元。因原告、被告双方均不能证明原告李某接手超市后具体产生哪些损失及损失金额，因此法院结合原告、被告双方过错程度，酌定彭某、黄某共同退还李某的合同款及赔偿李某的损失金额总计为 185 万元，超出 185 万元的给付责任，法院未予支持。

3. 关于原告主张房东曹某与彭某、黄某构成共同欺诈，并要求房东曹某承担连带责任。综合在案证据及各方陈述，法院难以认定曹某对于涉案《股份转让合同》的签署知情，亦难以认定房东曹某与彭某、黄某存在实施欺诈的共谋。因此，关于原告起诉要求房东曹某承担连带责任的请求，法院未予支持。

101. 隐瞒已调减费用事实而签订的工程结算，能否被撤销

【关键词】

施工合同　补充协议　结算协议　服刑期间　欺诈

【场景】

2011 年 6 月 16 日，赵某以其个体工商户（字号为莱特厂）名义与集协公司签订《建设工程施工合同》，约定：赵某将厂区办公楼、厂房等工程发包给集协公司承建，承包方式为包工包料，总价款为 12587230. 3 元。两日后，赵某与集协公司签订《补充协议书》，因所发包工程内容减少，将原合同总价款减少 1769554. 5 元，确定合同总价款为 10817675. 8 元。其后，徐某作为该工程的实际承包人挂靠集协公司进行施工。2012 年 10 月，赵某因涉嫌故意伤害罪被刑事拘留并被判处刑罚，赵某服刑期至 2014 年 4 月 15 日止。赵某服刑期间，集协公司隐瞒了其曾与赵某签订《补充协议书》核减工程量并已将工程款调减为 10817675. 8 元的事实，就前述同一工程与不知情的余某于 2013 年 11 月 12 日签订《工程款支付协议书》，2013 年 5 月 11 日签订了工程结算造价为 12587230 元的《结算协议》。

【事态发展（纠纷产生）】

原告赵某、余某以集协公司、徐某为被告起诉至法院，诉讼请求如下：（1）撤销余某与集协公司于 2013 年 11 月 12 日签订的《工程款支付协议书》和 2013 年 5 月 11 日签订的《结算协议》；（2）判令集协公司、徐某共同返还赵某、余某超付工程款 1338312. 2 元（案发时，赵某与余某已经支付了 12155988 元）。

【焦点问题】

1. 涉案《结算协议》是否应当撤销?

2. 《工程款支付协议书》中的相关内容是否应当撤销?

【结论】

原《民法总则》第148条规定:“一方以欺诈手段，使对方在违背真实意思的情况下实施的民事法律行为，受欺诈方有权请求人民法院或者仲裁机构予以撤销。”原《最高人民法院关于贯彻执行〈中华人民共和国民法通则〉若干问题的意见（试行)》第68条规定:“一方当事人故意告知对方虚假情况，或者故意隐瞒真实情况，诱使对方当事人作出错误意思表示的，可以认定为欺诈行为。”本文案例中，一审、二审及再审审查中查明如下事实:

第一，莱特厂系以赵某为经营者的个体工商户，在赵某被羁押前，《建设工程施工合同》《补充协议书》中涉及工程款等实体权利的行为均由赵某本人实施。并且，前述合同约定涉案工程价款系固定包干价，材料、人工价格变动等为自担风险范围。在减少了工程量的情况下，双方对合同价款在合意后进行了调减。

第二，对于签订《结算协议》时，工程总价款为何会由《补充协议书》确定的10817675.8元增加到12587230元，且与《建设工程施工合同》约定的价款12587230.3元基本一致的问题。集协公司在本文案例一审、二审及再审审查过程中有前后不一致的矛盾陈述。先认为有新增工程量，后又认为因材料等费用上涨，所以价款也上调，最后又认为工程工期由380多天变更为1000多天亦导致工程款增加，且在签订《结算协议》时也未向余某出示前述《补充协议书》或告知涉案工程款曾经调减的事实。

第三，在赵某客观上不能处理莱特厂相关事务期间，余某确实代表莱特厂签署了验收文件等，代赵某履行了一定管理职责。另查明，《结算协议》引言部分确实载明“补充协议”等字样。同时，2013年1月18日余某也曾代表莱特厂与集协公司签订了一份《补充协议》，该协议未涉及工程款的变更。

综合本文案例的证据材料、前述事实及双方的陈述，法院认为：其一，集协公司在与余某签订《结算协议》及《工程款支付协议书》时隐瞒了涉案工程价款变更这一事实，使余某作出工程总价款仍为12587230元的错误判断。其二，对于《结算协议》中的工程总价款变化问题，集协公司从一审、二审到再审审查中多次变更其抗辩理由，但均未能提供证据证明为何工程总价款在已调减的情况下又增加的原因。其三，由于前述《补充协议》与双方诉争的《补充协议书》仅一字之差，就现有证据难以认定《结算协议》中的"补充协议"就是指调减工程价款的《补充协议书》，虽然余某曾代赵某履行了一定管理职责，但不能得出余某已知晓《补充协议书》中已对工程总价款进行变更这一重要事实。因此，赵某、余某主张集协公司隐瞒了《补充协议书》中扣减工程款的事实，导致余某在不知情的情况下确认结算造价为12587230元，请求予以撤销并返还多支付的工程款，法院判令予以支持。

【典型案例索引】

最高人民法院民事裁定书，（2021）最高法民申2489号。

【相关法律法规】

《民法典》第148条；原《民法总则》（2021年1月1日起因《民法典》施行被废止）第148条；《民法典时间效力规定》第1条；《民法典总则编司法解释》第21条。

【律师分析】

1. 原《民法总则》于2017年10月1日开始实施，后因2021年1月1日《民法典》的施行而废止，原《民法总则》《民法典》就第148条的规定内容一致，故对民事欺诈的认定及法律规定内容的适用不产生差异性影响。

2. 关于撤销《结算协议》后应否返还超付工程款的问题，需要审查应支付的工程款和已支付的工程款金额。

例如本文案例中，因《结算协议》《工程款支付协议书》中关于工程结算价款的内容并非赵某、余某真实的意思表示，所以对本文案例中工程价款的确定，应按照双方所签订的《建设工程施工合同》及《补充协议书》相关内容处理。在《补充协议书》中对此已有明确约定，涉案工程价款应为固定包干价10817675.8元。关于赵某等已支付的工程款，根据双方证据，赵某、余某已向集协公司支付涉案工程款 12155988 元，结合前述应付款金额，原告赵某、余某超付了 1338312.2 元，被告集协公司应当予以退还。

102. “擦边球”宣传导致对方误解而签订合同，能否撤销该合同

【关键词】

服务合同　支付宝平台　应用小程序　欺诈

【场景】

2018 年 12 月 22 日，勤达公司与高朋公司签订《［支付宝应用］服务合同》《支付宝新应用交付注意事项确认书》。《支付宝应用服务合同》载明，甲方为勤达公司，乙方为高朋公司，支付宝应用的名称为“中国××网”，服务期限 1 年，与支付宝应用相关的服务内容包括：申请注册支付宝应用的名称、搭建与配置支付宝应用、处理与设计支付宝应用内的产品图片和产品描述、对支付宝应用平台进行 UI 测试、动态测试和安全测试，以及“一对一”的客服对接。备注栏标明“中国××网”这一小程序名称归勤达公司永久使用且无后续费用。支付宝应用的服务费为 19900 元。同日，勤达公司向高朋公司转账 19900 元。

【事态发展（纠纷产生）】

2018 年 12 月 24 日，勤达公司宣布与高朋公司终止合作，并要求退款，协商未果，勤达公司以高朋公司为被告起诉至法院，诉讼请求：撤销勤达公司与高朋公司于 2018 年 12 月 22 日签订的《支付宝应用服务合同》，高朋公司返还勤达公司 19900 元。

【焦点问题】

1. 高朋公司在与勤达公司签约的过程中是否存在欺诈行为？
2. 双方签订的《［支付宝应用］服务合同》是否应因欺诈而被撤销？
3. 高朋公司依据该合同收取的 19900 元是否应予返还？

【结论】

本文案例中，勤达公司作为一家从事教育服务的企业，其基于对支付宝

平台的了解和信任，意图通过分析、利用该平台上的信息和数据来推广自己的教育服务。因支付宝平台为小程序免费开放有上传端口，则实现该目的的方法既可以是勤达公司自行编写小程序上传至支付宝平台，并为该小程序申请注册自行选定的名称，也可以是委托第三方公司协助完成上述工作。在决定是自行完成还是委托第三方协助，以及选择哪一家第三方公司协助时，第三方公司的小程序开发水平、注册小程序名称的成功率，以及收费情况都将成为勤达公司审查和考量的重点内容。因“蚂蚁金服开放平台”在辽宁省沈阳市的服务商共有三家企业，高朋公司仅为其中之一，则以上三点也是高朋公司与另外两家企业相互竞争、争取客户时需要着重宣传的部分。

然而，高朋公司在针对勤达公司的招商和签约过程中，并未就上述问题作出如实陈述。高朋公司在招商过程中故意隐瞒了其并未与支付宝签订有合作合同或取得了授权证书的事实，并在向勤达公司演示的 PPT 中刻意回避了对该公司开发和上传小程序的能力介绍，而是利用宣传“支付宝应用”的市场前景来为自己招揽客户。签约过程中，高朋公司制作了《［支付宝应用］服务合同》及《支付宝新应用交付注意事项确认书》的格式文本，其中大量使用“支付宝应用”或“支付宝沈阳服务中心”字样向另一方签约主体勤达公司反复提示和强调高朋公司与支付宝之间具有极为密切的合作关系。虽然高朋公司将此冠名方式解释为“小程序服务行业对经销商的一种称谓”，但并未举证证明在企业名称前冠以某平台小程序“服务中心”的字样已在小程序服务行业内成为从事小程序开发及上传服务商家的惯常做法。相反，正是出于对上述极为密切合作关系的错误认识，勤达公司忽略了审查高朋公司的小程序开发水平和收费 19900 元的合理性，误以为仅凭借高朋公司与支付宝的极为密切的合作关系就能使高朋公司在小程序的开发质量、上传效率和名称注册成功率方面达到优于勤达公司自行完成或交由其他服务商协助的效果，并由此决定与高朋公司签订《［支付宝应用］服务合同》和支付 19900 元服务费。

因此，虽然高朋公司确未向勤达公司直接表述自己是支付宝设立在辽宁省沈阳市的线下服务中心，但其在招商和签约过程中隐瞒客观事实、传递虚假信息的多个行为综合起来已使勤达公司产生了错误认识，并基于该错误认识而与高朋公司签订《［支付宝应用］服务合同》，高朋公司的上述行为对勤达公司构成欺诈。

【典型案例索引】

最高人民法院民事判决书，（2019）最高法知民终469号。

【相关法律法规】

原《民法总则》第148条、第152条、第157条。

【律师分析】

1. 企业对外宣传中需要注意夸大、虚假等“擦边球”宣传的法律风险。

例如本文案例中，高朋公司未如实告知客户其只为蚂蚁金服开放平台众多服务商中的一员，该服务商在沈阳地区并非唯一，故意隐瞒真实情况，自称支付宝沈阳服务中心，诱使勤达公司作出错误意思表示，在违背真实意思的情况下与其签订《［支付宝应用］服务合同》，勤达公司因高朋公司的“擦边球”行为有权请求撤销该合同。

2. 原《民法总则》于2017年10月1日开始实施，后因2021年1月1日《民法典》的施行而废止，原《民法总则》和《民法典》就第148条、第152条、第157条的内容规定一致，故对民事欺诈的认定及法律规定内容的适用不产生差异性影响。

3. 根据《民法典》第157条（同原《民法总则》第157条）的规定，合同被撤销后，行为人因该合同取得的财产，应当予以返还。

本文案例中，勤达公司与高朋公司签订的《［支付宝应用］服务合同》被撤销后，高朋公司因该签约行为而从勤达公司取得的19900元应予返还。

103. 虚夸己方权益吸引投资，能否撤销投资协议

【关键词】

认购合同　影视版权　电影投资　跟投合同　欺诈

【场景】

赵某与小池公司签订《影视版权认购合作合同书》，约定小池公司系涉

案电影出品方，赵某向小池公司投资 104 万元，赵某有权按照收益比例享有投资回报。但涉案电影未依约上映。后经查明，小池公司仅享有涉案电影联合出品署名权，不是涉案电影真正出品方，不享有涉案电影版权或其他知识产权，小池公司不享有对外投融资的权利。上述事实与涉案《影视版权认购合作合同书》约定的小池公司享有的出品方权利明显不符。

【事态发展（纠纷产生）】

赵某以小池公司构成欺诈为由，将小池公司起诉至法院，诉讼请求如下：（1）判令撤销双方签订的《影视版权认购合作合同书》；（2）判令小池公司返还赵某投资款 104 万元；（3）判令小池公司赔偿赵某以 LPR 计息的利息损失。

【焦点问题】

小池公司是否存在欺诈行为？

【结论】

小池公司与赵某签订的涉案《影视版权认购合作合同书》载明，小池公司是涉案电影出品方，拥有涉案电影出品收益权，小池公司负责涉案电影的各项备案、立项、申请、报批手续，并负责取得电影片公映许可证，小池公司享有涉案电影（包括但不限于影片完成片、剧本、影片片段、图像、人物形象、音乐、剧本、花絮、拍摄素材物料、宣传片、预告片等影片本身的全部元素及由摄制影片产生的一切素材、物料）版权及其他知识产权。

然而，小池公司与案外人四川某电影传媒公司签订的《电影跟投合同》（本文案例中简称跟投合同一），以及与案外人北京某文化传媒公司等签订的《股权转让协议》、《电影跟投合同》（本文案例中简称跟投合同二），能够证明小池公司在涉案电影的制作、发行中仅享有一定的投资份额和联合出品署名权，并不实际负责涉案电影备案立项、剧本创作、拍摄制作等实质性工作，这与小池公司在涉案《影视版权认购合作合同书》中宣称的其负责涉案电影的各项备案、立项、申请、报批手续，享有涉案电影版权及其他知识产权明显不符。

因此，小池公司在与赵某签订涉案《影视版权认购合作合同书》时，故意将虚假情况告诉对方，使赵某因欺诈而陷入内心错误，认为小池公司系涉案电影的出品方和版权及其他知识产权的所有者，认为小池公司能够实际控制并主导涉案电影项目的全流程工作，从而决定与小池公司签订涉案《影视版权认购合作合同书》，符合欺诈的构成要件，法院认定构成欺诈。

【典型案例索引】

北京市高级人民法院民事裁定书，（2022）京民申4498号。

【相关法律法规】

《民法典》第148条、第152条、第157条；《民事证据规定》第86条第1款。

【律师分析】

1. 根据《民事证据规定》第86条第1款的规定，实务中关于民事欺诈的证明，比其他事实的证明标准要更高，需要达到排除合理怀疑的程度。

对于一般待证事实的证明，根据《民事诉讼法司法解释》第108条第1款的规定，对负有举证证明责任的当事人提供的证据，法院经审查并结合相关事实，确信待证事实的存在具有高度可能性的，应当认定该事实存在。对于欺诈等待证事实的证明，根据《民事证据规定》第86条第1款的规定，当事人对于欺诈、胁迫、恶意串通事实的证明，法院确信该待证事实存在的可能性能够排除合理怀疑的，应当认定该事实存在。上述两条规定提出了"具有高度可能性"和"能够排除合理怀疑"的两个不同证明标准，后者在证明难度上会更高，要求举证方承担更重的举证责任。

2. 根据《民法典》第148条的规定，欺诈是指一方当事人以欺诈手段，使对方在违背真实意思的情况下实施民事法律行为。至于具体的欺诈手段，可以故意告知对方虚假情况，也可以是故意隐瞒真实情况。

司法实务中，对于受欺诈作出的民事法律行为可撤销的条件，可简述为以下四点：

（1）欺诈方具有欺诈的故意。

（2）欺诈方实施了欺诈行为，可以是故意虚构虚假事实也可以是故意隐瞒应当告知的真实情况。

（3）受欺诈方因欺诈而陷入错误判断。

（4）受欺诈方因错误判断而作出了错误的意思表示。

3. 在本文案例中，小池公司以涉案电影相关信息均为公开信息为由，答辩认为原告赵某在签约时应当尽到合理审查义务，其可以从公开渠道获得相关真实信息，故小池公司不存在欺诈故意，并没有使赵某陷入错误认识。法院对小池公司的答辩主张未予支持，主要原因如下：

首先，小池公司在涉案合同中明确宣称其是涉案电影出品方，享有涉案电影版权及其他知识产权，并约定了相应违约责任，上述承诺足以使赵某对小池公司在涉案电影中的身份产生合理信赖。

其次，小池公司称国家电影局网站可以查询到涉案电影信息，结合 2019 年 6 月 25 日第一出品方发布涉案电影信息的事实，可以确定赵某应当知道涉案电影的“主出品单位是四川公司的事实”。但是，查询相关电影信息并非赵某的法定义务和约定义务，小池公司亦未提供充分证据证明在双方签订涉案《影视版权认购合作合同书》时，上述信息已经被公开或者已经被赵某知晓。相反，小池公司在知晓上述事实的情况下，仍与赵某签订涉案《影视版权认购合作合同书》并作出相应承诺，显然存在欺诈的故意。

综上所述，根据日常生活经验，如果赵某在签订涉案《影视版权认购合作合同书》时已经知晓小池公司并非涉案电影制作、发行的主导方、出品方，而仍然签订内容与事实情况相去甚远的涉案合同并支付投资款项，不合常理。《民事证据规定》（2019 年修正）第 86 条第 1 款对当事人就欺诈等事实的证明提出了更高的证明标准，就小池公司的欺诈行为而言，本文案例中的证据已经达到能够排除合理怀疑的标准，故法院认定小池公司欺诈事实存在。

104. 冒充电影出品方身份签投资收益协议，能否撤销该协议

【关键词】

投资协议　电影投资　投资份额转让　欺诈

【场景】

影视公司自称其为涉案电影出品方之一，于 2019 年 5 月 6 日与刘某签订《电影投资出品协议》，约定：影视公司向刘某出让影片总份额的 0.5%，出

让金额为 35 万元。刘某支付投资款后成为该影片的联合出品方，按所持份额分配该影片的收益。协议签订当日，刘某向影视公司银行账户转账 35 万元，支付了全部投资款。

【事态发展（纠纷产生）】

影片上映后，影视公司未按照协议约定向刘某支付任何收益分成，且经查证影视公司不是该影片的出品方，故原告刘某以影视公司为被告起诉至法院，诉讼请求如下：（1）撤销刘某与影视公司于 2019 年 5 月 6 日签署的《电影投资出品协议》；（2）判令影视公司立即向刘某返还 35 万元；（3）判令影视公司向刘某支付赔偿金 10.5 万元。

【焦点问题】

影视公司在与刘某于 2019 年 5 月 6 日签订《电影投资出品协议》时是否存在欺诈行为？

【结论】

《电影投资出品协议》明确载明影视公司是涉案电影的出品方之一。然而，根据查明的事实，国家电影局于 2019 年 4 月 18 日向涉案电影颁发的《电影公映许可证》中，载明的出品单位并不包括影视公司。因此，影视公司在与刘某签订《电影投资出品协议》时故意告知刘某虚假情况、隐瞒真实情况，诱使刘某作出错误意思表示，使刘某在误以为影视公司为出品方的情况下订立了上述协议。刘某据此请求撤销涉案《投资出品协议》，具有事实与法律依据，法院判决予以支持。

【典型案例索引】

北京市第三中级人民法院民事判决书，（2021）京 03 民终 7692 号。

【相关法律法规】

《民法典》第 148 条、第 157 条；《民法典时间效力规定》第 1 条第 2 款；原《合同法》（2021 年 1 月 1 日起因《民法典》施行被废止）第 54 条第 2 款、第 58 条。

【律师分析】

1. 根据《民法典时间效力规定》第 1 条第 2 款的规定，《民法典》施行前的法律事实引起的民事纠纷案件，适用当时的法律、司法解释的规定，但是法律、司法解释另有规定的除外。

例如本文案例中，双方的合同签订及履行均发生于《民法典》施行前，应当适用原《合同法》的相关规定。原《合同法》第 54 条第 2 款规定，一方以欺诈、胁迫的手段或者乘人之危，使对方在违背真实意思的情况下订立的合同，受损害方有权请求法院或者仲裁机构变更或者撤销。第 58 条规定，合同无效或者被撤销后，因该合同取得的财产，应当予以返还；不能返还或者没有必要返还的，应当折价补偿。有过错的一方应当赔偿对方因此所受到的损失，双方都有过错的，应当各自承担相应的责任。

2. 原《合同法》第 54 条第 2 款关于一方以欺诈形成的合同可撤销的规定，包含在《民法典》第 148 条关于民事法律行为因欺诈可被撤销的规定中。因此，本文案例虽然适用原《合同法》规定，但《民法典》的施行对民事欺诈的认定不会产生差异性影响。

原《合同法》第 54 条第 2 款规定："一方以欺诈、胁迫的手段或者乘人之危，使对方在违背真实意思的情况下订立的合同，受损害方有权请求人民法院或者仲裁机构变更或者撤销。"《民法典》第 148 条规定："一方以欺诈手段，使对方在违背真实意思的情况下实施的民事法律行为，受欺诈方有权请求人民法院或者仲裁机构予以撤销。"《民法典》将原《合同法》民事欺诈可变更合同的内容删掉未沿用，而对于民事欺诈合同可撤销的内容继续沿用未做变化，因此原《合同法》第 54 条第 2 款与《民法典》第 148 条对民事欺诈的认定没有差异性。

3. 根据《民法典》第 157 条（原《合同法》第 58 条）的规定，合同被撤销后，因该合同取得的财产，应当予以返还。

例如本文案例中，涉案《电影投资出品协议》被撤销后，影视公司因此取得的合同款项 35 万元应返还刘某。关于刘某主张的赔偿金 10.5 万元，法院认为影视公司的违约情形不属于《电影投资出品协议》约定的违约方应支付投资额 30% 违约金的情形，刘某主张的上述赔偿金明显超过影视公司违约行为对其造成的损失，法院不予支持。法院认为，影视公司的违约行为给刘某造成了资金占用损失，故将刘某主张的赔偿金调整为以应返还款项 35 万元为基数，按照 LPR 计息赔偿。

105. 修改交易车辆仪表里程，是否构成消费欺诈

【关键词】

二手车买卖　行驶里程　修改数据　消费欺诈　三倍赔偿

【场景】

原告姚某于 2021 年 6 月 3 日通过第三人郝某介绍得知被告贾某出售符合其需求的汽车，郝某于微信中向姚某发送车辆照片，含外观、内饰、表盘等，表盘中显示里程数为 4 万余千米。6 月 4 日，贾某（甲方）与姚某（乙方）签订了《车辆转让协议》，约定甲方将一辆奔驰（车牌号：京 × ×，发动机号：× ×，车架号：× ×）转让给乙方。经双方商定该车转让价格为 21.6 万元。

据涉案车辆维修保养记录报告及综合维修历史等证据，可知至 2020 年 12 月 26 日，涉案车辆行驶千米数为 140785 千米。但是，在 2022 年 3 月 10 日车内仪表盘显示的千米数为 61526 千米，姚某就涉案车辆仪表里程数作证据保全。

【事态发展（纠纷产生）】

原告姚某以被告贾某欺诈为由，将其起诉至法院，诉讼请求如下：（1）判令撤销姚某、贾某签订的《车辆转让协议》；（2）判令姚某将涉案车辆退还给贾某，贾某向姚某返还购车款 21.6 万元，并向姚某支付赔偿款 64.8 万元。

【焦点问题】

贾某在销售涉案机动车的过程中是否存在欺诈？

【结论】

本文案例中，涉案车辆于 2020 年 12 月 26 日保养时，行驶里程为 140785 千米。2022 年 3 月 10 日，该车的行驶里程为 61526 千米，据此可以认定，车辆总行驶里程数据被人为修改。贾某自述其经郝某介绍将该车出售给姚某，

当时已告知郝某车辆里程数为 14 万多千米；贾某向姚某卖车前在其朋友圈曾发布同款白色奔驰车里程数为 4 万多千米，姚某与郝某微信聊天记录及通话录音显示，郝某向姚某介绍涉案车辆里程数为 4 万多千米。根据上述事实及双方当事人的陈述，可以认定涉案车辆行驶总里程数被贾某进行了修改。贾某在客观上存在隐瞒涉案车辆真实情况的行为，鉴于二手车行驶里程数系买车人决定是否购买车辆的重要因素，贾某隐瞒车辆实际行驶里程数足以对姚某最终作出购买涉案车辆的决定的行为造成误导，因此应当认定贾某的行为已构成欺诈。故对于姚某提出的撤销双方于 2021 年 6 月 4 日签订的《车辆转让协议》的诉讼请求，于法有据，法院判决予以支持。

【典型案例索引】

北京市第二中级人民法院民事判决书，（2023）京 02 民终 6605 号。

【相关法律法规】

《民法典》第 148 条、第 157 条；《消费者权益保护法》第 55 条第 1 款。

【律师分析】

1. 认定被告在销售涉案二手车的过程中是否存在欺诈行为，需要证明被告存在欺诈的故意或隐瞒事实的故意。

首先，贾某作为买卖合同的出卖人，负有将涉案车辆的真实情况告知买受人的义务。但根据现有证据，没有证据证明贾某将车辆的行驶里程数告知姚某，反倒是贾某自述其未向姚某介绍车况，系经郝某将车辆出售给姚某。而根据姚某提供的通话录音，中间人郝某针对姚某所提出的问题，明确认可其曾向姚某告知车辆行驶里程为 4 万多千米，并进一步称此信息来源于出卖人。其次，涉案车辆于 2020 年 12 月 26 日即双方交易前的保养记录显示行驶公里已达 14 万多千米。因此，综合姚某提交的双方缔约前后的沟通记录等其他证据，法院认定贾某至少存在隐瞒涉案车辆真实车况的行为，构成故意隐瞒事实的欺诈。

2. 被告提出不排除“调表情况是发生在姚某掌控涉案车辆期间”的免责主张，实务中这类主张属于混淆事实但又难以证否的问题，法院从已证事实及举证情况角度出发未采信被告的该项主张。

关于被告提出不排除“调表情况是发生在姚某掌控涉案车辆期间”的免责主张，被告并未就此主张提供反证予以证明，难以反驳姚某提出主张所依据的在案证据，故法院对被告不排除“调表情况是发生在姚某掌控涉案车辆期间”的主张未予支持。

3. 二手车买卖交易的经营行为，涉及适用《消费者权益保护法》中关于经营者对消费者惩罚性赔偿的规定，具体到本文案例，被告不但需要返还原告已付购车款21.6万元，还需承担消费欺诈最高三倍赔偿的责任。

根据《消费者权益保护法》第55条第1款的规定，经营者提供商品或者服务有欺诈行为的，应当按照消费者的要求增加赔偿其受到的损失，增加赔偿的金额为消费者购买商品的价款或者接受服务的费用的3倍。本文案例中，被告贾某的欺诈行为损害了姚某作为消费者的合法权益，故贾某应当承担相应的赔偿责任。此外，因二手车车辆的特殊性，考虑到我国二手车市场交易体制、交易环境、交易模式的现状，二手车车辆的合法性信息、维修信息、事故记录信息等还不够公开透明，存在信息不对称的情况，所以在二手车的交易过程中买卖双方均应履行各自的审慎义务。买受者在选购二手车时，在签订合同支付价款前应就其足以影响购买意向的车辆信息主动向销售者询问核实，并对车辆进行全面查询检验。根据本文案例中当事人陈述及双方微信聊天记录等证据，可知姚某在购买涉案车辆时并未对涉案车辆的真实情况尽到审慎的注意义务，其自身也存在一定过错。因此，法院酌定贾某给予姚某2倍购买商品价款的赔偿，即被告除返还购车款21.6万元外需另行赔偿原告43.2万元。

106. 隐瞒交易车曾有重大事故，是否构成消费欺诈

【关键词】

二手车买卖　交易平台　重大事故车　消费欺诈　三倍赔偿

【场景】

原告董某在被告R公司运营的二手车交易App预约查看涉案二手车，App中涉案车辆信息载有联系人李某，以及“249项标准车辆检测报告通过

R 公司检测的车源均达到以下标准：无重大事故、无泡水事故、无火烧事故”的显著标识，检测信息显示无重大事故维修迹象，重大事故排查 34 项显示无异常。

预约看车当日，在汽车销售公司门店，董某作为乙方（购车人）与李某就涉案车辆签署《二手车买卖合同》，合同主体包括：甲方（售车人）陈某，代理人 R 公司亦庄店（李某），乙方（购车人）董某，丙方 R 公司，约定车辆价款 20 万元，合同中乙方向丙方支付中介费处填写的金额为 0 元。合同末尾甲方处签字为陈某代理人“R 公司亦庄店（李某）”，乙方签字为董某，合同中丙方处有 R 公司盖章。手写的补充约定内容为“甲方保证车辆正常过户，乙方已看好车况”。

【事态发展（纠纷产生）】

董某发现涉案车辆此前有多次事故，且经鉴定涉案车辆是重大事故车，故董某以 R 公司为被告、以汽车销售公司为第三人起诉至法院，诉讼请求如下：（1）撤销二手车买卖合同，双方互负返还义务，判令 R 公司向董某返还 20 万元购车款；（2）判令 R 公司赔偿董某因购车产生的经济损失（过户费 950 元、鉴定费 30600 元、保险费用 2400.47 元）；（3）R 公司赔偿董某 60 万元。

【焦点问题】

R 公司在出售涉案车辆过程中是否实施欺诈？

【结论】

欺诈是指一方当事人故意告知对方虚假情况，或者故意隐瞒真实情况，诱使对方当事人作出错误意思表示的行为。对此，结合本文案例情况，法院具体分析如下：

首先，根据查明的事实，可以认定涉案车辆为重大事故车。综合法院向保险公司调取的涉案车辆的理赔记录及董某提交的购买涉案车辆后的出险记录，结合日常生活常识和经验，涉案车辆在董某购买前即属于重大事故车具有高度盖然性。

其次，根据《广告法》的规定，广告主应当对广告内容的真实性负责。

而在R公司运营的App中，针对涉案车辆的介绍页面有“249项标准车辆检测报告通过R公司检测的车源均达到以下标准：无重大事故、无泡水事故、无火烧事故”的宣传，而在R公司所做的分项重大事故排查中关于C柱的排查未显示异常。涉案车辆在R公司运营的平台进行广告宣传及推介，且载明上述内容，R公司作为广告主应当对其广告宣传的真实性承担法律责任。

最后，根据当事人的陈述，R公司在出售涉案车辆之前明知涉案车辆曾发生过多次事故，可以推定R公司应当知道涉案车辆属于重大事故车，R公司作为专业的二手车经营平台，有责任和义务全面掌握并如实披露交易车辆的真实状况。R公司提供的“它这个车右后叶子板之前变过形，然后修复过”录音内容，亦未显示R公司或汽车销售公司就涉案车辆C柱曾被切割、焊接的情况向董某进行了告知。董某作为消费者，基于对专业平台及其广告宣传的信任购买涉案车辆，但R公司未举证证明其在交易过程中将涉案车辆的真实信息如实完整全面地披露给董某。汽车销售公司所述合同补充约定中的乙方已看好车况、涉案车辆购买价低于市场价，R公司提交的录音证据亦难以认定R公司、汽车销售公司对涉案车辆属于重大事故车向董某进行了告知或者董某对此知情和认可。

法院综合考量上述情况，认定R公司在买卖过程中向消费者故意隐瞒车辆真实情况，诱使消费者作出错误意思表示，故构成欺诈。

【典型案例索引】

北京市第三中级人民法院民事判决书，（2022）京03民终10567号。

【相关法律法规】

《民法典》第148条、第152条、第155条；《消费者权益保护法》第55条；《民法典时间效力规定》第1条；原《民法总则》（2021年1月1日起因《民法典》施行被废止）第148条、第152条、第155条；《广告法》第4条。

【律师分析】

1. 二手车买卖中，常会出现多方主体，包括实际车主、中间商、购车人等。因此，若因车辆问题出现交易纠纷，其中的责任主体确认是实务难点之一，需要结合交易合同签署情况、购车款收款主体以及中间商的居间作用等综合认定。

例如本文案例中，其中的争议焦点之一即为如何认定涉案车辆的实际出售人。对此，法院认为涉案车辆的实际出售人应为R公司，理由如下：

首先，《二手车买卖合同》中出卖人虽然为陈某，但董某购买涉案车辆及过户过程中全程均未有陈某的参与，在交易过程中R公司或汽车销售公司均未举证证明其向董某说明实际车辆的出售人，或者提供或出示过出售人的委托书。汽车销售公司亦自述涉案车辆是车主寄售在门店，R公司及汽车销售公司均未提交其与原车辆权利人之间的合同，亦未披露双方之间的交易情况，购车款亦未直接支付给陈某，故陈某不应视为车辆的出售方。

其次，通常情况下居间方应当收取一定比例的居间服务费，但董某支付给R公司工作人员的20万元均为购车款，R公司或汽车销售公司并未另行收取居间服务费，此与常理不符。

再次，《二手车买卖合同》中盖有R公司印章，R公司虽不认可该印章的真实性，但未就此提交反证，亦未就此申请鉴定，应对此承担举证不能的不利后果。而根据汽车销售公司的陈述，该合同系汽车销售公司因自己与R公司之间合作关系取得的，即便R公司对此不知情，但汽车销售公司提供的合同中盖有R公司印章，该行为亦足以构成表见代理，由此产生的民事权利义务应当由R公司承担，故法院认为该合同效力及于R公司。

最后，R公司及汽车销售公司均自述R公司亦庄店由汽车销售公司实际经营，但双方均未就此举证，董某系通过R公司运营的App预约看车，且R公司亦庄店中的宣传及广告中均带有明显的“R公司”标识，作为普通消费者，难以判断R公司亦庄店是否由汽车销售公司运营，且R公司及汽车销售公司均未向法院举证证明在董某购车过程中曾向董某披露过汽车销售公司系R公司亦庄店的运营主体，R公司应对此承担不利后果。

综上所述，法院认为R公司应当是涉案车辆的实际出售方。

2. 根据《民法典》第157条的规定，合同被撤销后，行为人因合同取得的财产应予返还，有过错一方应当赔偿合同相对方由此遭受的损失。本文案例中，法院就原告购车人的各项诉讼请求，处理意见如下：

（1）因涉案《二手车买卖合同》已被撤销，基于合同取得的财产双方应当相互返还，董某主张要求 R 公司返还购车款 20 万元的诉讼请求有事实和法律依据，法院予以支持，同时董某应将涉案车辆返还 R 公司。

（2）董某主张的过户费未举证证明，法院不予支持。

（3）董某主张的鉴定费是在本文案例诉讼过程中发生的，属于诉讼费用，应由法院依法决定负担主体。

（4）对于董某主张的保险费，法院认为董某购车后已实际使用涉案车辆，享受到了投保利益，故对该笔费用法院不予支持。

（5）对于董某主张的 3 倍赔偿，法院认为，根据《消费者权益保护法》第 55 条第 1 款的规定，经营者提供商品或者服务有欺诈行为的，应当按照消费者的要求增加赔偿其受到的损失，增加赔偿的金额为消费者购买商品的价款或者接受服务的费用的 3 倍。因此，董某要求 R 公司 3 倍赔偿的诉讼请求有事实和法律依据，法院判决予以支持。

3. 二手车交易纠纷在实务中比较多发，关于二手车交易合同的风险防范问题，建议如下：

（1）在合同中应对车况约定明确，具体包括：第一，车架号、车型、车况、千米数等重要信息写入合同；第二，在合同中明确备注是否有重大事故、水泡、火烧等情况，四梁六柱无任何切割等；第三，备注车辆来源正当，手续正常，无任何纠纷、无违章，以及是否包提档、包过户、包落户等；第四，写明若发现合同约定内容与实际车况不符，商家全额退款（退一赔三）并承担全部法律责任。

（2）合同中约定清楚卖方承诺，具体包括：第一，将卖方承诺的质保、赠品等内容写入合同；第二，分项费用及总计费用，在合同中清晰明确标出；第三，在合同中约定清楚交车时间、定金金额、付款方式；第四，若分期付款，需在合同中约定清楚首付款、利息及计算公式等内容。

（3）做好权益保障，具体包括：第一，合同中约定的主体，能签字的签字、能盖章的盖章、能捺手印的捺手印，合同签约需章印、捺印齐全；第二，合同相对方的身份证明保留一份复印件，如身份证复印件；第三，合同至少一式两份，至少保障己方留存一份合同原件。

107. 网购商品与宣传不一致的，是否构成消费欺诈

【关键词】

网购　信息网络买卖合同关系　欺诈　3 倍赔偿

【场景】

原告师某于 2021 年 7 月 5 日在 T 平台被告王某经营的店铺购买摩托车头盔两个，收货后原告发现摩托车头盔属于国家强制性产品认证目录中的产品，但涉案头盔外包装盒、头盔表面及内衬等均没有任何强制性产品认证标志，即 3C 认证。

【事态发展（纠纷产生）】

师某以王某、T 网络公司为被告起诉至法院，诉讼请求如下：（1）判令撤销师某与王某之间的头盔买卖合同；（2）判令王某退还师某头盔款 9959.33 元；（3）判令王某支付师某 3 倍价款的赔偿金 29877.99 元；（4）判令王某、T 网络公司承担连带责任。

【焦点问题】

被告王某向师某销售涉案头盔是否构成欺诈？

【结论】

构成欺诈必须具备以下四个条件：一是欺诈的故意，二是欺诈行为，三是因欺诈而产生错误认识，四是因错误认识而作出意思表示。本文案例中，根据涉案头盔商品名称及介绍，可以确认涉案头盔属摩托车头盔。王某在商品详情页明确载明该商品为“原装进口”“正品保证”，却未能提供该商品系合法进口商品的充分证据，应当承担举证不利的法律后果，此情形属于故意告知对方虚假情况，或者故意隐瞒真实情况，诱使对方当事人作出错误意思表示的行为，构成欺诈。

【典型案例索引】

北京市第四中级人民法院民事判决书，（2023）京 04 民终 220 号。

【相关法律法规】

《民法典》第148条;《消费者权益保护法》第55条。

【律师分析】

1. 在本文案例中，原告师某自被告王某在T平台上经营的网店购买涉案头盔并支付了货款，双方之间成立信息网络买卖合同关系，该合同未违反相关法律规定，应属有效。

2. 网购买到假货，网购交易平台的责任一般不容易认定。

例如本文案例中，法院认为T网络公司作为T平台运营者，及时披露了店铺注册者信息，现有证据无法证明其存在应当承担相关责任的情形。因此，对于原告师某主张T网络公司承担相关责任的诉讼请求，法院判决未予支持。

3. 原告、被告之间成立的信息网络买卖合同关系因消费欺诈被撤销后，被告应返还货款并承担赔偿货款3倍价款的赔偿责任。

根据《消费者权益保护法》第55条第1款的规定，经营者提供商品或服务有欺诈行为的，应当按照消费者的要求增加赔偿其受到的损失，增加赔偿的金额为消费者购买商品的价款或者接受服务的费用的3倍。本文案例中，师某主张撤销其与王某之间的头盔买卖合同，退还头盔款9959.33元，并支付3倍赔偿金29877.99元的诉讼请求，理由正当，法院判决予以支持。

108. 向主管部门已作不利经营承诺后转出经营项目，能否撤销转让协议

【关键词】

转让协议　培训机构　教育委员会　告知义务　欺诈

【场景】

2021年5月5日，被告冯某与原告刘某签订《培训机构转让协议书》，约定：经甲方（冯某）乙方（刘某）友好协商，甲方转让给乙方涉案培训班100%所有权，转让费合计45万元。但早在3月10日时，被告冯某已在教育委员会签署停止学科培训承诺书，承诺：“我单位将按照‘先审批后开学、不审批不开学’原则到相关审批部门进行审理，在审批合格前停止一切学科

培训活动。”导致原告受让的培训机构不能开设相关课程，价值大幅缩水。

【事态发展（纠纷产生）】

原告刘某以被告冯某欺诈为由起诉至法院，诉讼请求如下：（1）判令撤销双方于2021年5月5日签订的《培训机构转让协议书》；（2）判令返还原告刘某支付的转让费用45万元。

【焦点问题】

被告冯某在与原告刘某签署《培训机构转让协议书》的过程中是否存在欺诈行为？

【结论】

本文案例中，冯某在签订《培训机构转让协议书》时，并未告知过原告刘某其在相关部门签署停止学科培训承诺书，且签署承诺书的时间为2021年3月，但冯某在与刘某沟通转让事宜的微信记录中，在2021年4月冯某向刘某介绍“幼小衔接就算不做，你200个英语的孩子也能盈利”，并未告知关停学科类培训的承诺内容，冯某陈述其转让的4个项目，其中2个项目被管控，但是这2个项目是冯某在微信中向刘某特别提出的项目，并非其所陈述的另外2个项目没有被管控不影响经营，冯某表示其已经告知原告刘某学科类培训关停的内容，但是从微信中可以看出，冯某向刘某推荐的是英语类培训，并未明确告知其已经签署关停学科类培训承诺书，且冯某在该承诺书中承诺“我单位将按照‘先审批后开学、不审批不开学’原则到相关审批部门进行审理，在审批合格前停止一切学科培训活动”，无证据证明冯某已经获得相关审批，因此在审批合格前其已经承诺停止一切学科培训活动。基于此，法院对于原告刘某主张被告冯某构成欺诈的意见予以采纳。

【典型案例索引】

北京市第二中级人民法院民事判决书，（2023）京02民终2442号。

【相关法律法规】

《民法典》第148条、第157条；《民法典总则编司法解释》第21条。

【律师分析】

1. 因欺诈行为签署的合同为可撤销合同，司法实务中关于欺诈行为的认定，可从行为人故意告知虚假情况和故意隐瞒真实情况两个角度进行论证。

根据《民法典》第 148 条的规定，合同一方以欺诈手段，使相对方在违背真实意思的情况下签署的合同，则受欺诈方有权请求法院或者仲裁机构予以撤销。根据《民法典总则编司法解释》第 21 条的规定，故意告知虚假情况，或者负有告知义务的人故意隐瞒真实情况，致使当事人基于错误认识作出意思表示的，法院可以认定为《民法典》第 148 条规定的欺诈。

2. 根据《民事诉讼法司法解释》第 90 条的规定，负有举证证明责任的当事人对其主张事实或者反驳对方诉讼请求所依据的事实，应当提供证据加以证明，否则将承担举证不能的不利后果。

例如本文案例中，法院认为被告冯某主张自己已将其在教育委员会签署的停止学科培训承诺书的所有内容告知原告刘某，但冯某提交的微信聊天记录未体现已经告知。根据刘某接到教育委员会的相关通知后与冯某的微信聊天记录，可知冯某明显没有将其已和教育委员会签署停止学科培训承诺书的事实告知原告刘某。虽然原告刘某在一定程度上应当预见相关风险，但冯某在教育委员会签署的停止学科培训承诺书不同于一般的风险，其对涉案培训机构的运营有至关重要的影响，足以影响原告刘某作出是否签订《培训机构转让协议书》的意思表示。冯某应在签订《培训机构转让协议书》时明确告知原告刘某，其已在教育委员会签署停止学科培训承诺书。冯某未能举证证明其已将在教育委员会签署停止学科培训承诺书的事实告知原告刘某，故法院认定被告冯某构成欺诈，并判决冯某返还相关费用。

109. 监事对外转让股权未告知公司财务状况，能否撤销转让协议

【关键词】

股权转让　公司监事　财产混同　隐瞒　欺诈

【场景】

信息科技公司于 2017 年 5 月 23 日设立，设立时股东为陆某、马某和被告郑某。其中郑某担任监事，认缴出资额为 264 万元，认缴期限为 2027 年 5 月 15 日。原告胡某与被告郑某于 2018 年 6 月 4 日签订股权转让协议，约定

转让方郑某以37万元将信息科技公司20%股权转让给胡某。胡某分3次向郑某转账共计37.05万元。2018年6月25日，信息科技公司股东会决议同意上述股权转让。7月17日，胡某与郑某在工商部门办理了股权变更登记，胡某持有信息科技公司20%股权，认缴出资额160万元。

【事态发展（纠纷产生）】

原告胡某认为被告郑某故意隐瞒公司负债情况构成欺诈，故以郑某为被告起诉至法院，诉讼请求如下：（1）判令撤销胡某与郑某签署的股权转让协议；（2）判令郑某返还股权转让款37.05万元；（3）判令郑某支付胡某资金占用期间利息；（4）判令郑某配合胡某办理股权变更工商登记所有相关手续并承担相应税款。

【焦点问题】

郑某在签订股权转让协议时是否存在欺诈行为？

【结论】

法院认为，《公司法》（2018年修正）第171条[①]规定，公司除法定的会计账簿外，不得另立会计账簿。对公司资产，不得以任何个人名义开立账户存储。根据郑某的陈述，信息科技公司自成立后，股东陆某、马某使用私人账户存储公司款项，且郑某作为公司监事知情并同意，陆某、马某、郑某的行为明显违反法律规定，导致信息科技公司的公司财产与股东个人财产混同，损害了信息科技公司的利益。信息科技公司的纳税申报信息记录证明，2018年4月至6月该公司的负债大于资产。河北省某县人民法院作出的生效判决书亦载明，2018年5月、6月信息科技公司经营状况为负债经营。《民事证据规定》第10条规定，已为法院发生法律效力的裁判所确认的基本事实，当事人无须举证证明，当事人有相反证据足以推翻的除外。郑某并未提供充分的相反证据推翻生效判决认定的事实，故其主张在涉案股权转让时信息科技公司不存在负债，法院依法不予采信。郑某作为信息科技公司监事，具有检查

① 2023年12月29日发布、2024年7月1日起实施的《公司法》已将该条文调整为第217条，法条内容没有变化，新《公司法》第217条规定：“公司除法定的会计账簿外，不得另立会计账簿。对公司资金，不得以任何个人名义开立账户存储。”

公司财务的职权，其对公司财务情况应当明知，但郑某提供的证据不能证明自己在向胡某转让股权时其已明确向胡某告知了信息科技公司财产与股东个人财产混同且公司账面资产系负债的情况，故应当认定郑某故意隐瞒了公司财务的真实情况，进而使胡某基于错误认识而签订了股权转让协议。依据法律规定，该股权转让协议系可撤销的协议。

【典型案例索引】

北京市第二中级人民法院民事判决书，（2021）京 02 民终 1402 号。

【相关法律法规】

《民法典》第 148 条；原《民法总则》（2021 年 1 月 1 日起因《民法典》施行被废止）第 148 条；《民事证据规定》第 10 条；《公司法》（2023 年修订）第 217 条。

【律师分析】

1. 根据《公司法》（2023 年修订）的规定，关于有限责任公司监事的法律风险，可以简述为如下几点：

（1）根据《公司法》（2023 年修订）第 22 条的规定，控股股东、实际控制人、董事、监事、高级管理人员利用关联关系损害公司利益，给公司造成损失的，承担赔偿责任。

（2）根据《公司法》（2023 年修订）第 53 条的规定，协助股东抽逃出资或明知而不制止的董事、监事、高级管理人员与抽逃出资股东，对公司的损失共同承担连带赔偿责任。

（3）根据《公司法》（2023 年修订）第 180 条的规定，董事、监事、高级管理人员应当采取措施避免自身利益与公司利益冲突，不得利用职权谋取不正当利益；在执行职务时，应为公司的最大利益尽到管理者通常应有的合理注意义务。

（4）根据《公司法》（2023 年修订）第 182 ~ 189 条的规定，董事、监事、高级管理人员，从事与公司交易、谋取本属于公司的商业机会、经营与公司同类业务的行为，应当依法向董事会或股东会报告且获得决议通过。否则，应当承担法律责任。

（5）根据《公司法》（2023 年修订）第 211 条、第 226 条的规定，在公司分配利润、减资的事宜上，董事、监事、高级管理人员未尽勤勉义务，未依法制定分配方案、减资方案，或未审核方案的合法性等，给公司造成损失时，将承担个人赔偿责任。

2. 根据《公司法》（2023 年修订）第 181 条的规定，公司监事不得实施下列行为：

（1）侵占公司财产、挪用公司资金。

（2）将公司资金以其个人名义或者以其他个人名义开立账户存储。

（3）利用职权贿赂或者收受其他非法收入。

（4）接受他人与公司交易的佣金归为己有。

（5）擅自披露公司秘密。

（6）违反对公司忠实义务的其他行为（兜底条款）。

3. 根据《民事证据规定》第 10 条的规定，“已为人民法院发生法律效力的裁判所确认的基本事实”无须当事人举证证明，因此法院在认定信息科技公司财务状况时直接沿用其他相关案件已经认定的事实，不需要原告再行举证证明，这也是导致本文案例中原告取得胜诉结果的一个很重要的原因。

例如本文案例中，2018 年 6 月 25 日信息科技公司股东会决议除同意郑某与胡某之间的股权转让外，还同意该公司股东陆某、马某、郑某与案外人纪某、高某、贾某等人的股权转让。其中，纪某于 2019 年向河北省某县人民法院起诉，请求撤销其与陆某之间的股权转让协议并要求陆某返还股权转让款。河北省某县人民法院于 2019 年 11 月 28 日作出民事判决书。该判决书载明 2018 年 5 月、6 月、7 月信息科技公司经营状况均为负债经营；并认为陆某隐瞒公司债务状况，使纪某基于错误认识而签订股权转让协议，据此判决撤销纪某与陆某于 2018 年 6 月 25 日签订的转让协议、陆某返还纪某股权转让款 5 万元。该判决书已发生法律效力。

4. 在本文案例中，原告胡某诉讼请求中的资金占用损失以及协助股权工商变更登记等请求事项，法院的审理意见可对同类案件的诉讼请求内容提供参考：

（1）原告胡某主张资金占用期间的利息。法院认为，自胡某主张撤销权的请求送达被告郑某之日起予以支持，其他部分法院不予支持。

（2）原告胡某要求被告协助其办理工商登记。因涉及信息科技公司及其他案外人股东的权益，法院对于原告的该项请求不予处理，告知原告胡某可以另行诉讼解决。

（3）原告胡某要求被告支付其律师费。法院认为没有事实和法律依据，法院判决未予支持。

110. 场地转租时隐瞒前手租赁合同风险，能否撤销转租合同

【关键词】

房屋买卖合同　借款　让与担保　合同无效

【场景】

A 控股公司与锅炉集团签有《租赁合同》，约定由 A 控股公司承租包括涉案场地在内的建筑及院落，租赁期限 20 年，自 2001 年 6 月 1 日至 2021 年 5 月 31 日止。后双方签订两份《补充协议书》，约定在租赁期限届满时，租赁期限自动再延长 20 年。A 控股公司与 A 家居公司存在关联关系。

2017 年 3 月，锅炉集团将 A 控股公司诉至法院要求确认双方签订的上述两份《补充协议书》中的“租期届满后自动再延长 20 年”的约定无效。

2017 年 11 月 16 日，被告 A 家居公司分支机构（甲方）与原告教育科技公司（乙方）签订《场地租赁合同》《场地租赁合同补充协议》，约定租期 10 年，合同落款处甲方加盖 A 家居公司合同专用章。

2018 年 7 月 13 日，锅炉集团起诉 A 控股公司租赁合同纠纷案以调解结案，调解内容包括：确认“租期届满后自动再延长 20 年”的约定不再执行，原告教育科技公司实际占用的场地应于 2018 年 9 月 19 日前腾空并交还给锅炉集团。

【事态发展（纠纷产生）】

原告教育科技公司以 A 家居公司为被告起诉至法院，诉讼请求如下：（1）撤销双方签订的场地租赁合同及补充协议；（2）A 家居公司向教育科技公司返还已支付租金 375131.5 元；（3）A 家居公司向教育科技公司按一个月

的租赁押金标准赔偿我方违约金 100035 元；（4）A 家居公司向教育科技公司赔偿所有经营投资款 3385837.16 元；（5）A 家居公司向教育科技公司赔偿所有客户退费 1596630.88 元；（6）A 家居公司向教育科技公司赔偿员工劳动补偿 398400.93 元；（7）A 家居公司向教育科技公司赔偿品牌损失费 1080000 元；（8）A 家居公司向教育科技公司赔偿团队损失费 796801 元；（9）A 家居公司向教育科技公司赔偿业务收入损失费 2277000 元。

【焦点问题】

1. A 家居公司在签约时是否存在欺诈行为？

2. 涉案《场地租赁合同》及《场地租赁合同补充协议》效力如何认定？

【结论】

法院认为，原告教育科技公司能够使用承租场地的期限取决于 A 控股公司的承租权存续期限。2017 年 3 月，锅炉集团向法院起诉要求确认 2021 年 5 月 31 日期满后自动延长租赁期限 20 年的约定无效，而 2017 年 10 月 31 日 A 家居公司与教育科技公司签订了 10 年租期的涉案《场地租赁合同》及《场地租赁合同补充协议》。A 家居公司不能提供证据证明其向教育科技公司告知过 A 控股公司与锅炉集团之间的诉讼，应认定 A 家居公司未向教育科技公司告知过该诉讼的情况，否则教育科技公司不会签订 10 年租期的涉案《场地租赁合同》及《场地租赁合同补充协议》。由此，A 家居公司隐瞒真实情况，宜认定为存在欺诈，教育科技公司签订的涉案《场地租赁合同》及《场地租赁合同补充协议》并非其真实意思表示，原告教育科技公司有权要求撤销涉案《场地租赁合同》及《场地租赁合同补充协议》。

【典型案例索引】

北京市第一中级人民法院民事判决书，（2019）京 01 民终 10004 号。

【相关法律法规】

原《合同法》（2021 年 1 月 1 日起因《民法典》施行被废止）第 54 条、第 56 条、第 58 条、第 60 条，原《合同法》上述条文对应《民法典》的第 148 条、第 155 条、第 157 条、第 509 条。

【律师分析】

1. 司法实务中，场地租赁的费用、租赁期限往往是影响租赁合同签订的重要因素，又因场地装修的投入等，双方关于租赁期限的约定可能直接影响着租赁合同签约与否。

例如本文案例中，从涉案《场地租赁合同》中关于租期及装修期的约定可知，原告、被告双方是本着10年租赁期限签约的。承租方在不知晓出租方就租赁场地的租赁事项存在诉讼事实的情况下，根据锅炉集团与A控股公司签订的《租赁合同》《补充协议书》的内容及A控股公司、A家居公司的关联关系足以产生承租方可在较低的风险内履行10年租赁期限的合理信赖。该合理信赖在《场地租赁合同》的签约中是具有重要作用的，即隐瞒诉讼事实的行为与承租方作出签约的意思表示之间存在一定的因果关系。

2. 对于租赁物可能存在的风险，特别是直接影响承租人作出签约决定的租赁物风险，出租方负有向承租方告知相关风险的义务。

例如本文案例中，A控股公司与锅炉集团之间的诉讼事实发生在前，被告A家居公司与原告教育科技公司签约在后，该诉讼事实直接关系到A家居公司的出租权，属于直接影响涉案《场地租赁合同》及《场地租赁合同补充协议》签约过程中当事人的意思表示的关键事实，直接关涉原告教育科技公司的签约目的是否可以实现。A家居公司在应当知晓该诉讼事实的前提下，具有将此项诉讼事实如实告知原告教育科技公司的义务。

3. 租赁关系中，原告起诉撤销租赁合同而被告反诉解除租赁合同，因已撤销合同自始不发生法律效力，故撤销后的租赁合同不具有合同解除的适用空间。

根据《民法典》第155条“无效的或者被撤销的民事法律行为自始没有法律约束力”的规定，合同被撤销后自始不发生法律效力。本文案例中，被告A家居公司要求解除涉案《场地租赁合同》及《场地租赁合同补充协议》，但合同的解除以合同有效为前提，在涉案《场地租赁合同》及《场地租赁合同补充协议》已归于撤销的情况下，A家居公司解除合同的主张于法无据，故法院未予支持。

4. 在本文案例中，原告围绕租赁合同被撤销后的赔偿事项提出多项诉讼请求，结合法院的审理意见可对同类案件的诉讼请求内容提供参考。

根据《民法典》第 157 条的规定，合同被撤销后，因该合同取得的财产，应当予以返还；不能返还或者没有必要返还的，应当折价补偿。有过错的一方应当赔偿对方因此所受到的损失，双方都有过错的，应当各自承担相应的责任。例如本文案例中，涉案《场地租赁合同》及《场地租赁合同补充协议》因出租方的欺诈行为而撤销，出租方应对承租方因此造成的损失予以赔偿。承租方作为经营投资者，具有相应的审慎义务，其在签约时并未向涉案场地的相关权属单位核查出租方的出租权情况，亦存在一定过错。对于合同撤销事宜，由出租方承担主要责任，承租方承担次要责任。因此，对于原告各项诉讼请求，法院实际处理结果如下：

（1）租赁合同撤销后，出租方与承租方之间产生相互返还的责任。出租方应返还承租人已交纳的租金。但租赁合同属于连续性供应合同，出租方以“无形给付”为标的，合同撤销后承租方已获得对租赁财产的使用，考虑到此类已经履行的使用部分具有不可消灭的特点，故从公平及效率的角度出发，法院结合双方的过错程度，将承租方已支付的租金冲抵为其应向出租方支付的房屋使用费。

（2）在租赁合同被撤销的情况下，承租方关于违约金的主张没有依据，法院未予支持。

（3）承租方因在承租场地正常营业一定期限，现其要求出租方赔偿经营投资款、客户退费、员工劳动补偿、品牌损失费及团队损失费，上述费用均非承租方因租赁合同撤销产生的直接损失。故承租方的上述主张没有依据，法院未予支持。

（4）承租方主张业务收入损失，考虑到租赁合同撤销后，承租方作为信赖方，重新恢复营业需要一定的周转期，必然产生一定时期的停产停业，影响其业务收入，产生业务收入损失，对于其业务收入损失的主张，法院予以支持。但其主张业务损失标准过高，法院根据诚信原则，综合场地租赁成本、双方的过错程度等因素酌定由出租方向承租方支付业务收入损失 45 万元。

四、基于第三人欺诈而签订的合同被撤销

《民法典》第 149 条是关于合同以外第三人实施欺诈行为影响合同效力的规定，即："第三人实施欺诈行为，使一方在违背真实意思的情况下实施的民事法律行为，对方知道或者应当知道该欺诈行为的，受欺诈方有权请求人民法院或者仲裁机构予以撤销。"该条文中所谓因第三人欺诈实施的民事法律行为，是指因第三人实施欺诈行为而使当事人一方在违背真实意思的情况下实施的民事法律行为。根据该条文的规定，因第三人欺诈签订的合同可撤销的条件如下：（1）必须是合同当事人之外的第三人实施欺诈行为，若是合同当事人实施欺诈行为则适用《民法典》第 148 条的规定；（2）受欺诈方因第三人实施的欺诈行为而签订了合同；（3）对方知道或者应当知道一方签订合同是第三人实施的欺诈行为的结果。①

关于第三人欺诈的认定问题，根据《民法典总则编司法解释》第 21 条的规定，故意告知虚假情况，或者负有告知义务的人故意隐瞒真实情况，致使当事人基于错误认识作出意思表示的，法院可以认定为《民法典》第 149 条规定的欺诈。

关于司法实务中第三人欺诈的举证标准问题，第三人欺诈的证明标准是"排除合理怀疑"，其证明难度要高于一般待证事实"高度可能性"的证明标准。关于一般待证事实的证明标准，根据《民事诉讼法司法解释》第 108 条第 1 款的规定，对负有举证证明责任的当事人提供的证据，法院经审查并结合相关事实，确信待证事实的存在具有高度可能性的，应当认定该事实存在。关于第三人欺诈的证明标准，根据《民事证据规定》第 86 条第 1 款的规定，当事人对于欺诈、胁迫、恶意串通事实的证明，法院确信该待证事实存在的可能性能够排除合理怀疑的，应当认定该事实存在。

关于第三人欺诈情形下的撤销权行使期限，根据《民法典》第 152 条第

① 参见最高人民法院民法典贯彻实施工作领导小组主编：《中华人民共和国民法典总则编理解与适用》（上、下），人民法院出版社 2020 年版，第 739～740 页。

1 款第 1 项“当事人自知道或者应当知道撤销事由之日起一年内、重大误解的当事人自知道或者应当知道撤销事由之日起九十日内没有行使撤销权”的规定，权利人应在自知道或者应当知道撤销事由之日起 1 年内行使撤销权，否则撤销权消灭。且行使撤销权的方式应是向法院或仲裁机构提起诉讼或申请仲裁，而不是只发送通知文件。

综上所述，本部分内容主要围绕《民法典》及相关司法解释的规定，结合对实务案例的分析，对第三人欺诈影响合同效力的诸多因素进行类型化分析，并提出律师法律实务建议，以帮助读者在日常经济交往活动及实务办案过程中预判相关情形下因第三人实施欺诈行为导致合同被撤销的风险。

111. 二手房交易中未告知房屋缺陷的，能否撤销买卖合同

【关键词】

房屋买卖合同　二手房交易　凶宅　告知义务　第三人欺诈

【场景】

2020 年 7 月 31 日，被告曾某与第三人税某签订一份房屋买卖合同，约定：曾某将涉案房屋以 65 万元出售给税某，曾某同意将涉案房过户到税某指定的人员名下，并配合办理产权过户、银行贷款及所需材料等。同年 8 月，曾某将涉案房屋交给税某，税某对涉案房屋进行装修。

2020 年 9 月 22 日，在被告曾某未授权的情况下，税某以曾某代理人的名义与原告蔡某签订《存量房买卖合同》及《补充协议》，约定：曾某将涉案房屋以 80.8 万元的价格出售给蔡某。原告蔡某按约定向税某支付购房款，税某收到蔡某购房款后又将欠付被告曾某的 45 万元购房款补齐。被告曾某配合办理房屋产权过户至蔡某名下，蔡某开始对房屋进行装修，后了解到涉案房屋内发生过凶杀案，故要求退房。

【事态发展（纠纷产生）】

原告蔡某以曾某、税某欺诈为由起诉至法院，诉讼请求如下：（1）撤销蔡某、曾某签订的《存量房买卖合同》及《补充协议》；（2）曾某返还蔡某购房款（含家具）814000 元，并支付利息 5000 元；（3）曾某赔偿蔡某损失

122851.44 元（其中税费损失 28542.54 元、中介费 7430 元、房屋装修损失 66878.90 元、代理费 20000 元）。

【焦点问题】

蔡某、曾某签订的《存量房买卖合同》及《补充协议》是否可以撤销?

【结论】

法院认为，被告曾某、税某的行为构成欺诈。《民法典》第 148 条规定："一方以欺诈手段，使对方在违背真实意思的情况下实施的民事法律行为，受欺诈方有权请求人民法院或者仲裁机构予以撤销。"所谓欺诈，是指一方当事人故意告知对方虚假情况，或者故意隐瞒真实情况，诱使对方当事人作出错误的意思表示的行为。本文案例中，没有证据证明税某虚构事实，是否存在欺诈，应当考察曾某、税某是否故意隐瞒实情，曾某、税某构成故意隐瞒的前提是其是否有向原告蔡某告知实际情况的义务。结合《民法典》对买卖合同中出卖人义务的规定，出卖人的义务一般为按约定交付标的物、保证标的物没有权利瑕疵、确保标的质量符合要求等，不能以此推定出卖人具有事无巨细的一般告知义务。具体到本文案例，税某是否有告知涉案房屋是"凶宅"的义务，法律规定并不明确，不能当然地因该事实会影响是否成交及房屋交换价值就认定税某有告知义务，应结合多方面因素综合判断。

从公平原则看，当事人没有义务揭示可能影响自己的谈判地位的事实，探究缔结合同的利弊，是当事人各自的义务。在法律没有明确规定、当事人没有约定时，应遵守公平原则确定各方的义务，充分考虑合同主体各方利益的平衡。税某、蔡某在签订涉案合同时，具有平等的交涉能力，涉案房屋属于凶宅，要求税某主动披露不利于本人的信息，期待可能性较低。相反，若蔡某对该类事实有较高关注，到有关部门查询或者实地看房，虽不能了解到该信息，但其可主动向税某询问即可确保合同符合自己的真实意思。

从诚实信用原则看，民事主体从事民事活动，应当遵循诚信原则，秉持诚实，恪守承诺。涉案房屋属于凶宅，但是曾某向税某出卖涉案房屋时，约定允许税某转卖，曾某未向税某披露涉案房屋属于凶宅的事实，导致税某未能及时了解相关事实而陷入错误认识，作出与其本意相悖的购房行为，并导致税某无法向下一手购房人预先告知涉案房屋系凶宅的实情，曾某的行为构成欺诈。并且，税某向原告蔡某表示“房子本来是为其儿子购买，因疫情其儿子不能回来只好转卖”，该信息一定程度上也会让原告蔡某陷入税某在购入房屋时已经审慎了解房屋现状，该房屋符合一般人可以直接购入要求的认知。

就税某与原告蔡某之间成立的房屋买卖合同而言，被告曾某系第三人，其与第三人实施欺诈行为，导致蔡某未能及时了解相关事实而陷入错误认识，作出与其本意相悖的购房行为。根据《民法典》第 149 有关第三人欺诈撤销合同的规定，原告蔡某购买涉案房屋的房屋买卖合同可以撤销。

【典型案例索引】

福建省三明市中级人民法院民事判决书，（2022）闽 04 民终 1381 号。

【相关法律法规】

《民法典》第 6 条、第 7 条、第 146 条、第 148 条、第 155 条、第 157 条。

【律师分析】

1. 二手房交易现如今已成为很多购房人的选择，实践中可能交易双方基于多种原因，购房人在购买二手房未办理房产过户的情形下又将房屋出卖给他人，但该类购房人在未办理过户手续情形下再次转卖二手房的行为存在多种法律风险。

根据《民法典》第 209 条第 1 款“不动产物权的设立、变更、转让和消灭，经依法登记，发生效力；未经登记，不发生效力，但是法律另有规定的除外”的规定，第 214 条“不动产物权的设立、变更、转让和消灭，依照法律规定应当登记的，自记载于不动产登记簿时发生效力”的规定，以及《城市房地产管理法》（2019 年修正）第 37 条“房地产转让，是指房地产权利人通过买卖、赠与或者其他合法方式将其房地产转移给他人的行为”的规定，房地产转让应包括签订买卖、赠与合同，交付价款、交付房屋，以及过户登记等一系列债权行为和物权行为。另外，根据《城市房地产管理法》（2019 年修正）第 38 条的规定，未依法登记领取权属证书的房地产，不得转让，对此应理解为买卖行为因尚未登记领取权属证书而不能彻底完成，依法登记领取权属证书只是物权变动的成立要件，而非买卖合同的成立、生效要件。虽然《城市房地产管理法》（2019 年修正）第 38 条是对行政管理部门办理物权变动登记的管理性规定，而不是认定物权转让合同效力的强制性规定，物权变动能否成就以及是否办理物权登记，均不影响转让合同效力。但是，因物权未发生变动，会出现诸如“一房二卖”等纠纷，以及为避税或规避其他行政监督行为而遭受违法处罚。

2. 购房人在未办理过户手续情形下再次转卖二手房的，前手为逃避过户税款签订的房屋买卖合同属于有效合同，后手转卖人出售未取得物权房屋签订的买卖合同也可以成立有效合同法律关系。

第一，本文案例中，被告曾某与税某签订的《存量房买卖合同》及《补充协议》约定“甲方（曾某）同意将该房过户到乙方（税某）指定的人员名下，并配合办理产权过户、银行贷款及所需材料等”，该约定规避了房屋转卖过程中的缴纳税费义务，避税行为可由税务等有关行政主管部门调查处理，但违反《城市房地产管理法》第 38 条第 6 项并不导致该约定无效。曾某与税某签订的房屋买卖合同及补充约定系双方真实意思表示，对曾某、税某均有约束力，故曾某与税某之间就涉案房屋存在有效的房屋买卖合同关系。

第二，税某虽然在 2020 年 9 月 22 日签订的《存量房买卖合同》及《补充协议》中以曾某代理人身份在“甲方”处签名、捺印，但曾某并未授权税某以自己名义对外签订房屋买卖合同、曾某未与蔡某之间就该合同进行过磋商。此外，该合同内容均由税某与原告蔡某商定，从税某、蔡某共同委托房屋代办事项、税某仅收到原告蔡某支付的全部购房款后将 45 万元支付给曾某的事实看，2020 年 9 月 22 日签订的《存量房买卖合同》及《补充协议》系税某与原告蔡某之间订立的房屋买卖合同，二人之间存在关于涉案房屋的买卖合同关系。本文案例中，原告依据被告欺诈行为，有权撤销 2020 年 9 月 22 日签订的《存量房买卖合同》及《补充协议》。

3. 涉案《存量房买卖合同》及《补充协议》被撤销后，售房人应向购房人返还房款，购房人应腾退房屋交还给售房人。

根据《民法典》第157条的关系，民事法律行为无效、被撤销后，行为人因该行为取得的财产，应当予以返还；不能返还或者没有必要返还的，应当折价补偿。有过错的一方应当赔偿对方由此所受到的损失，各方都有过错的，应当各自承担相应的责任。鉴于本文案例中涉案房屋存在一定瑕疵且交易情况比较复杂，各方当事人均有不够审慎之处，对于当事人主张的相关损失应酌情处理。涉案《存量房买卖合同》及《补充协议》被依法撤销后，原告蔡某应将房屋腾空（除曾某所有的家具外）并交还被告曾某。因此，在本文案例中，法院关于原告蔡某各项诉讼请求的审理意见如下：

（1）被告曾某应返还原告蔡某已支付的购房款65万元（含购买家具款6000元），另外税某直接向原告蔡某多收取的购房款16.4万元，应当向蔡某返还。

（2）原告蔡某主张被告曾某赔偿损失122851.44元（其中税费损失28542.54元、中介费7430元、房屋装修损失66878.90元、代理费20000元），依据不足，法院未予支持。

4. 关于二手房交易中应如何认定“凶宅”的问题，往往容易出现争议，其中更应以社会对“凶宅”的共识作为判断基准。

例如本文案例中，法院认为凶宅并非法律概念，无法在实体法律规范上对其进行准确定义。将房屋命名为凶宅，是日常生活中人们追求喜庆吉祥、忌讳死亡和趋利避害心理而演化而来的产物。对凶宅有所忌惮当然是主观上的心理感受，房屋本身客观使用并不受影响，但这种主观感受具有一定规模，为社会较多数人接受，势必会影响房屋的交易价值，也就存在法律规制的必要。对凶宅予以特殊注意，并非主观的封建迷信，相反属于客观的公序良俗。判断是否为凶宅不能以个体主观感受为依据，应以社会共识为判断基准。同时，死亡时间与交易时间的间隔对应主动告知凶宅的时间有影响，相距时间超出一定合理范围便无法归入与订立合同有关的重要事实。具体到本文案例，已经生效的（1997）三刑初字第42号刑事附带民事判决书，已经查明涉案房屋内曾于1997年6月发生刑事凶杀案件，故认定涉案房屋属于通常意义上的凶宅。

112. 居间方欺骗出租人促进其与承租人签订租赁合同，能否撤销

【关键词】

租赁合同　转租　代理人　关联关系　第三人欺诈

【场景】

原告居某（出租方）与被告餐饮公司（承租方）、倪某（居间方）签订《房屋租赁合同》，约定租赁涉案房屋，租期自 2016 年 10 月 1 日至 2019 年 9 月 30 日。合同签订后，餐饮公司按每月 14500 元的标准向居某支付了 2016 年 10 月 1 日至 2018 年 6 月 30 日的租金。此后，倪某以原告居某代理人的身份与汽车部件公司签订《租赁合同》，将涉案房屋出租给汽车部件公司，租期自 2016 年 10 月 1 日至 2018 年 9 月 30 日，月租金 19000 元，租金付至倪某银行账户。

【事态发展（纠纷产生）】

原告居某发现倪某以其代理人的身份将房屋对外以更高租金出租给汽车部件公司，认为其受到欺诈，故以餐饮公司为被告、以倪某为第三人起诉至法院，诉讼请求如下：（1）撤销原告居某与餐饮公司签订的《房屋租赁合同》；（2）餐饮公司赔偿家具等物品损失 5310.8 元。

【焦点问题】

原告居某能否基于受欺诈的事由，要求撤销其与餐饮公司于 2016 年 9 月 20 日签订《房屋租赁合同》?

【结论】

本文案例中，原告居某诉称其在签订《房屋租赁合同》时，虽然在之前进行了看房，看房人员系一对外籍夫妇，原告居某有怀疑，从微信记录内容可以断定，原告居某应该事先了解了餐饮公司资信情况，对于是否租赁给餐饮公司犹豫不决，于是询问第三人倪某，倪某为了让原告居某尽快和与自己父亲作为法定代表人的餐饮公司签约，谎称外籍人员所在汽车部件公司是餐饮公司合作外派公司，外籍人员是餐饮公司的外籍顾问，餐饮公司包住宿等，

诱使原告居某与餐饮公司签订《房屋租赁合同》。而实际上餐饮公司在承租过程中未自用，将涉案房屋加价转租给汽车部件公司，是合同履行过程中为了赚取差价的欺诈行为。故根据原告居某与倪某的聊天记录、两份租金标准不一的租赁合同、实际付款情况及倪某与餐饮公司之间的关系，可以确定倪某为赚取租金差价，虚构事实以骗取原告居某与其控制的餐饮公司签订租金较低的租赁合同，再以原告居某代理人的身份与实际承租人签订租金较高的租赁合同。故原告居某的要求撤销合同的诉讼请求，法院判决予以支持。

【典型案例索引】

上海市第一中级人民法院民事判决书，(2019) 沪 01 民终 7631 号。

【相关法律法规】

原《民法总则》(2021 年 1 月 1 日起因《民法典》施行被废止) 第 149 条；原《合同法》(2021 年 1 月 1 日起因《民法典》施行被废止) 第 54 条、第 55 条，原《合同法》上述条文对应《民法典》的第 148 条、第 149 条、第 152 条；《民事证据规定》(2001 年) 第 2 条 (2019 年修正的《民事证据规定》已经修改了原第 2 条的内容，原《民事证据规定》第 2 条的内容被吸收入 2022 年修正的《民事诉讼法司法解释》第 90 条内容中)。

【律师分析】

1. 根据《民法典》第 149 条的规定，第三人实施欺诈行为，使一方在违背真实意思的情况下实施的民事法律行为，对方知道或者应当知道该欺诈行为的，受欺诈方有权请求法院予以撤销。

例如本文案例中，根据原告居某与中间人倪某的聊天记录、两份租金标准不一的租赁合同、汽车部件公司直接向倪某实际付款的情况及倪某与餐饮公司之间的关系，认定中间人倪某为赚取租金差价，虚构事实以骗取居某与其控制的餐饮公司签订租金较低的租赁合同，再以居某代理人的身份与实际承租人签订租金较高的租赁合同的事实。因此，法院认定倪某、餐饮公司的行为已构成第三人欺诈，属于合同的可撤销事由。

2. 另外，在本文案例二审过程中，倪某经法院传唤未到庭。涉诉当事人经依法传唤未到庭的，应承担不利的法律后果。

（1）原告或其代理人经依法传唤未到庭的不利后果

根据《民事诉讼法》第146条“原告经传票传唤，无正当理由拒不到庭的，或者未经法庭许可中途退庭的，可以按撤诉处理；被告反诉的，可以缺席判决”，以及第148条“宣判前，原告申请撤诉的，是否准许，由人民法院裁定。人民法院裁定不准许撤诉的，原告经传票传唤，无正当理由拒不到庭的，可以缺席判决”的规定，原告一方无正当理由未到庭参加诉讼的，视为对自身诉讼权利的放弃，法院可按撤诉处理或认定为在不准许原告撤诉情形下的缺席判决。

（2）被告或其代理人经依法传唤未到庭的不利后果

根据《民事诉讼法》第112条“人民法院对必须到庭的被告，经两次传票传唤，无正当理由拒不到庭的，可以拘传”，以及第147条“被告经传票传唤，无正当理由拒不到庭的，或者未经法庭许可中途退庭的，可以缺席判决”的规定，被告若无正当理由拒不到庭参加诉讼的，法院可以在必要时选择拘传被告到庭，但实务中适用很少。被告一方拒不出庭的，实务中普遍的做法是法院照常审理然后缺席判决。因此，法院不会因为被告不到场就放弃审理，案件也会照常审理，相关不利后果由被告自负。

（3）负有举证责任的当事人经依法传唤未到庭的不利后果

根据《民事诉讼法司法解释》第110条第3款“负有举证证明责任的当事人拒绝到庭、拒绝接受询问或者拒绝签署保证书，待证事实又欠缺其他证据证明的，人民法院对其主张的事实不予认定”的规定，对具有举证责任的当事人拒不到庭的，法院可以对其主张不予认可。

3. 诉讼双方均有权申请证人出庭作证，法院为确保证人证言的真实性，一般会要求证人出庭接受当事人的质询和法官的询问，但根据《民事诉讼法》第76条的规定，具有以下情形且经法院许可的，证人可以通过书面证言、视听传输技术或者视听资料等方式作证：

（1）因健康原因不能出庭的。

（2）因路途遥远，交通不便不能出庭的。

（3）因自然灾害等不可抗力不能出庭的。

（4）其他有正当理由不能出庭的（兜底条款）。

113. 隐瞒偿债能力误导债权人同意债务转移，能否撤销债务转移协议

【关键词】

债务转移　夫妻共同债务　亲属关系　第三人欺诈

【场景】

原告范某与被告徐父及其代理人徐女（徐父之女）因解除购房合同，约定被告徐父负有向原告返还购房款 45 万元的给付义务。徐父、徐女并未按解除协议约定向范某返还 45 万元，范某多次向徐女催要。2021 年 7 月，徐女以怀孕不便为由，让范某联系其丈夫陈某。2022 年 1 月 14 日，被告徐父、陈某与范某签署涉案债务转让《协议》，约定：徐父欠付范某的 45 万元由陈某负责分期还款给范某，徐父不再承担还款责任。

徐女与陈某曾系夫妻关系，陈某与徐女于 2020 年 6 月 22 日协议离婚，但二人一直同居至 2021 年 12 月。徐女对外隐瞒了双方离婚事实，在 2021 年 7 月之前对外一直宣称陈某是其丈夫。

【事态发展（纠纷产生）】

原告范某以徐父、陈某为被告，以徐女为第三人起诉至法院，诉讼请求：撤销范某与徐父、陈某在 2022 年 1 月 14 日签订的债务转让《协议》。

【焦点问题】

原告是否有权基于欺诈事由撤销涉案债务转让《协议》？

【结论】

《民法典》第 149 条规定，第三人实施欺诈行为，使一方在违背真实意思的情况下实施的民事法律行为，对方知道或者应当知道该欺诈行为的，受欺诈方有权请求法院或者仲裁机构予以撤销。《民法典总则编司法解释》第 21 条规定，故意告知虚假情况，或者负有告知义务的人故意隐瞒真实情况，致使当事人基于错误认识作出意思表示的，法院可以认定为《民法典》第 148 条、第 149 条规定的欺诈。基于受欺诈作出的民事法律行为，要求行为人具有隐瞒或虚构的故意，使相对方陷入错误认识，并基于该错误认识实施

民事行为。本文案例中，徐女在与范某沟通购房款返还事宜及与范某与徐父、陈某签订涉案债务转让《协议》时，认可其一直与陈某对外以夫妻相称，且徐女故意隐瞒其于2020年6月22日已与陈某离婚的事实，导致范某基于陈某与徐女系夫妻的错误认识，而作出由陈某向其返还购房款45万元、违背其真实意愿的意思表示，符合法律规定的欺诈构成要件，范某以此主张撤销与徐父、陈某于2022年1月14日签订的债务转让《协议》，有事实和法律依据，法院判决予以支持。

【典型案例索引】

江苏省连云港市中级人民法院民事判决书，(2023) 苏07民终331号。

【相关法律法规】

《民法典》第149条；《民法典总则编司法解释》第21条；《民法典时间效力规定》第1条。

【律师分析】

1. 在本文案例中实施欺诈的行为人系徐女，原告诉讼请求撤销的债务转让《协议》签约主体是原告范某与被告徐父、陈某，根据《民法典》第149条有关第三人欺诈的规定，涉案债务转让《协议》的签署符合第三人欺诈的构成要件。

本文案例中，徐父在2021年3月7日与范某签订《解除合同协议》解除购房合同后，本应按照该协议约定将45万元购房款还给范某，但其未按约履行，却在范某多次催要的情况下，又与陈某、徐父于2022年1月4日签订债务转让《协议》，将还款责任转移给陈某，徐父称对于其女儿徐女和陈某的婚姻家庭情况不知情，明显与常理不符。法院认定徐女在与范某沟通房款返还事宜及徐父、陈某与范某签订涉案债务转让《协议》时，故意隐瞒真实情况，致使范某作出违背真实意愿的意思表示，符合法律规定的欺诈构成要件。

2. 根据《民法典》第551条第1款的规定，债务人将债务的全部或者部分转移给第三人的，应当经债权人同意。

例如本文案例中，涉案债务转让《协议》是原告与被告徐父、陈某约定将徐父对范某的债务转移给陈某。从债权人范某的主观认识上，是将徐父的债务转移给徐女的配偶，属于徐女与其配偶的夫妻共同债务，偿还会更有保障。但徐女隐瞒了其已与陈某离婚的事实，导致原告范某认识错误，作出违背真实意思的签订同意债务转移的约定，其权益实际受到损害，故原告有权撤销基于欺诈事由撤销涉案债务转让《协议》。

3. 债务转移或者称为债务人变更，其主要有以下特征：

（1）债务的内容保持不变，债务转移的前后，债务本身不发生变化。

（2）债务的承担主体发生变更，债务转移后，由第三人全部或部分取代原债务人的地位并承担债务。

（3）转移的对象是债务而不是债权，若包括债权，则构成债权债务的概括移转，而不是单纯的债务转移。

4. 司法实务中，一般对债务转移与第三人代为履行债务（债务加入）区别理解，其区别可从以下两点进行分析。

（1）债务人是否退出原债权债务关系

根据《民法典》的相关规定，在债务转移中，因由债务受让人履行债务已征得债权人的同意，原债务人退出债权债务关系，债权人与第三人成立新的债权债务关系。在第三人代为履行中，债务人并不退出原债权债务关系，第三人仅是履行债务的辅助人。

（2）第三人是否承担违约责任

根据《民法典》第 522 条、第 523 条、第 552 条的规定，在债务转移的情况下，第三人已经成为合同关系当事人，债权人可直接请求第三人履行义务及承担违约责任。在第三人代为履行中，债权人未在合理期限内明确拒绝的，债权人可以请求第三人在其愿意承担的债务范围内和债务人承担连带债务。当第三人不履行或履行债务不符合约定时，债权人不能直接向第三人请求履行债务，只能要求债务人承担第三人不履行的违约责任。

114. 隐瞒债权风险撮合他人受让债权，能否撤销债权转让协议

【关键词】

债权转让　P2P　投资理财　夫妻关系　第三人欺诈

【场景】

被告赵某与第三人投资管理公司的负责人刘某系夫妻关系。赵某在第三人投资管理公司处拥有投资债权总计 386837 元，截至 2019 年 6 月 24 日，剩余投资债权为 286837 元。第三人投资管理公司业务员于某向原告王某推销投资理财产品，并于 2019 年 6 月 24 日撮合原告与被告赵某签署涉案《债权转让协议》，约定被告自愿将参考投资管理公司总公司推荐而进行出借的个人债权转让给原告，转让债权金额为 206837 元，原告按约向被告支付了 206837 元。此后不久，原告王某了解到投资管理公司总公司早在 2019 年 4 月即发生全国性逾期回款。

【事态发展（纠纷产生）】

原告王某以赵某为被告、投资管理公司为第三人起诉至法院，诉讼请求：依法撤销王某、赵某于 2019 年 6 月 24 日签订的出借人债权转让协议，退还王某债权转让金 206837 元及利息。

【焦点问题】

原告能否基于第三人业务员的欺诈行为要求撤销涉案《债权转让协议》？

【结论】

法院认为，原《民法总则》第 149 条规定："第三人实施欺诈行为，使一方在违背真实意思的情况下实施的民事法律行为，对方知道或者应当知道该欺诈行为的，受欺诈方有权请求人民法院或者仲裁机构予以撤销。"本文案例中，经投资管理公司业务员于某向原告王某推荐，2019 年 6 月 24 日通过《债权转让协议》将被告赵某的投资债权转让给原告王某，事实清楚。但投资管理公司业务员于某在具体办理赵某的债权转让事宜过程中，隐瞒了投资管理公司总公司发生全国性逾期回款的事实，并向王某表示项目不错，投资安全，回报稳定，导致王某陷入错误认知，并基于错误认知作出意思表示，在违背其真实意思的情况下签订《债权转让协议》，构成欺诈行为。

涉案《债权转让协议》是被告赵某与原告王某签订的，投资管理公司并非涉案《债权转让协议》的当事人，而是实施欺诈行为的第三人。鉴于赵某与投资管理公司的负责人刘某系夫妻关系，法院结合案件事实，认定赵某对投资管理公司总公司发生全国性逾期回款的事实应属知情，对投资管理公司采取欺诈方式将其投资债权转让给原告王某的事实，亦应属知道或者应当知道。因此，原告王某有权撤销王某与赵某之间的《债权转让协议》，法院判决予以支持。

【典型案例索引】

山东省烟台市中级人民法院民事判决书，（2021）鲁06民终3158号。

【相关法律法规】

原《民法总则》第149条（2021年1月1日起因《民法典》施行被废止，原《民法总则》第149条规定内容与《民法典》第149条规定内容一致）。

【律师分析】

1. P2P公司出现暴雷后，债权转让纠纷相对较常见，例如本文案例中，债权转让方与受让方互不相识，不存在欺诈行为，实施欺诈的系第三方投资管理公司员工，因此应适用《民法典》第149条中第三人实施欺诈的相关规定。

例如本文案例中，第三人投资管理公司的业务员于某在具体办理被告赵某的债权转让事宜过程中，隐瞒了总公司于2019年4月即发生全国性逾期回款的事实，并向原告王某宣传项目不错，投资安全，回报稳定，导致王某在违背真实意思的情况下签订了《债权转让协议》，构成欺诈行为。该欺诈行为虽由第三人投资管理公司的业务员于某实施，但应视为第三人投资管理公司的行为。鉴于被告赵某与第三人投资管理公司的负责人刘某系夫妻的特殊关系，赵某对总公司于2019年4月即发生全国性逾期回款的事实应属知情。对第三人投资管理公司采取欺诈方式将其投资债权转让给原告王某的事实，亦应属知道或者应当知道，符合《民法典》第149条“第三人实施欺诈行为，使一方在违背真实意思的情况下实施的民事法律行为，对方知道或者应当知道该欺诈行为的，受欺诈方有权请求人民法院或者仲裁机构予以撤销”的情形。

2. 根据《民法典》第157条的规定，《债权转让协议》被撤销后，被告基于《债权转让协议》取得的转让款应予返还原告，并应承担过错赔偿责任。

例如本文案例中，法院经审理，判令被告赵某于判决生效之日起10日内返还原告王某206837元及利息（利息以206837元为基数，自2020年8月18日至实际履行之日止，按照LPR利率计算）。

115. 隐瞒合伙事务转让合同份额，受让方能否撤销转让协议

【关键词】

合伙关系　合伙份额转让　代理人　第三人欺诈

【场景】

原告周某与被告李某为同村隔壁邻居，系好朋友好兄弟。原告拟投资经营酒店，被告李某与邹某合伙经营涉案酒店，各持50%合伙份额。经李某撮合，原告周某与被告邹某签署《合伙份额转让协议》，同时周某与被告李某签署《合伙合作协议》，约定：涉案酒店50%合伙份额以460万元转让给原告周某，涉案酒店共投入860万元，其中李某出资430万元占50%，周某出资430万元占50%，由李某担任法人，负责酒店一切事宜。原告周某进场参与涉案酒店经营后，发现与李某先前介绍的酒店情况不一致，涉案酒店不仅总投资远不及860万元，且至今酒店还欠付银行贷款。

【事态发展（纠纷产生）】

原告周某以被告邹某、李某欺诈为由起诉至法院，诉讼请求如下：（1）判令撤销周某受让邹某涉案酒店50%合伙份额的民事法律行为；（2）判令邹某、李某立即共同返还周某转让款460万元及利息。

【焦点问题】

被告在与原告交易过程中是否存在欺诈行为？

【结论】

从被告邹某编发的微信消息来看，在磋商转让酒店份额时，邹某通过李某告知周某酒店总投资为860万元，其出资430万元，李某出资430万元。但邹某向法院陈述其从未核实过李某的投资情况，不清楚李某的真实投资额，

也无法核实李某的投资情况。因涉案《合伙合作协议》系李某与邹某完成投资之后才签署，协议中明确双方各投入资金430万元，一般来说，该协议书应当是在双方对之前投入资金对账核算的基础上签订。而邹某的妹妹也在酒店负责会计工作，邹某应当了解李某的实际投资情况和酒店的实际投资情况，但邹某表示其从未与李某核过账目，不知道李某的投入资金，其上述陈述显然违背常理，也与《合伙份额转让协议》相矛盾，难以使人信服。

退一步说，即使邹某的相关陈述是真实的，至少也可以证明邹某在未对酒店真实投资金额是否为860万元进行核实的情况下，告知了周某“酒店投资860万元”这个真伪不明的信息。故本文案例的另一个关键是核实酒店总投资金额是否为860万元，邹某是否出资了430万元，李某是否出资了430万元。李某未能向法院提交充分证据证明其投入酒店资金430万元，故法院认定李某投资金额并未达到430万元；而邹某向法院提交的证据显示其投入的实际金额为403万元，从上述情况来看，邹某和李某的投资金额均未达到430万元，酒店的总投资额也未达到860万元。

另外，从酒店现状来看，结合李某提供的酒店装修等相关证据，也可以认定酒店的投资金额明显未达到860万元。此外，涉案酒店还存在贷款，邹某、李某亦未如实向周某披露。涉案酒店份额转让过程中，邹某与周某并未见面，邹某均是通过李某与周某商谈处理。李某是酒店的合伙人和实际管理人，李某对涉案酒店的实际投入和经营情况是最了解和清楚的，但其在酒店份额转让过程中刻意对周某隐瞒酒店投入真实情况，使周某在受到欺诈的情况下受让了邹某持有的酒店50%的份额，作出了不真实的意思表示，周某有权向法院申请予以撤销。

综上所述，邹某、李某在合伙份额转让过程中均存在欺诈行为，周某有权向法院申请撤销周某受让邹某持有的涉案酒店50%合伙份额的民事法律行为，法院判决予以支持。

【典型案例索引】

江苏省无锡市中级人民法院民事判决书，（2020）苏02民终858号。

【相关法律法规】

原《民法总则》第148条、第149条（2021年1月1日起因《民法典》

施行被废止，原《民法总则》第 148 条、第 149 条规定内容与《民法典》第 148 条、第 149 条规定内容一致）。

【律师分析】

1. 合同双方以外的第三人实施欺诈行为，使合同一方在违背真实意思的情况下签署合同，合同另一方知道或者应当知道该第三人实施欺诈行为的，则受欺诈方有权请求法院或者仲裁机构撤销该合同。

例如本文案例中，被告李某本人，同时是被告邹某的代理人，在明知自己对涉案酒店投资不实的情形下，还故意告知原告周某酒店投资额为 860 万元，且其本人与邹某各占一半合伙份额的虚假事实，其隐瞒投资不实及酒店还存在大额贷款未还的真实情况，且利用周某对作为好兄弟的李某的信任，最终基于错误判断周某作出了以 460 万元价格受让了邹某在涉案酒店合伙份额的民事法律行为，构成欺诈。在此过程中，一方面，邹某与李某为长期合作的合伙人，邹某系明知李某投资不实而通过李某向周某进行了实情隐瞒并虚假告知；另一方面，李某向周某进行虚假情况告知和隐瞒实情过程中，邹某又是知道或应当知道的，但合伙份额受让方周某并不知情。据此，李某作为邹某的代理人对周某实施了欺诈，该欺诈视同邹某的欺诈；李某作为第三人对周某亦实施了欺诈，且邹某对李某实施的欺诈，是知道或应当知道的，故周某作为受欺诈方有权在知道或应当知道受欺诈的法定期限内申请法院对合伙份额转让合同予以撤销。

2. 民事法律行为生效即对相关行为人产生拘束力，其中行为人意思表示真实是民事法律行为生效的条件之一。

所谓民事法律行为的生效，是指已经成立的民事法律行为产生当事人预期的法律效力。法律效力并非指民事法律行为能够像法律那样产生普遍拘束力，而是指民事法律行为对特定当事人具有拘束力，当事人为民事法律行为时意思表示真实是民事法律行为生效的条件之一，意思表示真实要求行为人在意志自由状态下其内心意思与外部的表示行为相一致，意思与表示不一致和意思表示不自由均为意思表示不真实的情形。真意保留、虚伪表示为意思与表示不一致，欺诈、胁迫为意思表示不自由。所谓欺诈，是指故意告知对方虚假情况，或者故意隐瞒真实情况，诱使对方基于错误判断作出意思表示。所谓故意，是指行为人实施欺诈行为的目的在于使对方陷入错误认识。所谓故意隐瞒真实情况，是指行为人承担有说明义务，但行为人故意未进行必要的说明，导致对方产生错误认识，即构成欺诈。

3. 受欺诈一方应在自知道或应当知道受欺诈之日起 1 年内行使撤销权，否则撤销权消灭。

《民事诉讼时效规定》第 5 条第 1 款规定："享有撤销权的当事人一方请求撤销合同的，应适用民法典关于除斥期间的规定。对方当事人对撤销合同请求权提出诉讼时效抗辩的，人民法院不予支持。"根据《民法典》第 152 条第 1 款的规定，当事人自知道或者应当知道撤销事由之日起 1 年内没有行使撤销权，撤销权消灭。其中，起算时间点为当事人自知道或者应当知道撤销事由之日，期限为当事人被欺诈的，行使撤销权的期限为 1 年。

4. 根据《民事诉讼时效规定》第 5 条第 2 款的规定，合同被撤销，返还财产、赔偿损失请求权的诉讼时效期间从合同被撤销之日起计算，诉讼时效在无特殊情形下为 3 年。

五、以胁迫手段签订的合同被撤销

《民法典》第 150 条是有关基于胁迫事由撤销民事法律行为的规定，即："一方或者第三人以胁迫手段，使对方在违背真实意思的情况下实施的民事法律行为，受胁迫方有权请求人民法院或者仲裁机构予以撤销。"该条文结合了原《民法通则》第 58 条第 1 款，"一方以欺诈、胁迫的手段或乘人之危，使对方在违背真实意思的情况下所为的"民事行为无效的规定，原《合同法》第 52 条"一方以欺诈、胁迫的手段订立合同，损害国家利益"的，合同无效的规定，原《合同法》第 54 条第 2 款"一方以欺诈、胁迫的手段或者乘人之危，使对方在违背真实意思的情况下订立的合同，受损害方有权请求人民法院或者仲裁机构变更或者撤销"的规定等内容，并在原有法律规定基础上做了调整，其实质性修改的内容为无论受胁迫签订的合同是否损害国家利益，该合同都是可以撤销的合同。根据该条的规定，因受胁迫签订合同可撤销的要件，包括：(1) 合同一方或合同以外的第三人实施了胁迫行为；(2) 合同一方或合同以外的第三人具有胁迫的故意；(3) 胁迫行为本身是非法的；(4) 受胁迫方因一方或者第三人的胁迫而被迫签订了合同。①

关于《民法典》第 150 条中胁迫的认定，根据《民法典总则编司法解释》第 22 条有关胁迫认定的规定，以给自然人及其近亲属等的人身权利、财产权利以及其他合法权益造成损害或者以给法人、非法人组织的名誉、荣誉、财产权益等造成损害为要挟，迫使其基于恐惧心理作出意思表示的，法院可以认定为《民法典》第 150 条规定的胁迫。

关于胁迫情形下的撤销权行使期限，根据《民法典》第 152 条第 1 款"当事人受胁迫，自胁迫行为终止之日起一年内没有行使撤销权"的规定，权利人应在胁迫行为终止之日起 1 年内行使撤销权，否则撤销权消灭，且行使撤销权的方式应是向法院或仲裁机构提起诉讼或申请仲裁。

综上所述，本部分内容主要围绕《民法典》及相关司法解释的规定，结合对案例的分析，对胁迫影响合同效力的诸多因素进行类型化分析，并提出律师法律实务建议，以帮助读者在日常经济交往活动及实务办案过程中提前判断相关情形下合同被撤销的风险。

116. 货主为避免损失而与留置权人签订的协议，能否以胁迫为由予以撤销

【关键词】

运输协议　账款结算　承运货物　留置权　中止协议　胁迫

【场景】

原告国际公司（甲方）与被告物流公司（乙方）签订《货物运输协议》，约定：甲方委托乙方，以双方约定的方式运输甲方所需发运的各种货物，双方结账方式为每月 15 日前乙方向甲方提供上月甲方应付全部运费结算单据，甲方收到材料后 10 个工作日之内核对完毕，并通知乙方开具正规的增

① 参见最高人民法院民法典贯彻实施工作领导小组主编：《中华人民共和国民法典总则编理解与适用》（上、下），人民法院出版社 2020 年版，第 742 页。

值税发票，开发票后的90日内付款。合作过程中，双方出现费用争议，物流公司擅自留置国际公司货物不予发货。国际公司担忧未按期发货引起客户纠纷，于2017年11月16日与物流公司签订《中止协议》，约定按照物流公司要求支付各项费用。

【事态发展（纠纷产生）】

原告国际公司以被告物流公司胁迫为由起诉至法院，其中部分诉讼请求如下：（1）判决撤销2017年11月16日国际公司与物流公司签订的《中止协议》；（2）判决物流公司返还国际公司已支付的仓储费5600元以及多支付的待确认费用8270元。

【焦点问题】

《中止协议》是否存在应被撤销的情形？

【结论】

本文案例中，被告物流公司在2017年10月30日收到国际公司所支付的15万元运费后，即无权留置涉案货物，物流公司应将涉案货物送至约定地点，但物流公司仍留置涉案货物，已构成了留置权的不当行使。在此情形下，能够认定原告国际公司并非出于自愿，而是在面临财产可能遭受损失的情形下同意签订《中止协议》。但协议是否撤销，应当以协议内容是否违背国际公司真实意思表示为基础进行判断。关于《中止协议》中约定的物流公司垫付待确认费用8270元以及仓储费5600元的问题，因双方未在《物流公司与国际公司账款结算与送货问题声明》中达成一致意见，法院无法认定该两项内容的确定系基于双方的合意，因此，法院判决：撤销国际公司与物流公司于2017年11月16日签订的《中止协议》中关于国际公司向物流公司支付垫付待确认费用8270元、留置期间仓储费5600元的约定条款，物流公司于判决生效后10日内退还国际公司上述款项。

【典型案例索引】

北京市第三中级人民法院民事判决书，（2021）京03民终3541号。

【相关法律法规】

《民法典》第150条、第447条、第836条；《民法典总则编司法解释》

第 22 条;《民法典时间效力规定》第 1 条;原《合同法》(2021 年 1 月 1 日起因《民法典》施行被废止)第 54 条、第 315 条。

【律师分析】

1. 所谓留置权,根据《民法典》第 447 条的规定,债务人不履行到期债务,债权人可以留置已经合法占有的债务人的动产,并有权就该动产优先受偿。上述债权人亦为留置权人,占有的动产为留置财产。

2. 在委托人未按约定支付运费的情形下,承运人可对承运货物行使留置权。

根据《民法典》第 836 条(原《合同法》第 315 条)的规定,托运人或者收货人不支付运费、保管费或者其他费用的,承运人对相应的运输货物享有留置权,但是当事人另有约定的除外。承运人留置权是留置权的一种,除具有一般留置权应当具有的要件,如“承运人的债权已届清偿期”等外,还具有一定的特殊性。特殊性主要包括:

(1)不区分运费支付义务人是托运人还是收货人。

(2)担保的债权限于本次运输产生的运费、保管费或其他费用。此处的关键词是“本次”,主要是防止承运人滥用留置权,承运人占有货物只是为了担保与该货物因同一合同关系而发生的运输费用。

(3)只要是发生运输费用的运输货物均可留置,留置物的权属状况不影响承运人行使留置权。

3. 关于胁迫。根据《民法典总则编司法解释》第 22 条的规定,以给自然人及其近亲属等的人身权利、财产权利以及其他合法权益造成损害或者以给法人、非法人组织的名誉、荣誉、财产权益等造成损害为要挟,迫使其基于恐惧心理作出意思表示的,法院可以认定为《民法典》第 150 条规定的胁迫。

4. 根据《民法典》第 150 条的规定,一方或者第三人以胁迫手段,使对方在违背真实意思的情况下实施的民事法律行为,受胁迫方有权请求法院或者仲裁机构予以撤销。

依据上述规定,《民法典》并未将意思表示自由作为民事法律行为有效之必要条件，而是将意思表示的不自由作为表意不真实的原因之一。出于对交易安全的维护，法律并没有规定所有的表意不自由均影响民事法律行为效力，仅当表意不自由致使表意不真实时，才存在撤销民事法律行为的可能。如果表意不自由并未导致表意不真实，则该意思表示符合表意人的真实意思，无须予以撤销或归于无效。因此，《民法典》对于意思表示不自由规制的落脚点仍是意思表示是否真实，只有违背受胁迫人真实意思的民事法律行为，才有被撤销的可能。

例如本文案例中，《中止协议》是在被告物流公司不当留置原告国际公司货物的情况下签署，无论基于《中止协议》载明的内容还是基于常理，国际公司在签订《中止协议》时肯定是处于受胁迫的地位。但判断协议是否应当被撤销，应当以协议的内容为基础进行判断。《中止协议》中约定的物流公司垫付待确认费用8270元、留置期间仓储费5600元，因被告物流公司未能举证证明垫付费用发生的事实以及物流公司要求国际公司支付不当留置期间仓储费缺乏依据，故法院认定原告国际公司接受上述约定内容并非出于真实意思表示，相关条款应当予以撤销。

117. 暴力讨债致使子女同意偿还父母债务的，能否撤销偿债协议

【关键词】

还款协议　父债子偿　暴力讨债　胁迫

【场景】

因原告张某的父亲张父犯诈骗罪被判处刑罚，张父对被告海某有欠款未还。2018年4月30日至5月6日，被告海某及亲属多次到原告张某经营的水果店索要借款，被告及亲属还有踹门、执刀的过激行为，原告及家属多次报警。在此期间，原告张某与被告海某分别于5月2日签订《还款协议》，于5月6日签订《补充协议》。

【事态发展（纠纷产生）】

原告张某以被告海某胁迫为由起诉至法院，诉讼请求：撤销原告、被告于2018年5月2日签订的《还款协议》及2018年5月6日签订的《补

充协议》。

【焦点问题】

撤销涉案《还款协议》和《补充协议》的诉讼请求应否得到支持?

【结论】

《民事诉讼法司法解释》第109条规定:“当事人对欺诈、胁迫、恶意串通事实的证明,以及对口头遗嘱或者赠与事实的证明,人民法院确信该待证事实存在的可能性能够排除合理怀疑的,应当认定该事实存在。”原告张某应对其主张承担举证责任,且张某的举证必须达到上述法律规定的证明标准。胁迫在本质上违背损害方的真实意思表示自由,意思表示自由具有主观性和内部性的特征,认定是否违背受损害方真实意愿,必须综合分析合同订立的原因、签订过程、合同内容、履行情况等因素,达到排除合理怀疑的证明标准,才能确认存在胁迫行为。

首先,从合同订立的原因来看。原告张某与被告海某所签《还款协议》实际为债务转移,其中“协议生效后原张父所书借条作废”的内容的性质为免责的债务承担,原债务为张某的父亲张父向海某借款未还形成,且属于刑事判决确定的张父应负的退赔海某违法所得的刑事责任,并非张某自身所负债务,张某在签订上述协议时系尚未参加工作的在校学生,并没有独立的经济能力能够使其自愿签订债务转移协议,没有能力独立承担张父的巨额债务。

其次,从2018年5月2日《还款协议》的签订过程来看。海某及其家人、朋友于2018年4月30日、5月1日连续两天分别到张某家经营的水果店和家中催要张父所欠借款,张某及其家人两天内3次报警,前两次报警后警方的处理结果为告知双方权利,在矛盾升级到海某在讨债过程中有踹门、执刀的过激行为时的第三次报警后,双方于2018年5月2日在公安机关达成互不追究法律责任谅解,同意再因此事发生纠纷自行到法院解决,不要求公安机关处理,随后当天双方签订了涉案《还款协议》。从2018年5月6日《补充协议》的签订过程中来看,2018年5月5日晚上,海某又到张某家经营的水果店催要借款,双方产生争执,张某于当晚21:50分报警,第二天双方签订了涉案《补充协议》。从海某到张某家的水果店催要张父所欠债务的时间、次数、要债的方式和手段以及持续时间等情况来看，张某自愿签订债务转移协议的可能性较小。

最后，从合同内容和履行情况来看。《还款协议》《补充协议》约定每月25日22：00前不允许海某或其相关关系人来店里、家中任何场所闹事，若每月25日22：00钱款无到海某账户，次日来找无异议。从《还款协议》《补充协议》的内容可以看出海某或其相关关系人在签订《补充协议》之前就曾去张某家中闹事，张某虽然签订了《还款协议》，但并未主动履行分期还款义务，在海某或其相关关系人又来店里闹事的情况下又签订《补充协议》，张某对《还款协议》《补充协议》的签订是被动的，履行是消极的。

综合以上合同订立的原因、签订过程、合同内容、履行情况等相关案情，以及张某提供的证据，可知《还款协议》《补充协议》的签订是在被胁迫、违背其真实意思表示情况下所签的可能性能够排除合理怀疑，故法院认定胁迫事实存在，涉案《还款协议》《补充协议》应予撤销。

【典型案例索引】

河南省许昌市中级人民法院民事判决书，（2020）豫10民再44号。

【相关法律法规】

原《民法总则》第150条（2021年1月1日起因《民法典》施行被废止，该条文同《民法典》第150条内容）；《民事诉讼法司法解释》第109条。

【律师分析】

1. “父债子偿”仅在特定情形下才能实现，即只有在父母死后留有遗产，子女在继承遗产范围内替父母还债。但若父母死后无遗产，则是“人死债消”。

现行法律规定中，并不存在“父债子偿”的强制性规定，只有在继承遗产的特定情形下，子女才需要对父母的债务承担偿还责任。根据《民法典》第1159条的规定，被继承人死亡后其遗产应当清偿被继承人依法应当缴纳的税款和债务；但是，应当为缺乏劳动能力又没有生活来源的继承人保留必要的遗产。根据《民法典》第1161条的规定，继承人以所得遗产实际价值为限清偿被继承人依法应当缴纳的税款和债务。超过遗产实际价值部分，继承人自愿偿还的不在此限。继承人放弃继承的，对被继承人依法应当缴纳的税款和债务可以不负清偿责任。因此，所谓的“父债子偿”除子女自愿偿还债务外，也仅是子女在继承遗产价值范围内对父母所负债务进行清偿，否则子女不负有偿还父母所负的义务。

2. “暴力讨债”并不是好办法，轻则如本文案例法院裁判还款协议无效，重则按照《治安管理处罚法》处以行政处罚，甚至有可能构成刑事犯罪。

例如本文案例中，被暴力讨债的原告以其已经签署的《还款协议》是在遭受持续性胁迫的情况下（持刀威胁、踹门、恐吓儿童、谩骂等）从事的非自愿行为，请求法院撤销《还款协议》。依据《民法典》第 150 条（原《民法总则》第 150 条）“一方或者第三人以胁迫手段，使对方在违背真实意思的情况下实施的民事法律行为，受胁迫方有权请求人民法院或者仲裁机构予以撤销”的规定，被暴力讨债的原告请求法院判决撤销《还款协议》，法院经审理判决予以支持。

3. 司法实务中，胁迫的证明标准是达到“排除合理怀疑”，证明难度要高于证明其他事项。

对于一般待证事实，根据《民事诉讼法司法解释》第 108 条第 1 款的规定，对负有举证证明责任的当事人提供的证据，法院经审查并结合相关事实，确信待证事实的存在具有高度可能性的，应当认定该事实存在。对于胁迫的证明，《民事诉讼法司法解释》第 109 条规定，当事人对欺诈、胁迫、恶意串通事实的证明，以及对口头遗嘱或者赠与事实的证明，法院确信该待证事实存在的可能性能够排除合理怀疑的，应当认定该事实存在。因此，其他待证事项的证明标准是“高度可能性”，欺诈事实的证明标准是“排除合理怀疑”，故对于举证责任人来讲，证明欺诈事实相比证明其他事项的举证难度更高。

118. 离职高管以带走客户为由与公司签合作协议，能否撤销该合作协议

【关键词】

合作协议　高管职责　职务便利　商业机会　胁迫

【场景】

被告刘某于2017年2月28日进入原告陶瓷公司工作，担任副总经理，同年4月1日双方签订了《劳动合同书》。同年11月15日，被告从原告陶瓷公司离职。被告在原告任职期间，私自与原告原有客户深圳公司谈合作，并在相邻的同样生产烟嘴的电子公司生产烟嘴，在2017年11月4日将样品以电子公司的名义送样。2017年11月15日，被告离职后到电子公司任职生产烟嘴，并取得了深圳公司的订单。2017年12月11日，原告陶瓷公司与被告签订《业务合同协议》，约定：电子公司同意停止生产烟嘴产品，但需原告收购电子公司为生产烟嘴所购买的设备与投入。

【事态发展（纠纷产生）】

原告陶瓷公司以被告刘某胁迫为由起诉至法院，诉讼请求：撤销原告与被告于2017年12月11日签订的《业务合作协议》。

【焦点问题】

涉案《业务合作协议》是否可以撤销?

【结论】

综合案件事实，法院综合评判如下：

首先，被告刘某在原告陶瓷公司工作期间担任副总经理，属于公司的高级管理人员，其在任职期间（2017年11月4日）即以电子公司名义与原告陶瓷公司的原有客户深圳公司开展业务往来，此举明显违反了《公司法》（2013年修正）第148条第1款“董事、高级管理人员不得有下列行为：……（五）未经股东会或者股东大会同意，利用职务便利为自己或者他人谋取属于公司的商业机会，自营或者为他人经营与所任职公司同类的业务……”的规定。同时，违背了原告陶瓷公司与被告刘某订立的《劳动合同书》第44条“乙方在甲方任职期间，保证不私自保留复制和泄露（漏）任何商业机密，不在其他公司兼职”的约定。

其次，从庭审双方当事人陈述的事实来看，原告陶瓷公司于2016年成立，2017年属于陶瓷公司的起步阶段，2017年4月至2017年11月期间的业务量仅为30余万元，涉案价值60.6万元的生产订单对于原告陶瓷公司来说属于大单，一旦由被告刘某转移至其他公司，将直接影响原告陶瓷公司的商业信誉甚至公司的存亡。在此情况下，原告陶瓷公司不得不与被告刘某签订涉案《业务合作协议》。

因此，原告陶瓷公司请求撤销涉案《业务合作协议》，符合原《民法总则》第 150 条“一方或者第三人以胁迫手段，使对方在违背真实意思的情况下实施的民事法律行为，受胁迫方有权请求人民法院或者仲裁机构予以撤销”的规定，法院判决予以支持。

【典型案例索引】

湖南省娄底市中级人民法院民事判决书，(2019) 湘 13 民终 22 号；湖南省高级人民法院民事裁定书，(2019) 湘民申 4009 号。

【相关法律法规】

原《民法总则》(2021 年 1 月 1 日起因《民法典》施行被废止) 第 150 条 (该条文同《民法典》第 150 条内容)；原《合同法》(2021 年 1 月 1 日起因《民法典》施行被废止) 第 54 条；《公司法》(2018 年修正) 第 148 条第 1 款[①] (2024 年 7 月 1 日起实施的《公司法》已将该条文内容调整到第 183 条内容中)。

【律师分析】

1. 公司高管违规利用职务便利为自己或者他人谋取属于公司的商业机会，该公司高管所得收入全部归公司所有。

根据《公司法》(2018 年修正) 第 148 条第 1 款规定的是董事、高级管理人员不得实施的行为，其中第 5 项规定为“未经股东会或者股东大会同意，利用职务便利为自己或者他人谋取属于公司的商业机会……”，而《公司法》(2023 年修正) 将有关内容规定在第 183 条，将原条文中的“经股东会或者

---

① 《公司法》(2018 年修正) 第 148 条第 1 款规定：“董事、高级管理人员不得有下列行为：……(五) 未经股东会或者股东大会同意，利用职务便利为自己或者他人谋取属于公司的商业机会，自营或者为他人经营与所任职公司同类的业务……”《公司法》(2023 年修正) 第 183 条规定：“董事、监事、高级管理人员，不得利用职务便利为自己或者他人谋取属于公司的商业机会。但是，有下列情形之一的除外：(一) 向董事会或者股东会报告，并按照公司章程的规定经董事会或者股东会决议通过；(二) 根据法律、行政法规或者公司章程的规定，公司不能利用该商业机会。”

股东大会同意”改为向“董事会或股东会”报告并经其决议通过，也不再区分有限责任公司的权力机构和股份有限公司的权力机构，统一称为“股东会”，同时将“经股东会或者股东大会同意”的免责事由调整并细化为以下两种免责情形：

（1）向董事会或者股东会报告，并按照公司章程的规定经董事会或者股东会决议通过。

（2）根据法律、行政法规或者公司章程的规定，公司不能利用该商业机会。

2. 根据《民法典总则编司法解释》第 22 条关于胁迫法人实施民事行为的规定，以给法人的名誉、荣誉、财产权益等造成损害为要挟，迫使其基于恐惧心理作出意思表示的，法院可以认定为《民法典》第 150 条规定的胁迫。

例如本文案例中，被告刘某在陶瓷公司任副总经理时就以电子公司名义与陶瓷公司的原有客户深圳公司开展业务往来，既违反《公司法》的规定又违反《劳动合同书》的约定。原告陶瓷公司与被告刘某签订涉案《业务合作协议》并约定支付刘某提成费，是因为刘某任职陶瓷公司期间与深圳公司联系紧密，对涉案订单可以产生重大影响，如不与被告刘某签订涉案《业务合作协议》，刘某若将该笔业务转移至电子公司，不仅原告陶瓷公司将失去涉案订单，原告的生产经营也将受到重大损失。因此，法院认定涉案《业务合作协议》的签订并不是陶瓷公司真实意思表示，而是被迫所为，涉案《业务合作协议》依法应予撤销。

119. 以死相逼要工钱而签订的协议，能否以胁迫为由予以撤销

【关键词】

劳务分包　工程转包　实际施工人　第三人胁迫

【场景】

原告建设公司承包工程后，与第三人巴图公司签署《建筑工程劳务分包合同》，约定由巴图公司负责组织工人施工项目 15 区 3 栋的土建，巴图公司

违法将工程转包给被告王某及其合伙人本文案例的案外人汪某。原告建设公司发现巴图公司违法转包后与巴图公司解除了《建筑工程劳务分包合同》，支付了400多万元人工费，巴图公司退场。案外人汪某因未收到工程款，擅自爬上项目15区3栋的塔吊，以不给钱就跳塔要挟原告建设公司与王某签署涉案《解除协议》并要求原告付款。后来，在2021年10月25日，《解除协议》得以签订。经公安机关处理，以案外人汪某扰乱单位秩序为由对其行政拘留10天，拘留至2021年11月8日时因涉嫌破坏生产经营罪被刑事拘留。

【事态发展（纠纷产生）】

原告建设公司以王某为被告、以巴图公司为第三人起诉至法院，诉讼请求：撤销建设公司与王某及巴图公司于2021年10月25日签订的《解除协议》。

【焦点问题】

涉案《解除协议》应否撤销?

【结论】

根据《民法典》第150条的规定，一方或者第三人以胁迫手段，使对方在违背真实意思的情况下实施的民事法律行为，受胁迫方有权请求法院或者仲裁机构予以撤销。所谓胁迫，是指以将要发生的损害或者以直接施加损害相威胁，迫使对方产生恐惧并因此而作出违背真实意思表示的行为。具体到本文案例，根据汪某的询问笔录，可以看出其认可爬塔吊的事实，并称该行为就是为了跟原告建设公司要钱，即其有胁迫的故意且实施了胁迫行为，公安机关的处罚决定证明其胁迫行为本身违法，本文案例中的《解除协议》系汪某在上塔吊期间原告建设公司根据汪某的意思与被告王某签署，且建设公司并不认可对王某和汪某负有债务，由此可以认定原告建设公司因胁迫而实施了与被告王某签订《解除协议》的民事法律行为。综上，原告建设公司主张撤销涉案《解除协议》符合法律规定的撤销要件，法院判决予以支持。

【典型案例索引】

山东省胶州市人民法院民事判决书，（2022）鲁0281民初11927号。

【相关法律法规】

《民法典》第150条。

【律师分析】

1. 司法实务中，因受胁迫实施的民事法律行为可撤销的要件，可简述为：

（1）一方或者第三人实施了胁迫行为。

（2）一方或者第三人具有胁迫的故意。

（3）胁迫行为本身是非法的。

（4）受胁迫方因一方或者第三人的胁迫而被迫实施了民事法律行为。

2. 案外人实施的胁迫行为，导致受胁迫一方在违背真实意思的情形下按照案外人的意思与他方签署协议的，根据《民法典总则编司法解释》第22条"以给自然人及其近亲属等的人身权利、财产权利以及其他合法权益造成损害或者以给法人、非法人组织的名誉、荣誉、财产权益等造成损害为要挟，迫使其基于恐惧心理作出意思表示的，人民法院可以认定为民法典第一百五十条规定的胁迫"的规定，以及《民法典》第150条的规定，受胁迫方可以请求法院或仲裁机构予以撤销。具体到本文案例中，原告迫于案外人汪某以死亡相要挟，在违背其真实意思的情形下与被告签署《解除协议》，原告有权撤销该协议。

3. 关于案外人汪某被指控的破坏生产经营罪，根据《刑法》第276条"由于泄愤报复或者其他个人目的，毁坏机器设备、残害耕畜或者以其他方法破坏生产经营的，处三年以下有期徒刑、拘役或者管制；情节严重的，处三年以上七年以下有期徒刑"的规定，破产生产经营罪的特征如下。

（1）破坏生产经营罪的主体为一般主体，即已满16周岁，具有刑事责任能力的自然人均可成为本罪的主体。

（2）破坏生产经营罪侵犯的客体是正常生产经营活动和公私财产利益。

（3）破坏生产经营罪的主观方面为故意，并且具有泄愤报复或者其他个人目的。

（4）破坏生产经营罪的客观方面表现为毁坏机器设备、残害耕畜或者以其他方法破坏生产经营的行为。其中，“其他方法”是指与毁坏机器设备、残害耕畜类似的行为，而不是泛指任何行为，司法实务中主要表现为破坏电源、水源，破坏种子、秧苗，制造质量事故或者责任事故等，上述方法同毁坏机器设备、残害耕畜一样，都是以物理手段对生产资料的破坏、毁坏。本罪属于行为犯，破坏生产经营的行为一旦完成，即构成本罪的既遂。

120. 因施工受阻签订的协议，能否以胁迫为由予以撤销

【关键词】

相邻关系　施工受阻　胁迫

【场景】

原告陈某、被告高某为一路相隔的前后宅邻居。原告家为方便出行修建了一条通道。后因原告需要做水泥路，双方发生多次矛盾。2020 年 9 月 26 日，原告雇请人员做场地和水泥路，9 月 27 日被告到原告施工现场进行阻拦。原告为使施工顺利进行，于当日至被告处与被告签订《补充附件协议》。

【事态发展（纠纷产生）】

原告陈某以高某为被告起诉至法院，诉讼请求：撤销 2020 年 9 月 27 日双方签订的《补充附件协议》。

【焦点问题】

涉案《补充附件协议》应否被撤销？

【结论】

本文案例中，原告、被告为做水泥路发生纠纷多年，双方于 2020 年 8 月 28 日订立协议，土地流转已经履行。原告在施工时，被告进行阻挠。为使施工顺利进行，减少停工损失，原告与被告签订《补充附件协议》，对原协议内容做了实质变更。无论被告阻挠原告的理由是否正当，但原告在施工受阻情况下与被告签订《补充附件协议》为客观事实。原告主张被告以胁迫手段，使其在违背真实意思的情况下，实施了签订《补充附件协议》的民事法律行为，该主张成立。原告要求撤销，法院判决予以支持。

【典型案例索引】

江苏省南通市通州区人民法院民事判决书，（2021）苏0612民初603号。

【相关法律法规】

《民法典》第150条。

【律师分析】

根据原《最高人民法院关于贯彻执行〈中华人民共和国民法通则〉若干问题的意见（试行）》第69条的规定，以给公民财产造成损失为要挟，迫使对方作出违背真实的意思表示的，可以认定为胁迫。上述司法解释于2008年修正过，此后于2021年1月1日废止。现行有效的《民法典总则编司法解释》第22条吸收了上述规定内容，就胁迫的认定，规定为：以给自然人及其近亲属等的人身权利、财产权利以及其他合法权益造成损害或者以给法人、非法人组织的名誉、荣誉、财产权益等造成损害为要挟，迫使其基于恐惧心理作出意思表示的，法院可以认定为《民法典》第150条规定的胁迫。

六、无权代理人签订的合同被撤销

《民法典》第171条第2款是有关无权代理情形下善意相对人撤销民事法律行为的规定，即："相对人可以催告被代理人自收到通知之日起三十日内予以追认。被代理人未作表示的，视为拒绝追认。行为人实施的行为被追认前，善意相对人有撤销的权利。撤销应当以通知的方式作出。"该条文吸收了《合同法》第48条第2款的规定内容，无权代理签订合同的，另一方在知道无权代理后有权催告被代理人在30日内予以追认。若被代理人不追认或拒绝追认的，则根据《民法典》第171条第1款的规定，这份合同对被代理人不发生效力。在被代理人追认前，善意相对人有权撤销合同。善意相对人行使该种撤销权，须注意的事项有：

（1）相对人须是善意，即对该代理行为系无权代理不知情且不应当知情。

（2）撤销权行使的时间应当在被代理人行使追认权之前，若被代理人已经行使追认权，则相对人不得再行使撤销权。这里的追认、撤销在权利性质上均属于形成权，行使权利的通知到达对方即发生法律效力。同理，无权代理行为一旦被撤销，此时被代理人再追认也不会产生追认的法律效果。

（3）相对人行使撤销权，应当以通知的形式作出，并原则上应向被代理人发出。[①]

关于多个代理人中无权代理的认定问题，根据《民法典总则编司法解释》第25条的规定，数个委托代理人共同行使代理权，其中一人或者数人未与其他委托代理人协商，擅自行使代理权的，依据《民法典》第171条（无权代理）、第172条（表见代理）等规定处理。

关于无权代理中行为人对损失赔偿的举证责任分配问题，根据《民法典总则编司法解释》第27条的规定，无权代理行为未被追认，相对人请求行为人履行债务或者赔偿损失的，由行为人就相对人知道或者应当知道行为人无权代理承担举证责任。行为人不能证明的，法院依法支持相对人的相应诉讼请求；行为人能够证明的，法院应当按照各自的过错认定行为人与相对人的责任。

关于无权代理行为人签订合同后善意相对人行使撤销权的期限问题，根据《民法典》第171条第2款的规定，善意相对人只能在知道行为人无权代理后、被代理人追认前行使撤销权，且行使撤销权的方式为向被代理人、行为人发送通知的形式。

综上所述，本部分内容以《民法典》及相关司法解释的规定为基础，结合实务案例，对无权代理中善意相对人行使撤销权影响合同效力的诸多因素进行类型化分析，并提出律师法律实务建议，以帮助读者在日常经济交往活动及实务办案过程中提前评估相关情形下合同被撤销的风险。

121. 无权代理签署的合同，相对人能否撤销

【关键词】

无权代理　善意相对人　追认　撤销

① 参见最高人民法院民法典贯彻实施工作领导小组主编：《中华人民共和国民法典总则编理解与适用》（上、下），人民法院出版社2020年版，第857～859页。

【场景】

2020 年 9 月初，原告孙某在被告杨某处进行驾驶员培训，后双方欲合作招收学员。2020 年 9 月 24 日，双方签订《驾校分校设立合同》，约定由原告招收学员、被告提供练车车辆和场地，合作期 1 年。签约当日原告向被告杨某缴纳押金 1 万元，杨某出具加盖培训公司印章的专用收款收据。

【事态发展（纠纷产生）】

原告孙某以杨某为被告起诉至法院，诉讼请求如下：（1）判令撤销原告、被告之间签订的《驾校分校设立合同》；（2）请求判令被告返还押金 1 万元。

【焦点问题】

涉案《驾校分校设立合同》效力如何认定?

【结论】

法院认为，行为人没有代理权、超越代理权或者代理权终止后以被代理人名义订立的合同，未经被代理人追认，对被代理人不发生效力，由行为人承担责任。相对人可以催告被代理人在 1 个月内予以追认。被代理人未作表示的，视为拒绝追认。合同被追认之前，善意相对人有撤销的权利。撤销应当以通知的方式作出。合同无效或者被撤销后，因该合同取得的财产，应当予以返还。本文案例中，杨某并非培训学校的法定代表人或委托代理人，其无权以培训学校的名义与孙某签订合同招收学员，且培训学校至今未对该合同进行追认，结合原告诉讼请求，法院判决撤销《驾校分校设立合同》、被告杨某返还原告押金款 1 万元。

【典型案例索引】

辽宁省沈阳市苏家屯区人民法院民事判决书，（2021）辽 0111 民初 99 号。

【相关法律法规】

《民法典时间效力规定》第 1 条第 2 款；《合同法》（2021 年 1 月 1 日起因《民法典》施行被废止）第 48 条、第 56 条、第 58 条（上述条文内容吸收合并入《民法典》第171条内容中)。

【律师分析】

1. 根据《民法典》第171条关于无权代理的规定，无权代理人实施的行为被追认前，善意相对人有撤销的权利。行为人没有代理权、超越代理权或者代理权终止后以被代理人名义订立的合同，未经被代理人追认，对被代理人不发生效力，由行为人承担责任。相对人可以催告被代理人自收到通知之日起30日内予以追认。被代理人未作表示的，视为拒绝追认。行为人实施的行为被追认前，善意相对人有撤销的权利。撤销应当以通知的方式作出。

2. 根据《民法典总则编司法解释》第29条的规定，法定代理人、被代理人依据《民法典》第145条（限制民事行为能力人实施的民事法律行为)、第171条（无权代理）的规定向相对人作出追认的意思表示的，法院应当根据《民法典》第137条的规定确认其追认意思表示的生效时间，具体确认方法如下：

（1）以对话方式作出的意思表示，相对人知道其内容时生效。

（2）以非对话方式作出的意思表示，到达相对人时生效。以非对话方式作出的采用数据电文形式的意思表示，相对人指定特定系统接收数据电文的，该数据电文进入该特定系统时生效；未指定特定系统的，相对人知道或者应当知道该数据电文进入其系统时生效。当事人对采用数据电文形式的意思表示的生效时间另有约定的，按照其约定。

3. 无权代理行为未被追认或合同相对人撤销的，善意相对人可要求无权代理人赔偿损失。

根据《民法典》第171条第3款“行为人实施的行为未被追认的，善意相对人有权请求行为人履行债务或者就其受到的损害请求行为人赔偿。但是，赔偿的范围不得超过被代理人追认时相对人所能获得的利益”的规定，善意相对人有权要求无权代理人赔偿损失，损失赔偿范围以合同履行利益为限。

4. 关于相对人请求无权代理人赔偿损失的举证责任问题，无权代理人需要先证明相对人知道其无代理权，故无权代理人的举证责任相对较重。

根据《民法典总则编司法解释》第27条的规定，无权代理行为未被追认，相对人请求行为人履行债务或者赔偿损失的，由行为人就相对人知道或者应当知道行为人无权代理承担举证责任。行为人不能证明的，法院依法支持相对人的相应诉讼请求；行为人能够证明的，法院应当按照各自的过错认定行为人与相对人的责任。

122. 伪造房东授权代理出租房屋，能否撤销该租赁合同

【关键词】

租赁合同　转租　伪造委托书　无权代理

【场景】

第三人刘某是涉案门面房的产权人，第三人刘某与被告刘甲签订房屋租赁合同，将涉案门面房出租给被告。2019 年 12 月 9 日，被告提供其伪造的《委托书》，在未征得第三人刘某同意的情形下，以第三人刘某代理人的名义与原告范某就涉案门面房签订《门面租赁合同》。合同签订后，被告将门面房交付原告使用，原告向被告支付了 144000 元租金、10000 元押金、50000 元转让费。后来，被告退还 55600 元给原告。2020 年 8 月 7 日，原告直接从第三人处承租涉案门面房，并签订了租赁合同。

【事态发展（纠纷产生）】

原告范某以刘甲为被告起诉至法院，法院受理后认为刘某对诉讼标的有独立请求权，故依职权追加刘某为第三人，原告诉讼请求如下：（1）撤销原告、被告于 2019 年 12 月 9 日签订的《门面租赁合同》；（2）判令被告返还原告租金 84000 元、押金 10000 元、门面转让费 50000 元及以上述金额为基数以 LPR 计算的资金占用费。

【焦点问题】

涉案《门面租赁合同》效力如何认定？

【结论】

涉案房屋系第三人刘某所购，第三人是房屋权利人。被告向第三人承租该门面房，后伪造《委托书》，于 2019 年 12 月 9 日以第三人代理人的身份与

原告签订《门面租赁合同》，将该房出租给原告。现第三人表示不认可该《门面租赁合同》，依照原《民法总则》第171条“行为人没有代理权、超越代理权或者代理权终止后，仍然实施代理行为，未经被代理人追认的，对被代理人不发生效力。相对人可以催告被代理人自收到通知之日起一个月内予以追认。被代理人未作表示的，视为拒绝追认。行为人实施的行为被追认前，善意相对人有撤销的权利。撤销应当以通知的方式作出。行为人实施的行为未被追认的，善意相对人有权请求行为人履行债务或者就其受到的损害请求行为人赔偿，但是赔偿的范围不得超过被代理人追认时相对人所能获得的利益。相对人知道或者应当知道行为人无权代理的，相对人和行为人按照各自的过错承担责任”的规定，原告有撤销的权利，故对原告提出的撤销原告、被告于2019年12月9日签订的《门面租赁合同》的诉讼请求，法院判决予以支持。

【典型案例索引】

贵州省贵阳市云岩区人民法院民事判决书，（2020）黔0103民初15551号。

【相关法律法规】

《民法总则》第171条（2021年1月1日起因《民法典》施行被废止，该条文同《民法典》第171条内容）。

【律师分析】

1. 根据《民法典》第157条（原《合同法》第58条）的规定，租赁合同被撤销后各方基于租赁合同取得的财产应予返还，但应扣除房屋使用期间的相应费用。

根据《民法典》第157条的规定，合同被撤销后，因该合同取得的财产，应当予以返还；不能返还或者没有必要返还的，应当折价补偿。有过错的一方应当赔偿对方因此所受到的损失，双方都有过错的，应当各自承担相应的责任。本文案例中，原告、被告签订《门面租赁合同》后，被告收取了原告144000元租金、10000元押金、50000元转让费，对于10000元押金和50000元转让费，被告应全额退还原告。对于租金，因原告从被告处得到门面使用的时间为2020年1月9日至2020年8月7日（已免租期30天），共计7个月，原告应支付此期间的房屋占用费84000元，故被告需退还原告租金60000元，因被告已退还55600元，所以现被告应退还原告的租金金额为4400元。

2. 关于资金占用费的诉讼请求，虽然我国法律并未明文规定“资金占用费”这一概念，但在司法实务中已广泛适用。

根据《民间借贷司法解释》（2020年第二次修正）第28条第2款“未约定逾期利率或者约定不明的，人民法院可以区分不同情况处理：……（二）约定了借期内利率但是未约定逾期利率，出借人主张借款人自逾期还款之日起按照借期内利率支付资金占用期间利息的，人民法院应予支持”的规定，资金占用期间的利息应予计算并交还给权利人。

根据《民法典》第584条的规定，当事人一方不履行合同义务或者履行合同义务不符合约定，造成对方损失的，损失赔偿额应当相当于因违约所造成的损失，包括合同履行后可以获得的利益。实务中，资金占用费的法律依据一般是《民法典》第584条规定的“可得利益损失”。

3. 根据最高人民法院（2021）最高法民终544号民事判决书的观点，资金占用费的性质系“法定孳息”。根据《民法典》第321条第2款的规定，法定孳息，当事人有约定的，按照约定取得；没有约定或者约定不明确的，按照交易习惯取得。

例如本文案例中，原告要求被告支付应退还款项资金占用费之诉讼请求，因原告、被告签订《门面租赁合同》，被告伪造《委托书》，其行为固然有过错，但原告未审查《委托书》真伪，草率签订合同，其行为也有过错，根据《民法典》第157条（同原《民法总则》第157条、原《合同法》第58条）的规定，双方均应承担相应的法律责任，因此，原告要求被告支付资金占用费的诉讼请求，法院判决未予支持。

123. 公司委托中介出售股权而股东不履行，能否撤销中介协议

【关键词】

股权转让　居间服务　股东　无权代理

【场景】

被告节能科技公司股东为倪某、王某、邸某，持股比例分别为34%、33%、33%。原告咨询公司与被告节能科技公司签订《股权转让居间协议》，约定被告委托原告寻找、介绍股权受让方以股权转让的形式整体受让被告节能科技公司，转让价款为22000元，转让价格超出部分为原告佣金。原告依约支付被告订金8000元，被告向原告出具《收条》。

【事态发展（纠纷产生）】

原告咨询公司以节能科技公司三自然人股东未追认、未履行《股权转让居间协议》为由起诉被告节能科技公司至法院，诉讼请求：撤销原告、被告于2018年8月10日签订的《股权转让居间协议》。

【焦点问题】

涉案《股权转让居间协议》的效力如何认定？

【结论】

法院认为，根据涉案《股权转让居间协议》载明的内容，被告委托原告转让的标的为被告节能科技公司股权，该股权所有人为被告节能科技公司的三个自然人股东，并非被告，故被告无权代表股东签订该协议，因行为人没有代理权、超越代理权或者代理权终止后以被代理人名义订立的合同，未经被代理人追认，善意相对人有撤销的权利。原告提交证据证明其在合同履行过程中，通过微信、邮件等形式多次要求被告及被告股东履行合同义务，该微信记录中双方协商的事项与涉案《股权转让居间协议》的内容相符，且邮件中发送的文件内容及发送时间与微信中双方协商的事项相呼应，故法院对原告陈述的内容的真实性予以确认。虽经原告多次督促，被告股东并未对涉案《股权转让居间协议》予以追认并履行合同义务，且原告已向被告发送《律师函》要求解除涉案《股权转让居间协议》。庭审中，原告确认该解除即为撤销之意，并于2019年6月28日发函再次要求撤销涉案《股权转让居间协议》，已履行了通知义务。因此，法院对原告要求撤销《股权转让居间协议》的诉讼请求予以支持。

【典型案例索引】

上海市虹口区人民法院民事判决书，(2019) 沪0109民初10170号。

【相关法律法规】

《民法典时间效力规定》第1条第2款；原《合同法》(2021年1月1日起因《民法典》施行被废止) 第48条、第58条 (上述条文内容吸收合并入《民法典》第171条、第157条内容中)。

【律师分析】

1. 居间合同又称中介合同，根据《民法典》第961条的规定，中介合同是中介人向委托人报告订立合同的机会或者提供订立合同的媒介服务，委托人支付报酬的合同。

2. 委托人与中介人达成中介合同，中介人应如实向委托人报告。若促成委托人与第三人合同成立，委托人应向中介人支付报酬。若中介人未促成合同成立，中介人不得取酬，但可以要求委托人支付从事中介活动支出的必要费用。具体规定如下：

(1) 中介人负有如实向委托人报告的义务，否则不能取酬并应承担赔偿责任。《民法典》第962条第2款规定："中介人故意隐瞒与订立合同有关的重要事实或者提供虚假情况，损害委托人利益的，不得请求支付报酬并应当承担赔偿责任。"

(2) 委托人应向中介人支付报酬。《民法典》第963条第1款规定："中介人促成合同成立的，委托人应当按照约定支付报酬……"

(3) 中介人促成合同成立的，中介活动的费用，由中介人负担。《民法典》第963条第2款规定："中介人促成合同成立的，中介活动的费用，由中介人负担。"

(4) 中介人未促成合同成立虽不能取酬，但可以要一些必要支出费用。《民法典》第964条规定："中介人未促成合同成立的，不得请求支付报酬；但是，可以按照约定请求委托人支付从事中介活动支出的必要费用。"

3. 委托人"跳单"也应支付中介报酬。

根据《民法典》第965条的规定，委托人在接受中介人的服务后，利用中介人提供的交易机会或者媒介服务，绕开中介人直接订立合同的，应当向中介人支付报酬。

4. 订金与定金的区别，实务中经常谈及的定金双倍返还以及定金罚则，用的是“定金”的表述。根据《民法典》第587条有关定金罚则的规定，定金相关特征如下：

（1）“定金”是法律概念，定金具有担保合同履行的性质，定金交付以后，债务人履行债务的，定金一般抵作价款或者收回。“订金”只是一个习惯用语，非法律概念，一般情况下不具有担保的功能，其法律后果具体要结合合同内容、交易习惯来确定。

（2）给付定金的一方不履行债务或者履行债务不符合约定，致使不能实现合同目的的，无权请求返还定金。

（3）收受定金的一方不履行债务或者履行债务不符合约定，致使不能实现合同目的的，应当双倍返还定金。

七、赠与合同被撤销

《民法典》第658条第1款是关于赠与任意撤销的规定，即：“赠与人在赠与财产的权利转移之前可以撤销赠与。”对该条文中“赠与财产的权利转移之前”的理解是实务中经常出现的争议，也是赠与人任意撤销权行使的期限限制。其中，财产权利转移不等于交付，如对于房产等不动产来说，交付入住不是财产权利转移，变更产权登记才是财产权利转移。另外，分批交付的财产，撤销权仅是对未交付部分的撤销，不能溯及已交付财产的返还。

《民法典》第663条第1款是关于赠与人法定撤销情形的规定，即：“受赠人有下列情形之一的，赠与人可以撤销赠与：（一）严重侵害赠与人或者赠与人近亲属的合法权益；（二）对赠与人有扶养义务而不履行；（三）不履行赠与合同约定的义务。”该条文与《民法典》第658条第1款任意撤销权的规定存在重合适用的空间，在赠与财产的权利转移之前，赠与人既可以选择第658条规定的任意撤销权，也可以选择根据第663条的规定请求撤销赠与合同。

《民法典》第664条是关于赠与人的继承人或法定代理人撤销权的规定，

即："因受赠人的违法行为致使赠与人死亡或者丧失民事行为能力的，赠与人的继承人或者法定代理人可以撤销赠与。赠与人的继承人或者法定代理人的撤销权，自知道或者应当知道撤销事由之日起六个月内行使。"该条内容实际是对《民法典》第663条文内容的补充，即在受赠人损害赠与人导致赠与人死亡或丧失民事行为能力时，赠与人的继承人或法定代理人有权撤销赠与人的赠与。

关于赠与人行使撤销权的法律后果，分两种情况：（1）若赠与的财产权利未发生转移的，则赠与人撤销赠与合同后不负履行赠与行为的义务；（2）若赠与的财产权利已经转移的，则根据《民法典》第665条"撤销权人撤销赠与的，可以向受赠人请求返还赠与的财产"的规定，赠与人有权向受赠人要回赠与财产。

关于赠与人行使撤销权的期限，分三种情况：（1）根据《民法典》第658条第1款的规定行使撤销权的，赠与人须在赠与财产的权利转移之前行使撤销权。（2）根据《民法典》第663条第1款规定的三种撤销情形行使撤销权的，赠与人应在自知道或者应当知道撤销事由之日起1年内行使。（3）根据《民法典》第664条第2款的规定行使撤销权的，赠与人的继承人或者法定代理人应在自知道或者应当知道撤销事由之日起6个月内行使。上述赠与人行使撤销权的形式可以是向受赠人发送通知、提起诉讼或申请仲裁等多种形式。

综上所述，本部分内容主要围绕《民法典》及相关司法解释的规定，结合实务案例，对赠与人行使撤销权影响合同效力的诸多情形进行类型化分析，并提出律师法律实务建议，以帮助读者在日常经济交往活动及实务办案过程中提前评估相关情形下合同被撤销的风险。

（一）权利转移前赠与合同的撤销情形

124. 签订赠与协议但始终未作出转移财物之意思表示，能否撤销赠与

【关键词】

赠与合同　意思表示　权利转移　撤销赠与

【场景】

原告郑某是程某母亲，被告刘某是程某女儿，原告郑某系被告刘某的外祖母。2017 年 9 月 4 日，赠与人郑某与受赠人刘某签订了涉案《赠与协议》，约定将郑某因拆迁补偿取得的现金 20 余万元及回迁房一套赠与刘某，刘某愿意接受赠与。《赠与协议》落款“赠与人”处有郑某捺的指纹，“受赠与人”处有刘某的签名，另有三位见证人的签名。赠与的回迁房，刘某只拿到钥匙、未实际居住，未办理产权证；赠与的 20 余万元拆迁款，被告刘某及其母亲程某在未经原告郑某同意的情形下取出，郑某另案以不当得利起诉程某要求返还。

【事态发展（纠纷产生）】

原告郑某起诉被告刘某，诉讼请求：撤销郑某与刘某签订的《赠与协议》。

【焦点问题】

赠与财产是否已经完成权利转移？

【结论】

赠与人在赠与财产的权利转移之前可以撤销赠与。所谓赠与财产的权利转移，一般是指动产标的物交付，不动产标的物办理权利转移登记手续，而上述行为均属于民事法律行为，以当事人的意思表示为必备要素。因原告郑某主张撤销的《赠与合同》中的赠与财产包括回迁房和拆迁款两部分，法院分别分析如下：

首先，涉案回迁房尚未办理不动产登记手续，未完成权利转移。即使回迁房具有特殊性质，但是从房屋交接的角度来看，虽客观上被告刘某从程某处取得了房屋钥匙，但并未实际入住，且从其取得钥匙的过程看，并不能发现原告郑某作出了授权程某将回迁房交给被告刘某的意思表示，故该回迁房并未完成权利转移。

其次，根据被告刘某自述，刘某通过微信转账取出郑某名下中国农业银行、中国邮政储蓄银行存款后用现金给了郑某，故无论是否有证据证明上述款项已经返还给郑某，刘某均明知郑某没有通过微信转账交付所赠拆迁款的意思表示。而根据派出所询问笔录，程某使用原告郑某的北京农业银行存折和北京农商银行存折取走20万元的行为未经郑某同意，其自述取款目的是代为保管，亦不存在原告郑某将20万元交付给被告刘某的情形。

综上所述，因《赠与协议》中所涉回迁房和拆迁款均未完成权利转移，原告郑某行使撤销权请求撤销《赠与协议》，法院判决予以支持。

【典型案例索引】

北京市第一中级人民法院民事判决书，（2021）京01民终2919号；北京市高级人民法院民事裁定书，（2021）京民申7165号。

【相关法律法规】

《民法典》第658条。

【律师分析】

1. 赠与人对赠与行为的任意撤销权及行使该撤销权的限制。

根据《民法典》第658条的规定，赠与人在赠与财产的权利转移之前可以撤销赠与。但经过公证的赠与合同或者依法不得撤销的具有救灾、扶贫、助残等公益、道德义务性质的赠与合同，不适用前款任意撤销的规定。

2. 根据《民法典》第663条第1款的规定，即便赠与财产权利完成转移，受赠人有下列情形之一的，赠与人可以撤销赠与：

（1）严重侵害赠与人或者赠与人近亲属的合法权益。

（2）对赠与人负有扶养义务而不履行。

（3）不履行赠与合同约定的义务。

3. 赠与人依据《民法典》第663条第1款的规定行使撤销权的，根据第663条第2款的规定，应在自知道或者应当知道撤销事由之日起1年内行使。

4. 因受赠人的违法行为致使赠与人死亡或者丧失民事行为能力的，根据《民法典》第664条的规定，赠与人的继承人或者法定代理人可以撤销赠与。此种情形下，赠与人的继承人或者法定代理人的撤销权，应在自知道或者应当知道撤销事由之日起6个月内行使。

125. 赠与房产未办理产权变更登记，能否撤销赠与合同

【关键词】

赠与合同　权利转移　变更登记　撤销赠与

【场景】

被告张子系原告张父、高某长子。2019 年 11 月 14 日，张父、高某作为赠与人与张子作为受赠人在县人民调解委员会工作人员的见证下，签订了一份《赠与协议》。该协议签订后，张父、高某于 2019 年 12 月 17 日作为原告向法院起诉，要求确认该赠与协议有效。2019 年 12 月 28 日，法院判决：涉案《赠与协议》有效，该判决已发生法律效力。2020 年 5 月 29 日，张父、高某以张子在签订赠与协议的过程中，利用张父、高某年事已高且张父患病的情况，采用欺诈的方式签订了《赠与协议》，违背张父、高某真实意思，况且涉案房产并未过户等为由，向法院起诉，要求撤销《赠与协议》。

【事态发展（纠纷产生）】

张父、高某以张子为被告起诉至法院，诉讼请求：撤销两原告与被告于 2019 年 11 月 19 日签订的《赠与协议》。

【焦点问题】

双方的赠与是否符合法定撤销的情形？

【结论】

法院认为，根据原《合同法》第 186 条第 1 款（该条文同《民法典》第 658 条第 1 款内容）的规定，赠与人在赠与财产的权利转移之前可以撤销赠与。根据该条规定，在赠与财产未转移之前，赠与人可以撤销赠与，即法律赋予了赠与人撤销权。本文案例中，原告张父、高某向被告张子赠与的标的是房屋，根据法律规定，不动产物权的转移应当以登记为准。涉案《赠与协议》签订后，所涉房产并未办理转移登记，即本文案例中所赠与财产并未发生权利转移。故根据上述法律规定，张父、高某有权撤销涉案《赠与协议》，法院判决予以支持。

【典型案例索引】

河南省开封市中级人民法院民事判决书，（2021）豫02民再81号。

【相关法律法规】

《民法典时间效力规定》第1条第2款；原《合同法》（2021年1月1日起因《民法典》施行被废止）第186条第1款（该条文同《民法典》第658条第1款内容）。

【律师分析】

1. 老年人向子女赠与房产要先考虑清楚自身养老问题的解决，房产一旦完成物权变更（办理变更产权登记和房本）则赠与合同将很难被撤销。

例如本文案例中，原告、被告经过了一审、二审、再审申请以及法院裁定再审审理多个诉讼阶段，而一审、二审时法院均未支持原告撤销涉案《赠与协议》的诉讼请求，原审法院根据原《合同法》第192条（该条文同《民法典》第663条内容）“受赠人有下列情形之一的，赠与人可以撤销赠与：（一）严重侵害赠与人或者赠与人的近亲属；（二）对赠与人有扶养义务而不履行；（三）不履行赠与合同约定的义务。赠与人的撤销权，自知道或者应当知道撤销原因之日起一年内行使”的规定，认为原告主张的事实与理由不符合上述法律规定可撤销赠与的情形。再审法院依据原《合同法》第186条第1款（该条文同《民法典》第658条第1款内容）“赠与人在赠与财产的权利转移之前可以撤销赠与”的规定，认为房产未作产权变更登记，赠与财产的权利未作转移，原告有权撤销赠与。

2. 根据《民法典》第658条第2款的规定，经过公证的赠与合同，不适用“赠与人在赠与财产的权利转移之前可以撤销赠与”的规定，在赠与财务权利转移前不能再由赠与人任意撤销赠与。

126. 婚前房产赠与协议未办理产权变更登记，能否撤销赠与协议

【关键词】

婚前协议　共有　产权变更　权利转移　撤销赠与

【场景】

原告张某在与被告王某登记结婚前，与被告王某签署一份《婚前的房产协议书》，约定原告婚前个人按揭贷款购买的房产有50%份额赠与被告，房产由双方共有，但一直未办理不动产登记变更。婚后以夫妻共同财产偿还银行贷款。

【事态发展（纠纷产生）】

原告、被告双方已决意离婚，原告张某以王某为被告起诉至法院，诉讼请求：撤销原告与被告签署的《婚前的房产协议书》。

【焦点问题】

原告与被告签署的《婚前的房产协议书》的效力如何认定？

【结论】

根据原《合同法》第186条第1款（该条文同《民法典》第658条第1款内容）的规定，赠与人在赠与财产的权利转移之前可以撤销赠与。本文案例中，原告张某于2018年11月4日与被告王某签订《婚前的房产协议书》，双方于2018年11月22日登记结婚，双方因矛盾于2019年5月30日起分居，双方处于待二次起诉离婚状态。张某赠与的房产未发生权利转移，鉴于目前双方感情和婚姻状态，其诉讼请求要求撤销赠与，符合上述法律规定，法院判决予以支持。

【典型案例索引】

辽宁省葫芦岛市中级人民法院民事判决书，(2020)辽14民终181号。

【相关法律法规】

《民法典时间效力规定》第1条第2款；原《合同法》(2021年1月1日起因《民法典》施行被废止）第186条第1款（该条文同《民法典》第658条第1款内容）。

【律师分析】

1.《民法典》第665条的规定，撤销权人撤销赠与的，可以向受赠人请求返还赠与的财产。

例如本文案例中，张某将涉案房屋份额赠与王某后，两个人每月一共还房贷1600元左右，在双方婚姻存续期间应视为共同偿还贷款。现张某撤销订婚前签订的《婚前的房产协议书》，应适当补偿王某经济损失。根据本文案例的具体情况，按20个月每月房贷的50%即800元，酌情判决张某给付王某经济损失1.6万元。

2. 根据《民法典》第209条第1款的规定，不动产物权的设立、变更、转让和消灭，经依法登记，发生效力；未经登记，不发生效力。本文案例中，原告与被告在《婚前的房产协议书》中约定双方各得房屋产权的50%，但未办理物权变更登记，故不产生物权效力。

3. 根据《民法典》第1063条的规定，一方的婚前财产属于夫妻一方的个人财产。夫妻双方在结婚前可以就婚前及婚内财产进行协议约定。

根据《民法典》第1065条第1款、第2款的规定，男女双方可以约定婚姻关系存续期间所得的财产以及婚前财产归各自所有、共同所有或者部分各自所有、部分共同所有。约定应当采用书面形式。夫妻对婚姻关系存续期间所得的财产以及婚前财产的约定，对双方具有法律约束力，夫妻双方应予遵守。

（二）权利转移后赠与合同的撤销情形

127. 以赡养为前提的房屋赠与协议，产权变更后能否撤销赠与

【关键词】

赠与协议　附条件　赡养义务　撤销赠与

【场景】

原告陶某育有2个孩子，其中之一为被告陈某，原告与被告系母子关系。被告陈某曾对原告陶某配偶（陈某父亲，已死亡）名下宅基地上部分老宅翻建，后该老宅拆迁补偿获得涉案房屋。2003年8月1日，陈某与陶某签订《协议书》，约定：陶某同意拆迁安置所得的涉案房屋归陈某所有，陈某须履行给付生活费、医药费等赡养义务。涉案房屋于2010年产权登记在陈某一人

名下，陶某一直在居住涉案房屋。

【事态发展（纠纷产生）】

陶某以拒不履行赡养义务为由起诉被告陈某至法院，诉讼请求如下：（1）判令撤销双方于2003年8月1日签订的有条件的房屋赠与《协议书》；（2）判令陈某将曾属陶某的涉案房屋还予陶某。

【焦点问题】

1. 原告陶某行使撤销权是否具备法定事由？

2. 陶某行使撤销权是否超过法定期间？

【结论】

2003年8月1日，陶某与其子陈某签订《协议书》，约定陶某同意拆迁安置所得的涉案房屋归陈某所有，陈某须履行给付生活费、医药费等赡养义务。《协议书》性质为以陈某履行赡养义务为前提，陶某将自己在拆迁过程中应享有的安置利益让渡于陈某的赠与协议。后涉案房屋登记在陈某名下，赠与行为完成。现陶某以陈某未履行赡养义务为由，要求行使法定撤销权撤销赠与。

第一，陶某行使撤销权是否具备法定事由。

根据原《合同法》第192条第1款（该条文同《民法典》第663条第1款内容）的规定，对赠与人有扶养义务而不履行的，赠与人可以撤销赠与。根据《老年人权益保障法》（2018年修正）第14条第1款、第2款的规定，赡养人应当履行对老年人经济上供养、生活上照料和精神上慰藉的义务，照顾老年人的特殊需要；赡养人是指老年人的子女以及其他依法负有赡养义务的人。根据在案证据，陶某年过七旬，于2015年先后两次因赡养费纠纷，将陈某诉至法院，要求陈某给付赡养费及医疗费，法院虽作出相应判决，但陈某并未主动履行判决，而是通过法院执行程序予以执行。此后多年，截至本文案例诉讼，陈某仍是通过法院扣划的方式被动给付赡养费，而非积极主动履行对陶某的供养义务。另外，根据法院调取的2019年报警记录，陈某与陶某因赡养、亲情等问题屡次发生纠纷，陶某多次报警寻求帮助。陶某于2019年摔伤骨盆，其亲属出具证人证言，证明陈某未尽照料陪护义务，陈某对此虽不认可，但亦未举证证明其尽到了生活照料义务。法院认为，上述在案证据足以证明陈某作为法定义务人，未按照法律规定履行对陶某经济上供养、生活上照料和精神上慰藉的义务，原告陶某行使撤销权具备法定事由。

第二，陶某行使撤销权是否超过法定期间。

根据原《合同法》第192条第2款（该条文同《民法典》第663条第2款内容）的规定，赠与人的撤销权自知道或者应当知道撤销原因之日起1年内行使。本文案例虽系赠与合同纠纷，但双方当事人并非普通商事主体，而系母子关系。陶某主张撤销赠与的事由亦系陈某未履行赡养义务，故如何理解"知道或者应当知道撤销原因"对案件处理尤为重要。原告陶某作为被告陈某的母亲，在拆迁时之所以同意将自己在涉案房屋中享有的安置利益归陈某所有，一方面是希望晚年生活得到陈某更好的照料，另一方面是考虑陈某的利益最大化。2015年，陶某虽因陈某未履行经济上的供养义务而提起诉讼，但从生活常理上来看，陶某知晓向陈某赠与拆迁利益关系重大，出于对子女的爱护和不愿意双方关系继续恶化的考虑，陶某仅选择起诉索要赡养费的方式来解决经济供养问题，而并未萌生撤销赠与之意。从"知道或者应当知道"的角度上来看，陶某仅凭当时的情况无法判断出陈某除经济上拒绝供养外，也不打算今后在生活方面对其进行照顾。综合上述情况，陶某于2015年起诉索要赡养费这一法律事实的发生时间不应认作撤销赠与除斥期间的起算点。而根据2019年的多次报警记录，双方于2019年矛盾冲突升级，陶某摔伤骨盆后，陈某又未尽照料陪护义务，母子关系极度僵化。此时，无论在经济供养方面还是生活照料和精神慰藉方面，陈某均未尽到为人之子应负的赡养义务，陶某不能接受的程度达到了极点，撤销事由由此发生，陶某亦因此主张撤销赠与。故应以最后一次报警记录所显示时间，即2019年9月作为法定期间的起算点，原告陶某主张其行使撤销权未超过法定期间，具有事实及法律依据，法院予以采纳。

综上所述，原告陶某行使撤销权具备法定事由，且未超过法定期间，陶某主张撤销2003年其与被告陈某签订的《协议书》，于法有据，法院判决予以支持。

【典型案例索引】

北京市第三中级人民法院民事判决书，（2021）京03民终1217号。

【相关法律法规】

《民法典时间效力规定》第1条第2款；原《合同法》（2021年1月1日起因《民法典》施行被废止）第192条（该条文同《民法典》第663条内容）；《老年人权益保障法》（2018年修正）第14条。

【律师分析】

1. 根据《民法典》第663条的规定，在赠与财产权利完成转移之后，赠与人仍有权根据受赠人的下列情形撤销赠与，但应在自知道或者应当知道撤销事由之日起1年内行使：

（1）严重侵害赠与人或者赠与人近亲属的合法权益。

（2）对赠与人有扶养义务而不履行。

（3）不履行赠与合同约定的义务。

2. 关于本文案例中原告要求被告将涉案房屋过户还予原告的诉讼请求，因涉案房产还存在其他权利人、产权不清晰，故法院对于原告的该项请求未予支持。

例如本文案例中，原告陶某要求将涉案房屋过户至其名下的诉讼请求，因陶某一家此前未进行过析产继承，包括涉案房屋在内的3套房屋系经拆迁转化而来，而在案证据显示拆迁安置协议除涉及双方当事人利益外还涉及案外人（陶某另一子女）利益。因此，在涉案《协议书》被撤销后各方应另行通过析产、继承等方式解决涉案房屋归属问题。目前情况下，该项诉讼请求法院不能予以支持。

3. 所谓析产继承，包括析产和继承两个法律行为，具体讲就是先将共有财产进行分割，再对其中已死亡人员应得财产份额进行继承。

根据《民法典》第1153条关于在共有财产中确定遗产的规定，夫妻共同所有的财产，除有约定的外，遗产分割时，应当先将共同所有的财产的一半分出为配偶所有，其余的为被继承人的遗产。遗产在家庭共有财产之中的，遗产分割时，应当先分出他人的财产。本文案例中，涉案房屋系由陶某配偶

（陈某父亲，已死亡）名下宅基地的老宅拆迁转化而来，陈某还有兄弟姐妹（非本文案例当事人），陈某父亲去世后未办理家庭财产分割和继承。因此，涉案房屋虽然登记在陈某一人名下，但对于陈某家庭内部成员来讲，房屋产权尚不明晰，因此需要先分割出陈某父亲的遗产份额，通过法定继承确定各方对于涉案房屋的共有份额。

128. 附扶养义务的赠与合同，一方未履行扶养义务另一方能否撤销

【关键词】

遗赠扶养协议　附条件赠与　赡养义务　撤销赠与

【场景】

2017 年 11 月，原告于某与被告徐某经人介绍相识，2018 年 5 月 4 日，原告以 48 万元购买涉案房屋，并将不动产权利人登记为被告徐某，双方自此同居居住在涉案房屋。2019 年 2 月 15 日，原告、被告达成协议（涉案《赠与合同》）一份，内容为：原告、被告为情侣关系，涉案房屋是原告全款为被告购买，并与被告一起居住；在原告去世后，此房子所有权归被告个人所有；原告同时赠与被告 30 万元；赠与前提是被告在原告有生之年给予原告伴侣之间应有的照顾，不得将原告气出家门，不得结束或者疏忽对原告的照顾，否则被告自动放弃此房产和 30 万元的所有权。

【事态发展（纠纷产生）】

原告于某认为徐某未履行约定义务起诉被告徐某至法院，诉讼请求如下：（1）判令撤销原告、被告之间的《赠与合同》；（2）被告将涉案房屋返还给原告（协助原告办理过户手续）。

【焦点问题】

原告与被告签订的《赠与合同》效力如何认定？

【结论】

第一，关于双方签订《赠与合同》的法律性质认定问题。

一审法院认为涉案《赠与合同》法律性质属于遗赠扶养协议，二审法院

认为涉案《赠与合同》法律性质属于附扶养义务的赠与合同，二审法院分析如下：

从财产交付时间来看，本文案例中涉案房屋系原告于某出资购买，虽然双方约定被告徐某对原告履行扶养义务，在原告死后该房屋归被告所有，但在原告去世前，此房屋所有权证已办理至被告名下，故双方办理房产登记的时间并不是法律规定的遗赠扶养协议中赠与财产的交付时间，涉案《赠与合同》不属于遗赠扶养协议。

从双方签订的协议来看，涉案《赠与合同》关于赠与房屋所附扶养照顾义务的内容不违反法律法规的强制性规定，且是双方真实意思表示，应为合法有效。双方在协议中约定，原告于某将此房屋赠与被告徐某的条件为被告对原告的生活进行扶养照顾，不能结束或疏忽这种照顾，否则被告自动放弃此房产及 30 万元。根据双方协议的约定及涉案房屋所有权现状，法院认为双方当事人所签订的协议应为附扶养义务的赠与合同。

第二，关于涉案附扶养义务《赠与合同》应否撤销的问题。

根据原《合同法》第 192 条第 1 款（该条文同《民法典》第 663 条第 1 款内容）的规定，受赠人有下列情形之一的，赠与人可以撤销赠与：（1）严重侵害赠与人或者赠与人的近亲属；（2）对赠与人有扶养义务而不履行；（3）不履行赠与合同约定的义务。本文案例中，根据原告于某提供的医院病历及其庭审陈述，可知其曾于 2019 年 6 月因病在医院住院治疗，而被告徐某也认可在原告住院期间自己并未到医院对原告进行照顾。原告于某出院后，其就将被告徐某诉至法院，要求撤销该份附扶养义务的《赠与合同》。根据原告提供证据所证事实，被告确未按《赠与合同》约定履行相应的扶养照顾义务，故原告于某主张撤销该份协议符合上述法律规定，法院予以支持。因涉案《赠与合同》已被撤销，被告徐某负有返还涉案房屋并协助办理过户的义务，故法院判决：撤销涉案《赠与合同》，被告徐某将涉案房屋返还给于某，并协助于某办理该房屋的过户手续。

【典型案例索引】

辽宁省丹东市中级人民法院民事判决书，（2020）辽 06 民终 27 号；辽宁省丹东市中级人民法院民事判决书，（2021）辽06民申40号。

【相关法律法规】

《民法典时间效力规定》第1条第2款；原《合同法》（2021年1月1日起因《民法典》施行被废止）第192条（该条文内容同《民法典》第663条内容）。

【律师分析】

1. 遗赠扶养协议是负有生养死葬义务的赠与，是指双方签订的关于扶养人承担遗赠人生养死葬事务、遗赠人将自己的财产在死后赠与扶养人的协议。

根据《民法典》第1158条的规定，自然人可以与继承人以外的组织或者个人签订遗赠扶养协议。按照协议，该组织或者个人承担该自然人生养死葬的义务，享有受遗赠的权利。

2. 若扶养人不履行扶养义务导致遗赠扶养协议解除的，则不享有受遗赠的权利。

根据《民法典继承编司法解释（一）》第40条的规定，继承人以外的组织或者个人与自然人签订遗赠扶养协议后，无正当理由不履行，导致协议解除的，不能享有受遗赠的权利，其支付的供养费用一般不予补偿；遗赠人无正当理由不履行，导致协议解除的，则应当偿还继承人以外的组织或者个人已支付的供养费用。

3. 关于遗赠扶养协议与附扶养义务的赠与合同之间主要的区别在于赠与财产的交付时间不同。

遗赠扶养协议，是指遗赠人与扶养人之间签订的关于承担遗赠人生养死葬、遗赠人将自己的财产在死后赠与扶养人的协议。附扶养义务的赠与合同，是指赠与人在赠与财产或者财产权利时，以受赠人承担一定扶养义务为附加条件的赠与合同。两者之间主要的区别在于赠与财产的交付时间不同。遗赠扶养协议赠与的是公民的遗产，扶养人只有在承担生养死葬的义务之后，才能获得协议约定的遗赠人（被扶养公民）的遗产，赠与的效力发生在遗赠人（被扶养公民）死后。而在附扶养义务的赠与合同中，赠与人生前将财产交付受赠人，并由受赠人履行扶养义务。

129. 赠与财产后双方又起肢体冲突，能否撤销赠与合同

【关键词】

赠与协议　赡养义务　侵害赠与人近亲属　撤销赠与

【场景】

孙甲与吴某某原系夫妻，二人育有独生子孙乙。后经拆迁，孙甲、吴某某、孙乙共分得3套定向安置住房及3201540元拆迁安置补偿款。

2013年7月30日，孙甲（甲方）、孙乙（乙方）签订了涉案《协议书》，约定“甲方现二级肢体残疾，不能完全自理。双方就财产处理及赡养问题达成如下协议：1. 甲方同意其名下的所有存款及现金全部归乙方个人所有；2. 甲方同意将应得的全部拆迁安置面积（至少50平方米位于北京市金泽家园）全部归乙方个人所有；3. 乙方需保证甲方享有朝阳区××1号的永久居住权，此房也有甲方前妻（吴某某）的居住权；4. 乙方负担甲方的生活费每月2600元（包括水费、电费、燃气费），保姆护工费用每月2400元（并直接支付给保姆），双方可根据物价涨幅情况适当调整；甲方每月支出的医药费用、大病、住院所支出的医疗费用及养老送终的所有费用由乙方承担”。孙甲曾于2015年以附义务赠与合同纠纷案由起诉孙乙要求解除涉案《协议书》，法院驳回了孙甲的诉讼请求。《协议书》签订后，孙乙每月给付孙甲6000元，至2016年5月。2016年11月，经法院判决孙乙补足欠付的赡养费及每月赡养费金额增至7000元。

【事态发展（纠纷产生）】

原告孙甲以孙乙为被告起诉至法院，诉讼请求：撤销双方签订的《协议书》。

【焦点问题】

双方所签订《协议书》应否撤销？

【结论】

关于涉案《协议书》应否撤销的问题。对此，应根据本文案例查明的事

实和有关法律规定予以判断。根据原《合同法》第192条（该条文同《民法典》第663条内容）的规定，受赠人有下列情形之一的，赠与人可以撤销赠与：（1）严重侵害赠与人或者赠与人的近亲属；（2）对赠与人有扶养义务而不履行；（3）不履行赠与合同约定的义务。赠与人的撤销权，自知道或者应当知道撤销原因之日起1年内行使。下面结合本文案例具体情况予以分析：

首先，关于是否严重侵害赠与人或者赠与人的近亲属的问题。根据法院从北京市公安局通州分局北苑派出所调取的询问笔录，可以看出孙乙与其父孙甲、其祖母黄某某曾出现过严重冲突。孙甲称，孙乙曾推打孙甲和其祖母黄某某，致黄某某受伤，并提交了相应的诊断证明和鉴定报告，诊断证明载明：头部外伤、脑外伤后神经功能症性反应、多发软组织损伤。鉴定报告载明：黄某某所受损伤属轻微伤。孙乙虽否认用脚踢踹其祖母的事实，但是对于当日发生冲突一事并未否认，也认可其将祖母推出门外。对此，法院认为，在一般情况下，家庭成员之间出现矛盾冲突直接报警的可能性不大，况且孙乙系黄某某自小疼爱的爱孙，只有在出现较大冲突时方会报警处理。在本文案例中，结合法院在公安机关调取的报警记录、询问笔录和有关伤情诊断证明、鉴定报告的记载，孙甲和其母亲黄某某的陈述应具有极大可信度，双方虽对具体冲突细节存有分歧，但是按照目前的证据至少可以认定黄某某之伤是在与孙乙的冲突过程中产生。

其次，对于孙乙是否履行了自身扶养义务的问题。根据目前查明的事实，孙乙确实在几个月的时间内未向孙甲支付任何费用，此时作为残疾人的孙甲因无任何生活来源，被迫向法院起诉索求生活费，最终是通过法院强制执行的方式方才获得相应费用。上述事实可以认定孙乙不仅未履行协议约定的生活费给付义务，也未履行其法定赡养义务。

最后，就涉案《协议书》的内容来看，该协议的内容是将孙甲目前所有的财产及其将来可能获得的财产均一并赠与孙乙，其目的无非就是因为自己身体残疾、没有劳动能力，为确保自己的晚年生活，方才签署的涉案《协议书》。目前，孙甲的生活已不能自理，需要长期专人护理，随其年龄增长，其生活将愈加困难。可以说，该赠与协议的履行和一个丧失劳动能力的残疾人的基本生活保障密切相关。但是，该协议目前的履行状况与孙甲当初签订协议的初衷明显相悖，此种情况下孙甲有权依照法律的相关规定撤销涉案赠与协议。

综上所述，法院综合考量本文案例中的诸多因素，判决支持孙甲提出的撤销涉案《协议书》的诉讼请求。

【典型案例索引】

北京市第三中级人民法院民事判决书，（2018）京03民终8003号。

【相关法律法规】

原《合同法》（2021年1月1日起因《民法典》施行被废止）第192条（该条文内容同《民法典》第663条内容）、第195条（该条文内容同《民法典》第666条内容）。

【律师分析】

1. 赠与人无能力履行赠与行为的，可以免除赠与义务。

根据《民法典》第666条的规定，赠与人的经济状况显著恶化，严重影响其生产经营或者家庭生活的，可以不再履行赠与义务。

2. 侵害赠与人或赠与人近亲属的，赠与人在知道或应当知道之日起1年内有权撤销赠与行为。

根据《民法典》第663条第1款的规定，赠与人可以撤销赠与的三种情形的其中之一是严重侵害赠与人或者赠与人近亲属的合法权益。具体是指：

（1）其中“严重侵害”主要从侵害行为的后果判断，只要受赠人的侵权行为严重侵害了赠与人或者赠与人的近亲属的利益即可，不以受赠人的侵害行为构成犯罪为必要。

（2）受赠人实施侵害行为不限制主观认识为故意，故受赠人实施的侵害行为无论是出于故意还是过失，只要具有可谴责性，有违赠与人施惠的初衷，赠与人就有权要求撤销赠与。

（3）近亲属的范围，根据《民法典》第1045条第2款的规定，近亲属包括赠与人的配偶、子女、父母、兄弟姐妹、祖父母与外祖父母、孙子女、外孙子女。

130. 捐赠财产约定用途无法实现情形下，能否撤销捐赠

【关键词】

捐赠协议　专项基金　公益事业　合同义务　撤销赠与

【场景】

2017 年 9 月 6 日，被告 × 基金会与案外人珠海艺术公司签订《捐赠协议书》，约定双方联合设立 × 基金会“古代艺术品专项基金”，期限 3 年，由珠海艺术公司捐资 600 万元作为专项基金的原始资金。12 月 12 日，原告严某与 × 基金会签订《× 基金会“古代艺术品专项基金”捐赠协议书》（本文案例中简称涉案《捐赠协议》），约定原告严某向 × 基金会捐资 100 万元作为“古代艺术品专项基金”的专用资金。原告严某向 × 基金会转账 100 万元。× 基金会开具 100 万元的公益事业捐赠统一票据，捐赠人处载明为珠海艺术公司。2018 年 5 月 25 日，× 基金会在其官网发出《关于撤销“古代艺术品专项基金管理委员会”的通告》，决定撤销“古代艺术品专项基金管理委员会”，停止“古代艺术品专项基金”的活动，决定从通告发布之日起执行。

【事态发展（纠纷产生）】

原告严某认为 × 基金会未按捐赠协议约定履行义务，故以 × 基金会为被告起诉至法院，诉讼请求如下：（1）撤销严某的捐赠行为及严某与 × 基金会之间的捐赠协议；（2）判令 × 基金会返还严某捐赠款 100 万元。

【焦点问题】

原告严某关于撤销涉案《捐赠协议》、返还捐赠款项的诉讼主张是否成立?

【结论】

首先，本文案例中双方之间的基础法律关系是捐赠合同关系。根据原《合同法》第 8 条第 1 款（该条文同《民法典》第 119 条内容）的规定，依法成立的合同，对当事人具有法律约束力。当事人应当按照约定履行自己的义务，不得擅自变更或者解除合同。根据双方当事人之陈述，在涉案《捐赠

协议》签订之时，双方均系真实意思表示，协议内容合法有效。双方应秉持诚实信用原则，依约履行。在该协议中，明确约定了原告严某所捐赠的100万元款项作为“古代艺术品专项基金”的专用资金，以更好地支持古代艺术品的巡展、古代艺术品的大数据库等相关活动。但根据本文案例现有证据所证事实，以及双方一致认可的内容，在原告严某履行捐赠100万元款项的义务后，×基金会在2018年5月25日于其官网发出《关于撤销“古代艺术品专项基金管理委员会”的通告》，决定撤销“古代艺术品专项基金管理委员会”，停止“古代艺术品专项基金”的活动，该决定从通告发布之日起执行。且根据（2018）京0101民初14979号民事判决书中已经认定的事实，案外人珠海艺术公司以“古代艺术品专项基金”的名义对外开展活动未经×基金会审批，且根据文化主管部门向×基金会发出的《整改通知》，可知“古代艺术品专项基金”对外所开展的活动已经造成了不良社会影响，对×基金会的声誉有所损害，×基金会依照涉案《捐赠协议》的约定有权单方终止其活动和取消“古代艺术品专项基金”。该判决还查明，2017年11月至12月，案外人珠海艺术公司向社会募集捐赠的460万元中即包括原告严某向×基金会转账的100万元。在书面诉讼意见中，×基金会称原古代艺术品专项基金管理委员会部分人员所在的案外人珠海艺术公司从事销售虚拟货币的严重违法活动，该基金会认为其违反了共同设立“古代艺术品专项基金”的协议条款。

此外，关于双方捐赠协议中涉及的“古代艺术品专项基金”现状，法院曾询问被告“古代艺术品专项基金”的活动是否可以直接恢复该专项基金等问题，×基金会向法院提交书面诉讼意见称，“不能恢复该专项基金，暂时不会重新设立名称相同的基金”，“根据我会章程和《专项基金管理规定》39条第4款、第8款，及业务主管单位在2017年12月15日向我会发出《整改通知》……2018年5月25日，我会发出《关于撤销‘古代艺术品专项基金管理委员会’的通告》。若恢复该专项基金，尚需业务主管部门的批准……专项基金停止后，所余款项由×基金会适时用于协议中相近的社会文化项目中……综上所述，我们不建议恢复和重新设立与该基金名称相同的基金”。根据以上情况，原告严某与×基金会签订的《捐赠协议》由于本文案例涉及的专项基金管理委员会已经通告撤销，相关活动亦已停止，捐赠财产在协议中约定的用途已经不能实现且实际亦并未履行。现《捐赠协议》中约定的专项基金亦已被停止运行，故已属于履行不能之状态。而原告严某捐赠款项之时所持的目的亦已不可能达到。

其次，根据《慈善法》第4条第2款的规定，开展慈善活动，应当遵循合法、自愿、诚信、非营利的原则，不得违背社会公德，不得危害国家安全、损害社会公共利益和他人合法权益。该法第34条规定，该法所称慈善捐赠，是指自然人、法人和非法人组织基于慈善目的，自愿、无偿赠与财产的活动。该法第56条规定，慈善组织开展慈善活动，应当依照法律法规和章程的规定，按照募捐方案或者捐赠协议使用捐赠财产。慈善组织确需变更募捐方案规定的捐赠财产用途的，应当报民政部门备案；确需变更捐赠协议约定的捐赠财产用途的，应当征得捐赠人同意。根据《公益事业捐赠法》第17条、第18条的规定，公益性社会团体应当将受赠财产用于资助符合其宗旨的活动和事业。公益性社会团体应当严格遵守国家的有关规定，按照合法、安全、有效的原则，积极实现捐赠财产的保值增值。公益性非营利的事业单位应当将受赠财产用于发展本单位的公益事业，不得挪作他用。受赠人与捐赠人订立了捐赠协议的，应当按照协议约定的用途使用捐赠财产，不得擅自改变捐赠财产的用途。如果确需改变用途的，应当征得捐赠人的同意。经过庭审询问，原告严某明确表示基于此前与×基金会已失去了互信的基础，不同意所捐赠的款项再交由该基金会处理使用。而×基金会一方关于此前所约定的专项基金的撤销亦已施行，故双方至此已不具备《捐赠协议》最初签订之时所欲达成的捐赠事项的合意基础以及变更履行的可能。

最后，需要指出的是，在双方签订的《捐赠协议》中已明确约定，专项基金如需变更、终止或解散，应按照《基金会管理条例》《×基金会章程》《×基金会专项基金管理办法》及相关规定履行法律手续。而根据《基金会管理条例》第39条的规定，捐赠人有权向基金会查询捐赠财产的使用、管理情况，并提出意见和建议。对于捐赠人的查询，基金会应当及时如实答复。基金会违反捐赠协议使用捐赠财产的，捐赠人有权要求基金会遵守捐赠协议或者向法院申请撤销捐赠行为、解除捐赠协议。

综上所述，根据原《合同法》第192条第1款（该条文同《民法典》第

663 条第 1 款内容）的规定，受赠人不履行赠与合同约定的义务，赠与人可以撤销赠与。法院认为原告严某关于撤销捐赠行为的诉讼请求于法有据，应予支持。同时，在双方签订的《捐赠协议》中的主要权利义务被撤销的情形下，该合同亦应随之撤销。

【典型案例索引】

北京市第二中级人民法院民事判决书，（2019）京 02 民终 11228 号；北京市高级人民法院民事裁定书，（2020）京民申 1319 号。

【相关法律法规】

《民法典时间效力规定》第 1 条第 2 款；原《合同法》（2021 年 1 月 1 日起因《民法典》施行被废止）第 8 条（该条文内容部分吸收入《民法典》第 119 条）、第 192 条（该条文内容同《民法典》第 663 条内容）；《慈善法》第 4 条、第 34 条、第 56 条；《公益事业捐赠法》第 17 条、第 18 条。

【律师分析】

1. 在本文案例法院裁判观点中提及的（2018）京 0101 民初 14979 号民事判决书，即 2018 年 8 月 6 日立案的珠海艺术公司起诉 × 基金会案件。珠海艺术公司起诉请求法院判决解除其与 × 基金会签订的《捐赠协议书》，并要求 × 基金会返还捐赠款 510 万元及利息。

在（2018）京 0101 民初 14979 号案中，法院认为，根据《捐赠协议书》的约定，如以 × 基金会或“古代艺术品专项基金”名义对外开展活动，要先经“古代艺术品专项基金”管理委员会表决，再向 × 基金会履行报批手续，但庭审询问中珠海艺术公司当庭陈述其以“古代艺术品专项基金”的名义对外开展活动未经 × 基金会审批，该行为已违反《捐赠协议书》的约定。并且，从业务主管部门向 × 基金会发出《整改通知》可知，“古代艺术品专项基金”对外所开展的活动已经造成了不良社会影响，对 × 基金会的声誉有所损害，× 基金会依照《捐赠协议书》的约定有权单方终止其活动和取消“古代艺术品专项基金”，其撤销“古代艺术品专项基金管理委员会”的行为并未违反协议约定。珠海艺术公司以 × 基金会单方停止“古代艺术品专项基金”活动、撤销“古代艺术品专项基金管理委员会”为由行使法定解除权要求解除《捐赠协议书》并返还捐赠款无事实和法律依据，法院判决不予支持。

2. 根据《民法典》第 658 条第 2 款“经过公证的赠与合同或者依法不得撤销的具有救灾、扶贫、助残等公益、道德义务性质的赠与合同，不适用前款规定”的规定，对于公益性质的捐赠协议，不适用“赠与人在赠与财产的权利转移之前可以撤销赠与”的规定。

3. 虽然不容易撤销捐赠，但捐赠人可以就捐赠款用途与受赠人约定专款专用，且受赠人不得擅自改变捐款用途。

根据《公益事业捐赠法》第 12 条第 1 款的规定，捐赠人可以与受赠人就捐赠财产的种类、质量、数量和用途等内容订立捐赠协议。捐赠人有权决定捐赠的数量、用途和方式。根据该法第 18 条的规定，受赠人与捐赠人订立了捐赠协议的，应当按照协议约定的用途使用捐赠财产，不得擅自改变捐赠财产的用途。如果确需改变用途的，应当征得捐赠人的同意。

第四章

引发合同解除的常见场景

合同解除是在合同履行过程中经常出现的一种提前终止现有合同关系的方式，针对的是已经成立且有效的合同。不同于合同无效和合同可撤销，合同解除的确认方式不仅有向法院或仲裁机构提出解除合同的请求，还有依据合同约定的解除条件发出解除通知，或者通过合同各方当事人协商一致的方式确认合同解除。综上，可能导致合同解除的情形也分为法定情形和约定情形两大类。

关于合同法定解除的情形，根据《民法典》第 33 条、第 533 条、第 563 条，《民法典总则编司法解释》第 11 条，《民法典合同编通则司法解释》第 19 条以及《九民会议纪要》第 38 条、第 40 条的规定，存在 11 种合同的法定解除情形，分别为：

（1）因不可抗力致使不能实现合同目的。

（2）在履行期限届满前，当事人一方明确表示或者以自己的行为表明不履行主要债务。

（3）当事人一方迟延履行主要债务，经催告后在合理期限内仍未履行。

（4）当事人一方迟延履行债务或者有其他违约行为致使不能实现合同目的。

（5）法律规定的其他情形。

（6）以持续履行的债务为内容的不定期合同，当事人可以随时解除合同，但是应当在合理期限之内通知对方。

（7）《民法典》第 533 条规定了在情势变更的情形下，当事人协商变更合同内容不成的，法院或者仲裁机构应当结合案件的实际情况，根据公平原则变更或者解除合同。

（8）《民法典》第 33 条、《民法典总则编司法解释》第 11 条规定了事前约定监护人可解除的情形，即具有完全民事行为能力的成年人与其近亲属、其他愿意担任监护人的个人或者组织事先协商，以书面形式确定自己的监护人后，协议的任何一方在该成年人丧失或者部分丧失民事行为能力前请求解除协议的，法院依法予以支持。

（9）《民法典合同编通则司法解释》第 19 条第 1 款规定了无权处分合同解除的情形，即因未取得真正权利人事后同意或者让与人事后未取得处分权导致合同不能履行，受让人主张解除合同并请求让与人承担违反合同的赔偿责任的，法院依法予以支持。

（10）《九民会议纪要》第 38 条规定了因另一方不履行报批义务导致合同解除的情形，即一方因另一方不履行报批义务，请求解除合同并请求其承担合同约定的相应违约责任的，法院依法予以支持。

（11）《九民会议纪要》第 40 条规定了报批后未获得批准的合同解除情形，即行政机关没有批准，合同不具有法律上的可履行性，一方请求解除合同的，法院依法予以支持。

关于合同约定解除的情形，《民法典》第 562 条规定了合同约定解除的两种情形，分别为：

（1）当事人协商一致，可以解除合同。

（2）当事人可以约定一方解除合同的事由。解除合同的事由发生时，解除权人可以解除合同。

关于违约方起诉解除合同的问题，根据《九民会议纪要》第 48 条的规定，违约方不享有单方解除合同的权利。但是，在一些长期性合同如房屋租赁合同履行过程中，双方形成合同僵局，一概不允许违约方通过起诉的方式解除合同，有时对双方都不利。在此前提下，符合下列条件，违约方起诉请求解除合同的，法院依法予以支持，但判决解除合同后违约方本应当承担的违约责任不能因解除合同而减少或者免除：

（1）违约方不存在恶意违约的情形。

（2）违约方继续履行合同，对其显失公平。

（3）守约方拒绝解除合同，违反诚实信用原则。

关于合同解除后的法律后果问题，根据《民法典》第 566 条的规定，合同解除后，尚未履行的部分终止履行，已经履行的部分根据履行情况和合同性质，当事人可以请求恢复原状或者采取其他补救措施；合同如因一方违约解除的，守约方可以请求违约方承担违约责任。主合同解除后，担保人对债务人应当承担的民事责任仍应当承担担保责任，但是担保合同另有约定的除外。

综上所述，本章内容主要围绕合同解除的相关法律规定及实务案例，对可能导致合同解除的诸多因素进行类型化分析，并提出律师法律实务建议，以帮助读者在日常经济交往活动及实务办案过程中提前评估导致合同解除的潜在风险并布署好应对措施。

一、合同的法定解除情形

关于合同法定解除的内容，前文已根据《民法典》第 33 条、第 533 条、第 563 条，《民法典总则编司法解释》第 11 条，《民法典合同编通则司法解释》第 19 条，以及《九民会议纪要》第 38 条、第 40 条的规定，列出 11 种合同的法定解除情形。本部分以该 11 种合同法定解除的情形为基础，结合相关法律法规的规定，结合实务中常见多发的典型案例，总结出因不可抗力导致合同解除、因违约行为导致合同解除、经提前通知可解除合同、因情势变更导致解除合同四大类合同法定解除的场景，并提出律师法律实务建议，以帮助读者在日常经济交往活动及实务办案过程中尽早判断相关情形下合同解除的风险。

（一）因不可抗力导致合同解除的场景

131. 房屋买卖合同签订后购房人去世，其继承人能否以不可抗力为由解除合同

【关键词】

房屋买卖合同　解除合同　死亡　不可抗力

【场景】

梁某（甲方、出卖人）与韩某（乙方、买受人）签订《购房合同》，约定梁某将其名下的涉案房屋卖给韩某，房屋面积为 76 平方米，价格为 31 万元。因房屋处于出租状态暂时不能正常入住及过户，韩某先交付定金 2 万元作为双方违约保障金，待房屋租期到期后付全款进行过户。双方约定：甲方到期不出售或转卖他人，按违约金双倍赔偿；乙方到期违约不购买，违约保障金不予退还。

【事态发展（纠纷产生）】

签订合同 3 个月后，韩某因病去世。韩某之子电话通知梁某因韩某去世，不再履行《购房合同》，并请求返还定金 2 万元，梁某要求继续履行涉案合同。韩某之子遂以梁某为被告起诉至法院，诉讼请求：解除与梁某签订的《购房合同》，梁某立即返还购房定金 2 万元。

【焦点问题】

1. 购房人去世是否构成不可抗力？

2. 购房人的继承人能否要求解除合同？

【结论】

不可抗力是指人力所不能预见、不能避免、不能克服的客观情况，是一种外来的不可抗拒的力量，如地震、台风、洪水、海啸等自然现象，以及战争等社会现象。本文案例中，韩某年龄达 70 多岁，因病死亡，不属于不可抗力。其继承人可以依据《购房合同》的约定请求解除合同，但应按约定承担相应的违约责任。

【典型案例索引】

吉林省松原市中级人民法院民事判决书，（2019）吉 07 民终 2037 号。

【相关法律法规】

《民法典》第 563 条。

【律师分析】

在本文案例中，购房人韩某签订购房合同时年龄超过 70 岁，法院在判决书中明确高龄老人因病去世不属于不可抗力，因韩某之子不愿继续履行合同，法院最终判决解除合同并要求韩某之子承担违约责任。

然而，司法实务中关于房屋买卖合同一方当事人去世是否构成不可抗力、继承人能否要求解除房屋买卖合同的问题，大部分法院的裁判尺度较统一，持否定态度。但对于合同解除后应否承担违约责任的问题，各地法院的裁判差异较大。相关实务案例裁判观点简述如下：

1. 在（2023）陕 0304 民初 1668 号民事判决书中，同样未认定购房人去世构成不可抗力，但因该案购房人在签订合同并支付了大部分购房款后死亡，其继承人（父母）无力支付剩余购房款，故起诉主张以不可抗力为由要求解除合同、返还已交房款和定金。被告房产公司认为房屋总价 41.8 万元，购房人生前已经支付 40 万元，剩余购房款仅为 1.8 万元，不存在无力履行的问题，故要求继续履行合同。该案件中，法院并未采纳购房人继承人关于不可抗力的主张，而是援引《民法典》第 563 条第 1 款“在履行期限届满前，当事人一方明确表示或者以自己的行为表明不履行主要债务”的规定，判定合同解除，并判定购房人已支付的定金不予退还。

2. 在（2021）京 0102 民初 17617 号民事判决书中，卖房人在签订房屋买卖合同后去世，其继承人以不可抗力为由要求解除合同，法院不予采纳，并认定卖房人的继承人违约，导致房屋买卖合同不能继续履行，应向购房人支付违约金。

3. 在（2022）鲁 1725 民初 5368 号民事判决书中，法院认为：“本案中，邢某因故身亡后，其家人以明确的态度表明了不愿继续履行涉案合同，鉴于此，涉案合同已无继续履行的必要，应予以解除……因该合同的解除非违约所致，而系邢某身亡后履行不能，故对原告要求被告支付违约金的诉讼请求，本院不予支持。”该案购房人的继承人以不可抗力为由主张解除合同，法院最终在判决书中虽未认可购房人死亡构成不可抗力，但判决解除合同的同时明确合同的解除非违约所致，免除购房人的违约责任，实则也是将购房人死亡认定为免责事由。

综上所述，房屋买卖合同一方当事人死亡不构成不可抗力，其继承人如要解除合同，属于《民法典》第 563 条第 1 款第 2 项规定的“当事人一方明确表示或者以自己的行为表明不履行主要债务”的情形，法院一般会判决支持解除合同的诉讼请求。但合同解除后，继承人是否要承担违约责任，各地法院的裁判观点并不统一，多数法院倾向于认为一方当事人死亡不构成法定免责事由，继承人解除合同后仍应承担相应违约责任。

132. 政府征收导致租赁合同无法履行，能否以不可抗力为由解除合同

【关键词】

租赁合同　政府行为　拆迁　征收　不可抗力

【场景】

发电公司（甲方，出租人）与王某（乙方，承租人）签订《门市租赁合同》，约定甲方将涉案房屋租赁给乙方用于开办药房，月租金700元整，租期5年。3年后，当地开发区管委会与发电公司签订《征收搬迁补偿协议》，约定的征收范围为包括涉案房屋在内的土地及地上建筑物、辅助设施等全部资产。随后，发电公司与王某就搬迁事宜进行协商，王某表示要求支付补偿款，否则不同意腾退。发电公司向王某发送《律师函》，载明涉案《门市租赁合同》虽未到期，但因政府原因收回土地使用权和建筑物，依法属于不可抗力，《门市租赁合同》应当依法终止。随后，发电公司又向王某发送《通知》，正式通知王某提前搬迁。王某收到上述《律师函》《通知》后，依然未交还涉案房屋。

【事态发展（纠纷产生）】

发电公司遂以王某为被告起诉至法院，诉讼请求：确认涉案《门市租赁合同》已于《通知》送达之日起解除，王某立即腾空、搬离涉案房屋。

【焦点问题】

《门市租赁合同》不能继续履行是否系不可抗力的原因造成？

【结论】

对于政府作出的部分行为，如政府拆迁若是为了公共利益，可能参照不可抗力进行处理，但不宜将全部政府行为均视作不可抗力。本文案例中，发

电公司与开发区管委会签订的《征收搬迁补偿协议》没有明确涉案房产所在片区房屋进行拆迁的目的，且签订《征收搬迁补偿协议》究竟系开发区管委会作出的行政行为还是作为民事主体签订的一般民事合同尚未确认，无法据此认定《门市租赁合同》无法履行的原因系不可抗力。

【典型案例索引】

四川省高级人民法院民事判决书，（2018）川民再553号。

【相关法律法规】

《民法典》第180条、第563条。

【律师分析】

1. 政府行为是否属于不可抗力不能一概而论，要根据不可抗力的相关法律规定结合具体案情作出分析后才能有效判断。

关于政府行为是否构成不可抗力的问题，目前我国法律中没有明确规定，法学界学者的观点也不尽相同，但主流观点认为，政府行为是否构成不可抗力不能一概而论，而应当根据相关法律规定，结合个案情况进行具体分析判断。根据《民法典》第180条第2款的规定，不可抗力是指不能预见、不能避免、不能克服的客观情况。所谓不能预见，是指当事人在签订合同时没有预见、不能够预见。所谓不能避免，是指客观情况或损害结果的发生具有必然性，是无可回避的。所谓不能克服，是指客观情况或损害结果的产生客观上无法抗拒，即便当事人尽到最大的努力依然不能按约定继续履行合同义务。

不可抗力的概念属于概括性、抽象性的立法，具体到某一个案件则需要具体情况具体分析。因此，关于政府行为能否作为不可抗力，不同法院之间往往也存在差别裁判。本文案例是一个典型的例子，一审及二审法院均认为在本文案例中政府征收是不能预见、不能避免的客观情况，属于不可抗力，鉴于该征收行为约定的交付期限在王某与发电公司约定的租赁期限内，致使双方签订的《门市租赁合同》无法继续履行，最终判决支持了发电公司基于不可抗力要求解除《门市租赁合同》的诉讼请求。王某不服，向四川省高级人民法院申请再审，认为本文案例中所谓政府征收实际上是棚户改造，该政府行为不属于不可抗力。四川省高级人民法院再审认为：“对于政府作出的部分行为，如政府拆迁若是为了公共利益，可能参照不可抗力进行处理，但不宜将全部政府行为均视作不可抗力。”本文案例中，发电公司与开发区管委会签订的《征收拆迁补偿协议》没有明确拆迁目的，也不能确认拆迁系政府行为还是开发区管委会作为普通民事主体签订的一般民事合同。因此，不能认定该拆迁行为属于不可抗力。可见，在本文案例中四川省高级人民法院认为政府行为若是为了公共利益，才可能参照不可抗力处理，本质上是强调政府行为的强制性。

同样，在最高人民法院（2018）最高法民终107号民事判决书中，最高人民法院认为，该案中有关征收及拆迁行为是由政府决定并付诸实施的强制行为，符合不可预见性、不可避免性、不可克服性等不可抗力的基本特征。涉案房屋因政府征收行为被拆除，显然已无法继续提供给承租人租赁使用，因此最终认定出租人可以不可抗力为由解除房屋租赁合同。

综上所述，在具体个案中认定政府行为是否属于不可抗力，除考虑“不能预见、不能避免、不可克服”这三大构成要件以外，还应考虑以下因素：（1）政府行为是否出于公共利益。这里强调的是政府行使公权力，而非作为普通民事主体实施一般民事行为。（2）政府行为是否具有强制性。这里强调的是政府行为明确且不可随意更改，不以合同当事人的意志为转移。

2. 因不可抗力解除合同虽然是法定免责事由，但在房屋征收拆迁的情形下，出租人作为房屋所有人往往会获得补偿款，承租人如因提前解除租赁合同遭受损失，出租人应予以适当补偿。

出租人因不可抗力要求解除合同不构成违约，无须承担违约责任，包括损害赔偿、违约金等，但对于承租人的损失也应依据公平原则予以适当补偿。特别是在房屋拆迁征收获得补偿款时，出租人更应对承租人承担一定程度的补偿责任。对于承租人来说，其可以向出租人主张补偿款，补偿款的补偿范围主要包括经出租人同意的扩建、改建、装修等损失以及停工停产等损失。

133. 道路限行政策能否构成不可抗力导致贷款合同解除

【关键词】

贷款合同　应收账款质押　合同目的　政府限行政策　不可抗力

【场景】

2009 年 7 月 28 日，某银行（贷款人）与建设公司（借款人）签订《贷款合同》，约定贷款本金 17 亿元，用途为某国道改建项目，贷款期限为 18 年，担保方式为某国道收费权质押。双方于合同签订当日办理了应收账款质押登记。《借款合同》特别约定如借款人不能按约定偿还贷款本息则贷款人有权宣布借款提前到期。《借款合同》签订次日某银行依约向建设公司发放全部贷款 17 亿元。

【事态发展（纠纷产生）】

2021 年 8 月 17 日，因建设公司未能按照合同约定偿还 2021 年第二季度本金及应付利息，某银行向建设公司发出《贷款提前到期通知书》，宣布涉案《贷款合同》项下的全部贷款于 2021 年 8 月 20 日提前到期，要求建设公司在收到该通知书之日起 3 日内偿还全部贷款剩余本金、利息及相关费用。此后，原告某银行以建设公司为被告起诉至法院，诉讼请求：（1）判令建设公司立即偿还贷款本金余额 2.5 亿元及利息、罚息、复利共计 4404637.08 元；（2）判令某银行有权就应收账款监管账户内的款项优先受偿。

【焦点问题】

1. 建设公司未能依约按期偿还涉案贷款是否属于不可抗力？

2. 某银行是否有权主张全部贷款提前到期？

【结论】

不可抗力，是指不能预见、不能避免且不能克服的客观情况。不可抗力作为法定的免责事由，强调的是克服或者规避履行障碍的难度过高，本文案例所涉限制通行政策并非突发、偶发、不可预测，不属于不可抗力。建设公司未能按约足额偿还贷款本息，已构成实质违约，某银行有权请求本文案例中的贷款提前到期。

【典型案例索引】

北京市高级人民法院民事判决书，（2022）京民终 427 号。

【相关法律法规】

《民法典》第 180 条、第 590 条。

【律师分析】

1. 非突发性、可预测的政策变化不属于不可抗力。

所谓不可抗力，是指不能预见、不能避免并不能克服的客观情况。《民法典》将不可抗力作为法定的免责事由，强调的是当事人克服或者规避履行障碍的难度过高，突发事件又会对合同基础产生影响，继续履行合同会对合同一方极度不公甚至导致合同目的落空，因此合同不能按约定履行或者提前解除是不可归责于合同当事人的，故可以免责。

2. 在本文案例中，被告建设公司主张其未能偿还到期贷款本息的原因在于北京市相关政府部门发布了两个限行政策，而限行政策导致通行车辆减少以至于通行费下降，因此主张其并不构成违约，原告某银行无权要求贷款提前到期。

对此法院认为，北京市相关政府部门施行的限行政策虽然在客观上会限制部分车辆的通行，但近年来为了降低机动车污染物排放以及持续提高北京市空气质量，北京市持续颁布措施淘汰、置换不符合环保要求的车辆，包括本文案例涉及的“国三排放标准”柴油货运车辆限制通行的政策，该政策并非突发、偶发、不可预测，故政府相关限行政策并不具有法律规定的不可抗力所应具备的“不能预见、不能避免且不能克服”的特征。因此，法院最终对建设公司关于应减轻或免除其违约责任的主张不予支持，最终认定建设公司未能按约足额偿还贷款本息已构成实质违约，某银行有权解除贷款合同宣布贷款提前到期。

134. 畜牧业产品购销合同签订后因流行病出现批量死亡的，能否以不可抗力解除合同

【关键词】

买卖合同　流行病　商业风险　不可抗力

【场景】

被告杜某系贩卖仔猪的中间商，原告王某与被告杜某签订《仔猪购销合同》，约定杜某给王某供应仔猪 500 头，每头 392 元，总金额以实际结算为

准，合同签订后 12 日交货。合同签订当日，王某向杜某支付预付款 10 万元。合同签订次日，仔猪开始陆续患流行病死亡。合同签订后第 7 日，杜某短信告知王某仔猪因患病大量死亡，因不可抗力无法履行合同，并退还王某预付款 10 万元，要求解除双方签订的《仔猪购销合同》。随后，王某与案外人牧业公司签订《商品猪购销协议》，协议约定王某向该公司购买仔猪 500 头，每头仔猪 550 元，结算方式为先款后货，购买方需在提货前一次性付清货款。协议签订后，王某向牧业公司实际支付货款共计 275000 元。

【事态发展（纠纷产生）】

王某要求杜某赔偿违约造成的经济损失，杜某以不可抗力为由拒绝予以赔偿。王某以杜某为被告起诉至法院，诉讼请求如下：（1）依法判令解除合同；（2）依法判令杜某赔偿因预期违约造成损失 118562.5 元。

【焦点问题】

1. 杜某未履行合同约定交付义务的原因是否构成不可抗力？

2. 杜某应否承担违约责任？

【结论】

仔猪患病死亡系仔猪养殖中存在的正常商业风险，被告杜某作为仔猪买卖的从业人员，应当具备相应的专业知识，能够预见并及时处置仔猪可能患病死亡的情况，仔猪患病死亡不属于不能预见、不能避免且不能克服的客观情况，故被告杜某主张其未履行合同约定交付义务的原因系不可抗力导致的主张，不符合法律规定。被告杜某未按合同约定履行交付仔猪的义务构成违约，应当承担相应的违约责任。

【典型案例索引】

甘肃省兰州市中级人民法院民事判决书，（2022）甘 01 民终 4607 号。

【相关法律法规】

《民法典》第 180 条、第 563 条。

【律师分析】

1. 不可抗力应区别于商业风险，对于畜牧养殖业来说，动物患传染性疾病大批量死亡属于能够预见的商业风险，相关从业者应当能够预见并合理处置。

司法实务中，不可抗力与商业风险有以下两点区别：第一，两者最主要的区别在于是否具有可预见性。一般来说，商业风险都是可以预见的，至少在客观上有预见的可能性和应当性。第二，两者引起的变化对合同履行的影响不同，商业风险引起的变化并不会导致合同目的不能实现、不会改变合同基础，但不可抗力往往会导致合同客观上不能正常履行。本文案例中，合同标的为仔猪，出卖人主张因仔猪患病而不能履行合同属于不可抗力，因而拒绝买受人赔偿损失的要求。但是，仔猪出卖人为专门贩卖仔猪的从业人员，应当具备相应的专业知识，对仔猪可能患流行性疾病是可以预见的，并应该有相应的处置应对方案。因此，法院认定仔猪患病死亡不属于不能预见、不能避免且不能克服的客观情况，仅作为一种正常商业风险，故不能免除被告杜某的违约责任。

2. 合同因一方违约解除给对方造成损失，违约或解除一方应赔偿损失，但损失数额不得超过违约或解除一方订立合同时预见到或者应当预见到的因违约可能造成的损失。

例如本文案例中，两审法院虽均认定被告杜某应承担违约责任，但对于损失数额的认定存在较大差异。原告王某作为买受人在涉案《仔猪购销合同》解除后，与案外人牧业公司另行签订《商品猪购销协议》，两份合同约定的仔猪单价分别为 392 元、550 元，购买数量均为 500 头，一审法院以两份合同之间的仔猪单价差确定违约造成的经济损失数额，判令被告杜某赔偿原告王某经济损失 79000 元。但二审法院认为合同价格并不等同于市场价格，两份合同签订仅相差 10 日，原告王某没有提供证据证明两份合同签订期间仔猪市场价格大幅上涨，没有证明两份合同的单价差是因市场因素造成的，故不能简单地以上述两合同的单价差作为认定违约造成的经济损失的依据。并且，被告杜某在得知仔猪患病后及时通知王某并退还预付款，违约过错程度较低。此外，涉案合同总价款仅为 196000 元，被告杜某可能获得的合同利益有限，故被告杜某在订立合同时预见到或者应当预见到的因违约可能造成的损失不会太高。因此，二审法院综合考虑上述实际情况，酌定被告杜某承担合同预付款10%的违约赔偿责任，即10000元。鉴于此，在合同履行过程中若发生合同不能履行的情况，应及时通知合同相对方并采取补救措施，尽量减少损失，以后因违约出现纠纷时，违约方的赔偿金额也能相对有所减少。

135. 已知风暴预警情形下货物仍因风暴受损，是否构成不可抗力

【关键词】

港口作业合同　委托代理　风暴预警　不可避免

【场景】

原告进出口公司为了出口三聚磷钠和乙炔黑，与案外人运输公司签订货运代理合同，约定进出口公司委托运输公司以运输公司的名义向被告港埠公司申报集港计划、办理货物交接、支付港杂费等。运输公司与被告港埠公司签订《港口作业合同》申报货物集港计划后，港埠公司通知运输公司集港。原告进出口公司遂将三聚磷钠2592吨、乙炔黑150吨集港，货物被港埠公司安排在其所属的标高为5.1~5.3米的场地存放，准备装船。次日，国家海洋局发出关于风暴的3次预报，预报潮高分别为5.1米、5.2米、5.3米。被告港埠公司收到风暴预警后，对存放在标高较低场地的其他货物进行了紧急疏运，对包含原告进出口公司所属的货物在内的存放于标高较高的场地的货物未采取措施。

【事态发展（纠纷产生）】

风暴于预报后第二天到来，最高潮高为5.59米，同时伴有降雨以及短时8级以上大风，导致进出口公司的货物中有1074吨三聚磷钠和43.3吨乙炔黑被海水浸泡受损。港埠公司立即将货物被海水浸泡的情况通知了运输公司并出具货损证明。生产厂家技术化验证明，经海水浸泡过的三聚磷钠已无法正常使用。进出口公司要求港埠公司赔偿货物损失，港埠公司以“损失是不可抗力造成的”为由拒绝赔偿。原告进出口公司遂以港埠公司为被告起诉至法院，诉讼请求：判令港埠公司赔偿货物损失5622840元。

【焦点问题】

1. 原告进出口公司货物受损是否属于不可抗力？

2. 被告港埠公司应否赔偿货物损失？

【结论】

风暴来临前，虽然国家海洋局发出预报，但在当时的科学技术条件下，从发出预报至货物受损时，港口经营人已经无能力保障应当由自己保管的全部货物的安全。因此，货物损失仍然属于不能避免的不可抗力造成。

【典型案例索引】

进出口公司诉港埠公司港口作业合同纠纷案，载《最高人民法院公报》2000年第5期。

【相关法律法规】

《民法典》第180条。

【律师分析】

1. “不能预见”并非不可抗力的绝对要件，在某些极端天气发生之前，很多恶劣天气都可以通过预报预知，并不符合“不能预见”的构成要件。但是，若恶劣天气的实际严重情况超出预报程度，或者在客观上即便预知也无法避免损害发生的，仍然应当认定为不可抗力。

根据《民法典》第180条第2款的规定，不可抗力是指不能预见、不能避免且不能克服的客观情况。“不能预见”强调当事人在签订合同之前主观上的不可预知性；“不能避免且不能克服”则强调的是客观上损害结果或事件的不能避免。不可抗力通常可以分为四大类：一是自然灾害；二是社会异常事件；三是政府行为；四是疾病暴发。

例如，本文案例纠纷系因风暴导致货物受损而产生，风暴等恶劣天气本应属于不可抗力的最常见类型，但本文案例特殊之处在于风暴发生前，国家海洋局已经提前一天发出预报，原告进出口公司据此认为，在科技发达的今天，已经预报的恶劣气候不再构成“不能预见”的不可抗力。被告港埠公司则辩称虽然已经有风暴预报，但实际风暴导致的潮高超出预报的高度并伴有大风降雨，港埠公司所属场地上存有大量货物，港埠公司已经尽最大努力补救疏运，但仍不能避免损害发生。因此，进出口公司所受损失仍属不可抗力范畴，港埠公司不应予以赔偿。本文案例经两级法院审理，均认为虽然国家海洋局已经发出预报，被告港埠公司在收到预报后也组织了大量人力和机械设备加快装船和搬运疏运货物，但在当时的科学技术条件下，从发出预报到涉案货物受损时，港埠公司客观上无能力保障应当由自己保管的全部货物的安全。因此，进出口公司的货损仍然属于由不能避免的不可抗力造成。

综上所述，“不能预见”并不是不可抗力的绝对要件。对于那些在合同履行过程中发生的虽然能够预见，但即使当事人尽到自己最大的努力穷尽一切其可以采取的措施，在客观上仍然无法避免的损害或事件，仍然可以构成不可抗力。

2. 因货物受损产生的港口作业合同纠纷，当事人应为港口经营人和作业委托人。其中，作业委托人既包括直接与港口经营人订立作业合同的人，也包括委托他人与港口经营人订立作业合同的人。

例如，本文案例案由为港口作业合同纠纷，被告港埠公司认为涉案《港口作业合同》是港埠公司与运输公司所签，原告进出口公司并非合同当事人，因此主张进出口公司非本文案例适格原告。但本文案例实际上是因货物受损产生，因此法院认为本文案例当事人应该是港口经营人和作业委托人。而根据目前已经失效的《水路货物运输规则》，作业委托人是指本人或者委托他人以本人名义或者委托他人为本人与港口经营人订立作业合同的人。本文案例中，进出口公司与案外人运输公司签订了委托代理合同，委托运输公司以运输公司名义向港埠公司申报货物集港计划，进行货物交接，且本文案例受损货物的所有权人是进出口公司。因此，进出口公司虽未直接与港埠公司订立合同，但却是符合法律规定的作业委托人，是本文案例的适格原告。

136. 合同约定不可抗力包括政府行为，能否据此认定政府行为均属不可抗力

【关键词】

许可转让合同　政府行为　合同约定　不可抗力

【场景】

原告化学工程公司（卖方）与被告工业公司（买方）签订《许可转让合

同》，约定卖方以普通实施许可方式向买方提供每年 65 万吨醋酸装置成套技术工艺包，合同费用总价为 6480 万元。关于不可抗力，合同第 16 条约定："发生不可抗力，致使本合同的履行成为不必要或不可能，可以解除本合同。"第 18 条约定："'不可抗力'指超出本合同双方控制范围、无法预见、无法避免或无法克服，使得本合同一方部分或者全部不能履行本合同的事件。这类事件包括但不限于……政府行为或国家公权力的行为……"合同签订后，被告工业公司先后向原告化学工程公司支付合同款项共计 3888 万元。

【事态发展（纠纷产生）】

《许可转让合同》履行过程中，当地市政府会议决定：由于产品价格持续下滑，且设备未进行采购，醋酸及醋酸乙烯/聚乙烯醇装置停建。工业公司遂向化学工程公司发出《合同解除通知》，载明：由于国家产业政策调整等不可抗力原因，工业公司决定解除《许可转让合同》。化学工程公司发出《异议通知书》，载明：工业公司所述"国家产业政策调整"不属于不可抗力，工业公司单方面解除合同的做法不符合法律规定，要求继续履行原合同。双方就涉案《许可转让合同》是否继续履行及违约责任承担事项协商不成，原告化学工程公司以工业公司为被告起诉至法院，诉讼请求：判令被告工业公司支付合同余款 1763.4 万元及违约金 377 万元。

【焦点问题】

1. 本文案例中政府决定停建是否属于不可抗力？
2. 工业公司以此为由要求解除合同是否应承担违约责任？

【结论】

对于涉案《许可转让合同》中的"政府行为或国家公权力的行为"的理解，应当与涉案《许可转让合同》第 18 条约定的内容相适应，即应限于超出本合同双方控制范围或无法预见、无法避免、无法克服的情形，而不是所有的政府行为或国家公权力的行为均可构成涉案《许可转让合同》约定的合同解除条件。本文案例中，政府决定对涉案项目停建系由于"产品价格持续下滑"，属于商业风险，非不可抗力范畴，被告工业公司据此要求提前解除合同属于违约行为，应承担相应违约责任。

【典型案例索引】

最高人民法院民事判决书，（2018）最高法民再271号。

【相关法律法规】

《民法典》第180条。

【律师分析】

1. 作为法定解除合同的条件之一，不可抗力的概念和内涵是法定的，不能因当事人约定而随意缩小或扩大不可抗力的内涵。

不可抗力作为合同的法定解除情形之一，其内涵应严格依据《民法典》第180条第2款的规定，以“不能预见、不能避免、不能克服”三大标准进行判断。本文案例中，双方当事人在涉案《许可转让合同》第18条中将不可抗力定义为“超出本合同双方控制范围、无法预见、无法避免或无法克服，使得本合同一方部分或者全部不能履行本合同的事件”。该定义与法律规定的不可抗力特征一致，但该条款随后又对不可抗力情形进行了不完全列举，具体为“这类事件包括但不限于地震、台风、洪水、火灾、战争、罢工、暴动、政府行为或国家公权力的行为、法律规定或其适用的变化，或者其他任何无法预见、避免或者控制的事件，包括在商务实践中通常被认定为不可抗力的事件”。依据该项约定，似乎所有的政府行为均属于涉案《许可转让合同》约定的不可抗力。涉案《许可转让合同》履行过程中，被告工业公司即依据该条款主张政府决定停建属于政府行为，符合涉案《许可转让合同》第18条约定的不可抗力情形，因此主张以不可抗力事由解除涉案《许可转让合同》。但是，经北京知识产权法院一审、北京市高级人民法院二审、最高人民法院再审三次审理，三级法院均认为即便双方当事人在合同中列举了政府行为为不可抗力情形，但对于政府行为的理解依然应限于超出本合同双方控制范围或无法预见、无法避免、无法克服的情形，而不是所有的政府行为或国家公权力的行为均可构成涉案合同约定的合同解除条件。而本文案例中，政府作出停建决定是由于产品价格持续下滑，且设备未经采购，该原因属于正常的商业风险，并非当事人无法预见、无法避免或无法克服的情形。因此，法院最终并未支持被告工业公司关于以不可抗力事由解除合同的主张。

据此，作为合同法定解除条件之一的不可抗力，其概念及内涵是法定的，其内涵不应因当事人的约定而扩大或缩小，即便当事人在合同中通过列举方式将不可抗力概念和内涵具体化，也应结合不可抗力的法定概念和内涵来进行理解和适用。

2. 合同双方当事人超过法定概念和内涵约定的不可抗力情形，虽不能作为合同解除的法定条件，但仍可以作为双方合意达成的免责条款。

前面提到的是作为合同法定解除条件的不可抗力，实践中当事人还经常依据《民法典》第 180 条的规定主张因不可抗力而免责。作为合同免责条件的不可抗力，其内涵更加多样，当事人可以自行约定不可抗力的具体情形，而不必限于法定不可抗力的概念。例如，北京市高级人民法院在（2020）京民终 314 号民事判决书中认为，该案“《协议书》中对于不可抗力范围的约定虽不属于法定不可抗力，但不影响其另行成立附条件的免责条款，即《协议书》中对于不可抗力范围的约定构成其他免责事由”。据此，当事人超过法定概念和内涵约定的不可抗力情形，虽不能作为合同解除的法定条件，但仍可以作为双方合意达成的免责条款。

137. 当事人能否以合同约定限缩不可抗力的适用范围

【关键词】

租赁合同　约定限缩　不可抗力　免责事由

【场景】

被告村民委员会（甲方，出租人）与原告饮食文化公司（乙方，承租人）签订《房屋租赁合同》，约定甲方将名下正在施工中的涉案房屋连带周围土地出租给乙方，租赁期为 20 年。《房屋租赁合同》第 8 条约定“由于不可抗力（水灾、地震、战争）原因造成本合同不能继续履行，双方互不负责任”。关于甲方违约责任，该合同约定“甲方违约应按当年及后一年房租之和的标准向乙方支付违约金，并赔偿其一切经济损失”。租赁合同签订后，涉案房屋移交给饮食文化公司，饮食文化公司经装修开办酒店对外经营。

租赁合同签订后第 10 年，当地进行“城中村”综合改造，被告村民委员会向原告饮食文化公司发出《关于解除并终止履行〈房屋租赁合同〉的通知》，表明涉案房屋属于政府“城中村”改造的拆迁范围，因此解除涉案《房屋租赁合同》，要求饮食文化公司拆除设备、腾退房屋。饮食文化公司回复要求继续履行该合同，如该合同解除则要求村民委员会支付违约金并对公司损失予以赔偿。随后双方就该合同的解除及赔偿问题进行多轮协商，村民委员会坚持政府“城中村”改造属于不可抗力，要求解除合同。饮食文化公司向村民委员会发出《工作联系函》，载明：贵我双方之前磋商中达成如下共识，谨请贵方于本函中一并签章认可：（1）“城中村”改造不属于《房屋租赁合同》第 8 条之免责事由；（2）如双方未商妥过渡方案，则无论双方租赁纠纷以何种渠道解决，贵方应参照我公司近 3 年盈利赔偿我公司未来 10 年的预期收益损失。村民委员会在《工作联系函》上加盖公章。

【事态发展（纠纷产生）】

原告饮食文化公司多次与村民委员会协商未果，遂以村民委员会为被告起诉至法院，诉讼请求如下：（1）判令村民委员会继续履行《房屋租赁合同》；（2）如《房屋租赁合同》履行不能，判令村民委员会赔偿饮食文化公司损失 163741891 元。

村民委员会反诉请求如下：（1）确认村民委员会与饮食文化公司解除《房屋租赁合同》合法有效；（2）判令饮食文化公司立即腾退全部租赁房屋及场地；（3）判令饮食文化公司支付租金损失 8225550 元。

【焦点问题】

1. 村民委员会不可抗力解除涉案《房屋租赁合同》的理由是否成立？

2. 村民委员会对饮食文化公司的损失应否进行补偿？

【结论】

虽然涉案《房屋租赁合同》仅列举了水灾、地震、战争三种不可抗力情形，但不可抗力并不限于双方当事人在合同中约定的情形，应以有关客观情况是否同时具备不可预见性、不可避免性、不可克服性等特征加以综合判断。

【典型案例索引】

最高人民法院民事判决书，（2018）最高法民终 107 号。

【相关法律法规】

《民法典》第 180 条、第 563 条。

【律师分析】

1. 不可抗力属于法定概念，其内涵不因当事人之间的约定而扩大或缩小。

《民法典》第 180 条第 2 款将不可抗力定义为“不能预见、不能避免且不能克服的客观情况”，该定义仅采用“三不”标准，并未进一步列举或描述不可抗力的具体情形，因此实务中对于不可抗力的边界经常产生争议，当事人经常在合同中主动对不可抗力的情形进行细化、列举，导致不可抗力的法定内涵与合同当事人的意思自治出现冲突，出现合同约定的不可抗力范围大于或小于不可抗力法定内涵的情况。

2. 当事人通过合同约定的不可抗力范围大于法定的不可抗力内涵时，法院裁判规则比较统一，即超出的情形可以认定为约定的免责事由，按照免责条款的效力认定规则判断其效力，但不视为不可抗力。

3. 如果合同中有对不可抗力情形及其法律后果进行限缩甚至彻底排除的约定，因该类约定违反不可抗力的法定概念和内涵，故不能作为认定案件事实是否存在不可抗力的依据。

例如本文案例中，双方当事人在涉案《房屋租赁合同》第 8 条明确约定“由于不可抗力（水灾、地震、战争）原因造成本合同不能继续履行，双方互不负责任”。村民委员会主张政府城中村改造属于不可抗力，政府要求解除涉案《房屋租赁合同》不属于政府违约行为。而原告饮食文化公司则认为涉案《房屋租赁合同》第 8 条仅列举 3 种不可抗力情形作为免责事由，政府政策不属于该 3 种情形，对此村民委员会也在《工作联系函》上加盖公章予以确认，因此政府政策变化不属于不可抗力，村民委员会因政府“城中村”改造项目要求解除合同应承担违约责任。双方由此产生争议。法院认为，虽然该合同仅列举了水灾、地震、战争等不可抗力的情形，但根据法律规定，不可抗力是指不能预见、不能避免且不能克服的客观情况，不可抗力并不限于双方当事人在合同中约定的情形，应以有关客观情况是否同时具备不可预见性、不可避免性、不可克服性等特征加以综合判断。本文案例中有关征收及拆迁行为是由政府决定并付诸实施的强制行为，符合不可预见性、不可避免性、不可克服性等不可抗力的基本特征，不能归责于本文案例中的任何一方，故应认定为不可抗力。被告村民委员会基于不可抗力主张解除合同的请求于法有据，被告亦不应承担相关违约责任。

可见，本文案例中，法院倾向于否定当事人关于限缩不可抗力范围的约定的效力，持相同观点的还有最高人民法院（2008）民一抗字第20号判决书，最高人民法院在该案中明确表示："不可抗力是法定免责事由，它不因当事人的例外规定而免除。"这也代表大多数裁判的倾向性意见。

4. 因不可抗力是法定免责事由，当事人基于不可抗力解除合同的可以不承担违约责任，但若一方当事人因合同解除实际遭受损失较大而另一方获益的，合同双方应依据公平原则对该损失合理分担。

根据《民法典》第180条第1款的规定，因不可抗力不能履行民事义务的，不承担民事责任。据此，不可抗力是法定免责事由，因不可抗力解除合同也不承担违约责任。但是，如果合同一方当事人因合同解除承受损失较大，因双方对合同解除均无过错，该损失完全由一方承担显失公平，特别是在另一方会因解除合同实际受益的情形下，法院会根据实际情况从公平原则出发，要求双方合理分担解除合同造成的损失或要求受益方对受损方的损失予以补偿。例如本文案例中，原告饮食文化公司起诉要求被告村民委员会赔偿损失，对此法院认为，双方当事人对涉案《房屋租赁合同》的解除均不存在过错，无须向对方承担含赔偿损失在内的违约责任，但仍存在合同解除后的损失合理分担问题，鉴于涉案房屋所占用的土地被征收后用于实施综合改造项目，故村民委员会系综合改造后的实际受益人，最终从公平原则出发，判令被告村民委员会对原告饮食文化公司所受损失予以补偿。

（二）因违约行为导致合同解除的场景

138. 无权处分导致合同不能履行，能否解除合同

【关键词】

房屋买卖合同　法定继承　共有关系　无权处分　合同解除

【场景】

被告姚甲系姚某之子。姚某去世后，其名下房屋经征地拆迁置换涉案安置房一套。姚甲遂与原告杨某签订《拆迁补偿安置房转让买卖合同》，约定：杨某以总价547208元购买涉案安置房，杨某应于合同签订当日支付3万元购房定金；姚甲取得涉案安置房产权后，应配合杨某办理完房产过户手续；杨某应在取得房屋所有权证当日支付剩余购房款。关于违约责任，合同约定：姚甲先将房屋移交杨某进行装修，移交后若姚甲违约，则应双倍返还购房定金46万元和购房款317208元并赔偿杨某房屋装修款10万元，且杨某有权解除合同。该合同签订后，杨某依约支付购房款，姚甲向杨某交付涉案房屋，杨某即对房屋进行装修并入住。

【事态发展（纠纷产生）】

因涉案房屋产权登记在姚某名下，姚某去世后被告姚甲与姚某其他继承人存在继承争议，涉案房屋一直未能过户至被告姚甲名下，杨某在涉案房屋内居住近十年依然无法实现房屋过户，遂以姚甲为被告起诉至法院，诉讼请求如下：（1）解除涉案《拆迁补偿安置房转让买卖合同》；（2）判决姚甲双倍返还杨某已支付的购房定金46万元、已支付的购房款296300元及房屋装修款10万元；（3）判决姚甲赔偿杨某因房价上涨而遭受的经济损失90万元。

【焦点问题】

1. 房屋买卖合同因卖房人无权处分不能履行？

2. 买房人是否有权解除合同？

【结论】

因出卖人未取得处分权致使标的物所有权不能转移的，买受人可以解除合同。本文案例中，姚甲擅自将其父亲姚某名下房产转让给杨某，属于无权处分，导致合同不能继续履行，无法实现合同目的，杨某诉讼请求解除合同符合法律规定，法院应予支持。

【典型案例索引】

福建省福州市中级人民法院民事判决书，（2021）闽01民终8504号。

【相关法律法规】

《民法典合同编通则司法解释》第 19 条；《民法典》第 563 条。

【律师分析】

1. 合同一方当事人因无权处分导致合同不能履行的，另一方当事人有权诉讼请求解除合同并要求对方承担违约责任。

《民法典》第 597 条第 1 款规定："因出卖人未取得处分权致使标的物所有权不能转移的，买受人可以解除合同并请求出卖人承担违约责任。"据此，房屋买卖合同因出卖人未取得房屋所有权而不能实际履行的，买受人可以要求解除合同。本文案例中，姚甲在其父亲姚某去世后擅自处分姚某名下房产，签订房屋买卖合同后又因为与其他继承人间存在继承争议所以不能取得涉案房屋的物权，被告姚甲的行为构成无权处分。房屋买卖合同中出卖人的主要义务即配合办理房屋过户手续，而涉案房屋买卖合同因姚甲的无权处分行为一直未能实际履行，买受人杨某签订房屋买卖合同的目的不能实现，因此法院最终支持杨某提出的解除合同的诉讼请求。

此外，根据前述法律规定，出卖人无权处分导致合同解除的，买受人可以要求出卖人承担违约责任。而本文案例中，原告杨某明知涉案房屋登记在姚某名下，仍然与姚甲签订房屋买卖合同，法院认定原告杨某对被告姚甲的无权处分行为是知道或应当知道的，因此判定双方对于合同无法履行均存在过错且过错相当。涉案房屋经评估市场价值为 1485300 元（含装修），考虑到出卖人长期占用购房款及买受人亦相应长期占有使用涉案房屋的情况，法院最终根据双方过错程度及公平原则，酌情判处被告姚甲赔偿给原告杨某损失 469046 元。

2. 出卖人无权处分，买受人仅可要求解除合同，无权处分不影响合同效力，买受人以无权处分为由要求确认合同无效没有法律依据。

当事人是否属于无权处分，只影响合同履行，并不影响合同效力，无权处分下签订的合同不因处分人未取得处分权而无效。根据《民法典合同编通则司法解释》第 19 条第 1 款"以转让或者设定财产权利为目的订立的合同，当事人或者真正权利人仅以让与人在订立合同时对标的物没有所有权或者处分权为由主张合同无效的，人民法院不予支持；因未取得真正权利人事后同意或者让与人事后未取得处分权导致合同不能履行，受让人主张解除合同并请求让与人承担违反合同的赔偿责任的，人民法院依法予以支持”的规定，在无权处分导致标的物所有权不能转移的情况下，买受人可以主张解除合同并可追究出卖人的违约责任，这也从侧面表明即使构成无权处分签订的合同仍然有效，因为合同解除权的行使对象仅是成立且有效的合同。因此，买卖合同因出卖人无权处分而不能履行，买受人仅可要求解除合同而不能要求确认合同无效。

139. 一方迟延履行主要债务，守约方能否解除合同

【关键词】

迟延履行主要债务　法定解除权　合同目的落空

【场景】

2019 年 3 月 30 日，被告胡某（出卖人，甲方）与原告马某（买受人，乙方）、中介公司（中介人，丙方）签订了一份《房屋买卖居间合同》，约定：涉案房屋成交价为 28 万元，合同签订当日，乙方付给甲方购房定金 1 万元，甲方收取购房定金后，如违约不出售该房产，须赔偿乙方违约金 2 万元；签订后三日内，甲乙双方须提供相关证件资料交由丙方办理贷款及过户手续。合同约定的付款方式为：办理涉案房屋过户手续时，乙方付给甲方房款 26 万元；办理签字、捺手印、人像采集事由时，乙方付给甲方房款 2 万元。合同另外约定：如甲方违约，逾期不交付房屋，乙方不解除合同的，甲方每逾期一日，按已付款的 30% 向乙方支付违约金；乙方解除合同的，甲方应退还房款、支付逾期期间的违约金，并按全部房款的 30% 向乙方支付违约金。甲乙双方分别向丙方支付佣金 4200 元、2000 元。

合同签订当日，原告马某向中介公司支付定金 15600 元，之后陆续支付房款，至 2019 年 12 月 10 日，累计向中介公司支付款项合计 295600 元，其中 28 万元是购房款，剩余 15600 元为中介费、契税、评估费等费用。中介公司向胡某给付了房款 17 万元，其余房款至今未给付。中介公司于 2019 年 4

月将涉案房屋钥匙交付原告马某，马某装修后于 2019 年 9 月入住至今。

【事态发展（纠纷产生）】

因被告胡某一直未办理涉案房屋的产权证，涉案房屋一直未能过户给原告。马某以中介公司、胡某为被告起诉至法院，诉讼请求：解除涉案《房屋买卖居间合同》并要求中介公司、胡某向马某返还购房款 28 万元，支付违约金 84000 元、鉴定费 2800 元、装修费 93000 元、定金 19540 元。

【焦点问题】

因卖房人拖延办理房屋产权证导致房屋不能按时过户，《房屋买卖居间合同》应否解除？

【结论】

当事人一方迟延履行其主要债务，还不能称为根本违约，只有当其迟延履行行为致使相对方合同目的不能实现时，才构成根本违约。本文案例中，虽然胡某迟延履行过户义务，但涉案合同不存在合同目的不能实现的情形，因此原告马某无权要求解除合同。

【典型案例索引】

新疆维吾尔自治区阿克苏地区中级人民法院民事判决书，（2023）新 29 民终 74 号。

【相关法律法规】

《民法典》第 563 条、第 585 条。

【律师分析】

1. 当事人一方迟延履行债务致使相对方合同目的不能实现时，才构成根本违约，单纯迟延履行主要债务不能认定为构成根本违约，进而也不能要求解除合同。

例如本文案例中，一审法院认为［最高人民法院在（2021）最高法民申 3330 号民事裁定书中也持有相同观点］："当事人一方迟延履行其主要债务，还不能称之为根本违约，只有当其迟延履行行为致使相对方合同目的不能实现时，才构成根本违约。"本文案例之所以发生，是因为卖房人未能及时办理产权证书导致房屋无法过户，而在房屋买卖合同履行过程中，协助买方和中介公司办理房产过户手续是卖房人的主要合同义务，买方因此要求行使法定解除权解除涉案合同。但本文案例中，合同大部分已经实际履行，中介公司作为中介人已经促成了买卖合同的成立；原告马某对涉案房屋进行装修并实际居住，实现了居住目的；被告胡某取得了大部分房款，售房目的也已经大部分实现。虽然涉案房屋尚未过户，但涉案房屋并非不能办理产权证或者过户手续，被告胡某和中介公司也表示愿意配合办理，因此法院认定涉案《房屋买卖居间合同》不属于不能实现合同目的的情形，不符合法定解除条件。

2. 一方当事人迟延履行主要债务，守约方应该发出履行债务的催告，违约方在合理期限内仍不履行的，守约方才有权利主张解除合同。

如前文所述，迟延履行主要债务通常并不能直接导致合同目的不能实现，故不属于合同解除的法定情形。那么，如果在合同履行过程中一方当事人迟延履行主要债务，守约方应该如何保障己方利益呢？我们建议守约方向违约方发出履行债务的催告，且催告建议以书面形式发出，内容不仅包括催促债务人尽快履行合同义务，还应确定宽限期，并且明确解除权的行使条件。例如，债务人在宽限期届满时仍未履行的，债权人有权解除合同。违约方在接到催告函后在宽限期内仍不履行债务的，守约方解除合同的成功率会更高些。

3. 某些特殊情况下，一方在合同期限内不履行主要债务将直接导致合同目的不能实现，此时可不经催告直接解除合同。例如在订购节日用品时，如果厂家不能按期发货，则继续履行合同不能实现合同目的，商家可以立即要求解除合同。

4. 当事人在签订合同时应约定迟延履行违约金，并明确如因一方违约造成损失应由违约方赔偿损失。

司法实务中，建议在签订合同时将迟延履行违约金纳入合同内容，如果合同相对方违约迟延履行债务，便可以要求违约方支付违约金，支付违约金并不影响合同的继续履行。此外，合同中还应约定违约损失赔偿条款并明确赔偿标准及计算方式，如因违约造成损失，即便守约方主张解除合同，仍应予以赔偿。

140. 迟延支付合同价款，卖方催告无果后能否解除合同

【关键词】

买卖合同　部分违约　迟延履行　法定解除

【场景】

2019 年 8 月，原告混凝土公司与被告建筑公司签订《混凝土买卖合同》，约定混凝土公司向建筑公司供应商品混凝土，货到工地现场经验收合格，每月 20 日对账结算，月结比例为 65%。工程主体封顶后付至总货款的 80%，其余货款待工程全部结束后六个月内付清。2020 年 1 月，涉案项目工程封顶，被告建筑公司已支付货款比例为 74.36%，之后再未支付货款。现工程已经竣工但尚未完成验收。

【事态发展（纠纷产生）】

2020 年 3 月、5 月，混凝土公司分两次向建筑公司发出催款函无果后，原告混凝土公司认为建筑公司欠付货款且经多次催讨仍未按合同约定足额支付构成根本违约，故以建筑公司为被告起诉至法院，诉讼请求如下：（1）判令解除涉案《混凝土买卖合同》；（2）建筑公司给付全部剩余货款 2368801.28 元并按照年利率 6% 支付逾期付款利息。

【焦点问题】

违约方部分迟延履行合同债务情况下，守约方能否主张解除合同？

【结论】

法院认为，原告混凝土公司无权解除与被告建筑公司签订的《混凝土买卖合同》。首先，从双方的合同履行情况来看，原告混凝土公司已履行了供货义务，被告建筑公司也支付了相当一部分合同约定的到期货款，虽被告建筑公司存在一定程度的迟延支付行为，但通过比较合同约定的付款金额和被告建筑公司实际支付的货款金额，可知原告混凝土公司订立合同所期望的经济利益已经大体实现，合同主要债务的认定应有影响合同目的的实现作为构成要件，故被告建筑公司的违约行为并不构成迟延履行本文案例合同项下的主

要债务，原告混凝土公司主张解除合同的依据尚显不足。其次，合同解除意味着合同的权利义务终止，商事交易不同于一般民事活动，考虑到本文案例双方合同的履约程度以及建筑工程行业的交易习惯，若解除合同也不利于保障合同双方当事人的合法权益以及维护市场交易秩序。最后，考虑到新冠疫情发展阶段、新冠疫情对当事人实际影响的程度以及即使在新冠疫情影响下被告建筑公司仍旧通过其股东、关联公司积极筹措资金向原告混凝土公司进行支付的情况，解除合同亦有不妥。

【典型案例索引】

上海市第二中级人民法院民事判决书，（2021）沪02民终21号。

【相关法律法规】

《民法典》第563条。

【律师分析】

1. 仅迟延履行合同部分义务且不影响合同目的实现的，不属于迟延履行主要债务。

《民法典》第563条第1款规定，当事人一方迟延履行主要债务，经催告后在合理期限内仍未履行的，当事人可以解除合同。所谓“主要债务”并没有统一标准，应当依照具体情况进行判断。一般来说，影响合同目的实现的债务可以认定为主要债务。本文案例中，被告建筑公司的主要合同义务是支付货款，原告混凝土公司提起诉讼时，建筑公司虽然未按约定支付全部80%的货款，且经催告仍然存在一定程度的迟延支付行为，但建筑公司实际支付货款已达总货款的74.36%，混凝土公司订立合同时所期望的经济利益已经基本实现，建筑公司的违约行为并不影响合同目的的实现。因此，法院认定建筑公司的违约行为并不构成迟延履行本文案例合同项下的主要债务，对混凝土公司要求解除合同的诉讼请求未予支持。

2. 原告诉讼请求解除合同，法院在判决时还会考虑商事交易规则和习惯，从兼顾商事交易的效率与安全角度出发，综合各项因素作出判决。

例如本文案例中，原告诉讼请求解除合同的目的是摆脱双方合同中关于付款期限的限制，以实现货款支付加速到期。但本文案例中，被告建筑公司作为工程施工方，其与业主单位的结算以工程验收的各个节点为前提，这是工程建造行业的惯例，原告作为混凝土供应商应该熟悉行业交易规则和习惯，在此基础上要求解除合同以实现剩余货款加速到期，也不符合商事交易习惯。同时，如若法院判决合同解除，则混凝土公司依据合同所承担的保证产品质量等一系列附随义务也将消失，显然有违公平原则和交易安全。因此，法院综合考虑被告建筑公司的违约程度及商事交易惯例等因素，最终判决驳回原告混凝土公司要求解除合同的诉讼请求。

141. 承租人擅自改建、扩建租赁房屋，出租人能否解除租赁合同

【关键词】

联合经营　租赁合同　违约改建　破坏主体结构　解除

【场景】

原告置业公司（甲方）与被告娱乐公司（乙方）签订《联合经营协议书》及《补充协议书》，约定：双方共同联合经营水疗中心，甲方同意乙方将一层多余的空余面积及三层经营项目与乙方联合经营，乙方对上述场地进行第二次装修改造、设施升级，保证不破坏房屋的整体结构；乙方须向甲方交纳利益保证金 15 万元，水电押金 10 万元，待双方《联合经营协议书》终止后无息退还。上述协议签订后，娱乐公司对水疗中心重新进行装修改造，拆除一楼大厅的其中一个电梯井、消防楼梯，将一楼临街部分分隔成 8 个铺面并对外出租。原告置业公司向被告娱乐公司发出《告知函》，要求娱乐公司接到《告知函》后 30 日内将拆改及扩建的部分进行修复，否则将解除《联合经营协议书》。娱乐公司未予整改。2 个月后，原告置业公司向娱乐公司发出《解除通知》，以娱乐公司破坏房屋主体结构、拆除设施和空调、搭建违法建筑为由，决定解除涉案《联合经营协议书》及《补充协议书》。

【事态发展（纠纷产生）】

原告置业公司以娱乐公司为被告起诉至法院，诉讼请求如下：（1）确认涉案《联合经营协议书》及《补充协议书》于娱乐公司收到《解除通知》之日起解除；（2）判令娱乐公司将房屋恢复原状并返还给置业公司；（3）判

令娱乐公司支付所欠租金35万元、房屋占用费每月40.25万元，赔偿拆毁中央空调及消防设施损失274万元。

娱乐公司提出反诉，其反诉请求如下：（1）确认置业公司单方发出的《解除通知》无效，双方继续履行《联合经营协议书》及《补充协议书》；（2）置业公司赔偿合作收益损失95.25万元。

【焦点问题】

1. 娱乐公司的改造行为是否构成解除合同的条件？

2. 原告置业公司解除合同的行为是否有事实和法律依据？

【结论】

第一，关于涉案《联合经营协议书》及《补充协议书》的合同性质，从上述合同约定的内容来看，涉案合同不具备合作经营者应有的共同经营、共担风险、共负盈亏的法律特征，从双方的约定来看，原告置业公司实际是将涉案房屋租赁给被告娱乐公司收取租金，因此本文案例双方当事人之间应为租赁合同关系。

第二，根据《民法典》第711条、《租赁合同司法解释》第6条的规定，擅自变动建筑主体或承重结构会对房屋安全构成严重影响，承租人拒不恢复原状的，属于解除租赁合同的合法事由，出租人可以根据上述法律规定行使合同解除权。娱乐公司违法改建，且在置业公司发出《告知函》后，至今仍未将改建扩建的部分予以恢复，置业公司解除合同有事实和法律依据，应予支持。

【典型案例索引】

最高人民法院民事裁定书，（2018）最高法民申2248号。

【相关法律法规】

《民法典》第711条；《租赁合同司法解释》第6条。

【律师分析】

1. 涉案《联合经营协议书》及《补充协议书》虽名为联合经营协议书，但实际内容符合租赁合同的基本性质，法院最终依据合同性质将双方之间的法律关系认定为租赁关系。

本文案例中，涉案合同名为联合经营协议书，但双方在合同中约定，置业公司仅提供场地，娱乐公司投入资金设备及负责经营，置业公司不负责经营，仅按比例分配利润。该约定内容不具备合作经营应有的共同经营、共担风险、共负盈亏的法律特征，因此法院认定本文案例双方当事人之间实际为房屋租赁关系。据此，合同性质的认定不能仅凭合同名称，签订合同的名称与内容不一致时，应当以当事人的真实意思表示、合同约定的权利义务确认双方之间的真实法律关系。

2. 承租人擅自变动房屋建筑主体和承重结构或者扩建，在出租人要求的合理期限内仍不予恢复原状，致使租赁物受到损失的，出租人可以解除合同并要求赔偿损失。

《民法典》第711条规定："承租人未按照约定的方法或者未根据租赁物的性质使用租赁物，致使租赁物受到损失的，出租人可以解除合同并请求赔偿损失。"《租赁合同司法解释》第6条规定："承租人擅自变动房屋建筑主体和承重结构或者扩建，在出租人要求的合理期限内仍不予恢复原状，出租人请求解除合同并要求赔偿损失的，人民法院依照民法典第七百一十一条的规定处理。"根据上述规定，承租人擅自变动房屋建筑主体和承重结构或者扩建，在出租人要求恢复原状的合理期限内仍不予恢复且导致租赁物受到损失的，出租人可以解除合同并要求赔偿损失。其中，所谓的"建筑主体"，根据《住宅室内装饰装修管理办法》的规定，建筑主体是指建筑实体的结构构造，包括屋盖、楼盖、梁、柱、支撑、墙体、连接接点和基础等。本文案例中，被告娱乐公司将涉案租赁房产一楼分隔成八个铺面，并在每个铺面正立面外墙上开门，大幅改变建筑实体的墙体结构构造，可以认定为变动涉案房屋建筑主体。原告置业公司作为出租人，依法享有合同解除权，因此，法院判决认定涉案《联合经营协议书》及《补充协议书》于被告娱乐公司收到原告置业公司发出的《解除通知》之日起解除。

3. 租赁合同法律关系中，若承租人擅自改造、加建租赁建筑物，出租人可以行使法定解除权解除租赁合同，但需符合两个条件：

（1）承租人擅自施工改造，对房屋建筑主体和承重结构进行变动。

（2）出租人要求恢复原状，承租人在合理期限内仍未恢复。

4. 出租人可在租赁合同中明确对承租人装修改造进行限制，并将擅自装修改造作为合同解除的一个条件。

出租人可以在租赁合同中约定承租人不得改变房屋的主体及承重结构，对租赁物进行装修改建应向出租人报备方案、施工图纸并取得出租人书面同意，如有违反合同约定擅自施工的，出租人有权解除合同。如此一来，如果承租人擅自改造改建，出租人可直接主张合同约定的解除权。同样，对承租人来说，在承租房屋时，应当充分了解承租房屋主体、承重结构、水电燃气管道设备等，若承租人因经营使用确需对房屋进行装修或改造的，在签订协议前需与出租人进行沟通，征得出租人的书面同意，建议以书面形式体现在租赁合同中，并严格按照租赁合同执行，并留好相应凭证。

142. 合同履行期限已届满情形下，能否再以违约事由要求解除合同

【关键词】

软件开发合同　履行期限　违约　合同目的不能实现　解除合同

【场景】

2018 年 9 月 15 日，原告科技公司（甲方）与被告软件开发公司（乙方）签订涉案《软件开发及使用合同》，约定甲方委托乙方开发网约车出行软件，开发时间为 25 个工作日。关于合同期限，双方约定合作模式（未购买源码），合同有效期为 3 年，若后期购买源码则合同终生有效。合同还特别约定乙方应在收到软件书面验收报告后 5 个月内负责完成交通运输部的数据接口对接工作且成功取得对接报告，若未能在约定期内拿到对接报告，则乙方全额无息退还甲方已缴纳的全部款项。合同签订后，原告科技公司先后 5 次向被告软件开发公司支付相关费用共计 21.5 万元，但软件开发公司未按约定持续跟进项目进度，开发软件也未满足线上运营标准。2019 年 2 月 13 日，原告科技公司签署软件接收单，载明：该文件仅作为软件接收信息证明，软件原因暂无法验收。2020 年 11 月 25 日，原告科技公司自行与交通部门对接取得了对接报告。

【事态发展（纠纷产生）】

2021 年 11 月，原告科技公司认为软件开发公司违约导致合同目的不能实现，故以软件开发公司为被告起诉至法院，诉讼请求如下：（1）判令解除涉案合同；（2）被告软件开发公司返还科技公司支付的款项 21.5 万元及相应利息。

【焦点问题】

合同履行期限已经届满，守约方还能否行使法定解除权？

【结论】

合同解除的法律后果除了终止双方权利义务之外，当事人还可以要求恢复原状。合同的履行期虽已届满，但守约方可以主张在终止双方权利义务的基础上恢复原状，因此即使合同履行期限已经届满守约方仍可要求解除合同。

【典型案例索引】

最高人民法院民事判决书，（2022）最高法知民终 1117 号。

【相关法律法规】

《民法典》第 563 条、第 566 条。

【律师分析】

1. 合同一方违约致使合同目的不能实现的，守约方可以诉讼请求解除合同。

根据《民法典》第 563 条第 1 款的规定，当事人一方迟延履行债务或者有其他违约行为致使不能实现合同目的，可以解除合同。本文案例中，原告科技公司与被告软件开发公司签订涉案合同的目的不仅是在一定期限内获取软件开发成果，而是要与交通运输部网约车监管信息交互平台完成数据对接，实现软件上线运营。但在合同实际履行过程中，被告软件开发公司并未持续跟进办理相关资质，直接导致合同迟延履行，科技公司自行对接取得相关资质，软件开发公司交付的软件也未能实际上线运营。因此，法院最终认定被告软件开发公司构成根本违约，合同目的无法实现，判令解除涉案《软件开发及使用合同》。

2. 在合同一方违约的情形下，合同解除权的行使不受合同履行期限的限制，即便合同履行期限届满，守约方仍有权要求解除合同、恢复原状。

根据《民法典》第566条第1款“合同解除后，尚未履行的，终止履行；已经履行的，根据履行情况和合同性质，当事人可以请求恢复原状或者采取其他补救措施，并有权请求赔偿损失”的规定，合同解除的法律后果除了双方权利终止义务之外，当事人还可以要求恢复原状。因此，合同解除权的行使不受合同履行期限的限制，合同履行期限届满，双方权利义务自行终止，守约方若想追回损失，仍然可以提起诉讼要求解除合同、恢复原状、赔偿损失。本文案例中，原告科技公司起诉要求被告软件开发公司返还合同款项，原告的诉讼利益是在终止双方权利义务的基础上恢复原状要回已付合同款，因此涉案合同的履行期虽已届满，但鉴于原告科技公司的诉讼请求，法院仍然判令合同解除并要求被告返还合同款。

值得注意的是，合同履行期限届满后一方当事人仍可以主张解除合同的前提为另一方当事人存在违约行为或者合同并未履行完毕。例如，（2021）最高法知民终1039号案件中，最高人民法院认为“由于该份合同已履行完毕且某游戏公司不存在相应的违约行为，因此该份合同不符合约定解除或法定解除的条件”。

143. 开发商未兑现“学区房”子女入学承诺，能否以违约解除购房合同

【关键词】

商品房买卖合同　学区房　要约　入学承诺　解除合同

【场景】

涉案房屋为被告房产公司开发的商品房住宅，被告房产公司在售楼活动中使用“6月前买房，9月可入学”的宣传语。原告傅某欲购买学区房，房产公司销售员承诺如购买该小区房屋，傅某的孩子能在当年入读实验小学，傅某对与房产公司销售员商谈过程全程录音，录音内容包括傅某的购房目的及房产公司的入学承诺。后傅某与房产公司签订《商品房买卖合同》，约定

傅某购买房产公司的涉案房屋，价税合计 1325843 元。合同签订后，傅某支付全部购房款并办妥房屋产权登记手续。

【事态发展（纠纷产生）】

获得不动产权证书后，傅某即被房产公司的工作人员告知无法落实入读实验小学。傅某遂以房产公司为被告起诉至法院，诉讼请求如下：（1）判令解除双方签订的《商品房买卖合同》；（2）判令房产公司返还原告购房款并承担利息损失；（3）判令房产公司赔偿原告 93600 元。

【焦点问题】

傅某与房产公司之间签订的《商品房买卖合同》应否解除？

【结论】

售房过程中，被告房产公司人员对购买涉案房屋后，原告傅某孩子可以就读实验小学的承诺内容清楚、明确。原告傅某基于该承诺签订《商品房买卖合同》，系对承诺内容产生了信赖利益，承诺应视为要约，对房产公司具有约束力。现房产公司不能兑现承诺，已构成违约。原告傅某购买涉案房屋的主要目的系解决孩子入学问题，因被告房产公司违约行为导致合同主要目的不能实现，因此原告傅某有权解除涉案《商品房买卖合同》。

【典型案例索引】

浙江省金华市中级人民法院民事判决书，（2020）浙 07 民终 1953 号。

【相关法律法规】

《商品房买卖合同司法解释》（2020 年修正）第 3 条；《民法典》第 563 条。

【律师分析】

1. 房产公司在售房时对于业主子女入学问题承诺明确清晰，且对傅某签订合同产生重要影响，该承诺应视为要约，对房产公司有约束力，房产公司未能实现承诺属于违约行为。

《商品房买卖合同司法解释》第 3 条规定："商品房的销售广告和宣传资料为要约邀请，但是出卖人就商品房开发规划范围内的房屋及相关设施所作的说明和允诺具体确定，并对商品房买卖合同的订立以及房屋价格的确定有重大影响的，构成要约。该说明和允诺即使未载入商品房买卖合同，亦应当为合同内容，当事人违反的，应当承担违约责任。”本文案例中，原告傅某提供涉案房屋售楼处现场宣传照片、傅某与房产公司销售员现场录音等证据，证明房产公司在售房时的宣传以及房产公司销售人员均对业主子女入读实验小学有明确承诺，法院据此认为，业主子女入学问题虽未能以书面形式出现在《商品房买卖合同》中，但该承诺内容明确、表述清晰，且对傅某合同订立具有重要影响，已经超出要约邀请范畴，应视为要约，也属于合同内容，对被告房产公司具有法律约束力。现被告房产公司未能履行上述义务，构成违约。

2. 房产公司的违约行为是否导致傅某的购房目的落空，本文案例两审法院对于该问题裁判结果不一，二审法院最终改判支持傅某要求解除合同的诉讼请求。

如前文所述，房产公司未能实现保障业主子女入学的承诺属于违约行为，两审法院对此并无异议，但对于该违约行为对于傅某合同目的的影响程度，两审法院持不同观点。一审法院认为，当事人购房的目的一般在于取得房屋所有权并用于居住、孩子入学、投资等，其中孩子入学并非唯一的购房目的，且房屋销售过程中学区广告本身具有较大的不确定性，因此对于傅某要求解除合同的诉讼请求，一审法院未予支持。二审法院则认为，傅某提供的录音内容足以表明其购买涉案房屋的主要目的系解决子女入学问题，房产公司违约行为导致傅某子女未能入学，也就是傅某签订合同的主要目的未能实现，符合《民法典》第563条第1款第4项规定的“当事人一方迟延履行债务或者有其他违约行为致使不能实现合同目的”的情形，傅某有权解除合同。因此，二审法院最终改判支持傅某提出的解除合同的诉讼请求。

3. 购房者在购买学区房时，对于开发商作出的入学承诺不可轻易相信，应在调查清楚入学政策及目标房产的学位情况后，再决定是否购买房屋。

鉴于近年来各地入学政策一直在不断变化，购房者在购买学区房时更应谨慎对待，建议能够先前往相关部门调查清楚所要购买的房屋是否具有学位，以及学位是否被占用，之后再决定是否购买房屋，避免子女入学的目的落空。此外，建议当事人在签订合同时将解决子女入学的目的写进购房合同中，且在合同中明确学位指向的具体学校，并约定如无法实现入学目的，购房人有权单方解除购房合同。如果是从开发商处购买新房，在与开发商商谈购房事宜的过程中，也可征得开发商同意后全程录音、录像，对于开发商提供的载有入学承诺的广告册、宣传页等，也应注意保存原件或拍照留存，以便出现纠纷后能够保障自身的合法权益不受损害。

144. 房产公司隐瞒房屋抵押状况，购房人能否解除合同

【关键词】

商品房预售合同　置换　隐瞒抵押　根本违约　退一赔一

【场景】

被告房产公司与原告贺某此前签订过一份《商品房预售合同》，约定房产公司将530号房屋出售给贺某，房屋总价款1506892元，双方办理了网签登记手续。两年后，双方又签订涉案《协议书》，约定贺某申请解除原《商品房预售合同》，并同意按原合同支付款项购买涉案房屋，贺某配合房产公司办理原530号房屋的退房手续。《协议书》签订当日，房产公司向贺某出具了涉案房屋购房款1648967元的发票。贺某支付涉案房屋公共维修基金13974元、契税49469.01元、印花税824元、办证费用1355元，房产公司均出具了收据。涉案房屋于《协议书》签订当月交付贺某使用。

【事态发展（纠纷产生）】

涉案房屋一直未能办理产权登记，贺某经调查得知，房产公司已经在《协议书》签订之前将涉案房屋抵押给他人，贺某遂以涉案房屋被房产公司抵押给他人导致合同目的无法实现为由，以房产公司为被告起诉至法院，诉讼请求如下：（1）解除涉案《协议书》，判令房产公司返还购房款并支付利息；（2）判令房产公司赔偿贺某1倍的购房款；（3）判令房产公司赔偿因房价上涨导致贺某承受的经济损失3229447元。

【焦点问题】

涉案《协议书》应否解除？

【结论】

在出售房屋过程中，被告房地产公司未履行房屋抵押状况的告知义务，已构成根本违约，原告贺某有权要求解除合同。

【典型案例索引】

北京市高级人民法院民事裁定书，(2020) 京民申 406 号。

【相关法律法规】

《民法典》第 563 条、第 588 条。

【律师分析】

1. 卖方在签订合同时未如实告知标的房屋的抵押状况，构成根本违约，买房人有权要求解除合同。

根据《民法典》第 563 条的规定，当事人一方有其他违约行为致使不能实现合同目的，另一方当事人有权要求解除合同。本文案例中，双方当事人签署的《协议书》已明确约定了涉案房屋的基本状况、价款数额、价款支付方式等合同主要内容，且房产公司已按约定收受购房款并出具购房款发票，因此法院认定《协议书》的性质为房屋买卖合同。房产公司作为出卖方有对房屋状况如实告知的义务，其隐瞒房产被抵押的事实，直接导致涉案房产无法过户，原告贺某的购房目的不能实现，因此法院判定房产公司构成根本违约，支持贺某关于解除合同的诉讼请求。

2. 原《商品房买卖合同司法解释》(法释〔2003〕7 号) 第 8 条规定在一定情形下买受人要求房产公司承担已支付购房款 1 倍的赔偿责任，该条规定已经于 2020 年修正《商品房买卖合同司法解释》时删除，根据现行有效的《商品房买卖合同司法解释》(2020 年修正)，买受人主张已付购房款一倍的赔偿责任不再有法律依据。

原《商品房买卖合同司法解释》(法释〔2003〕7 号) 第 7 条、第 8 条、第 9 条规定了开发商在五种情形下需要承担不超过已付购房款 1 倍的惩罚性赔偿责任：(1) 拆迁人将该补偿安置房屋另行出卖给第三人的；(2) 擅自将房屋抵押给第三人的；(3) 擅自将房屋出卖给第三人的；(4) 隐瞒没有商品房预售许可证事实的；(5) 隐瞒房屋已经抵押事实的。在上述五种情形下，购房人有权要求开发商返还已付购房款并承担不超过已付购房款1倍的赔偿责任，也就是通常所说的“退一赔一”。但是，2020年12月，最高人民法院发布司法解释，将上述三条司法解释的规定全部删除，这意味着买受人主张已付购房款一倍的赔偿责任不再有法律依据。因此，购房人在与开发商签订购房合同前，更需要谨慎审查房产的预售许可、抵押、网签情况，并实地考察，注意主管部门发布的公示信息等；在签订购房合同时，要仔细查看合同条款，重点关注对房屋基本信息的描述以及违约责任的约定，对于开发商在合同商谈、签订过程中作出的保证与承诺，建议能够保存书面证据或者录音录像。此外，如果有可能，也可以将“退一赔一”条款写进房屋买卖合同或补充协议中，将原来的法律条款变成约定内容，如开发商出现欺诈行为，依然可以根据合同约定要求“退一赔一”。

3. 因开发商违约导致房屋买卖合同解除，买房人可以诉讼请求开发商对损失予以赔偿。

《民法典》第588条规定：“当事人既约定违约金，又约定定金的，一方违约时，对方可以选择适用违约金或者定金条款。定金不足以弥补一方违约造成的损失的，对方可以请求赔偿超过定金数额的损失。”据此，开发商违约导致合同解除后，购房人可以请求开发商双倍返还定金，或者选择要求开发商根据合同约定承担违约责任。对于购房者损失超过定金罚则金额的，可以请求赔偿超过部分的损失，但该部分损失应在合理范围内。本文案例中，原告贺某主张因房价上涨遭受房屋差价损失，同时请求判令开发商赔偿1倍的购房款及赔偿因房价上涨导致的经济损失，但法院认为房屋价格上涨损失属于可得利益损失，可得利益的求偿应限定在合理界限内，原告贺某已经得到一倍已付购房款的赔偿，再另外要求赔偿差价损失超出合理范围，因此对原告要求房产公司赔偿房价上涨差价损失的诉讼请求，法院未予支持。

145. 违约方能否以承担违约责任为代价要求解除合同

【关键词】

资产转让　约定解除　违约方解除　单方解除权

【场景】

原告乳业公司与被告汽车销售公司于 2010 年 9 月 30 日签订涉案《资产转让合同》，约定乳业公司向汽车销售公司转让涉案国有土地使用权、厂房、办公楼。转让总价款 4800 万元，分四次支付，前三笔款项共计 2500 万元。支付后，乳业公司开始办理更名过户手续，过户前汽车销售公司支付剩余 2300 万元，更名过户应在合同生效一年内完成。合同另外约定，如乳业公司因其原因不能履行合同，应向汽车销售公司返还已付款项并支付合同总价款 25%的违约金。《资产转让合同》签订后，汽车销售公司按约定向乳业公司支付 2500 万元，并实际入住，但乳业公司未履行合同约定的资产更名过户义务。

【事态发展（纠纷产生）】

涉案土地及房产系乳业公司自 F 集团公司处受让取得，因 F 集团公司一直未缴纳土地出让金及滞纳金，乳业公司无法按照《资产转让合同》的约定将涉案土地使用权变更至汽车销售公司名下。乳业公司遂以汽车销售公司为被告起诉至法院，诉讼请求如下：（1）解除《资产转让合同》；（2）汽车销售公司返还涉案三项不动产。

【焦点问题】

乳业公司作为违约方主张解除合同应否予以支持？

【结论】

合同约定的违约责任条款系守约方要求违约方承担违约责任的合同依据，也不是违约方以承担违约责任为代价主动主张解除合同的合同依据。本文案例中，原告乳业公司没有按照约定期限办理权属过户登记手续，构成违约，本文案例中并不存在不可抗力因素，因此原告乳业公司作为违约方要求解除合同，法院不予支持。

【典型案例索引】

最高人民法院民事判决书，（2020）最高法民再 102 号。

【相关法律法规】

《民法典》第 580 条；《九民会议纪要》第 48 条。

【律师分析】

1. 从合同中约定的解除权的目的来看，合同约定的违约责任条款系守约方要求违约方承担违约责任的依据，并非违约方以承担违约责任为代价主动主张解除合同的依据。

例如本文案例中，涉案《资产转让合同》约定汽车销售公司先支付前期2500万元转让款，乳业公司应在合同生效一年内办理更名过户手续，剩余转让款在更名过户前支付。汽车销售公司按约定支付了2500万元款项，但乳业公司未能按约定办理更名过户已经构成违约。因此，原告乳业公司诉讼请求解除合同，法律意义是违约方向守约方要求解除合同。

又因双方签订的《资产转让合同》第7条约定，“如乳业公司因其原因不能履行合同，应向汽车销售公司返还已付款项并支付合同总价款25%的违约金”，乳业公司据此主张合同解除权。对此，吉林省高级人民法院二审认为：在前手F集团公司不履行交纳土地出让金及滞纳金的情况下，原告乳业公司无法依据《资产转让合同》的约定将涉案土地变更至被告汽车销售公司名下，故根据双方《资产转让合同》第7条的约定，现合同已经无法履行，应予解除。至于违约责任，双方可另案解决。

被告汽车销售公司不服吉林省高级人民法院二审判决，向最高人民法院申请再审。最高人民法院推翻吉林省高级人民法院二审判决，认为：涉案《资产转让合同》第7条约定的违约责任条款系守约方要求违约方承担违约责任的依据，而不是违约方以承担违约责任为代价主动主张解除合同的依据，原告乳业公司作为违约方主张行使合同解除权，不应予以支持。

2. 法定解除权原则上应由守约方行使，违约方一般不享有单方解除合同的权利，违约方只有在合同陷入僵局等特殊情形下才有诉讼请求解除合同的权利，且合同能否解除也要看法院的裁判或仲裁机构的裁决。

根据《民法典》第580条第2款的规定，合同出现不能履行或不宜履行的情形，致使合同目的不能实现的，当事人可以请求中止合同权利义务关系。此处所称“当事人”并未限定为守约方，因此违约方也可以据此请求解除合同，也即违约方的法定解除权。此外，《九民会议纪要》第48条第1款也明确规定了违约方起诉解除合同的条件："……在一些长期性合同如房屋租赁合同履行过程中，双方形成合同僵局，一概不允许违约方通过起诉的方式解除合同，有时对双方都不利。在此前提下，符合下列条件，违约方起诉请求解除合同的，人民法院依法予以支持：（1）违约方不存在恶意违约的情形；（2）违约方继续履行合同，对其显失公平；（3）守约方拒绝解除合同，违反诚实信用原则。"

例如本文案例中，关于原告乳业公司作为违约方能否主张法定解除权，最高人民法院认为：法定解除情形总体上包括因不可抗力履行不能、当事人一方违约和其他法定情形。除不可抗力等客观原因履行不能和其他法定情形外，合同解除作为违约的补救手段，原则上由非违约方行使解除权，违约方一般不享有单方解除合同的权利。但是，在一些特殊情况下，若不允许违约方行使解除权对合同双方均会产生不利影响。例如，在合同陷入僵局已经无法继续履行的情形下，不解除合同将会使双方权利义务长期处于不确定状态，且守约方又怠于行使解除权，违约方也能够诉讼请求解除合同，至于合同是否解除，要看法院或仲裁机构的判决或裁定。然而，原告乳业公司不能提供证据证明涉案《资产转让合同》已经处于事实上或法律上的履行不能。相反，原告在消除涉案合同标的权利瑕疵方面毫无作为，对于土地使用权出让金的缴纳问题一直拖延解决，存在主观懈怠，应自行承担由此产生的不利后果，不能以自己营利动机落空为由主张合同目的不能实现。综上，继续履行合同在经济上可能对原告乳业公司有所不利，但在法律上并不失公平。经过权衡是否判决解除合同对涉案合同守约方和违约方的影响，最高人民法院最终撤销吉林省高级人民法院的二审判决，改判驳回原告乳业公司作为违约方要求解除合同的诉讼请求。

3. 作为合同违约方，想要通过诉讼解除合同将面临较大阻碍，不妨尝试从合同约定解除条件、对方履行程度、合同继续履行的可能性等角度寻找突破口。

违约方诉讼解除合同，要考虑以下几点：首先，需考虑是否符合合同约定的解除条件。但注意，正如前文所述，合同约定的违约条款并非违约方的解除依据，违约方以承担违约责任要求解除合同并不会获得支持。其次，考虑合同相对方的履约程度，以及是否也存在违约情形、是否因违约遭受实际损失等。如双方均有违约行为，或违约行为并未造成损失，通过诉讼解除合同的成功概率相对会高一些。最后，考量合同继续履行的可能性、是否能够强制履行等情形，这也是最关键的点。如合同客观上确已无法履行，守约方又故意不行使解除权，则法院会倾向支持违约方诉讼请求解除合同；又如，合同性质不能强制履行，如具有较强的人身专属性的技术开发合同、委托合同、医疗服务合同等，违约方要求解除也大概率会获得支持。

146. 守约方就轻微违约应对不当致使合同僵局，违约方能否解除合同

【关键词】

租赁合同　违约　对等抗辩　约定解除　法定解除

【场景】

田某（甲方，出租人）与投资公司（乙方，承租人）签订涉案《租赁合同》，甲方将名下的涉案房屋整栋出租给乙方用于办公，租期5年。合同特别约定，如果乙方擅自拆改变动或损坏房屋主体结构，视为乙方违约，甲方有权解除合同，押金不退，并要求乙方按剩余租赁年限总租金的50%向甲方支付违约金。合同签订后，投资公司依约向田某支付了押金和首年租金，并开始对涉案房屋进行装修。投资公司未经田某同意擅自拆除电梯门洞石材，双方发生争议。投资公司多次提出修复方案，田某一直未给出明确的修复意见，并阻止投资公司继续使用涉案房屋，要求将所有装修恢复原状。

【事态发展（纠纷产生）】

双方协商半年未果，投资公司遂向田某发出《解除租赁合同通知》，田某于2019年11月8日签收该通知。随后，投资公司以田某为被告起诉至法院，诉讼请求如下：（1）确认涉案《租赁合同》已于2019年11月8日解除；（2）判令田某返还押金2019774元；（3）判令田某赔偿已付房屋租金损失12173980.5元，赔偿房屋装饰、装修损失477万元；（4）判令田某承担违约金2000万元。

田某在诉讼中提出反诉，请求如下：（1）判令投资公司继续履行涉案

《租赁合同》；（2）判令投资公司按合同约定支付第二年租金24237288元；（3）判令投资公司每日按年租金5%的标准计算支付违约金，共12118644元；（4）判令投资公司将电梯门洞石恢复原状。

【焦点问题】

1. 投资公司发出的《解除租赁合同通知》能否发生合同解除之效力？

2. 涉案租赁合同关系是否应予解除？

【结论】

投资公司虽在涉案房屋装修过程中存在违约行为，但违约情节轻微。田某的行为显然已经超过了其享有的针对投资公司违约行为对等抗辩的合理范围，违反了合同各方应协助（妥善处理纠纷）和合理保护对方当事人利益的附随义务。现作为双方之间履约基础的信赖关系已不复存在，如维持该合同关系到约定期限届满，投资公司已无履行利益期待可能性并确定将陷入不利境地（投资公司支付租金并投入资金装修涉案房屋，却长时间无法使用、收益），投资公司签订涉案《租赁合同》的目的无法实现，依诚实信用和公平原则，投资公司可以在合理期限内主张解除涉案《租赁合同》。投资公司在2019年10月31日双方会谈结束后，即于同年11月7日向田某发出《解除租赁合同通知》，投资公司行使合同解除权并未超过合理期限。2019年11月8日，田某收到投资公司《解除租赁合同通知》，故法院确认涉案《租赁合同》于田某签收之日起解除。

【典型案例索引】

北京市高级人民法院民事判决书，（2020）京民终793号。

【相关法律法规】

《民法典》第563条；《九民会议纪要》第47条、第48条。

【律师分析】

1. 主张因违约导致合同解除，须达到违约行为致使合同目的不能实现的程度。例如本文案例中，投资公司虽有违约行为，但违约情节轻微，并不会对田某的合同目的的实现产生影响，因此法院认定本文案例中投资公司的违约行为并不是导致合同解除的唯一原因。

关于违约方的合同解除权我们在前面的文章中已经讨论过，根据《九民会议纪要》第48条的规定，违约方原则上不享有单方解除合同的权利，只有在合同陷入僵局等特殊情形下才有权起诉要求解除合同。本文案例中，投资公司未经田某同意拆除电梯门洞石材，已经构成违约，一审法院因此认为，投资公司作为违约方无权要求解除合同，其向田某发送《解除租赁合同通知》并不产生合同解除的效果。但是，涉案《租赁合同》因投资公司的违约行为导致双方矛盾无法调和，已经陷入僵局，因此认定涉案《租赁合同》于一审法院向田某送达本文案例起诉状副本之日起解除。

一审法院上述判决值得商榷。其一，涉案《租赁合同》之所以陷入僵局，投资公司的违约行为并不是主要或唯一原因。投资公司的违约行为仅是擅自拆除石材，该违约行为情节轻微，对田某的合同目的并未产生根本性影响，双方本可以通过协商修复或者达成在租赁期满后恢复原状的一致意见。但田某既没有对投资公司提供的多个修复方案予以明确回复，又要求投资公司将所有装修全部恢复原状。因此，北京市高级人民法院二审认为，“田某的行为显然已经超过了其享有的针对投资公司违约行为对等抗辩的合理范围，违反了协助（妥善处理纠纷）和合理保护对方当事人利益的附随义务”，也是造成双方纠纷持续无法解决及后续合同履行障碍的原因。其二，本文案例纠纷产生前，投资公司对涉案房屋装修已有数月，工程完工大半；纠纷产生后，双方又经过近半年的沟通仍不能达成一致意见，可见涉案《租赁合同》已经陷入僵局。因此，北京市高级人民法院二审认为，“现作为双方之间履约基础的信赖关系已不复存在，如维持该合同关系到约定期限届满，投资公司已无履行利益期待可能性并确定将陷入不利境地（投资公司支付租金并投入资金装修涉案房屋，却长时间无法使用、收益），投资公司签订涉案租赁合同的目的无法实现，依诚实信用和公平原则，投资公司可以在合理期限内主张解除涉案《租赁合同》”。综上，北京市高级人民法院二审认为一审判决以涉案《租赁合同》解除系投资公司单方过错、投资公司构成以违约方身份解除合同的情形为由判令解除涉案《租赁合同》错误，改判支持投资公司关于涉案《租赁合同》于2019年11月8日解除的诉讼请求。

2. 租赁合同系双务合同，出租人有协助（妥善处理纠纷）和合理保护承租人利益的附随义务，在承租人轻微违约行为发生时应合理应对，在保障己方利益不受侵害的前提下，积极寻求合同继续履行的途径。

例如本文案例中，投资公司违约在先，但违约行为情节轻微，田某如能配合商谈解决方案，则涉案《租赁合同》不至于陷入僵局。然而，出租人田某的反应明显超出合理限度，导致双方长达近半年的交涉无果，最终北京市高级人民法院二审认定田某对投资公司违约行为的应对超过对等抗辩的合理限度，违反了协助（妥善处理纠纷）和合理保护对方当事人利益的附随义务。田某本是守约方，却因自己应对方式错误而使自己陷入不利，不仅法院判决确认投资公司发出的《解除租赁合同通知》具有解除合同的效力，而且对于投资公司已经花费的装修费用，若投资公司要求出租人田某予以补偿或赔偿，对于出租人田某来说亦是风险。可见，当合同一方当事人违约时，守约方也不能为所欲为，特别是在对方仅轻微违约时，守约方应积极应对、妥善处理，在保证己方权利的前提下尽量促成合同的继续履行。同时，守约方如因违约方的违约行为遭受损失，守约方也负有采取必要措施防止损失扩大的义务。

（三）经提前通知可解除合同的场景

147. 公司单方解除劳动合同辞退无过错员工，未提前通知的违法责任

【关键词】

劳动合同　单方解除　书面通知　经济补偿　代通知金

【场景】

卫某与科技公司签订《劳动合同》，约定卫某担任 Java 开发工程师，合同期限为 3 年，试用期 3 个月，试用期月薪 18000 元、转正后月薪 21000 元。合同签订 5 个月后，科技公司向卫某送达《关于解除劳动合同的通知》，载明“根据《劳动合同法》第 36 条、第 40 条和第 46 条的规定……公司与您

正式解除劳动合同”。后双方因解除劳动合同应支付的经济补偿金额及是否应支付代通知金产生争议。

【事态发展（纠纷产生）】

卫某向劳动人事争议仲裁委员会申请仲裁，对科技公司提出如下仲裁请求：（1）支付解除劳动合同经济补偿金 10500 元；（2）支付未提前通知解除劳动合同代通知金 21000 元。该仲裁机构作出仲裁裁决：科技公司支付卫某解除劳动合同经济补偿金 9031.9 元、未提前通知解除劳动合同的代通知金 21000 元。科技公司不服该裁决，以卫某为被告起诉至法院，诉讼请求：判令无须支付卫某解除劳动合同代通知金 21000 元。

【焦点问题】

科技公司解除与卫某的劳动合同是否需要支付解除劳动合同代通知金？

【结论】

用人单位依据《劳动合同法》第 40 条的规定与劳动者解除劳动合同，需要提前 30 日以书面形式通知，否则劳动者有权要求用人单位支付未提前通知解除劳动合同的代通知金，金额为劳动者一个月工资。

【典型案例索引】

北京市第二中级人民法院民事判决书，（2023）京 02 民终 8972 号。

【相关法律法规】

《劳动合同法》第 40 条、第 43 条、第 46 条。

【律师分析】

1. 用人单位根据《劳动合同法》第 40 条的规定向劳动者提出解除劳动合同的，需要提前 30 日书面通知，否则应支付代通知金。

根据《劳动合同法》第 40 条的规定，用人单位有以下几种可以无过失性辞退的几种情形：（1）劳动者患病或者非因工负伤，医疗期满后仍不能正常工作；（2）劳动者经过培训或者调整工作岗位，仍不能胜任工作的；（3）劳动合同订立时所依据的客观情况发生重大变化，致使劳动合同无法履行，双方协商不成的。以上三种情形下，用人单位提前 30 日以书面形式通知劳动者后，可以解除劳动合同，但仍应按照《劳动合同法》第 47 条的规定支付经济补偿金。但是，如果用人单位没有提前通知，或者没有证据证明提前 30 日书面通知，除支付经济补偿金外，还需另外支付一个月工资作为未提前通知解除劳动合同的代通知金。本文案例中，科技公司依据《劳动合同法》第 40 条要求解除与卫某的劳动合同，但没有证据证明提前 30 日书面通知，因此需要在支付经济补偿金之外，另行支付一个月工资的代通知金。

2. 用人单位依据《劳动合同法》第 40 条单方解除劳动合同的，应当先将解除理由通知工会，否则劳动者还可以违法解除劳动合同为由要求用人单位支付赔偿金。

根据《劳动合同法》第 43 条的规定，用人单位单方解除劳动合同，应当事先将理由通知工会。而《劳动合同法》第 40 条规定的无过失性解除就属于用人单位单方解除的情形之一。因此，用人单位除需提前 30 日书面通知以外，还需要先将理由通知工会，否则劳动者可以依据《劳动争议司法解释（一）》第 47 条的规定，以用人单位违法解除劳动合同为由要求用人单位支付赔偿金。

3. 劳动者无条件主动要求解除劳动合同的，也应提前 30 日向用人单位书面提出。

除用人单位可以通过提前通知的方式单方解除劳动合同外，根据《劳动合同法》第 37 条的规定，劳动者也具有单方解除权，行使条件与用人单位相同，具体如下：（1）提前 30 日通知；（2）通知需要以书面形式作出。当然，根据《劳动合同法》第 38 条第 2 款的规定，用人单位以暴力、威胁或者非法限制人身自由的手段强迫劳动者劳动的，或者用人单位违章指挥、强令冒险作业危及劳动者人身安全的，劳动者可以立即解除劳动合同，无须事先告知用人单位。

148. 业主委员会提前征询业主意见并通知物业公司，能否单方解除物业合同

【关键词】

物业服务合同　业主委员会　业主大会　解除通知

【场景】

物业公司与业主委员会签订《物业服务合同》，合同约定物业服务期限为5年。在《物业服务合同》履行第二年，因对物业公司服务不满意，物业公司与业主委员会产生争议。业主委员会在小区内张贴《召开业主大会通知》，通过逐户走访、小区楼下设立征求意见点及以信息化的方式收集全体业主就解除与物业公司《物业服务合同》的意见。随后，业主委员会向物业公司发出解聘通知。两个月后，涉案小区所在地的住房和城乡建设局向物业公司发出《告知函》，载明：要求物业公司停止物业费收取，限期撤离涉案小区并办理交接手续、移交相关财务资料和档案等。

【事态发展（纠纷产生）】

物业公司以业主委员会为被告起诉至法院，诉讼请求：确认涉案《物业服务合同》合法有效，该合同继续履行。

业主委员会反诉请求如下：（1）判令业主委员会解除与物业公司的《物业服务合同》合法有效；（2）判令物业公司10日内退出小区，并向居民委员会移交小区服务用房和相关设施设备以及资料。

【焦点问题】

业主委员会决定解除其与物业公司的《物业服务合同》是否符合要求？

【结论】

业主依照法定程序共同决定解聘物业服务人的，经提前60日书面通知物业服务人员后，可以解除物业服务合同。本文案例中，业主委员会召开业主大会，由涉案小区业主大会依法作出解除涉案《物业服务合同》的决定，业主委员会也于解除某物业合同之前提前60日通知了物业公司，因此，业主委员会解除涉案《物业服务合同》符合法律规定。

【典型案例索引】

辽宁省鞍山市中级人民法院民事判决书，（2023）辽03民终3975号。

【相关法律法规】

《民法典》第946条第1款；《物业管理条例》第12条。

【律师分析】

业主委员会可以依据业主大会的决定，提前60日通知物业服务人员，解除物业服务合同。

根据《民法典》第946条第1款的规定，业主依照法定程序共同决定解聘物业服务人的，可以解除物业服务合同。决定解聘的，应当提前60日书面通知物业服务人，但是合同对通知期限另有约定的除外。据此，解聘物业服务企业或者其他管理人，应当由业主共同决定。具体来说，经专有部分占建筑物总面积过半数的业主且占总人数过半数的业主同意，就可视为业主共同决定。也就是说，业主委员会解除物业服务合同的前提条件是业主大会已经按照程序作出了解聘物业服务企业的决定，这是法律的强制性规定，物业服务合同关于解除合同的约定不得变更或者排除适用。

（四）因情势变更导致合同解除的场景

149. 教培机构因“双减”政策欲提前退租，能否以情势变更解除租赁合同

【关键词】

租赁合同　政策变化　情势变更　合同解除权

【场景】

2020年7月10日，商务公司（甲方）与培训学校（乙方）签订了《房屋租赁合同》，约定甲方将涉案房屋提供给乙方作为教育培训和办公使用，租赁期限自2020年8月1日起至2025年7月31日止；协议有效期内，因乙方原因解除协议，乙方除需提前180日通知甲方外，还需赔偿甲方3个月租金作为违约赔偿金。上述合同签订后，培训学校在承租房屋内经营学科类培训和素质教育培训，租金支付至2021年10月31日。2021年7月至8月，“双减”政策颁布实施，培训学校于12月向商务公司发出《关于解除租赁合同的通知》，主要内容为受“双减”政策影响，解除《房屋租赁合同》。2022年1月8日，培训学校腾空了租赁房屋。

【事态发展（纠纷产生）】

商务公司以培训学校为被告起诉至法院，诉讼请求如下：（1）判令培训学校支付2021年11月1日至2022年1月8日房屋租金742068.36元及逾期付款违约金；（2）判令培训学校支付的租赁保证金942466.5元作为违法解除合同违约金不予退还。

培训学校以情势变更为由提出反诉，其反诉请求如下：（1）判令确认涉案《房屋租赁合同》已于2021年12月31日解除；（2）判令商务公司减免培训学校2021年7月至2021年8月的全部租金及物业费；（3）判令商务公司返还培训学校租赁保证金287700.3元及保证金未退还期间的利息。

【焦点问题】

1. 本文案例应否适用情势变更予以调整？

2. 培训学校是否具有合同解除权？

【结论】

合同履行过程中，国家政策发生不可预见的、不属于商业风险的变化，客观上对合同一方产生重大影响，导致双方合同的基础条件发生重大变化。此情况下，如仍旧依照合同的约定履行，合同一方将承担巨大损失，因此可认定该政策对合同的履行构成情势变更，应适用情势变更规则予以调整。但是，情势变更并不能赋予当事人实体法意义上的合同解除权，当事人仅在程序上可以向法院或仲裁机构提出请求，最终是否解除合同应由法院裁判或仲裁机构裁决。

培训学校未遵循情势变更规则向法院请求解除《租赁合同》，而是径行向商务公司发送《关于解除租赁合同的通知》，要求于2021年12月31日解除《租赁合同》，因其并不具有约定或法定解除权，故其发送的《关于解除租赁合同的通知》亦不发生合同解除的效力。因此，对培训学校要求确认《租赁合同》于2021年12月31日解除的反诉请求，法院不予支持。培训学校已实际搬离诉争房屋，双方不存在变更合同继续履行的可能，故《租赁合同》应予解除，关于合同解除的时间，法院根据合同履行情况确定为培训学校腾空房屋之日，培训学校于2022年1月8日腾空房屋，故法院判决确认涉案《房屋租赁合同》解除，解除时间为2022年1月8日。

【典型案例索引】

北京市第一中级人民法院民事判决书，（2022）京01民终10996号。

【相关法律法规】

《民法典》第533条。

【律师分析】

1. 合同履行过程中出现突发性政策变化导致合同的基础条件发生重大变化的属于情势变更，当事人可以请求法院或者仲裁机构变更或解除合同。

根据《民法典》第533条第1款的规定，合同成立后，合同的基础条件发生了当事人在订立合同时无法预见的、不属于商业风险的重大变化，继续履行合同对于当事人一方明显不公平的，受不利影响的当事人可以与对方重新协商；在合理期限内协商不成的，当事人可以请求法院或者仲裁机构变更或者解除合同。根据该条规定，情势变更应同时满足6个要件：

（1）变化：订立合同的基础或环境发生了客观变化，如因通货膨胀导致等价关系破坏，或者如本文案例因政策调整导致合同目的不能实现。

（2）时间：变化发生在合同成立以后、履行完毕之前，如果变化发生在合同成立之前则不属于情势变更范畴，当事人应主张重大误解或者欺诈。

（3）客观：情势变更的发生属于客观情况，不可归责于合同当事人，也不以双方当事人的意志为转移。

（4）不可预见：情势变更应该是遭受不利的一方当事人所不能预见的。

（5）显失公平：情势变更导致继续履行合同将会使一方当事人处于极其不利的地位，达到“明显不公平”的程度。

（6）非商业风险：商业风险一般具有可预见性，至少在客观上有预见的可能性和应当性，商业风险中的变化也不会导致合同目的不能实现、不会改变合同基础。

2. 在本文案例中，涉案《房屋租赁合同》中明确租赁用途为“作为教育培训和办公使用”，承租方培训学校登记的业务范围也是教育培训，可以推断双方均认可培训学校租用涉案房屋系用于教育培训，因此能够开展教育培训既是培训学校的合同目的也是双方订立合同的重要基础。

“双减”政策出台于2021年7月24日，发生在涉案合同履行期间，政策客观上对培训学校的经营目标、培训业务、运营方式、收入来源等产生重大影响，这一客观情况是双方在签订合同时不可能预见的，亦不属于从事商业活动的固有风险，这一情况导致双方签订合同的基础条件发生重大变化，培训学校经营学科类培训的预期不能实现，进而使其为开展该业务而租赁的房屋丧失了原有的价值。在此情况下，如仍旧依照《房屋租赁合同》的约定履行，培训学校承将承担巨大损失，对其明显不公平。因此，“双减”政策对《房屋租赁合同》的履行构成情势变更，法院认定应适用情势变更规则对《房屋租赁》合同予以调整。

3. 情势变更并不能赋予当事人合同解除权，因情势变更承受不利的一方仅可向法院或仲裁机构提出请求，最终是否解除合同由法院或仲裁机构依据公平原则进行裁判或裁决。

根据《民法典》第533条的规定，情势变更并不能赋予当事人合同解除权，受不利影响的当事人仅可以与对方重新协商，协商不成的，可向法院或仲裁机构提出解除合同或者变更合同的请求，最终由法院或仲裁机构裁判或裁决。据此，在适用情势变更的情况下，当事人并不享有实体法意义上的合同解除权，仅在程序上可以向法院或仲裁机构提出请求，最终由法院或仲裁机构依据公平原则判决或裁决是否解除合同。培训学校不具有约定或法定解除权，径行向商务公司发送解除通知不发生合同解除的效力，因此法院最终判决驳回培训学校要求确认涉案合同于2021年12月31日解除的反诉请求。因培训学校于2022年1月8日腾空房屋，法院最终判决确定本文案例合同于2022年1月8日解除。

150. 政策逐步收紧导致目标公司探矿权不能延续，能否认定为情势变更

【关键词】

股权转让　情势变更　商业风险　政策收紧

【场景】

2010年3月29日，郑某与能源公司签订《股权转让协议》，约定：郑某向能源公司转让其持有的恒泰公司51%的股权，包括松树头勘探区8.12平方公里的探矿权，转让价款为10284万元。发生下列情况之一时，一方可以解除本协议：（1）由于不可抗力或不可归责于各方的原因致使本协议的目的无法实现的；（2）另一方丧失实际履约能力的；（3）另一方严重违约致使不能实现协议目的。2010年4月至2013年5月，能源公司数次向郑某支付合同定金及股权转让款，合计5860万元。2010年4月12日，双方办理了工商变更登记，恒泰公司的股权结构由郑某持股100%变更为郑某持股49%，能源公司持股51%。

2010年7月8日，能源公司《会议纪要》记载，城市规划要求将煤矿逐步退出，松树头勘探区位于辖区内，以后设计、立项、新井建设报批将非常困难。2010年7月9日，能源公司《会议记录》记载，城市规划已经公布，把松树头作为风景旅游规划区，要把煤矿逐步退出城市，以后煤矿开发建设也不再审批。

2010年8月，当地发改委停止了南山片区（含松树头勘探区）所有矿区总体规划的编制和审批工作，当地政府正式通知禁止在南山景区进行矿产资源勘查开发和污染环境的项目建设，用3年到5年时间逐步关停南山景区内所有煤矿。

2012年11月9日，能源公司向郑某发函，载明：双方对松树头勘探区煤炭资源开发存在的政策性不确定因素已取得共识，能源公司愿意与郑某共同努力，继续推进项目开发建设或争取政策补偿。自2013年5月8日后，能源公司未再支付后续股权转让款。

2012年11月20日，能源公司呈报《关于松树头勘查区煤炭资源勘查报告评审备案的请示》。2015年11月2日，能源公司呈报《关于松树头勘探区探矿权延续的请示》，相关部门尚未作出准予涉案探矿权许可证延续的意见。

【事态发展（纠纷产生）】

2016年5月24日，郑某以能源公司未支付股权转让款为由，将能源公司起诉至法院，诉讼请求：判令能源公司支付欠付的股权转让款67416000元及逾期付款违约金37769000元。

能源公司于2016年7月11日向郑某送达《解除股权转让协议通知书》，并在诉讼中提出反诉请求：解除涉案《股权转让协议》。

【焦点问题】

1. 政策逐渐收紧是否属于情势变更？

2. 本文案例中的《股权转让协议》是否应当解除？

【结论】

首先，能源公司在庭审中亦称“国家禁止在风景区采矿，当时新疆的政策把握得较为宽松，取得探矿权许可证始终是在禁区范围内”。能源公司作为矿产企业，在《股权转让协议》签订时对于涉案矿区位于风景名胜区内应当知晓，即使如能源公司所称当地环保政策宽松，能源公司在行政法规有明确规定的情况下，对政策的走向应当有预见，之后当地政策逐步收紧导致探矿权不能延续对于能源公司而言不属于意外风险。能源公司明知行政法规禁止在风景名胜区采矿，而甘愿冒风险通过签订《股权转让协议》成为恒泰公司股东享有矿业权所带来的利益，此种风险属于商业风险，不适用情势变更。

其次，政策变化对涉案合同的影响。能源公司与郑某签订《股权转让协议》的原因是郑某持有恒泰公司的股权，恒泰公司的财产包括涉案探矿权。当地政策的变化可能导致涉案探矿权无法延续，但目前探矿权仍然存在，能源公司签订《股权转让协议》的基础没有丧失，能源公司仍持有恒泰公司51%的股权，并享有股东权益。

最后，2012年11月9日，能源公司对郑某来函意见的复函中记载，双方对该矿区煤炭资源开发存在的政策性不确定因素已取得共识，愿继续推进项目开发建设或争取政策补偿。能源公司在2010年7月9日已经明知政策调整，但在2012年11月9日的复函中明确表示继续推进，2013年5月8日仍支付股权转让价款，以实际行为继续履行合同。

因此，能源公司对当地的政策变化应当预见，政策的逐步收紧不属于不可抗力，本文案例也不适用情势变更的规定，故能源公司主张以情势变更为由解除合同的反诉请求，法院未予支持。

【典型案例索引】

最高人民法院民事判决书，（2019）最高法民终 827 号。

【相关法律法规】

《民法典》第 533 条；原《合同法》（2021 年 1 月 1 日起因《民法典》施行被废止）第 94 条；原《合同法司法解释（二）》（2021 年 1 月 1 日起因《民法典》施行被废止）第 26 条（该条文内容同《民法典》第 533 条）。

【律师分析】

1. 当事人在签订合同时可以预见或者应当预见的政策逐渐收紧，不属于情势变更范畴。

情势变更应是合同成立的基础环境发生了异常的变动，所造成的风险属于意外的风险。本文案例中，能源公司签订《股权转让协议》的原因是想通过持有股权控制恒泰公司，进而实际享有恒泰公司在松树头勘探区的探矿权。松树头勘探区位于风景区内，涉案《股权转让协议》签订于 2010 年，而早在 2006 年 12 月 1 日起施行的《风景名胜区条例》第 26 条就有明确规定称“在风景名胜区内禁止进行下列活动：（一）开山、采石、开矿、开荒、修坟立碑等破坏景观、植被和地形地貌的活动……”。能源公司作为矿产企业，在《股权转让协议》签订时对于涉案矿区位于风景名胜区内应当知晓，其在庭审中也称“国家禁止在风景区采矿，当时当地对政策把握得较为宽松，取得探矿权许可证始终是在禁区范围内”。因此，能源公司应当知道根据相关法律规定松树头勘探区应为禁采区，只是因为当地环保政策宽松才能暂时开采，其对合同履行过程中政策逐步收紧也应是能够预见的，因此法院最终认定因为政策逐渐收紧导致探矿权不能延续对于能源公司而言不属于意外风险，不适用情势变更解除合同。

2. 当事人在订立合同时能够预见到风险且愿意承担该风险以换取收益，则基于该风险发生的变化属于商业风险而非情势变更。商业风险不同于情势变更，二者的主要区别为：

（1）可预见程度：商业风险是当事人可以预见或应当能够预见的；情势

变更是当事人没有预见也不能预见的。

（2）变化程度：商业风险导致的变化一般不具有根本性，不会导致合同基础丧失，不影响合同目的；情势变更导致的变化则会动摇合同基础，导致对合同一方极其不公或目的落空。

（3）主观因素：商业风险是当事人为换取相应收益而自愿承受的，风险自负；情势变更是由不可归责于双方当事人的因素引起的，当事人不具有主观过错，应当调整合同内容或者解除。

151. 因政府新政策导致开发商不能依约自行拆迁，能否以情势变更解除合同

【关键词】

土地使用权出让　土地整理　拆迁　政策变动　情势变更

【场景】

原告房产公司与被告市国土局签订《国有建设用地使用权出让合同》，约定出让款为 2.63 亿元，自合同签订之日起 30 日内一次性付清。出让宗地为现状交付，土地及地上建筑物未拆迁部分由房产公司负责、自行拆迁补偿整理。房产公司按约定缴纳了土地出让金以及契税 131.5 万元。前述涉案合同签订后的两个月内，国务院于 2011 年 1 月 21 日出台《国有土地上房屋征收与补偿条例》，明确规定市级、县级人民政府负责本行政区域的房屋征收与补偿工作，由市级、县级人民政府确定的房屋征收部门组织实施本行政区域内的房屋征收与补偿工作。原告房产公司因此无法按照合同约定自行对涉案土地进行拆迁整理。

【事态发展（纠纷产生）】

因始终无法解决涉案土地的拆迁问题，原告房产公司以市国土局为被告起诉至法院，诉讼请求如下：（1）解除涉案《国有建设用地使用权出让合同》；（2）判令市国土局返还土地出让金；（3）判令市国土局赔偿房产公司已缴纳契税 131.5 万元；（4）判令市国土局给付利息 9836491.34 元。

【焦点问题】

政府颁布新政策导致合同不能履行，涉案《国有建设用地使用权出让合同》应否解除？

【结论】

因国家法律、法规及政策出台导致当事人签订的合同不能履行，以致一方当事人缔约目的不能实现，该方当事人请求法院判决解除合同的，法院应予支持。本文案例中，房产公司因政策变化导致无法完成涉案土地的拆迁整理工作，进而影响对涉案土地进行房地产开发，导致房产公司受让土地使用权的目的不能实现，房产公司因此要求解除合同，法院判决予以支持。

【典型案例索引】

最高人民法院民事判决书，（2019）最高法民再246号。

【相关法律法规】

《民法典》第533条；《民法典合同编通则司法解释》第32条；《国有土地上房屋征收与补偿条例》（国务院令第590号，2011年1月21日起施行）第4条。

【律师分析】

1. 政府新政策出台导致合同签订基础发生重大变化，进而影响合同履行，以致一方当事人的合同目的不能实现，该方当事人可以基于情势变更事由请求法院判决解除合同。

例如本文案例中，原告房产公司为了对涉案土地进行房地产开发而与被告国土局签订涉案《国有建设用地使用权出让合同》。合同签订时，涉案土地上尚存建筑物，合同约定房产公司自行对涉案土地拆迁整理。但在合同履行过程中，国务院出台了《国有土地上房屋征收与补偿条例》，明确规定市级、县级人民政府负责本行政区域内的房屋征收与补偿工作，政策变化导致房产公司无法按照合同约定自行对涉案土地进行拆迁整理，而拆迁整理又是土地开发的必经过程。房产公司不能自行拆迁整理，既有可能导致该部分合同约定不可能履行，又有可能直接导致涉案土地不能进行房地产开发，房产公司签订合同的目的落空。因此，原告房产公司基于情势变更事由起诉主张要求解除合同，应予支持。

2. 在本文案例中，一审及二审法院均认为新政策导致房产公司不能自行拆迁属于商业风险，不符合解除合同的法定条件，而最高人民法院再审认为原审法院认定有误，案件中新政策变化属于情势变更，最终改判解除涉案合同。

本文案例一审法院及二审法院均认为，原告房产公司作为专门从事房地产开发的企业，在签订合同时应当能够预见其在履行合同的过程存在可能导致合同目的不能全部实现的风险，房产公司在合同中约定自行进行土地及地上物拆迁整理，签订合同后应自行承担由其拆迁的风险，该风险属于商业风险，因此房产公司诉讼请求解除合同没有法律依据。最高人民法院再审推翻了原判，认为房产公司受让涉案国有土地使用权的目的系对该土地进行房地产开发，而土地完成拆迁工作是房产公司开发涉案土地的必经环节。由于上述法规变化导致房产公司无法完成涉案土地的拆迁整理工作，进而无法实现对涉案土地进行开发的合同目的，故原告房产公司请求解除涉案《国有建设用地使用权出让合同》，符合法律规定，故最高人民法院最终撤销原审判决，改判解除涉案《国有建设用地使用权出让合同》。

3. 司法实务中，情势变更与商业风险两个概念经常混淆。本文案例就是一个典型的例子，原审判决因为对情势变更认定有误而被撤销。

情势变更与商业风险均是在合同签订后、履行过程中出现的某种变化，但情势变更是比商业风险更严重的重大变化，二者的主要区别在于该变化是否可以预见、是否会动摇合同的签订基础导致一方合同目的不能实现。如果是遭受不利的一方当事人在签订合同时可以预见或应当预见的变化，该变化的出现也不会导致合同基础丧失，那么该变化属于商业风险，造成的不利后果应由当事人自行承担。但本文案例中，房产公司在签订合同时不能预见新政策的出现，新政策的出现又直接导致房产公司不可能自行完成拆迁整理工作，进而无法对涉案土地进行开发，合同目的客观上不能实现，该变化程度超过了一般商业风险的限度。因此，最高人民法院再审认定为属情势变更，应予解除合同。

4. 出现情势变更后合同并不当然解除，法院将根据实际情况判断合同解除或者是变更合同内容以便双方继续履行。

根据《民法典》第 533 条第 2 款的规定，发生情势变更后，当事人可以选择向法院诉讼请求变更或者解除合同，法院应当结合案件的实际情况，根据公平原则作出变更或者解除合同的裁判。因此，如果通过变更合同内容可以使合同继续履行又更符合双方当事人诉求，法院也可以判决变更合同内容。此外，根据《民法典合同编通则司法解释》第 32 条第 2 款的规定，情势变更发生后，当事人请求变更合同的，法院不得解除合同；当事人一方请求变更合同，另一方请求解除合同的，法院应当结合案件的实际情况，根据公平原则判决变更或者解除合同。据此，法院应在当事人的诉讼请求范围内判决变更或解除合同，不能超出当事人诉讼请求事项作出判决。

例如本文案例中，因原告房产公司在提起诉讼前，已经过逾七年与市自然资源局的协调，始终无法解决涉案土地的拆迁问题，因此直接诉讼请求解除合同，法院结合在案事实认为涉案合同目的客观上已经无法实现，因此判决解除合同。

5. 关于涉案《国有建设用地使用权出让合同》解除的法律后果问题。

根据《民法典》第 566 条第 1 款（该条文同原《合同法》第 97 条内容）“合同解除后，尚未履行的，终止履行；已经履行的，根据履行情况和合同性质，当事人可以请求恢复原状或者采取其他补救措施，并有权请求赔偿损失”的规定，合同解除后的法律后果包括：恢复原状、采取其他补救措施、赔偿损失。本文案例中，对于原告房产公司关于恢复原状和赔偿损失的两项诉讼请求，法院认为：土地出让金及相应利息应予返还；131. 5 万元契税，在双方当事人对于涉案合同的解除均无过错的情况下，该部分契税可由双方当事人基于公平原则予以平均分担，各承担 50%，被告向原告房产公司支付 65. 75 万元。

152. 长租合同期内租金市场价格大幅上涨，能否以情势变更解除合同

【关键词】

租赁合同　租金上涨　情势变更　商业风险

【场景】

原告X书店（甲方、出租人）与被告科技公司（乙方、承租人）签订《合同书》，主要约定甲方将名下的涉案房产（包括地下三层、地上六层及全部批销楼）出租给乙方用于办公写字楼经营，租期共20年，年租金4271960元，按每五年递增5%租金调整房租。因涉案房产为毛坯房需要装修，双方约定6个月免租期。合同签订后，科技公司对涉案房产进行装修改造后作为写字楼分租给科技孵化企业办公使用。合同履行至第5年，双方签订《补充协议》，约定减少租赁面积，租金改为年租金2360820元。

【事态发展（纠纷产生）】

《补充协议》签订后第3年，当时市国有文化资产监督管理办公室对X书店进行专项审计，认为涉案租赁合同不符合公平市场原则并建议整改，双方因此多次通过往来函件就租金调整问题进行沟通、协商，但未能就变更租金达成一致意见。X书店遂以科技公司为被告起诉至法院，主张租金上涨构成情势变更，诉讼请求：解除双方签订的《合同书》及《补充协议》。

【焦点问题】

租赁合同履行期间房租价格大幅上涨是否属于情势变更?

【结论】

本文案例中，自2008年双方当事人签订《合同书》至今已有12年，租房价格有较大幅度上涨属于正常情况，该上涨并不是由突发的、不可预见的异常因素造成。房租价格上涨的风险没有超出正常人的合理预期和一般观念上的合理预见，属于正常的商业风险，故X书店以情势变更为由主张解除《合同书》及《补充协议》，法院未予支持。

【典型案例索引】

北京市高级人民法院民事裁定书，（2021）京民申2895号。

【相关法律法规】

《民法典》第533条。

【律师分析】

1.《民法典》第533条规定的情势变更有四个构成要件：

（1）发生在合同成立后、履行完毕前。

（2）发生了当事人在订立合同时无法预见的重大变化。

（3）不属于不可抗力或者商业风险。

（4）重大变化影响合同订立基础，继续履行对一方当事人显失公平。

2. 长期租赁合同承租期内租金上涨属于正常的商业风险，不符合情势变更“无法预见的、不属于商业风险”构成的要件，出租人不能要求解除合同。例如本文案例中，法院最终未支持原告主张的租金上涨属于情势变更的理由。

首先，双方在合同中约定了租金每五年递增5%，说明双方对租金上涨但双方已有预见。

其次，租金上涨是一个随着宏观经济形势变化而逐渐演变的过程，市场主体应当对于市场风险存在一定程度的预见与判断。

再次，本文案例的双方曾在合同履行5年后签订补充协议，但是未对租金单价作出调整。

最后，涉案房产交付时为毛坯房状态，科技公司对涉案房屋的装修改造确实投入较大，客观上也起到了使涉案房屋保值增值的结果。

综上所述，法院认定涉案房屋在租赁期内价格大幅上涨不属于情势变更，X书店要求解除合同的诉讼请求，法院未予支持。

3. 出租房产若属于毛坯房状态，承租人承租后又对房屋进行装修和改造，承租人对租赁物投入较大，法院在判定合同是否解除时也会更加谨慎。

司法实务中，合同关系中既有投入也是法院在判定合同是否解除时的重要因素，尤其是在长期租赁合同中，承租人往往为使用涉案租赁物而进行装修、改建、设备购置，为此支付大量财物，此种情况下法院在判决时往往会倾向于维护承租方相应权益。本文案例就是此类情形的典型案例。涉案房屋交付时为毛坯房，双方约定长达6个月的免租期用于其装修、改造，可见双方对于涉案房屋当时的状态及所需改造的工程范围、内容及工程量的认识是清楚的。科技公司实际对涉案房屋的装修改造投入也较大，客观上导致了使涉案房屋保值增值的结果。且双方约定，租赁期满后，科技公司对于装饰、装修部分放弃收回，归 X 书店所有。本文案例中，法院认为上述因素对租金的确定也产生影响，仅因租金上涨而判决解除合同对承租人明显不公，故判决驳回了 X 书店要求解除租赁合同的诉讼请求。

153. 房屋买卖合同签订后房价大幅上涨，能否以情势变更解除合同

【关键词】

房屋买卖合同　房价上涨　情势变更　商业风险　合同解除权

【场景】

2020 年 1 月，被告修某（甲方、出卖人）与原告江某（乙方、买受人）签订《房屋买卖合同》，约定成交价为 570 万元，因涉案房屋上尚有抵押登记，修某在合同签订之日起 460 天内，应负有履行向按揭银行提出提前还赎楼的义务。双方约定江某先支付定金 115 万元，剩余购房款待修某还清抵押贷款完成注销抵押登记后，由江某在办理网签过户手续当天一次性支付。涉案《房屋买卖合同》签订后，原告江某按约支付了定金，但修某在国外因新冠疫情而无法回国，因此未能按约定时间回国向按揭银行提出赎楼申请，导致交易房产无法按约定办理产权变更。

【事态发展（纠纷产生）】

2021 年 5 月双方就是否继续履行涉案《房屋买卖合同》发生争议，在此期间涉案房产价格大幅上涨，修某因此主张情势变更要求变更交易价格或解除涉案合同。江某遂以修某为被告起诉至法院，诉讼请求如下：（1）修某继续履行涉案《房屋买卖合同》；（2）修某办理提前还款手续，待涉案房屋完成注销抵押登记后 7 日内协助江某办理过户登记手续；（3）修某向江某支付违约金。

【焦点问题】

涉案《房屋买卖合同》应否解除或变更？

【结论】

房屋价格较大幅度上涨属于正常的商业风险，故以房屋价格出现较大幅度上涨、继续履行显失公平为由主张解除合同缺乏充分的法律依据。本文案例中，《房屋买卖合同》约定交易价格为570万元。修某主张同一小区同类型房屋的实际交易价格已达900万元左右，但无论涉案房屋的现阶段交易价格是大幅上涨还是大幅下跌，均属正常商业风险。同时，双方在签订《房屋买卖合同》时约定的赎楼时间长达460天，远超过一般二手房交易的赎楼时间。因此，双方在订立合同时应当预见房屋的价格因供求关系、币值涨落在长达一年半左右的时间存在大幅上涨或下跌的可能。而情势变更所造成的风险属于意外风险，具有不可预测性，与本文案例中房价上涨的商业风险性质不同。因此，修某以情势变更的相关规定要求解除合同，缺乏事实依据，法院未予支持。

【典型案例索引】

广东省东莞市中级人民法院民事判决书，（2021）粤19民终14422号。

【相关法律法规】

《民法典》第533条。

【律师分析】

1. 房屋买卖合同履行过程中出现房屋价格上涨或下跌属于商业风险，甚至对于超出当事人预见的价格上涨或下跌，司法实践中也倾向于认定属于正常的商业风险。

房地产市场一直持续波动，加之房地产交易程序复杂、周期较长，在房屋买卖合同履行过程中房价波动变化也属常事。合同一方当事人以房价上涨或下跌幅度过大为由，主张属于情势变更要求变更合同价格或解除合同的案例屡见不鲜。实务中对于该问题裁判规则较为清晰，均倾向于认定房屋价格波动属于正常的商业风险，不应适用情势变更规定。

但对于远远超出当事人预期的价格变动是否构成情势变更，裁判规则并不统一。多数裁判规则认为即便房价变化超出当事人预期，仍属于正常的商业风险，如最高人民法院在（2017）最高法民再26号案件中明确："房屋价格较大幅度的上涨虽然可能超出当事人的预见，但仍属于正常的商业风险，故以房屋价格出现较大幅度上涨、继续履行显失公平为由主张调整交易价格缺乏充分的法律依据，不应予以支持。”也有小部分裁判规则认为，如果房价波动远超大多数人的预期，可以适用情势变更规则，如（2013）虹民三（民）初字第309号案件中，法院认为：“2003年以来，上海的房价不断上涨，其速度之快，幅度之高，远远超过大多数人的预期。到诉讼时，系争房屋的房价已上涨了5倍不止。即使房价上涨本身是能够预期的，合同履行会面临如此局面也显然超出了当事人的预想范围，且该局面并非单方面故意或重大过失促成的……如果继续履行，将导致利益的明显失衡。故在本文案例中有必要适用情势变更规则，重新分配交易双方在交易中应当获得的利益，以实现公平。”①

综上所述，对于房屋买卖合同签订后的房价波动，无论是否超出当事人预期，都不宜以情势变更为理由要求解除或变更合同。

2. 签订卖房协议后房价大幅上涨，出卖人虽不能要求解除合同，但存在“一房二卖”的可能性。

虽然出卖人以情势变更为由要求解除合同不会得到法院支持，但出卖人有可能将房屋以高价另行出售。如果出卖人将房屋转售他人并已经办理过户手续，则原房屋买卖合同客观上无法履行，法院仍将判决解除。因此，买受人在签订合同时应及时办理网签备案手续并尽早办理产权过户，以防止“一房二卖”的情况出现。另外，房屋买卖合同签订后，如果房价上涨出卖人有违约倾向，买受人应提高警惕，催告出卖人尽快履行合同约定；出卖人违约意向明显的，应尽快提起诉讼，要求继续履行合同，必要时可以申请对标的房屋进行诉前或诉中财产保全，以限制房屋的产权过户操作。

3. 出卖人毁约导致买受人不能取得房屋，买受人可要求出卖人赔偿房价上涨的损失。

如前文所述，买卖合同履行过程中房价上涨，出卖人虽不能直接诉讼请

---

① 参见《情势变更对合同长期履行僵局的适用》，载《人民法院报》2014年3月27日，第6版。

求解除合同，但可通过“一房二卖”达到高价出售房屋、解除低价房屋买卖合同的目的。此时，如房产尚未过户，买房人还可以通过诉讼途径追回房产。但如果房产已经过户给案外人，买受人再要求继续履行合同已经是客观不能，买受人可以要求出卖人承担违约责任，如双倍返还定金、赔偿房屋差价损失等。

154. 购买“学区房”后入学政策变化，能否以情势变更解除购房合同

【关键词】

认购协议　期房　学区房　政策变化　情势变更

【场景】

林荫大院为被告房产公司因承接北焦旧村改造项目开发建设的楼盘，楼盘用地为商业地块。当地区政府常务会议纪要、区教育局2013年印发的《关于接收北焦旧村改造项目适龄学生入学的意见》均载明同意将北焦旧村改造项目所有住宅（包括北站旁商业地块的公寓）范围内适龄学生纳入28中学招生范围，凭房产证办理相关入学手续。原告李某因此相信林荫大院房产具有28中学入学资格，于2017年9月与被告房产公司签订《内部认购协议书》，约定李某购买位于林荫大院的涉案房产，总价款为747356元，李某支付定金2万元，首付房款357356元，其余房款37万元按揭付款。房产公司同时向李某出具《内部认购须知》，注明“林荫大院为28中学区房，认购方享有学区房待遇”，李某在《内部认购须知》上签字。上述协议签订后，李某按约定支付了定金及首付房款。涉案房产尚未竣工交付。

【事态发展（纠纷产生）】

2019年5月，市教育局发布《2019年义务教育招生入学工作实施方案》，其中规定房屋所有权证或不动产权证书的规划用途必须为住宅，方可具有入学资格。根据该规定，涉案房产的规划用途为非住宅，业主子女不具有入学资格，李某以情势变更为由起诉被告房产公司至法院，诉讼请求：解除涉案《内部认购协议书》并返还定金、购房款及利息。

【焦点问题】

涉案《内部认购协议书》是否具备合同解除条件?

【结论】

购房人能够提供证据证明购房目的系解决子女入学问题，《内部认购协议书》签订后当地入学政策发生变化，导致购房人即便取得不动产权证书也无法享有入学资格，继续履行合同亦无法实现子女入学的合同目的，购房人请求解除《内部认购协议书》的，法院判决予以支持。

【典型案例索引】

河北省石家庄市中级人民法院民事判决书，(2020)冀01民终5063号。

【相关法律法规】

《民法典》第533条。

【律师分析】

1. 购房人以子女入学的目的签订房屋买卖合同购买“学区房”，合同履行过程中因入学政策突发变化导致购房人子女不能入学，则购房人可以情势变更为由要求解除合同。

近年来，各地入学政策经常发生变化，购买学区房后发现依当地入学政策不能实现入学目的、购房人转而要求解除合同的案例十分常见，但司法实践中，法院在判决解除合同时往往十分谨慎，购房人解除合同的诉讼请求真正能得到支持的并不多见，需要同时满足以下几个要件:

(1)购房人能够证明子女入学系唯一或主要购房目的。本文案例中，涉案《内部认购协议书》签订前，当地政府及教育局有明确文件表明涉案公寓所在区域适龄学生可以纳入28中招生范围，购房人李某据此相信购买的房屋具有入学资格。此外，房产公司向李某出具的《内部认购须知》中也明确注明“林荫大院为28中学区房，认购方享有学区房待遇”，该认购须知为《内部认购协议书》附件，且有李某签字。庭审中，李某又提交子女户口信息、房产公司的售房广告等证据，证明李某是为子女入学而购房，因此法院认定李某的购房目的系解决子女入学问题。

（2）新政策出现在合同签订后、履行过程中，且符合不能预见、无法预见的特点。本文案例中，新政策是在李某签订《内部认购协议书》几年后出台，且新政策直接否定非住宅房产业主子女的入学资格，与原政策完全相反，李某在签订《内部认购协议书》时完全无法预测，法院因此认为该新政策属于情势变更。但是，实践中很多当事人是因为购买房产前未经调查，轻信房产公司销售承诺，在签订购房合同后才发现当地已有明确的政策性文件，此时才主张情势变更要求解除合同，法院均不予支持。例如，（2022）京民申4995号民事裁定书中，法院认为，入学政策文件系公开的文件，且均发布于本文案例房屋买卖合同订立之前，文件中对入学政策予以明确，故本文案例当事人主张情势变更缺乏依据。

（3）新政策的出现导致购房人解决子女入学问题的合同目的不能实现。本文案例中，新政策明确了具有28中入学资格的房产规划用途须为住宅，因涉案房产的规划用途为非住宅，所以即使李某取得涉案房产的不动产权证书也无法享有28中入学资格。因此，法院认为入学政策的变化导致李某合同目的不能实现，根据公平原则，支持李某提出的解除《内部认购协议书》的诉讼请求。

2. 此外，购买学区房的购房人需要注意：在购买学区房时应注意固定关于购房目的的证据。

学区房的购房人应在合同中注明购房目的系购买“学区房”为子女办理入学，建议在合同中明确学位指向的具体学校。对于开发商关于入学作出的承诺、宣传等也应及时录音、拍照留存，否则一旦产生纠纷，如果购房人难以证明购房的主要目的是为子女入学，则将不容易解除购房合同。例如，在（2022）京02民终1701号民事判决书中，法院认为：购房人主张新入学政策导致其合同目的无法实现，但法院以双方并未在合同或补充协议等书面文件中明确约定合同目的系购买“学区房”，故对购房人该项主张未予采信。

3. 相比于期房，现房、二手房的学区房购房人更应注意调查入学政策。

期房因从签订认购协议或买卖合同后至房产交付过户存在一定期间，即期房的买卖合同履行过程较长，如果过程中出现政策变化比较容易认定为情势变更。相较于期房，现房对应的学位及入学政策在签订合同时往往是比较固定的，即便后续有新政策出现，也通常是有迹可循，不会是突发性、颠覆性的政策。因此，对于现房尤其是二手房的购房人，在签订学区房购房合同前更应调查清楚当地入学政策及走向，否则一旦产生纠纷想要解除合同就更加困难。

（五）因其他法定情形导致合同解除的场景

155. 承揽人已经完成部分承揽工作，定作人还能否主张行使任意解除权

【关键词】

承揽合同　部分履行完毕　任意解除权

【场景】

原告家具公司与被告房地产公司签订《家具定制承揽合同书》，约定房地产公司委托家具公司承揽涉案公寓公区定制家具及安装，合同总价 110 万元，于合同签订之日起一个半月内全部安装完毕。合同签订后，家具公司制作了图纸，经房地产公司确认后开始陆续生产，房地产公司先后向家具公司支付工程款共计 66 万元。两个月后，房地产公司发出《解除函》，以家具公司拖延发货及安装为由，通知家具公司解除合同。家具公司表示，其已经先后向房地产公司发送价值共计 319150 元的货物并安装完成，剩余定制家具也已经生产完毕，应当继续履行涉案合同。经鉴定，家具公司尚未发送给房地产公司的家具产品残值为 34880 元、安装费为 30230 元、运输费为 8400 元，家具公司为证明其损失支付鉴定费 7500 元。

【事态发展（纠纷产生）】

家具公司以房地产公司为被告起诉至法院，请求如下：（1）确认房地产公司发送通知解除合同无效。（2）房地产公司赔偿家具公司损失 455756 元。

【焦点问题】

1. 涉案《家具定制承揽合同书》应否解除?

2. 家具公司主张的损失应否支持?

【结论】

《民法典》第787条规定："定作人在承揽人完成工作前可以随时解除合同，造成承揽人损失的，应当赔偿损失。"据此规定，房地产公司作为定作人，在承揽人家具公司尚未完成全部承揽工作之前解除合同并无不当。房地产公司向家具公司发出解除合同的通知后，双方的合同关系即已解除，家具公司主张确认房地产公司解除合同无效，没有法律依据。家具公司在房地产公司解除合同前已经完成了图纸的制作、部分定制家具的安装，剩余定制家具也已经制作完成，公司已经履行了大部分的合同义务，因此房地产公司对家具公司因解除合同造成的损失应予赔偿。

【典型案例索引】

山东省高级人民法院民事裁定书，（2022）鲁民申3917号。

【相关法律法规】

《民法典》第787条。

【律师分析】

1. 承揽合同中，定作人享有法定解除权，可以随时解除承揽合同。

根据《民法典》第787条的规定："定作人在承揽人完成工作前可以随时解除合同，造成承揽人损失的，应当赔偿损失。"据此，承揽合同中的定作人享有法定解除权，可以单方解除承揽合同，无须承揽人同意。本文案例中，房地产公司作为定作人与家具公司达成承揽合同，约定由家具公司制作家具并完成安装，家具公司未完成全部安装义务之前，房地产公司发函要求解除合同符合上述法律规定，因此法院认定涉案承揽合同于房地产公司发函之日起解除。

2. 定作人法定解除权的行使有时间限制，应当在合同履行完毕之前提出。

定作人法定解除权虽被称为任意解除权，但并非不受任何限制。根据《民法典》第787条的规定，定作人提出解除合同应当在承揽人完成全部工作之前，如果承揽人已经完成全部工作，则定作人不能再要求解除合同。本文案例中，承揽人家具公司的合同义务为制作并安装家具，房地产公司发出《解除函》时，家具公司虽已经完成全部家具的制作，但尚未全部运输安装完毕。法院据此认定房地产公司作为定作人解除《家具定制承揽合同书》并无不当，房地产公司向家具公司发出解除合同的通知后，双方的合同关系即已解除。

3. 定作人行使法定解除权解除承揽合同，给承揽人造成损失的，应予赔偿。

承揽合同的工作成果往往是依据定作人特定要求而作出，具有特定性，如果定作人单方决定终止合同履行，很容易给承揽人造成损失。因此，《民法典》第 787 条规定："定作人在承揽人完成工作前可以随时解除合同，造成承揽人损失的，应当赔偿损失。"本文案例中，房地产公司上诉和申请再审均主张家具公司迟延履行合同义务，房地产公司作为定作人依法解除合同无任何过错，不应承担家具公司所受损失。对此法院认为，房地产公司作为定作人可以要求解除涉案合同，但应承担承揽人的损失，承揽人的损失主要包括承揽人已完成的工作部分所应当获得的报酬、承揽人为完成这部分工作所支出的材料费以及承揽人因合同解除而受到的其他损失。本文案例中，家具公司已经完成绝大部分承揽家具的制作，即使逾期发货也不足导致合同目的不能实现，违约行为轻微。综上所述，法院最终酌定房地产公司对家具公司的损失承担 50% 的赔偿责任。

需要特别提示的是，定作人赔偿损失是行使解除权的后果，而非行使解除权的条件，定作人行使解除权只需要满足"在承揽人完成全部工作前"这一个法定条件。

156. 委托合同中明确约定"不得单方解除合同"，委托人还能否主张任意解除权

【关键词】

委托合同　限制条款　任意解除权

【场景】

涉案水景公园系原告房产公司自案外人开发区管委会处承包的项目。为经营管理水景公园，原告房产公司（甲方）与被告高某（乙方）签订涉案《水景公园委托管理合同》，约定甲方将水景公园绿化养护及环境卫生清扫等

工作委托给乙方进行管理，管理期限30年，并明确了管理范围、管理内容。该合同第10条第2款特别约定“甲乙双方不得单方解除合同，否则由违约方赔偿对方损失”。《水景公园委托管理合同》履行至第八年，房产公司以案外人开发区管委会要求收回涉案水景公园承包权为由，通知高某解除涉案《水景公园委托管理合同》。高某不同意解除，并拒绝交回水景公园管理权。

【事态发展（纠纷产生）】

房产公司以高某为被告起诉至法院，诉讼请求如下：（1）解除房产公司与高某签订的《水景公园委托管理合同》；（2）判令高某腾让管理范围内的水景公园。

【焦点问题】

涉案《水景公园委托管理合同》应否解除？

【结论】

《民法典》第933条规定，委托人或者受托人可以随时解除委托合同。据此，任意解除权是法律赋予委托合同当事人的法定权利，是合同各方当事人可以随时行使的权利。虽然涉案《水景公园委托管理合同》第10条第2款约定双方当事人不得单方解除合同，但该限制任意解除权的约定并不能真正阻却任意解除权的行使，特别是委托合同关系具有较强的人身信赖属性，此类约定亦不适于强制履行。因此，本文案例中房产公司通知高某解除委托合同符合任意解除权的相关法律规定，应当认定涉案《水景公园委托管理合同》已经解除。

【典型案例索引】

山东省高级人民法院民事裁定书，（2022）鲁民申1377号。

【相关法律法规】

《民法典》第565条、第933条。

【律师分析】

1. 委托合同的双方当事人均享有法定的任意解除权。

根据《民法典》第933条的规定，委托人或者受托人可以随时解除委托合同。据此，委托合同的双方当事人均享有法定的任意解除权，该解除权的行使不要求协商一致，也不以合同相对方违约为前提。

2. 委托合同的“任意解除权”系法定权利，且委托合同具有人身属性，当事人在合同中约定对任意解除权的限制条款，并不能产生丧失单方解除权的法律后果。

例如本文案例中，双方当事人在涉案委托合同第 10 条第 2 款特别约定“甲乙双方不得单方解除合同，否则由违约方赔偿对方损失”。被告高某据此认为房产公司无权单方解除合同。但是，委托合同双方当事人享有的任意解除权是法定权利，即便当事人通过合同约定对法定解除权设置限制性条件，也不能真正阻却任意解除权的行使。此外，本文案例是委托合同纠纷，委托合同具有人身属性，特别是像本文案例中委托合同约定期限长达 30 年，需要双方互相信赖的基础。本文案例中，房产公司已经与高某产生矛盾，双方信任基础丧失，房产公司作为委托人有权依据法律规定单方解除委托合同。

3. 为保证解除权的有效行使，解除委托合同建议采用书面通知的形式，确保通知送达合同相对方并保留证据。

《民法典》第 565 条规定：“当事人一方依法主张解除合同的，应当通知对方。合同自通知到达对方时解除……当事人一方未通知对方，直接以提起诉讼或者申请仲裁的方式依法主张解除合同，人民法院或者仲裁机构确认该主张的，合同自起诉状副本或者仲裁申请书副本送达对方时解除。”据此，当事人通知解除委托合同的，解除时间应为通知到达对方之时。本文案例中，房产公司主张解除权虽然得到法院支持，但因其未能提供充分的证据证明高某收到了其作出的解除通知，因此法院将《水景公园委托管理合同》解除的时间认定为高某收到本文案例诉状的时间。

4. 因委托合同解除受到损失的一方可以主张损失赔偿，如对方以提起诉讼的方式主张解除合同，受损方可以提出反诉，要求对方赔偿损失。

《民法典》第 933 条规定：“……因解除合同造成对方损失的，除不可归责于该当事人的事由外，无偿委托合同的解除方应当赔偿因解除时间不当造成的直接损失，有偿委托合同的解除方应当赔偿对方的直接损失和合同履行后可以获得的利益。”据此，因委托合同解除遭受损失的，可以要求赔偿。

对于有偿委托，赔偿损失的范围包括直接损失和合同履行后可以获得的利益；而无偿委托合同的赔偿范围仅包括直接损失。

此外，关于损失的主张方式，如果解除权人是通过诉讼方式要求解除合同，受损一方可通过提出反诉要求赔偿损失。本文案例中，被告高某也在诉讼中要求房产公司支付欠付的管理费并赔偿损失，但因其并未提出反诉，只是在答辩意见中主张，因此法院在本文案例中未予处理。高某只能与房产公司私下协商赔偿方案或者另行提起诉讼解决。

157. 既无法定解除权也无约定解除权，违约方诉讼请求解除合同法院能否支持

【关键词】

租赁合同　违约方解除合同　合同僵局　违约责任

【场景】

2011 年 11 月 13 日，超市公司与房产公司签订涉案《租赁合同》，约定：房产公司建设的天成世纪广场由超市公司承租并作为大型超级商场使用；租期为 20 年，自 2012 年 5 月 15 日起至 2032 年 5 月 14 日止，并约定 6 个月装修免租期，总租金为 7260 万元；合同期内单方终止合同，按合同当年的年租金总额三倍支付违约金；如一方违反本合同一般条款，须向守约方按本合同应付年度租金总额的 30% 支付违约金。

合同签订后，超市公司对涉案房屋进行装饰装修，并通过了消防验收。因涉案房屋尚未办理不动产权证书，影响超市公司办理营业执照，房产公司向房产管理局出具《情况说明》，房产管理局出具《证明》证实涉案房屋尚未办理不动产权证书，准许申请办理营业执照使用。随后，超市公司按商场经营需求进行装修并投入使用。

【事态发展（纠纷产生）】

2018 年年底，超市公司以引进高档品牌货物、房产公司就租赁房屋无不动产权证书、建设工程规划许可证，租赁合同不合法，使其经营大型商场目的不能实现为由，将房屋租金支付至 2019 年 6 月 30 日后，撤离人员，搬走

货物，置留货架于负一层，终止经营至今。2019 年年底，超市公司制作《关于超市公司闭店事宜》，制作解除《租赁合同》的告知函并进行公证，以邮政快递方式通知房产公司不再履行合同，但被房产公司拒收。

2020 年 12 月，超市公司以房产公司为被告起诉至法院，诉讼请求：要求解除涉案《租赁合同》。被告房产公司在诉讼中提出反诉，反诉请求：要求继续履行《租赁合同》。

【焦点问题】

既然无法定解除权也无约定解除权，违约方单方发送解除合同通知书，合同能否解除？

【结论】

当违约情况发生时，继续履行是令违约方承担责任的首选方式，但是综合本文案例实际情况，超市公司已经撤空货物、搬离租赁物、遣散员工，合同已失去继续履行的基础，双方已丧失了相互的信任，形成合同僵局。如果一概不允许违约方通过起诉的方式解除合同，对双方当事人和社会都没有任何益处。故从平衡双方当事人利益的角度出发，对于违约方超市公司主张解除合同的诉讼请求，法院予以支持。

【典型案例索引】

最高人民法院民事裁定书，（2021）最高法民申 3330 号。

【相关法律法规】

《民法典》第 563 条、第 577 条。

【律师分析】

1. 当事人一方迟延履行其主要债务，并不等同于根本违约，只有当其迟延履行行为致使相对方合同目的不能实现时，才构成根本违约，守约方可以主张解除合同。

根据《民法典》第 563 条第 1 款的规定，当事人一方迟延履行债务或者有其他违约行为致使不能实现合同目的，另一方当事人可以主张解除合同。此处行使法定解除权需要满足两个要件，一是合同一方有迟延履行债务等违约行为，二是该违约行为导致合同目的不能实现，两个要素同时满足，守约方才能主张解除合同。本文案例中，超市公司与房产公司签订《租赁合同》时，对涉案房屋未办理房屋产权证是知情的，房产公司为了配合该合同顺利履行还提供了土地使用权证、房屋产权证明、工程建设与配套设施的验收合格证明，还配合向有关部门递交情况说明，最终超市公司成功办理了工商登记注册及有关经营手续，并通过了消防验收程序，正常开业经营已经8年。因此，涉案《租赁合同》的合同目的已经实现，房产公司不构成根本违约，超市公司无权主张以法定解除权要求解除合同。

2. 虽既无约定解除权也无法定解除权，但如合同履行已经陷入僵局，违约方诉讼请求解除合同，法院也有可能会支持，只是违约方应该承担的违约责任不会因解除合同而减免。

如前文所述，本文案例中房产公司的行为并不构成根本违约，双方也未就解除合同达成一致约定，在此情况下超市公司单方通知不再履行合同，因房产公司不予认可，所以不发生合同解除的法律效力。超市公司在合同履行期间未按期支付租金，并以自己的行为明确表示不再履行合同，已构成违约。

本文案例中超市公司是违约方，却起诉守约方要求解除合同，根据《民法典》第577条的规定，当事人一方不履行合同义务或者履行合同义务不符合约定的，应当承担继续履行、采取补救措施或者赔偿损失等违约责任。可见，当违约情况发生时，继续履行是令违约方承担责任的首选方式，违约方理应无权要求解除合同。

但是，本文案例的特殊情况在于，超市公司已于2019年6月30日撤空货物、搬离租赁物、遣散员工，涉案合同已失去继续履行的基础，双方已丧失了相互的信任，形成了合同僵局，而房产公司作为守约方依然要求继续履行，此时如果一概不允许违约方通过起诉的方式解除合同，对双方当事人和社会都没有任何益处。因此，法院从平衡双方当事人利益的角度出发，支持了违约方超市公司关于解除合同的诉讼请求。同时，违约方超市公司本应承担的违约责任不能因解除合同而减少或者免除，故法院同时判定超市公司仍应以承担违约责任的代价换取对合同义务履行的免除，以保证守约方房产公司的现实既得利益不因合同解除而减少。

158. 分期购房买受人逾期金额比例支付达总价款 1/5 的，出卖人能否单方解除合同

【关键词】

房屋买卖合同　分期付款　迟延支付　总价款 1/5

【场景】

原告房产公司与被告商场管理公司签订《房屋买卖合同》，约定：（1）房产公司向商场管理公司出售涉案广场商业用房。（2）房产公司于本合同签订之日起 10 日内交付。（3）购房款总计 6846.6 万元，由商场管理公司分四期支付，第一期在合同签订之日起 10 日内支付 1000 万元，第二期按房产公司通知支付 3000 万元，第三期应在本合同签订之日起十个月内再支付剩余购房款总额的 50%，余款在本合同签订之日起 18 个月内付清。（4）商场管理公司未按期支付购房款的，每迟延一天，按迟延支付的购房款总额的 5‰支付违约金。上述《房屋买卖合同》签订后，原告房产公司按约定交付了涉案房产，被告商场管理公司先后分四次向房产公司支付购房款共计 4000 万元，未再支付剩余费用。

【事态发展（纠纷产生）】

《房屋买卖合同》签订 1 年后，房产公司向商场管理公司致函，要求尽快支付拖欠的购房款。商场管理公司仍未支付剩余购房款。原告房产公司遂发出《通知》，以商场管理公司迟延支付购房款及违约金达 3000 余万元为由，决定解除涉案《房屋买卖合同》。房产公司以商场管理公司为被告向法院提起诉讼，请求如下：（1）确认涉案《房屋买卖合同》合法有效；（2）判令商场管理公司腾退涉案房产，并支付房屋占有使用费及违约金。

【焦点问题】

双方签订的《房屋买卖合同》应否解除？

【结论】

所谓“分期付款”，一般是指买受人将应付的总价款在一定期限内至少

分三次向出卖人支付。本文案例中，双方约定购房款分四期支付并明确付款期限，可以认定双方系以分期付款的方式签订了《房屋买卖合同》，合同履行期间商场管理公司已支付的4000万元，系《房屋买卖合同》约定的总价款中的分期款。至房产公司主张解除合同时，商场管理公司欠付到期价款金额达3000余万元，超过总价款的1/5，房产公司有权依据《民法典》第634条第1款的规定要求解除合同。因此，房产公司主张涉案《房屋买卖合同》于商场管理公司收到解除《通知》之日起解除，法院予以支持。

【典型案例索引】

最高人民法院民事判决书，(2018）最高法民终94号。

【相关法律法规】

《民法典》第634条；《商品房买卖合同司法解释》第27条、第28条。

【律师分析】

1.《民法典》第634条第1款规定："分期付款的买受人未支付到期价款的数额达到全部价款的五分之一，经催告后在合理期限内仍未支付到期价款的，出卖人可以请求买受人支付全部价款或者解除合同。"

所谓"分期付款"，系指买受人将应付的总价款在一定期限内至少分三次向出卖人支付。本文案例中，双方当事人在《房屋买卖合同》中约定房屋价款分四期支付，并在合同履行过程中明确各期款项的具体支付时间，因此法院认定涉案《房屋买卖合同》属于分期付款买卖合同。

例如本文案例中，合同总金额6846.6万元，被告商场管理公司仅支付了前两期分期款共计4000万元，后未再支付剩余费用。此外，根据涉案合同关于违约金的约定，商场管理公司还应另外按迟延支付购房款总额的5‰/日向房产公司支付违约金。因此，至本文案例原告房产公司发出《通知》要求解除合同时，商场管理公司欠付的到期购房款及违约金合计达到3000余万元，远超合同约定总金额的1/5。根据《民法典》第634条第1款的规定，商场管理公司经催告仍未支付到期款项，原告房产公司可以选择要求商场管理公司支付全部剩余价款，或者解除涉案房屋买卖合同。因此，本文案例中原告房产公司向被告商场管理公司发出解除合同的《通知》具有法律依据，法院认定涉案《房屋买卖合同》于该《通知》到达时解除。

2. 分期付款买卖合同中，出卖人主张“1/5 条款”要求解除买卖合同的，可以要求买受人支付标的物的使用费。

按照《民法典》第 566 条第 1 款的规定，买卖合同解除后，买受人有权要求出卖人返还已经支付的价款。但是，基于分期付款买卖合同的特殊性，卖方往往在买方支付全部价款前就已经完成标的物的交付，买方可以提前实现对标的物的占有和使用。出卖人依据“1/5 条款”解除合同后，如要求出卖人返还买受人支付的全部价款，对出卖人来说显失公平。因此，《民法典》第 634 条第 2 款规定：“出卖人解除合同的，可以向买受人请求支付该标的物的使用费。”

二、合同的约定解除情形

根据《民法典》第 562 条的规定，当事人协商一致，可以解除合同。当事人可以约定一方解除合同的事由。解除合同的事由发生时，解除权人可以解除合同。

关于协商解除合同约定内容的问题，只需要当事人就解除合同达成一致意见，无须对解除后果达成一致意见。根据《民法典合同编通则司法解释》第 52 条的规定，当事人就解除合同协商一致时未对合同解除后的违约责任、结算和清理等问题作出处理，一方主张合同已经解除的，法院应予支持。但是，当事人另有约定的除外。有下列情形之一的，除当事人一方另有意思表示外，法院可以认定合同解除：

（1）当事人一方主张行使法律规定或者合同约定的解除权，经审理认为不符合解除权行使条件但是对方同意解除。

（2）双方当事人均不符合解除权行使的条件但是均主张解除合同。

以上两种情形下的违约责任、结算和清理等问题，法院应当依据《民法典》第 566 条（合同解除的法律后果）、第 567 条（结算、清理条款效力的独立性）和有关违约责任的规定处理。

关于合同解除时间的认定，根据《民法典合同编通则司法解释》第 53

条的规定，当事人一方以通知方式解除合同，并以对方未在约定的异议期限或者其他合理期限内提出异议为由主张合同已经解除的，法院应当对其是否享有法律规定或者合同约定的解除权进行审查。经审查，享有解除权的，合同自通知到达对方时解除。根据《民法典合同编通则司法解释》第54条的规定，当事人一方未通知对方，直接以提起诉讼的方式主张解除合同，撤诉后再次起诉主张解除合同，法院经审理支持该主张的，合同自再次起诉的起诉状副本送达对方时解除。

综上所述，本部分内容与本书其他章节略有不同，因合同是双方当事人意思自治的产物，合同中关于合同解除约定若符合《民法典》第143条“具备下列条件的民事法律行为有效：（一）行为人具有相应的民事行为能力；（二）意思表示真实；（三）不违反法律、行政法规的强制性规定，不违背公序良俗”的规定，即应认定为有效，合同各方均应予以遵守，故合同解除条件成就，合同应予解除。然而，根据《九民会议纪要》第47条“合同约定的解除条件成就时，守约方以此为由请求解除合同的，人民法院应当审查违约方的违约程度是否显著轻微，是否影响守约方合同目的的实现，根据诚实信用原则，确定合同应否解除。违约方的违约程度显著轻微，不影响守约方合同目的的实现，守约方请求解除合同的，人民法院不予支持”的规定，即便合同中约定了解除条件且解除条件成就的，也不必然引起合同解除的法律后果。于是就会出现解除权人认为其有权解除合同但实际未能解除合同的情形，导致解除权人擅自解除后再次陷入赔偿纠纷中。因此，本部分内容筛选了实务中当事人触发合同约定的解除条款但法院基于诸多考虑未同意解除合同的典型案例，以帮助读者在日常经济交往活动及实务办案过程中提前预判相关情形下解除合同可能产生的风险。

（一）双方协商一致解除合同的场景

159. 接收解除通知一方作出“支付补偿金就同意解除”的意思表示，能否视为达成解除合意

【关键词】

租赁合同　协商　附条件解除　补偿款　约定解除

【场景】

被告置业公司（甲方、出租人）与原告酒店管理公司（乙方、承租人）签订了涉案《商务中心租赁合同》，甲方将其名下的涉案房产出租给一方作为酒店使用，双方约定租期、租金金额及支付方式。合同签订后，酒店管理公司按照合同约定支付了首期租金及保证金等费用，并着手安排租赁物业的装修事宜。但是，置业公司在签订合同 5 个月后想解除租赁合同，故向酒店管理公司发出《解除通知》，随后双方通过邮件对涉案合同是否解除事宜进行磋商。2018 年 6 月 14 日，原告酒店管理公司向被告置业公司发出涉案《通知函》，该函件第 3 条载明：如置业公司希望解除《商务中心租赁合同》，须在本函发出之日起 5 日内支付 5200 万元作为补偿。

【事态发展（纠纷产生）】

双方协商不成，酒店管理公司以置业公司为被告起诉至法院，诉讼请求如下：（1）判决确认置业公司向酒店管理公司发送《通知函》解除合同的行为无效；（2）判令置业公司继续履行《商务中心租赁合同》。

【焦点问题】

1. 置业公司与酒店管理公司是否就解除合同达成一致意见？

2. 涉案《商务中心租赁合同》应否解除？

【结论】

原告酒店管理公司在磋商过程中并未明确表明同意解除合同，其向被告置业公司发出的《通知函》应理解为一种附条件解除合同的意思表示，也就是此《通知函》是酒店管理公司以置业公司于特定日期之前向其支付固定金额的补偿金作为生效条件的意思表示。现置业公司并未按照该条件向酒店管理公司支付价款，不能视为酒店管理公司同意解除合同。因此，置业公司与酒店管理公司之间并未就涉案《商务中心租赁合同》的解除达成合意，涉案《商务中心租赁合同》应继续履行。

【典型案例索引】

最高人民法院民事判决书，（2019）最高法民终 879 号。

【相关法律法规】

《民法典》第158条、第562条。

【律师分析】

1. 合同双方就解除合同进行磋商过程中，一方当事人作出附条件解除合同的意思表示，在所附条件成就之前，不能认为双方当事人就解除合同达成了一致意见。

例如本文案例中，被告置业公司主张双方在磋商过程中就解除合同达成合意，依据是酒店管理公司向置业公司发出的《通知函》，该函件第3条载明：如置业公司希望解除《商务中心租赁合同》，需在本函发出之日起五日内支付52005400.79元作为补偿，否则酒店管理公司要求继续履行合同。但是，根据《通知函》，酒店管理公司同意解除合同附有条件，即以置业公司于特定日期之前支付固定金额的补偿金作为生效条件，但置业公司并未按照该条件支付补偿金，且条件所附期限已过，条件客观上也无法达成。综上，法院认定原告酒店管理公司并未同意解除合同，双方未就涉案租赁合同的解除达成合意，《商务中心租赁合同》应继续履行。

2. 守约方作出附条件解除合同的意思表示后，如果另一方按照该条件支付补偿金，则涉案合同可以在条件成就之日起自动解除。

例如本文案例中，原告酒店管理公司发函称“如置业公司希望解除《商务中心租赁合同》，须在本函发出之日起五日内支付52005400.79元作为补偿”，该内容所附条件付款时间、金额均明确具体，属于《民法典》第158条规定的“附解除条件”，如被告置业公司按该条件于五日内支付52005400.79元补偿金，则酒店管理公司作出的同意解除合同的意思表示所附条件成就，可以视为双方就解除《商务中心租赁合同》达成合意，《商务中心租赁合同》可于条件成就之日自动解除。

160. 员工拒绝降薪而选择离职，是否属于协议一致解除劳动合同

【关键词】

劳动合同　协商解除　降薪　被动离职　经济补偿金

【场景】

原告冯某为被告信息技术公司员工，任技术总监，工资为3万元/月。公司人事主管张某与冯某进行谈话，以公司资金紧张为由，要求对冯某降薪至2万元/月。冯某表示不同意，要求离职。双方微信聊天记录显示，冯某："昨天张总找我谈降薪，我没同意，我要走了，做下交接……补偿的事，我的要求是三个月，不行的话我还待在公司，降薪可以降，但要公司所有人降，我一人不行。"张某回复："你这个月开始找工作，我们这里工资照发。"公司人事部门员工询问冯某："您是主动辞职吧?"冯某回复："张总要我降1万元的工资，我还能干么，当然是主动辞职。"

【事态发展（纠纷产生）】

冯某与信息技术公司于2019年11月1日解除劳动关系，但双方对冯某是否主动辞职、信息技术公司是否应对冯某支付补偿金产生争议。遂冯某以信息技术公司为被告起诉至法院，诉讼请求：信息技术公司支付冯某解除劳动关系经济补偿金157500元。

【焦点问题】

信息技术公司是否应支付冯某解除劳动关系经济补偿金?

【结论】

本文案例实质上是信息技术公司要求冯某在降薪与离职之间作出选择，而冯某因不同意降薪而选择了离职，故本文案例并非冯某因个人原因而提出辞职。综合上述情况，法院认为本文案例应认定为信息技术公司先向冯某提出解除劳动关系后双方系协商一致解除劳动关系为宜，故判令信息技术公司依法应向冯某支付解除劳动关系经济补偿金135000元。

【典型案例索引】

北京市第三中级人民法院民事判决书，（2022）京03民终15288号。

【相关法律法规】

《劳动合同法》第36条、第46条。

【律师分析】

1. 协商解除劳动合同时，其中关于哪一方先提出的解除，即是辞退还是辞职，其结果上差别很大。

根据《劳动合同法》第 46 条的规定，用人单位依照《劳动合同法》第 36 条的规定向劳动者提出解除劳动合同并与劳动者协商一致解除劳动合同的，应当向劳动者支付经济补偿。根据该规定，在用人单位与劳动者协商一致解除劳动合同时，如果是劳动者先提出离职，则用人单位无须支付经济补偿；如果是用人单位先提出解除劳动关系，则用人单位需要支付解除劳动合同经济补偿金。本文案例就是员工离职后双方因是由谁先提出解除劳动关系而产生的争议。公司一方认为自己仅是要求降薪，并未先提出解除劳动关系；而员工冯某则认为公司要求降薪，并要求自己重新找工作，就是辞退的意思表示。本文案例中，一审法院认为根据双方提交的微信聊天记录，发现是冯某因降薪提出辞职，并首先询问离职补偿的事项，之后双方就补偿的情况进行沟通。原告冯某没有证据证明信息技术公司先提出解除劳动关系，因此一审法院对冯某关于双方协商一致解除劳动关系的主张不予采纳，判决驳回冯某的全部诉讼请求。

本文案例中冯某不服，提出上诉，二审法院认为：信息技术公司降薪已经另案确定构成违法降薪，因此信息技术公司对本文案例劳动关系解除具有过错；且根据微信聊天记录，发现双方是因降薪一事产生分歧，进而对调薪及解除劳动关系的补偿事宜进行协商，结合事情的前因后果及双方的全部沟通内容，本文案例实质上是信息技术公司要求冯某在降薪与离职之间作出选择，而冯某因不同意降薪而选择了离职，故本文案例中冯某并不是因为个人原因而提出辞职。综上，北京市第三中级人民法院二审认为本文案例应认定系信息技术公司先向冯某提出解除劳动关系后双方系协商一致解除劳动关系，改判信息技术公司向冯某支付解除劳动关系经济补偿金 135000 元。

2. 协商一致解除劳动合同时要签订书面解除协议，并对解除时间、解除类型、解除原因及解除补偿方案等重要事项予以明确。

用人单位与员工协商一致解除劳动合同，应签订书面解除协议，双方应在书面解除协议中明确下列内容，以避免日后因双方约定不清楚而产生诉累：（1）劳动合同解除的时间点。（2）合同解除类型，首先明确是“双方协商一致解除”，其次明确是由用人单位先提出解除还是员工先提出离职。（3）劳动合同解除的补偿金等费用的具体金额、支付时间、支付方式。（4）工作交接流程及确认方式。（5）竞业限制和保密协议。

3. 用人单位先提出的协商一致解除劳动合同，约定零元经济补偿无效，但如员工自愿放弃部分经济补偿，双方可以约定较低金额的补偿金。

实践中，有些用人单位与员工在解除劳动合同协议书中约定不进行经济补偿，或直接约定经济补偿为零元，但是，协商一致解除合同后单位应向员工支付经济补偿金是法律的强制性规定，因此经济补偿金的金额不属于当事人意思自治的范围，用人单位依然应该按法律规定支付经济补偿金。当然，这种强制性规定仅限于用人单位先提出解除劳动合同的场景，如是员工个人先提出离职，则不受此限。此外，根据已有判例，如果用人单位先提出解除劳动合同，又与劳动者约定了数额比较低的经济补偿金，若用人单位有证据证明劳动者自愿放弃差额部分，而且约定的补偿金已经支付、协议已经履行完毕的，劳动者再诉讼请求差额部分，法院一般不会支持。

（二）因约定解除事由发生而解除合同的场景

161. 合同约定的解除事由发生后，解除权人发解除通知能否解除合同

【关键词】

软件开发合同　解除条件　约定解除权

【场景】

臧某为原告实业公司的网络销售代理商，科技公司为臧某指定的软件开发公司。实业公司（甲方）与科技公司（乙方）、臧某（丙方）三方签订了涉案《软件开发合同》，约定：软件开发费用共计 40 万元，甲方先支付前期费用 28 万元，余款 12 万元，甲方应于软件验收通过后 5 个工作日付清，如其未及时付款，乙方有权暂停该项目；如甲方未付款超过 10 个工作日，经乙

方书面通知甲方在10个工作日内未有任何反馈，乙方有权直接解除合同，甲方已支付费用不予退还。合同签订后，实业公司按约定支付前期28万元费用，涉案软件验收通过并上线后实业公司又支付了6万元，剩余6万元尾款未支付。

【事态发展（纠纷产生）】

科技公司向原告实业公司发出《催款函》，要求实业公司于收函次日前付清尾款。实业公司收到后未予回复也未支付相应尾款。四日后，科技公司通知臧某：涉案《软件开发合同》已经解除，臧某无权继续使用，但实业公司认为科技公司无权单方解除《软件开发合同》，故以臧某、科技公司为共同被告起诉至法院，诉讼请求：判令臧某赔偿原告已支付的开发费用34万元、银行同期利息（利息计算略）并支付违约金232323元。

【焦点问题】

1. 科技公司是否有权解除《软件开发合同》？

2. 实业公司是否有权要求臧某赔偿相关损失？

【结论】

《民法典》第562条第2款规定："当事人可以约定一方解除合同的事由。解除合同的事由发生时，解除权人可以解除合同。"涉案《软件开发合同》明确约定如原告实业公司欠付开发费，经被告科技公司催告后10个工作日仍未支付的，科技公司有权直接解除合同。涉案软件已经验收通过，实业公司应按合同约定支付尾款，但是实业公司在收到科技公司发出的《催款函》后仍未按期支付，科技公司解除涉案合同符合合同的约定及法律的规定。

原告实业公司依据合同约定向臧某主张赔偿损失，但本文案例中合同解除系因实业公司未按约定支付费用，导致合同约定的解除条件达成，臧某对此并无过错。因此，对于实业公司要求臧某赔偿已经支付的软件开发费用并赔偿损失的要求，法院未予支持。

【典型案例索引】

最高人民法院民事裁定书，（2022）最高法民申427号。

【相关法律法规】

《民法典》第 562 条、第 565 条。

【律师分析】

1. 根据《民法典》第 562 条第 2 款的规定，当事人可以约定一方解除合同的事由。解除合同的事由发生时，解除权人可以解除合同。

例如本文案例中，实业公司在一审诉讼中的主要诉讼请求为要求被告一臧某依据合同约定承担赔偿责任，但因法院认定涉案《软件开发合同》解除系因实业公司逾期付款导致合同约定解除权事由发生，与臧某无关，该诉讼请求最终并未得到支持。实业公司在二审及再审中将矛头转移至被告二科技公司，主张科技公司无权解除涉案《软件开发合同》。对此，最高人民法院再审认为，涉案《软件开发合同》中已经明确约定“如实业公司未付款超过 10 个工作日，经科技公司书面通知，实业公司在 10 个工作日内未有任何反馈，科技公司有权直接解除合同”。合同实际履行过程中，涉案软件开发已经完成并通过验收，按照合同约定实业公司应当支付尾款，科技公司也履行了书面通知催告的义务，实业公司未予回复也未支付相应尾款，该情形符合涉案《软件开发合同》约定的科技公司解除合同条件。因此，最高人民法院认定被告科技公司依据合同约定解除涉案《软件开发合同》符合《民法典》第 562 条第 2 款关于合同约定解除的规定。

2. 合同约定的解除权事由发生时，合同并非自动解除，需要解除权人发出解除合同的通知。

《民法典》第 562 条第 2 款规定：“……解除合同的事由发生时，解除权人可以解除合同。”据此，合同约定的解除事由发生时，合同并不自动解除，解除权人只是获得了行使解除权的权利，要想发生合同解除的法律效果，需要解除权人作出相应的意思表示，向合同相对方发出解除合同的通知，根据《民法典》第 565 条第 1 款的规定，合同自通知到达对方时解除。

3. 在本文案例中，实业公司在二审及再审中还主张涉案合同应为分期付款合同，合同中约定的科技公司单方解除权违反了分期付款合同的特殊约定，应属无效约定，科技公司无权解除涉案合同。

实业公司在二审及再审中主张涉案合同为分期付款合同，实业公司未支付款项未达全部价款的1/5，科技公司无权解除合同。但是，所谓“分期付款”，系指买受人将应付的总价款在一定期限内至少分三次向出卖人支付。本文案例中，《软件开发合同》约定的软件开发费用分两次支付，前期费用28万元，余款12万元，不符合上述法律规定的分期付款的基本特点。此外，涉案《软件开发合同》系软件开发合同，并非买卖合同，能否直接适用关于“分期付款买卖合同”的规定法律并未予以明确。综上，对于实业公司该项主张，法院仍未予支持。

162. 当事人约定的合同解除事由发生时，合同是否自动解除

【关键词】

房地产开发经营合同　解除事由　自动解除　约定解除权

【场景】

原告置业公司与被告电子研究院签订《联建合同》，约定由电子研究院提供13亩土地，置业公司负责开发建设并投入3000万元，双方联合建设电子研究院的“科研综合服务楼项目”。后因地铁4号线、5号线建设涉及涉案联建项目部分土地，政府部门有意将涉案联建项目与地铁项目进行统一规划、统一设计、统一建设（三统一），置业公司遂与电子研究院签订《补充协议》，约定：（1）将联建项目约13亩土地全部委托挂牌出让，由电子研究院配合置业公司摘牌以便继续履行《联建合同》。（2）如因电子研究院违约致使置业公司未能摘牌，使联建合同目的不能实现，电子研究院须向置业公司赔偿3000万元，并退回置业公司已付的拆迁安置费。（3）涉案联建项目如与地铁4号线、5号线未达到“三统一”的建设目标，则《补充协议》即行终止，不再履行。

【事态发展（纠纷产生）】

上述协议签订后，政府部门经测算，明确表示不再合作开发，地铁建设先行施工，并于2018年上半年建成开始试运行，电子研究院也将涉案联建项目另行挂牌招标。置业公司以电子研究院为被告起诉至法院，诉讼请求如下：

（1）判令电子研究院退还拆迁安置费900万元；（2）判令电子研究院支付违约金3000万元及赔偿超过违约金的损失5000万元，合计8000万元。

被告电子研究院在诉讼中提出反诉，反诉请求如下：（1）判令涉案《联建合同》及《补充协议》解除；（2）判令置业公司支付违约金3000万元以及超出违约金部分的损失2000万元。

【焦点问题】

涉案《联建合同》及《补充协议》应否解除，于何时解除？

【结论】

本文案例中，双方在《补充协议》中约定，涉案联建项目如与在建地铁未达到“三统一”的建设目标，则《补充协议》即行终止，不再履行。该合同条款是双方自行约定的合同解除事由，现合同涉及的地铁4号线、5号线已经建造完毕开始运行，涉案联建项目客观上已经无法与该地铁项目合作开发，《补充协议》约定的“三统一”目标无法实现，根据《民法典》第562条第2款的规定，解除合同的事由发生时，解除权人可以解除合同。因此，电子研究院诉讼请求解除合同，法院予以支持。

关于涉案合同何时解除的问题，当事人虽然可以在合同中自行约定合同解除事由，但为了促进合同关系的变动在双方当事人之间清晰化、明确化，保障合同法律关系的安定状态，并非解除事由实际发生时即可产生合同自动解除的法律效果。涉案《补充协议》关于解除事由的约定只是在解除事由发生时赋予当事人解除协议的权利，并不意味着自动产生协议终止履行的法律效果，因此电子研究院关于《补充协议》于2018年上半年自动终止履行的主张，无法律依据，法院不予支持。本文案例中，电子研究院于一审起诉时提出解除协议的诉讼请求，置业公司在诉讼过程中也明确同意，因此法院一审判决涉案《联建合同》及《补充协议》解除，涉案《联建合同》及《补充协议》自法院判决生效之日起解除。

【典型案例索引】

最高人民法院民事裁定书，（2022）最高法民申725号。

【相关法律法规】

《民法典》第 562 条；《九民会议纪要》第 47 条。

【律师分析】

1. 合同约定的解除事由发生时，只是赋予当事人解除协议的权利，并不能自动产生协议终止履行的法律效果。

根据《民法典》第 562 条第 2 款的规定：“当事人可以约定一方解除合同的事由。解除合同的事由发生时，解除权人可以解除合同。”本文案例中，双方在涉案《补充协议》中约定了合同解除事由，在合同履行过程中，解除事由发生，电子研究院和置业公司均有权主张解除合同。但是，本文案例双方当事人均未及时向对方发出解除合同的通知，直至电子研究院将涉案联建项目另行招标，置业公司才诉至法院。庭审中，电子研究院主张《补充协议》约定的解除事由已经于 2018 年上半年发生，《补充协议》应于 2018 年上半年解除，因此电子研究院在合同解除后的另行招标行为不应再被认定为违约行为。但法院认为，合同约定的解除事由发生时只是赋予当事人解除协议的权利，并不能自动产生协议终止履行的法律效果。本文案例中，因双方在诉讼前均未作出解除合同的意思表示，涉案《联建合同》及《补充协议》至提起诉讼时依然有效，电子研究院另行招标的行为构成根本违约，应承担相应的赔偿责任。

2. 《民法典》第 562 条规定的合同约定解除事由与第 158 条规定的附条件的民事法律行为不同。前者解除事由发生时，合同并不自动解除；后者条件成就时，民事法律行为自动失效。

对于当事人在合同中诸如“满足某种条件则合同自动解除”的约定，首先要区分该约定是属于《民法典》第 562 条规定的合同约定解除事由，还是第 158 条规定的附条件的民事法律行为。如果属于约定解除事由，则即使约定的事由发生合同也不能自动解除，解除权人还需要行使合同解除权，自解除合同的意思表示到达对方当事人时方能解除；如果被认定为附条件的民事法律行为，则所附解除条件成就时解除权人无须发出解除通知，合同自动解除。

3. 根据《九民会议纪要》第 47 条的规定，以违约行为作为合同约定的解除事由，解除事由发生守约方请求解除合同的，并非均能获得法院支持，法院还将结合违约方违约程度进行综合判断。

双方当事人约定以乙方的违约行为作为合同约定的解除事由时，根据《九民会议纪要》第 47 条的规定，合同约定的解除条件成就，守约方以此为由请求解除合同的，法院应当审查违约方的违约程度是否显著轻微，是否影响守约方合同目的实现，根据诚实信用原则，确定合同应否解除。违约方的违约程度显著轻微，不影响守约方合同目的的实现，守约方请求解除合同的，法院不予支持；反之，则依法予以支持。

4. 根据《民法典》第 564 条第 1 款的规定，合同约定解除权的行使具有除斥期间，在法律规定或者当事人约定的除斥期间内不行使合同解除权的，该权利消灭。

合同约定的解除事由发生时，合同并不自动解除，需要解除权人作出解除合同的意思表示才能产生解除合同的法律效果，因此，为防止合同长期处于效力未决的状态，法律给解除权规定了除斥期间。法定的除斥期间为一年，自解除权人知道或者应当知道解除事由之日起一年内不行使，或者经对方催告后在合理期限内不行使的，解除权消灭。当然，该除斥期间也可以由双方当事人自由约定，即《民法典》第 564 条第 1 款规定的“法律规定或者当事人约定解除权行使期限，期限届满当事人不行使的，该权利消灭”。

163. 约定未支付费用则合同自动解除，能否真的自动解除合同

【关键词】

保险合同　约定解除　解除条件　自动解除　解除通知

【场景】

原告海运公司（投保人）向被告保险公司投保船舶一切险，《保险合同》约定保单分两期付款，投保人未按保单中列明的付费日期缴付保险费的，《保险合同》自合同逾期之日起自动解除，保险人不承担保险责任。合同签订后，海运公司支付部分第一期保险费用后未按约继续支付第二期保费。后

海运公司投保的船舶发生保险事故，向保险公司理赔。保险公司通过电子邮件方式向海运公司发送《告知函》，载明由于海运公司未能按保单约定按时缴纳第二期保费，导致上述《保险合同》已自逾期之日起自动解除，保单处于无效状态，保险公司拒绝赔付。

【事态发展（纠纷产生）】

海运公司以保险公司为被告起诉至法院，诉讼请求：要求保险公司按《保险合同》约定承担保险责任。

【焦点问题】

涉案《保险合同》是否在逾期支付保费时已自动解除？

【结论】

合同约定的解除条件成就时，解除权人仅获得了解除权，但合同并不自动解除。解除权需要经过通知来实现，只有在解除权人通知合同相对方解除合同后，才发生解除合同的效果。因此，涉案《保险合同》并未因未缴纳保费而在保险费缴付逾期时即自动解除，保险公司未发解除函前《保险合同》应属有效，该期间发生的保险事故应予理赔。

【典型案例索引】

最高人民法院民事裁定书，（2020）最高法民申3029号。

【相关法律法规】

《民法典》第565条。

【律师分析】

1. 合同双方约定合同解除条件，在条件达成时，合同并非自动解除，仍需解除权人以明示的方式作出解除合同的意思表示，如发出解除合同通知函。

对于合同双方约定的合同解除条件，法院通常有两种不同认定，一种是认定为合同约定解除权，另一种是认定为是附条件解除。前者条件成就时，需要解除权一方发出解除合同的通知，而后者条件成就时，合同自动解除。

例如本文案例中，法院实际上是将涉案《保险合同》中相关合同解除条款认定为约定解除权。《民法典》第565条第1款规定，当事人一方依法主张解除合同的，应当通知对方，合同自通知到达对方时解除合同。据此，约定的解除条件达成，解除权人仅获得了解除权，只有在解除权人通知相对方表示解除合同后，才能发生解除合同的效果。本文案例中，双方在《保险合同》中约定未按期缴付保险费则保险合同自动解除，合同履行过程中，海运公司未按约支付第二期保费，合同约定的解除条件成就，保险公司据此认为涉案《保险合同》已经“自动解除”。但本文案例经最高人民法院再审，认为“自动解除”不等于不经通知即解除，因保险公司未在事故发生前发出解除合同的通知，因此涉案《保险合同》并未“自动解除”，该《保险合同》在事故发生时依然有效。

2. 司法实务中，关于未付款则合同自动解除的条款，各方应约定清楚，特别对于如保险公司等机构制定的格式合同，其中相关格式条款更应约定清晰、明确，否则必将引发不利结果。

首先，本文案例中合同条款本身不够清晰。争议合同条款为“投保人未按保单中列明的付费日期缴付保险费的，本保险合同自合同逾期之日起自动解除，保险人不承担保险责任”，最高人民法院再审认为该合同条款未明确是否需要通知对方，既可能被理解为保险合同无须通知海运公司而解除，也可被理解为保险公司仅自动取得了合同解除权。

其次，该条款为保险公司出具的格式条款。根据《民法典》第 498 条的规定，对格式条款有两种以上解释的，应当作出不利于提供格式条款一方的解释。法院因此认定对于诉争条款应作出对保险公司不利的解释，即应理解为合同约定的解除条件成就时，保险公司取得了合同解除权，而解除权需要经过通知来实现。

综上所述，在制定格式条款时，对于解除条件的约定应当明确，尤其是制定对于合同相对方不利的条款，更应明确、清晰、具体，否则因格式条款约定不清产生争议，法院必然作出对条款制定方不利的认定。此外，在合同约定的解除条件成就时，对于享有解除权的一方，应当及时向对方发出解除合同的通知，否则将有可能承担继续履行的不利后果。

3. 合同约定解除权与附解除条件不同，前者需要经通知才发生解除合同的法律效力，后者则在条件成就时合同自动解除。

根据《民法典》第 158 条的规定，附解除条件的民事法律行为，自条件成就时失效。该条所谓“附解除条件”是行为人为了限制自己行为的效力，以意思表示对法律行为所加的限制条款，若解除条件成就，附解除条件的民事法律行为当然且自动地消灭，不需要当事人再作意思表示。而本文案例所讨论的合同约定解除必须有解除合同的意思表示，才能产生合同解除的效果。

4. 根据2022年3月1日起开始施行的《民法典总则编司法解释》第24条“民事法律行为所附条件不可能发生，当事人约定为生效条件的，人民法院应当认定民事法律行为不发生效力；当事人约定为解除条件的，应当认定未附条件，民事法律行为是否失效，依照民法典和相关法律、行政法规的规定认定”的规定，需注意合同约定不能限缩或排除法定解除的情形。

164. 约定违约后十五日未改正可解除合同，第六日即解除能否获法院支持

【关键词】

租赁合同　违约　解除条件　约定解除　法定解除

【场景】

被告贸易公司（甲方，出租人）与原告物业公司（乙方，承租人）签订《租赁合同》，贸易公司将涉案房屋出租给物业公司，双方约定了租期、租金等事项，同时在合同第21.1条约定：“发生下列情形之一，甲方有权在乙方违约行为未于甲方书面通知后15日内改正的情况下，立即终止本合同：……（5）乙方严重违反本合同第11条（装修改动涉案房屋应经甲方同意）约定，未经甲方同意及有关部门批准，乙方擅自违法装修给甲方造成重大损失的。”

物业公司接收涉案房屋后，违反《租赁合同》约定，擅自对部分涉案房屋实施装修改造。贸易公司制止，并发函要求纠正否则将解除合同。贸易公司又于6日后向物业公司发出《解除函》，表明因物业公司私自改建装修，故解除涉案《租赁合同》。此后，贸易公司自行收回涉案房产。

【事态发展（纠纷产生）】

物业公司不同意解除合同，遂以贸易公司为被告起诉至法院，诉讼请求如下：（1）继续履行《租赁合同》；（2）贸易公司返还涉案房产并赔偿因非

法抢占造成的经济损失 552 万元。

【焦点问题】

被告经贸公司是否对涉案《租赁合同》享有约定解除权和法定解除权?

【结论】

原告物业公司与被告贸易公司签订的《物业租赁合同》第 21.1 条约定,物业公司发生该条所列 5 项情形时,若其违约行为未于经贸公司书面通知后 15 日内改正,则立即终止该合同。经查明,在合同履行过程中,物业公司确实存在未经贸易公司同意及有关部门批准对房屋进行装修、改建、扩建,以及逾期支付租金和未经贸易公司同意转租房屋等违约行为。贸易公司可依据涉案《租赁合同》的约定,在书面通知物业公司后 15 日内未予改正的情况下解除合同。但贸易公司于 2018 年 9 月 2 日就违约行为发送书面《联系函》后,于 2018 年 9 月 7 日即通知解除合同,自行收回了涉案租赁标的物的实际控制权,尚未满足《物业租赁合同》第 21.1 条约定的合同终止条件,即在书面通知物业公司后 15 日内未予改正的情况下解除合同。因此,被告贸易公司无权依《物业租赁合同》约定解除该合同。

【典型案例索引】

最高人民法院民事裁定书,(2020) 最高法民申 3610 号。

【相关法律法规】

《民法典》第 562 条、第 711 条;《租赁合同司法解释》第 6 条。

【律师分析】

1. 合同约定对一方当事人解除权的行使附有条件的,权利人应当严格按照合同约定,待条件完全达成后再及时行使约定解除权。

例如本文案例中,双方当事人在《租赁合同》中对于承租人违约装修改建时出租人的解除权约定了两个行使条件:(1) 承租人擅自违法装修给出租人造成重大损失。(2) 出租人书面通知整改,而承租人未于 15 日内改正。本文案例中,贸易公司实际为转租人,是自产权人房产公司处承租涉案房产后转租给物业公司。在物业公司装修改造过程中,贸易公司曾先后三次将房产公司的整改通知转发给物业公司，但因物业公司仅是对部分承租物进行装修改造，尚不足以给贸易公司造成严重损失，因此合同约定解除的第一个条件并未成就。直至房产公司第四次向贸易公司发函，表示如不立即纠正违约行为，将解除与贸易公司的《租赁合同》，至此，物业公司的持续违约行为已导致贸易公司面临利益严重受损的威胁，合同约定的第一个条件成就，贸易公司有权在书面通知后15日内未予改正的情况下解除合同。但是，贸易公司在向物业公司发函要求整改后第6日即通知解除合同，并自行收回了涉案房产的实际控制权，法院以尚未满足《租赁合同》约定的通知后15日内未予改正的条件为据认定被告贸易公司无权解除合同。

综上所述，当事人在订立合同时关于合同解除权的行使条件应当明确、具体，在合同履行过程中也应当严格遵守解除权的行使条件，待条件完全达成后，再及时行使解除权。

2. 根据法律规定，承租人擅自改建导致租赁物受损的，出租人也可以要求解除租赁合同。而本文案例中物业公司仅是对一小部分承租物进行改建，违约行为情节轻微，尚不满足法定解除条件。

根据《民法典》第711条、《租赁合同司法解释》第6条的规定，承租人擅自变动房屋建筑主体和承重结构或者扩建，在出租人要求的合理期限内仍不予恢复原状，致使租赁物受到损失的，出租人可以解除合同并要求赔偿损失。本文案例中，一审判决作出后，被告贸易公司依据上述法律规定提起上诉，主张物业公司违约行为符合法定解除条件，涉案《租赁合同》应予解除。但是，北京市高级人民法院二审认为，因涉案房屋系由若干房屋及场地组成的大规模园区，而物业公司的违约改建、加建行为涉及的房屋面积相对于整体承租的标的物面积来说属于其中的一小部分，违约程度轻微，不满足法定解除条件，故法院对被告贸易公司以法定解除事由要求解除合同的主张未予支持。

3. 在本文案例中，原告物业公司虽然违约，但违约情节轻微并未达到法定解除条件，故在不符合合同约定的解除条件情形下，也无法通过法定解除权进行解除，法院最终认定被告贸易公司无权解除涉案《物业租赁合同》，双方仍应继续履行合同。

165. 约定迟延付房租可解除合同，承租人逾期3日付款可否解除合同

【关键词】

租赁合同　约定解除　违约　显著轻微　限制解除权

【场景】

原告房产公司（甲方、出租人）与被告李某（乙方、承租人）签订《商铺租赁合同》，约定甲方将名下的涉案商铺按现状租赁给乙方做商业经营用途，租期25个月，租金18000元/年。租金按年度支付，先付费后使用，合同签订时一次性付清第一年的租金，第二年的租金须在2023年1月17日前一次性交清。甲乙双方任何一方未能履行合同规定条款的，均视为违约。单方违约的，守约方有权提前终止合同。

【事态发展（纠纷产生）】

被告李某未按约在2023年1月17日前向房产公司交清第二年的租金，房产公司于2月19日以李某为被告起诉至法院，诉讼请求如下：（1）解除双方签订的《商铺租赁合同》并交还商铺，由李某按82.19元/日的标准支付2023年2月19日至商铺实际退还之日的租金及管理费；（2）由李某对外墙装饰及广告牌进行拆除并恢复原状。

被告李某在诉讼中提起反诉，反诉请求：房产公司继续履行《商铺租赁合同》。

【焦点问题】

涉案《商铺租赁合同》应否解除？

【结论】

合同约定的解除条件成就时，守约方以此为由请求解除合同的，如违约方的违约程度显著轻微，不影响守约方合同目的的实现，守约方请求解除合同的，法院不予支持。本文案例中，合同约定的一年租期到期之日为2023年2月18日，房产公司未经催告直接于3日后提起一审诉讼，但李某在收到一审起诉状后积极联系房产公司补交租金，且一审庭审中亦承诺补交租金，要

求继续履行涉案合同。由此，李某延迟交付租金的行为违约程度显著轻微，并不导致合同目的无法实现，故原告房产公司主张解除涉案《商铺租赁合同》，法院未予支持。

【典型案例索引】

新疆生产建设兵团第（农）六师中级人民法院民事判决书，（2023）兵06民终573号。

【相关法律法规】

《民法典》第562条；《九民会议纪要》第47条。

【律师分析】

1. 合同约定的解除条件成就时，解除权人主张解除合同的要求并非一定会得到法院的支持，法院在裁判时会考量违约方的违约程度是否会影响合同目的的实现。

根据《民法典》第562条第2款“当事人可以约定一方解除合同的事由。解除合同的事由发生时，解除权人可以解除合同”的规定，在解除合同的事由发生时，解除权人有权解除合同，解除权来源于当事人的意思自治，不受其他限制。但是，在一方当事人仅轻微违约的情况下，如果解除权的行使完全不受任何限制，将导致违约方遭受明显不公。例如本文案例，虽然双方当事人在租赁合同中明确约定“单方违约的，守约方有权提前终止合同”，依据该约定，李某作为承租人迟延缴纳租金，已经构成迟延履行主要债务，房产公司因此依据合同约定起诉要求解除合同，看似颇为合理。但是，本文案例的特殊性在于房产公司提起一审诉讼时，李某仅迟延履行3天，且李某在收到传票后一直与房产公司联系要求缴纳房租，房产公司如此急迫地行使解除权，未免有悖于诚实信用原则。

根据《九民会议纪要》第47条“合同约定的解除条件成就时，守约方以此为由请求解除合同的，人民法院应当审查违约方的违约程度是否显著轻微，是否影响守约方合同目的的实现，根据诚实信用原则，确定合同应否解除。违约方的违约程度显著轻微，不影响守约方合同目的的实现，守约方请求解除合同的，人民法院不予支持；反之，则依法予以支持”的规定，在约定解除的情形下，虽然解除事由可以由当事人自行约定，但在行使单方解除权时，当事人应当遵循诚实信用原则，不得随意行使、滥用解除权。因此，本文案例中，法院最终并未支持房产公司解除合同的诉讼请求。

2. 对于违约程度是否“显著轻微”，应结合当事人的过错程度、是否补正履行、违约行为所造成的损害、因合同关系的既有投入、合同解除的后果等因素综合判断。司法实践中经常从以下几个因素认定是否构成轻微违约，进而限制约定解除权的发生：

（1）当事人的过错程度。也就是当事人违约程度，主观上要考量违约人的故意程度，客观上主要考量尚未履行义务的比例、履行义务的迟延程度和违约行为对合同目的的影响等。本文案例中，合同约定的交纳房租时间正值新冠疫情期间，客观上对李某交纳租金产生一定的影响，房产公司未经催告也具有一定过错。

（2）是否补正履行。约定解除权的条件已成就，但该债务可以事后补正或修复，债务人也有事后补正履行或有补救意愿的，法院会倾向于排除约定解除权。如本文案例中，李某在收到房产公司一审起诉状后积极联系房产公司补交租金及管理费，且在一审庭审中亦承诺补交租金及管理费，要求继续履行涉案合同。

（3）违约行为所造成的损害。如果违约方违约行为给守约方造成的损害较小，或通过补正完全可以实现合同目的，则该违约行为属于显著轻微。如本文案例中房产公司出租商铺是为赚取租金，李某迟延交付租金 3 天的行为并不致使合同目的无法实现，可以事后补足。

（4）因合同关系的既有投入。比较常见的是长期租赁合同中，如果违约方为履行合同已经对租赁物进行装修、改建、设备购置，为此支付大量财物，双方对违约解除合同往往还有罚没约定，此时法院在判定约定解除权的行使时就更加谨慎。

3. 当然，即便法院以违约显著轻微限制解除权的行使，如果守约方因违约行为受到损失，依然可以要求违约方赔偿。

在违约方显著轻微违约的情形下，守约方虽未能通过合同解除得到救济，但违约方的违约责任并不受限，守约方依然有权请求违约方按合同约定承担违约责任，并赔偿损失或者采取其他补救措施挽回损失。

166. 劳动合同约定超出法定解除范围，当触发解除条款时能否顺利解除合同

【关键词】

劳动合同　解除条件　法定解除　约定解除

【场景】

蒲某为房产公司的员工，入职后双方先后签订过两份固定期限劳动合同。第六年，房产公司（甲方）与蒲某（乙方）签订涉案无固定期限《劳动合同》，约定甲方安排乙方从事财务经理岗位工作，工资标准为税前11050元/月。关于合同解除，《劳动合同》约定："乙方存在以下行为之一的，即视为乙方严重违反甲方规章制度，甲方有权立即解除劳动合同，并不支付任何补偿金和赔偿金：……（3）乙方拒不执行上级指令或故意抵制甲方的工作安排、岗位调整，或消极怠工、工作时间不作为等，经甲方警告后仍不悔改不纠正的。如乙方累计有三次月度绩效考核不合格，甲方有权立即解除劳动合同，并不支付任何补偿金和赔偿金。"

【事态发展（纠纷产生）】

五个月后，房产公司作出《解除劳动合同通知书》，以蒲某作为公司财务经理，未按照公司要求进行整理装订归档，主管领导多次沟通后，仍未按公司要求进行整理，给公司财务带来巨大隐患为由，依据《劳动合同》通知解除双方劳动合同。蒲某向仲裁机构申请仲裁，仲裁机构裁决如下：房产公司支付蒲某违法解除劳动合同赔偿金270527.7元、绩效工资55692.41元。

房产公司不服仲裁结果，向法院提起诉讼，诉讼请求如下：（1）判令房产公司依法解除《劳动合同》，房产公司无须支付蒲某违法解除劳动合同赔偿金270527.7元；（2）判令房产公司无须支付蒲某绩效工资55692.41元。

【焦点问题】

房产公司解除与蒲某的《劳动合同》是否系违法解除？

【结论】

直接涉及劳动者切身利益的劳动规章制度，只有经过《劳动合同法》第4条第2款规定的民主程序制定才能作为确定双方权利义务的依据。因此，通过劳动合同特别约定的方式，将劳动规章制度中没有规定的解除劳动合同的条件也视为用人单位的规章制度，将未经民主程序制定的规章制度作为约束劳动者的规则，不符合法律规定。本文案例中，房产公司未举证证实其所提规章制度系经过民主程序制定，即使双方在劳动合同中约定了解除劳动合同的条件，亦不能作为解除劳动合同的依据。

【典型案例索引】

北京市第一中级人民法院民事判决书，(2023）京01民终2871号。

【相关法律法规】

《劳动合同法》第4条第2款、第39条；《劳动争议司法解释（一)》第50条。

【律师分析】

1. 用人单位想要通过劳动合同的特别约定，将法定解除条件之外的其他情形约定为解除劳动合同的依据，需要经特定的民主程序制定，否则不能作为解除劳动合同的合法依据。

例如本文案例中，房产公司主张系因蒲某严重违反公司规章制度解除劳动合同，房产公司所称公司规章制度，是在《劳动合同》中规定的解除劳动合同的条件。但是，我国《劳动合同法》关于用人单位可以解除劳动合同的规定是强制性规定，用人单位不得突破该法的规定解除劳动合同。《劳动合同法》第39条明确列明6种用人单位可以解除劳动合同的具体情形，该条没有兜底性条款，也即排除了用人单位与劳动者在法定解除情形之外另行约定解除条件的空间。此外，《劳动合同法》第4条第2款明确规定："用人单位在制定、修改或者决定有关劳动报酬、工作时间、休息休假、劳动安全卫生、保险福利、职工培训、劳动纪律以及劳动定额管理等直接涉及劳动者切身利益的规章制度或者重大事项时，应当经职工代表大会或者全体职工讨论，提出方案和意见，与工会或者职工代表平等协商确定。"劳动合同的解除条件无疑属于直接涉及劳动者切身利益的劳动规章制度，根据上述法律规定，如要在劳动合同中约定除法定条件之外的其他解除合同条件，只有经职工代表大会或者全体职工讨论，与工会或者职工代表平等协商确定后，才能作为确定双方权利义务的依据。而本文案例中，房产公司不能提供证据证明其在劳动合同中所列规章制度系经民主程序制定，因此该解除劳动合同的条件不能作为房产公司解除劳动合同的依据。法院最终认定房产公司的解除行为法律依据不足，属违法解除。

2. 用人单位单方解除劳动合同的情形仅限于法定情形，若想通过公司规章制度规定解除劳动合同的其他事由，该规章制度应经过民主程序制定并经公示告知。

实践中，经常有些用人单位为了约束员工、方便解除劳动合同，会在劳动合同或公司规章制度中直接约定用人单位可以单方面解除劳动合同的情形，最常见的就是绩效考核、末位淘汰制度。但是，这种公司内部规章制度要想作为合法解除劳动合同的依据，应当经过民主制定程序和公示告知程序，否则属于违法解除，要承担违法解除劳动合同的相应责任。

因此，建议用人单位在签订劳动合同时避免在法定解除情形外另行约定其他解除条件，如确需单独制定解除劳动合同相关的规章制度，则应将相关违规行为在规章制度中尽可能明确、具体地列举，并通过民主程序制定、修订，并及时通过内部员工培训、公示文件通知、邮件通知等方式向全体员工公示。对员工来说，在签订劳动合同时要注意相关解除情形条款是否存在不合理或者超出法定情形的情况，同时熟悉用人单位的各项规章制度，对制度的更新加以关注，在维护自己合法权益的同时，遵守单位规章制度以及职业道德。